交通工程概论

Jiaotong Gongcheng Gailun

戴冀峰　马健霄　主编
肖秋生　主审

内 容 提 要

本书系统地介绍了交通工程学的基本理论与应用技术。全书共十三章，主要阐述了交通特性、交通调查、交通流理论、道路通行能力、交通规划、停车设施规划与设计、交通管理与控制、交通安全、道路交通与环境保护等内容。

本书涉及的内容比较全面，可作为普通高等院校土木工程、交通工程、汽车运输工程专业本科生的教材，也可作为其他相关专业的选修课教材，同时可供交通规划、道路规划与设计、交通运输和交通管理部门的技术与管理人员参考。

图书在版编目（CIP）数据

交通工程概论/戴冀峰，马健宵主编. —北京：人民交通出版社，2006.4
交通版高等学校土木工程专业规划教材
ISBN 7-114-05909-4

I. 交... II. ①戴... ②马... III. 交通工程-高等学校-教材 IV. U491

中国版本图书馆 CIP 数据核字(2006)第 013319 号

书　　名：交通工程概论
著 作 者：戴冀峰　马健宵
责任编辑：张征宇　赵瑞琴
出版发行：人民交通出版社
地　　址：(100011)北京市朝阳区安定门外外馆斜街 3 号
网　　址：http://www.ccpress.com.cn
销售电话：(010)59757969，59757973
总 经 销：人民交通出版社发行部
经　　销：各地新华书店
印　　刷：北京牛山世兴印刷厂
开　　本：787×1092　1/16
印　　张：19.75
字　　数：491 千
版　　次：2006 年 4 月　第 1 版
印　　次：2011 年 5 月　第 4 次印刷
书　　号：ISBN 978-7-114-05909-4
印　　数：9001-11000 册
定　　价：35.00 元

交 通 版

高等学校土木工程专业规划教材

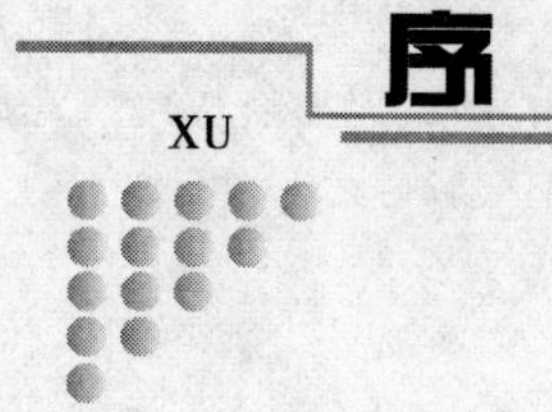

序

随着科学技术的迅猛发展、全球经济一体化趋势的进一步加强以及国力竞争的日趋激烈，作为实施"科教兴国"战略重要战线的高等学校，面临着新的机遇与挑战。高等教育战线按照"巩固、深化、提高、发展"的方针，着力提高高等教育的水平和质量，取得了举世瞩目的成就，实现了改革和发展的历史性跨越。

在这个前所未有的发展时期，高等学校的土木类教材建设也取得了很大成绩，出版了许多优秀教材，但在满足不同层次的院校和不同层次的学生需求方面，还存在较大的差距，部分教材尚未能反映最新颁布的规范内容。为了配合高等学校的教学改革和教材建设，体现高等学校在教材建设上的特色和优势，满足高校及社会对土木类专业教材的多层次要求，适应我国国民经济建设的最新形势，人民交通出版社组织了全国二十余所高等学校编写"交通版高等学校土木工程专业规划教材"，并于2004年9月在重庆召开了第一次编写工作会议，确定了教材编写的总体思路，于2004年11月在北京召开了第二次编写工作会议，全面审定了各门教材的编写大纲。在编者和出版社的共同努力下，目前这套规划教材已陆续出版。

这套教材包括"土木工程概论"、"建筑工程施工"等31门课程，涵盖了土木工程专业的专业基础课和专业课的主要系列课程。这套教材的编写原则是"厚基础、重能力、求创新，以培养应用型人才为主"，强调结合新规范、增大例题、图解等内容的比例并适当反映本学科领域的新发展，力求通俗易懂、图文并茂；其中对专业基础课要求理论体系完整、严密、适度，兼顾各专业方向，应达到教育部和专业教学指导委员会的规定要求；对专业课要体现出"重应用"及"加强创新能力和工程素质培养"的特色，保证知识体系的完整性、准确性、正确性和适应性，专业课教材原则上按课群组划分不同专业方向分别考虑，不在一本教材中体现多专业内容。

反映土木工程领域的最新技术发展、符合我国国情、与现有教材相比具有明显特色是这套教材所力求达到的，在各相关院校及所有编审人员的共同努力下，交通版高等学校土木工程专业规划教材必将对我国高等学校土木工程专业建设起到重要的促进作用。

交通版高等学校土木工程专业规划教材编审委员会

人民交通出版社

前言

本书是根据"普通高等院校土木工程类系列教材"编写委员会2004年11月第二次工作会议通过的"《交通工程概论》编写大纲"编写的。内容安排符合我国现行土木工程专业对本科课程教学的基本要求，可作为高等院校土木工程、交通工程、汽车运输工程等专业本科生的教材或相关专业技术与管理人员、研究生的参考书籍。

本书综合了国内外交通工程学有关理论与最新研究成果，结合我国近几年交通工程的发展实际，对交通工程学科所涉及的主要原理与技术方法进行了较为全面的论述。采用了丰富的实例分析，以便更好地掌握相关知识，每章的复习思考题与习题，为巩固各部分知识提供了练习平台，达到了培养人才"三基"(基本知识、基本理论、基本方法)的要求。

本书由戴冀峰、马健霄主编，北京工业大学肖秋生教授主审。书中各章节分别由以下人员完成：第一、三、四、五章，由北京建筑工程学院戴冀峰编写；第九、十三章，由南京林业大学马健霄编写；第六、七章，由北京建筑工程学院吴海燕编写；第二、八章，由南阳理工学院杨秋玲编写；第十、十一、十二章分别由南京林业大学陈燕、邬岚、林丽编写。

本书在编写过程中参阅了大量相关书籍和资料，对于参考资料的编著者，在此表示诚挚的谢意。

因时间与水平有限，书中的缺点、错误在所难免，敬请读者多提宝贵意见，以便再版时修正。

编　者

2006年3月　于北京

目录 MU LU

第一章 绪 论

DIYIZHANG

第一节 交通工程学的定义

交通工程学是一门研究道路交通的正在发展中的交叉学科，它与运输工程学、道路工程学、汽车工程学、电子工程学、系统工程学、工效学、行为心理学、经济学、统计学、声学、能源环境科学等学科密切相关，其内容包含有自然科学和社会科学的成分，且仍在不断完善。由于交通工程学内涵颇丰，其发展历程上各国学者先后提出了一些不同的定义，目前尚无世界公认的统一的定义。

一、各国学者对交通工程学的不同定义

早在20世纪40年代，“美国交通工程师协会”给交通工程学下了一个定义：所谓交通工程学研究的是道路规划、几何设计及交通管理，研究道路网、车站及与其相邻接的土地与交通工具的关系，以便使人和物的移动达到安全、有效和便利。

澳大利亚著名的交通工程学教授布伦敦给交通工程学下的定义是：交通工程学是关于交通和旅行的量测科学，是研究交通流和交通发生基本规律的科学。为了使人和物安全有效地移动，把这些科学知识应用于交通系统的规划、设计和运营。

1983年“世界交通工程师协会会员指南”提出的定义为：交通工程学是运输工程学的一个分支。它涉及到规划、几何设计、交通管理和道路网、终站毗连用地与其他运输方式的关系。

前苏联交通工程学专家将交通工程学定义为：交通工程学是研究交通过程的规律和交通对道路结构、人工构造物的影响的科学。

英国学者的定义为：道路工程中研究交通用途与控制，交通规划，线形设计的那一部分称为交通工程学。

日本渡边新三、佐佐木纲等学者认为交通工程学研究的是：结合客货运输的安全、方便与经济，探讨公路、城市道路及其相连接的整体用地规划、几何线形设计和运营管理等问题。

由上述可见，不同的学者对交通工程的定义是从不同的侧面给出的，如：有的是从科学研究的内容考虑，有的是从科学研究的目的考虑，有的是从科学任务考虑，有的是从研究的对象考虑，可以说各有千秋。

二、我国学者对交通工程学的定义

根据我国道路交通的实际和20世纪70年代以来我国学者对交通工程学理论的研究，我国交通工程学者有将交通工程学定义为：交通工程学是研究交通规律及其应用的一门技术科学。它的研究目的是探讨如何安全、迅速、舒适、经济地完成交通运输任务；它的研究内容主要是交通规划、交通设施、交通运营管理；它的探究对象是驾驶人、行人、车辆、道路和交通环境。

我国的《交通工程手册》给出的定义为：交通工程学是研究道路交通中人、车、路、环境之间的关系，探讨道路交通的规律，建立交通规划、设计、控制和管理的理论方法，以及有关设施、装备、法律和法规等，是使道路交通成为更加安全、高效、快捷、舒适的一门技术科学。

总结以上提法，笔者认为交通工程学是：通过交通调查、规划、设计、运营、管理的相关理论和方法的研究及有关设施、装备的配置和相关法律、法规的制订，使得交通的发生、分布、方式划分及运行和停驻的规律更加符合人们安全、快捷、舒适、经济、方便的要求，同时满足人、车、路与环境、能源协调的可持续发展的一门工程技术学科。

总之，交通工程学是以人（驾驶人和行人等）为主体，以交通流为中心，以道路为基础，将这三方面有关的内容统一在道路交通系统中进行研究，综合处理道路交通中人、车、路、环境、能源之间的关系的科学。它寻求的是道路通行能力最大、交通事故最少、能源机件损耗与公害程度最低、运输效率最高而费用最省的科学措施，从而达到安全、迅速、经济、舒适，构建可持续发展的交通体系的目的。

第二节　交通工程学的发展

美国哈佛大学率先于1926年设立交通工程专业，1930年美国成立交通工程师协会，交通工程学自萌芽到发展成如今的一门独立、完整的学科大约有80年的历史。

交通工程学创立的初期（20世纪30年代），其主要工作是如何通过交通管理来减少交通堵塞和交通事故，采取诸如设立交通标志、安装手动信号、路面划线等措施。

20世纪40年代，交通工程师们开始意识到，只靠交通管理无法根治交通问题。不按交通需求的大小修建道路则带有很大的盲目性。于是，交通工程的内容增加了交通调查、交通规划。在修路之前，首先进行交通调查，预测远景交通量。根据车流的流量、流向，对道路布局、线形几何设计提出要求，以适合车辆运行的需要。并且，考虑交通管理方案、配备必要的交通设施，还要综合考虑不同交通方式的特点，使道路交通与铁路、水运、航空、管道运输衔接。

20世纪50年代以来，各发达国家汽车工业的发展和高速公路的兴起促使汽车拥有量迅速增加，形成了“汽车化”运输的新局面。因此，将道路通行能力问题、线形设计、立体交叉设计、停车场问题等列为交通工程学的研究课题。

从交通安全方面看，由于道路条件逐步改善，特别是高速公路的发展，要求车辆的驾驶行为与车辆的力学性能两者结合考虑。因此，20世纪40～50年代的交通工程研究已经开始注意研究人、车、路的相互影响问题。

20世纪60年代，由于“汽车化”的结果，促使汽车数量激增。美、英、德、法、日等国的汽车密度逐渐趋于饱和。1969年，这些国家汽车拥有量按每千人拥有量计算：美国518辆，法国275辆，英国235辆，德国226辆，日本149辆。因此，交通拥挤、阻塞现象严重。在纽约、巴黎、伦敦等城市的中心街道上，平均车速每小时只有10多公里。同时，交通事故与日俱增，越来越严重地威胁人们的生命安全。美国60年代平均每分钟伤4人,每小时死亡6人,10年中,由于交通事故造成的经济损失几乎等于全国道路新建、改建和养护管理等费用的总和。其他国家交通事故也急剧上升,交通事故死亡人数占非疾病死亡人数的2/3,成为社会最大的公害。为了疏导交通,减少事故,提高行车速度,人们提出了综合治理交通的设想,比如,研究车流特性,倡导"交通渠化",试用计算机控制交通。此外,设计道路不仅要注意线形标准,各元素之间保持协调,而且要考虑对所在地区的影响,如空气污染、噪声干扰、城市景观、环境协调等。至此,交通工程学发展为一门研究人、车、路和环境之间相互依存关系的综合性学科。

到20世纪70年代,由于汽车化交通的发展,促使人类日常活动的范围、城市活动半径迅速扩大。大量人口聚集在城市,造成道路上交通密度过高、交通拥挤严重、通行效率大大降低。汽车大量排出的废气对环境造成严重污染,噪声、振动危及人们的健康。再加之20世纪70年代初的能源危机,迫使人们不得不从宏观上研究如何组织城市交通问题。这样,就开始重点研究并拟定合理的交通规划,减少不必要的客流,缩短行程,倡导步行,恢复并优先发展公共交通,给汽车选择最佳运行路线,从根本上改变交通组成,从而减少交通拥挤程度和交通事故,同时加强防治交通对环境的污染。这一系列措施必将引起交通规划、交通方式、交通政策、交通组织管理等各方面的变革,推动交通工程学不断向前发展,使之成为通过研究人、车、路、环境和社会间动态的相互关系,以期使交通运输发挥最佳服务效能的系统科学。

20世纪80、90年代初,交通工程学又有较大的发展,主要表现在:在人的交通特性方面,开展了对驾驶人和行人的心理、生理特性以及生物节律的研究;道路通行能力的研究;汽车行驶性能(制动、转弯、撞击)以及汽车碰撞时如何保证乘车人及驾驶人安全的研究;人-机系统的研究和应用范围进一步扩大。在公路几何设计方面,过去主要是以汽车运动力学平衡原则为线形设计基础,现在发展到要考虑驾驶人的驾驶生理和心理要求,线形组合要考虑对驾驶人的视觉诱导等方面的研究。在交通规划方面,研究经济发展、土地利用和交通需求之间的量化关系及交通对经济发展的影响,并体现在交通规划和道路网设计上。从宏观上研究了不同区域路网合理密度的理论和计算公式。在交通控制方面,进行了在主要干线和主要街道上设置自动控制系统的研究以及反光标志、标线、可变标志的研究;在交通管理和政策方面,按照交通工程学原理制定交通法律、法规的研究;对车辆实行强制保险的研究;采用不同交通政策对人们出行的时间、地点、方式选择的影响。在设备与手段方面,交通控制与车辆检测、测试、调查分析方面的自动化程度大大提高。在公害防治和环境保护方面,进行了汽车交通噪声控制和限制、废气排放标准制定等工作。

目前,世界交通工程领域大力研究的方向主要包括:研究智能运输系统(Intelligent Transport Systems,ITS)和研究构建基于可持续发展的一体化综合交通运输系统。

近几年来,世界各工业发达国家均集中大量人力、物力、财力,采用各种高、新技术,研究智能运输系统(Intelligent Transport Systems,ITS),或称"智能车路系统"(Intelligent Vehicle Highway System,IVHS)。日本和欧洲动手较早,从20世纪80年代后期即开始进行。美国起步较晚,在1991年美国"地面运输方式效率法案"(Intermodal Surface Transportation Efficiency Act of 1991,ISTEA)通过后,才得到联邦政府的重视和支持。在该法案的第六章中,明确规定了IVHS的研究工作。美国起步虽晚,但进展较快,美国国会指令运输部最迟到1997年要建成自动高速公路的第一条试验路。整套智能车路系统建成后,将大大提高公路交通的安全度和通行能力,使整个公路交通完全实现智能化。目前世界各工业发达国家已形成北美(美国、加拿大)、欧洲(有10多个国家参加)和日本三大研究集体,每个集体均组织了跨部门的上百个企业、高校和科研机构,积极进行子系统的开发研究。目前开发的项目很多,但概括起来不外以下几个方面:先进的汽车控制系统(Advanced Vehicle Control System,AVCS),或称“智能汽车控制系统”;先进的交通管理系统(Advanced Traffic Management System,ATMS)或称“自动高速公路系统”;先进的驾驶人信息系统(Advanced Driver Information System,ADIS)。以上三项为主要的组成部分。另外,还有先进的公共运输系统、先进的公路运输系统及商用车辆运营系统等针对各个运输部门和企业的子系统。

与此同时,由于近些年来人们对小汽车的依赖,使得能源问题日益突出,环境问题日益严重,大城市无序扩张,土地资源遭到浪费。认识到这一点后,欧美等国开始切实着手进行绿色交通系统的构建。欧洲的认识比较早,其交通模式从70~80年代就不同于美国,对环境和可持续发展比较重视,所以,火车、地铁和有轨电车(tram)和各种公共交通方式比较发达,也一直鼓励自行车等绿色交通方式。以英国为例:其在1998年出版了题为——构建一个新的大家共赢的交通系统(An New Deal for Transport:Better for Everyone)的白皮书。其中以发展可持续模式的综合交通系统为目标,强调了大力发展公共交通、非机动车交通系统,同时倡导大家的积极参与。而美国则在早期鼓励小汽车出行,致使公共交通系统被忽视。能源和环境问题使得美国各大城市从80~90年代开始重新重视公共交通问题。

综上,当前交通工程学中如下的研究方向值得我们注意:

(1)共同研究交通供给管理和交通需求管理,力求减少交通需求,增大交通供给,缓解交通紧张状况;

(2)对各种运输方式综合运用的研究。主要是研究各种运输方式的功能与适用条件,尽量发挥各自的优势。另外,还要研究各种运输方式的衔接,以便形成有效的交通系统。在城市交通中,还研究向立体空间发展的“新交通体系”。

总之,在交通工程学发展过程中,其研究内容不断拓宽。随着计算机科学的普及、通讯技术的先进、系统科学、信息科学、控制论等现代科学的发展,交通工程学理论必将得到进一步的丰富和发展。

第三节　交通工程学的内容

交通工程学发展至今,其内容颇丰,主要包括以下内容:

一、交 通 特 性

对某一地区的交通研究的出发点应该为掌握该地区的交通特性及其发展趋势。这部分内容包括:

1.驾驶人的交通特性

驾驶人是道路、车辆的主要使用者。其行为特性从根本上影响着交通流的特性。应当从交通心理、生理学的角度来研究驾驶人的视觉特性、反应特性、酒精及开车打手机等对驾驶的危害性、驾驶人的驾驶适合性,以及驾驶人的素养、注意力、智力、情绪、年龄、知识结构、疲劳程度等对行车的影响。

2.行人的交通特性

行人的交通特征表现在行人的速度、对个人空间的要求、步行时的注意力等方面。这些与行人的年龄、性别、出行目的、教养、心境、体质等因素相关,也与行人生活的区域、周围的环境、街景、交通状况等因素有关。

3.乘客的交通特性

人们的乘车过程本身意味着时间、体力、金钱的消耗。因此,乘客交通特性的共同要求是安全、迅速、舒适、灵活、方便。因此,在出行方式选择、线形设计、交通工具配备、交通设施布设都应考虑到这些要求。如:大城市中,小汽车出行拥堵较严重,如公交舒适、便捷则可促使部分人放弃小汽车出行;当汽车在曲线上行驶时,横向力系数大于0.2时,乘客有不稳定感;在山区道路上或陡边坡高填土道路上行车,乘客看不到坡脚,会产生害怕心理;乘客乘车时间过长,容易产生烦躁情绪;乘客有一定的心理空间要求等。

4.车辆的交通特性

车辆拥有量是一个城市或一个地区交通状况的基础数据。因此,要研究车辆历年的增长率、按人口平均的车辆数、车辆的增长与道路发展的关系、车辆组成、车辆拥有量的预测及如何合理地控制车辆拥有量的盲目增加等。

车辆运行特性研究车辆的尺寸大小与质量、动力性能、制动性能、经济特性等。上述性能与交通效率有密切关系。通过研究,可以提出改善现有车辆对安全和环保的性能要求,同时,对道路设计和交通管理等提出新的要求。

5.道路的交通特性

道路是交通的基础,道路必须符合其服务对象——人、货、车的交通特性。交通工程学要研究道路规划指标如何适应交通的发展;研究线形标准如何满足行车要求;研究线形设计如何保证交通安全;研究道路与环境如何协调。

6.交通流特性

交通流主要是用交通量、车速和车流密度三参数来表征的。进行交通设计和交通管理时,需要对交通流进行定量分析,赋予各参数具体数值作为设计管理依据。

二、交通调查

交通调查是开展交通工程研究的基础工作。主要调查项目有:交通量、车速和车流密度调查;行程时间和延误调查;停车调查;公共交通客流调查;公路客、货流调查;道路通行能力调查;交通事故调查;交通环境调查;居民出行调查(RP调查);出行意向调查(SP调查);起讫点调查;COD调查等。如何进行以上调查(包括调查时间、地点、方法),如何取样,如何进行数据整理与分析,都是交通工程学要研究的问题。

三、交通流理论

交通流理论是研究各种不同密度的交通流特性与其表达参数之间的关系,寻求最适合交通状态的模型，推导表达公式，为制定交通治理方案、增建交通设施、评定交通事故提供依据的方法。目前已发展的相对成熟的交通流理论研究方法包括概率论、流体力学理论、动力学理论、排队论等，同时随着ITS的发展和大规模数据采集的可能，对交通流状态的研究更为深入。此外，近些年随着人们对人工智能方法认识的深入与应用，交通工程领域也进行了相关的研究，如使用神经网络算法对交通流状态进行模拟等。

四、道路通行能力

道路通行能力方面的研究一直是交通工程学中比较重要的一部分，1992~1994年交通部的公路科学研究所就主持了"等级公路适应交通量和折算系数标准"的研究，提出了各级公路初期和远期所能适应的AADT(年平均日交通量)建议值；"九五"期间，国家计划委员会将"公路通行能力研究"列为国家重点攻关课题，对高速公路、双车道公路和无信号交叉口通行能力进行了广泛系统的研究。在最近的"十五"课题中，又对城市快速路通行能力进行了研究，可见，道路通行能力的研究将长久地持续下去。

五、交 通 规 划

随着社会的发展，交通规划已经成为与社会经济发展和生活水平密切相关的城市总体规划程序中的一个重要组成部分。它是根据城市性质、用地功能分区与布局、工作与居民地点的分布，研究规划年限(包括近期和远期)内的城市客运量与货运量以及车辆出行的次数与流向的变化规律，计算交通出行在各用地分区之间如何分配；根据国民经济的发展水平和城市规划用地布局，分析城市交通特点，研究和选择高效的交通方式；配合城市道路系统规划的初步方案，研究城市客运和货运的交通流量和流向分布图，从而为修正或规划道路系统提供依据。

从时间跨度来说，交通规划可分为战略交通规划、中长期交通规划和近期交通规划。依据其规划的范围与内容的不同，又可分为综合交通规划、道路交通规划、场站交通规划，静态交通规划等。

六、停车设施规划与设计

随着车辆的增加，一些大城市已经出现停车难的局面，停车成为城市交通的棘手问题，亟待解决。如北京市机动车总量已超过229万辆，其中客货机动车177.2万辆，而机动车停车泊位仅109.8万个，停车泊位数量仅仅是机动车保有量的62%。于是我们需要研究车辆和出行的分布规律，研究如何选取停车场的位置，并规划停车场的合理规模。考虑如何合理布置停车场的车位，使停车场得到最大限度地利用；考虑如何制定与交通需求管理相适应的停车政策，才能以停车为手段促进人们出行行为的理性发展。在一些大城市，用地紧张，因此还必须考虑如何高效地利用有限的空间，比如研究空中、地下和水下的停车场，修建停车楼以及地下、水下车库等。

七、交通管理与控制

交通管理与控制是一个复杂的系统，包括的内容比较多，如交通管理的原则、措施、设施、法规等；又如根据交通条件和道路情况，如何进行交通组织优化，使交通流迅速通过，减少交通延误；再如根据车流特性，如何采取交通管理措施，保证交通安全等。利用交通信号进行控制是目前最常见的一种交通控制方式，它可以从时间上将不同流向的车流进行分离。如何高效地利用道路的时空资源，如信号配时优化、交通渠化、车道功能划分、绿波控制、面控制等都是交通管理研究的内容。此外，交通管理政策的制定随着交通基础设施的完善，其作用也日趋明显，我国如北京等大城市正在探求建立一套综合的交通政策管理体系来从宏观层面寻求解决交通问题的途径。

八、交通安全

在全世界范围内，交通事故都是一个严重的问题。据世界卫生组织统计，在一些工业发达国家中，全国的总死亡人数中有4%死于车祸，而在15~24岁的男青年死亡人数中有50%死于道路交通事故。近些年，我国随着私家车的迅猛发展，交通事故也已成为社会性的大问题，2004年5月1日我国开始施行新的《道路交通安全法》对我国的“交通事故”也进行了重新定义。根据新法规的统计标准，2004年，全国公安机关交通管理部门共受理道路交通事故517889起，事故造成107077人死亡、480864人受伤，直接财产损失23.9亿元，万车死亡率为9.9。因此，研究和掌握发生交通事故的规律，研究交通事故与人、车、路之间的相互关系以及减少交通事故的措施，对保证交通安全极为重要。交通安全问题是世界各国普遍重视的一个问题。交通安全研究的是交通事故的定义、分类、表达方式、变化规律、影响因素、交通事故生成机理以及安全保障措施等。

九、道路交通环境的保护

交通系统对环境的不利影响主要包括生态环境影响、社会环境影响、大气环境影响及噪声影响等多个方面。自20世纪80年代以来，我国机动车保有量迅速增长，大量机动车污染物集中在城市排放，使一些大城市的空气质量恶化，超标范围逐年增大、超标频率逐年提高。

交通产生的振动，噪声和机动车排气对大气的污染，已构成社会公害，危及人身健康，影响工作效率。据研究得知，95~100dB的音量，就影响人的听力，100dB以上可使人耳聋。大气污染可使人患肺气肿，支气管炎，心脏病的几率大幅度提升等。因此我们要制定环境保护评价标准，研究噪声、废气排放和振动的防治措施，针对城市的规模提出相对应的环境容量阈值。同时通过基础设施建设及相关政策法规优化交通出行结构，保证交通的可持续发展。

第四节　我国交通工程学的发展

我国地域辽阔，历史悠久，道路交通的发展也源远流长。在交通工程学作为一门学科传入我国之前，我国交通行业的从业人员已经做了很多属于交通工程学范畴的工作，并且对交通工程学的发展起到促进作用。

20世纪70年代后期，一些国外的专家来我国讲学，带来了国外的先进技术和设备。1979年，有关高校开始建立交通工程专业，进行人才培养。1981年，中国公路学会成立了交通工程学会，对我国交通工程学的发展，亦起到了很大的促进作用。在短短的20多年中，我国各有关方面的专家们，在交通工程的理论与实践方面取得了很大进展和成就。

一、交通调查

1.道路交通调查

20世纪70年代中期，交通部公路科学研究所和公路规划设计院共同对国道进行了交通调查，研制了手控和自动控制(便携式和固定式)的交通量调查仪。在此基础上，1979年交通部以公交路字(79)837号文通知各省、市、自治区交通厅(局),要求在全国范围内对国家干线公路(国道)进行技术调查。从此,各单位在国道上先后建立了11262个间隙式交通调查点和183个连续式交通调查站,对交通量、车速、交通组成进行观测。这是一项开创性的具有深远意义的交通工程实践工作。根据观测到的资料,掌握了该时期国道交通情况和交通变化规律,并整理出所在地区的交通量换算系数,积累了我国公路交通发展的第一手资料。

为掌握城市道路上交通量的变化规律,北京、哈尔滨、福州等城市在街道也设立了交通量观测站,收集了一批数据。目前,随着电子、通信技术的发展,北京、上海、广州、天津等城市还利用视频、微波、线圈、激光等检测器观测交通信息,通过交通监测系统进行实时的交通调查。

与此同时,我国引进国外一些调查数据处理的软件,如美国的AUTOSCOPE,其可以通过对交通视频录像处理,来统计车速、车流量等多种参数。

2.居民出行调查

为掌握城市客流交通的特性及其在时间、空间上的分布规律,应进行居民出行调查,询问被调查人因工作、学习、购物、文化娱乐、社交等产生交通的情况。根据调查得到的资料和规律,制定交通政策,指导城市交通规划和建设,这样才可能使交通措施有的放矢。

建设部城市规划设计院与天津市合作,率先于1981年7月对天津市区6个行政区,156km^2的302.7万居民进行了出行调查。将调查范围按交通情况分成87个交通小区,按调查范围居民户数(73.3万户)的3%抽样,共抽出调查户数23663户,抽出调查人数76268人。经过调查,得出了天津市居民出行特征的主要参数和出行起讫分布规律。如天津市居民平均出行次数2.44人次/人·日,自行车、公共交通、步行、其他(包括地铁、出租汽车、单位客车、轮渡等)4种交通方式的比例分别为44.54%、10.33%、42.62%、2.51%。

1986年6月,北京市对东城、西城、崇文、宣武、朝阳、海淀、丰台、石景山8区和原大兴、昌平、通县的部分乡镇进行居民出行调查。调查区总人口582万,抽样5%,共调查7.5万户,26万人。分析得到以下基本数据:全市居民日出行总量为1123.3万人次;居民出行方式中,步行占13.8%,自行车占54%,公交车占24.33%,其他占7.97%。

此后,北京于2000年前后再次举行了一次北京市城市交通综合调查。此次调查于1999年5月~2000年3月,2000年10月~2001年5月与2001年6月~2002年5月,分三个阶段完成。其中包括了居民出行调查、流动人口出行调查、机动车一日出行调查、道路核查线调查、对外出入口交通量调查、客流吸引点调查、公共交通乘客调查、机动车保有量分布调查、道路交通设施供给调查与货流分布调查10个子项调查。这次调查成果为近几年北京的交通规划、建设与管理等方面的研究和实践工作提供了宝贵的基础资料。

同时,随着调查方法的发展和交通规划的需要,近几年,对于居民出行意向的调查方法正在兴起,其可为制定更有针对性的交通政策和更加合理的交通管理规划等提供可靠的依据。目前,在2005年北京交通综合调查中也加入了居民出行意向调查的部分,调查工作正在进行之中。可以预见其成果必将为北京交通政策制定与交通规划的发展提供更为可靠的依据。

二、交通规划

1.交通规划理论与方法

在道路规划实践中发现,按照美国芝加哥市的交通规划理论与方法进行城市交通规划,工作量大且费时、费钱。在交通分配模型方面也需要改进。东南大学等高校探讨了城市交通规划的规范化交通调查内容及调查技术,对最短路分配、容量限制-增量加载分配、多路径概率分配的实用性进行了研究,提出了动态多路径交通分配模型。目前,交通工程科技人员正在探索建立定性分析与定量分析相结合的交通规划理论与方法。

同时,近些年交通规划软件的开发与应用,也为交通规划的推进提供了动力。如东南大学自主开发的 Transtar、建设部交通中心开发的 Tran Solution 等,都是基于我国国情和城市交通结构的规划软件。同时很多国际上主流的规划软件也被我国一些科研院所用于一些城市的交通规划工作中,如 TransCAD、Trips、Visum、EMME/2、Cube 等。

此外,国内对交通枢纽规划进行了研究,提出了一套可供实际应用的交通枢纽规划方法。这套方法包括交通枢纽规划内容、规划流程、枢纽选址方法与计算程序,以及枢纽规模的确定与功能设计的方法。此外,对公共交通线路优化的研究也获得了一批研究成果。

2.国道网规划

1980 年,交通部公路规划设计院,提出了对 1964 年编制的《国家干线公路网规划草案》进行修订后的试行方案。1981 年由国家计委、经委和交通部以计交(1981)789 号文颁布试行。

进入 20 世纪 90 年代后,又制订了一个以高速公路、汽车专用公路为主体的全国国道主干线网。随之,交通部发文要求各省级、专区级、县级政府所辖交通部门,着手编制本辖区的 30 年公路网规划。将国家公路网的布局分为 3 类,1 类有 12 条线路,由北京向全国放射,编号为 101~112,计长 2.35 万公里。2 类由 28 条南北走向的纵线组成,计长 3.78 万公里,编号为 201~228(后调整为 27 条,3.71 万公里)。3 类 30 条由东西向横线组成,计长 4.79 万公里,编号为 301~330(后调整为 29 条,4.62 万公里)。共计规划干线 70 条总长 10.92 万公里(后调整为 68 条,10.60 万公里),称为国家干线公路网。"七五"期末又对规划方案进行了完善,提出了国道主干线的想法,将现有国道网中的一部分重要线路,贯通首都、直辖市和各省省会或人口大于 100 万的特大城市及部分人口大于 50 万的大城市的干线,建立以高速公路为主的国道主干线,其总体布局为"五纵七横",计 12 条线路,总长约 3.5 万公里。1998 年以来,我国年均通车里程超过了 4000 公里,到 2004 年底,中国高速公路通车里程已超过 3.4 万公里,继续保持世界第二。

2005 年 1 月 13 日,国家高速公路网规划提出:采用放射线与纵横网格相结合的布局方案,形成由中心城市向外放射以及横连东西、纵贯南北的大通道,由 7 条首都放射线(北京—上海、北京—台北、北京—港澳、北京—昆明、北京—拉萨、北京—乌鲁木齐、北京—哈尔滨)、9 条南北纵向线(鹤岗—大连、沈阳—海口、长春—深圳、济南—广州、大庆—广州、二连浩特—广州、包头—茂名、兰州—海口、重庆—昆明)和 18 条东西横向线(绥芬河—满洲里、珲春—乌兰浩特、丹东—锡林浩特、荣成—乌海、青岛—银川、青岛—兰州、连云港—霍尔果斯、南京—洛阳、上海—西安、上海—成都、上海—重庆、杭州—瑞丽、上海—昆明、福州—银川、泉州—南宁、厦门—成都、汕头—昆明、广州—昆明)组成,此外还有:辽中环线、成渝环线、海南环线、珠三角环线、杭州湾环线共 5 条地区性环线、2 段并行线和 30 余段联络线,简称为"7918 网",总规模约 8.5 万公里,其中:主线 6.8 万公里,地区环线、联络线等其他路线约 1.7 万公里。

3.城市交通规划

截止到 2003 年底,我国已有城市 660 个。其中 1000 万人口以上的特大城市 3 个,400 万人口以上的超大城市 8 个,200 万~400 万人口的大城市 22 个,100 万~200 万人口的城市141 个,

50万～100万人口的城市274个，20万～50万人口的城市172个，20万人口以下的城市40个，（以上人口为城市市辖区人口），城镇总人口52376万，乡村总人口76851万。城市的形成与演变在很大程度上取决于交通，城市的发展又促进了交通的发展。截止到2003年底，我国实有城市道路面积245093万m^2，城市人均铺装道路面积7.17m^2。为了适应国民经济的发展，各城市陆续修改（编制）总体规划，而城市交通规划是其重要的组成部分。1990年4月，全国人民代表大会通过了《城市规划法》，明确了城市规划必须包括城市交通综合体系规划。目前，已有60多个城市做过城市交通规划。

目前，为进一步控制城市的发展规模，合理开发有限的城市用地。北京在2003年新的城市总体规划中提出了"两带两轴多中心"的城市发展形态，与此同时，北京于2005年4月出台了《北京交通发展纲要2004～2020》，与新的北京总体规划相结合，强调了城市开发与交通基础设施建设相融合，改变北京无序扩张的城市发展形态，为实现城市的"精明增长"（Smart Growth）和公共交通导向的发展模式（TOD）而努力。目前，北京市已经明确规定，凡2万m^2以上的商业开发用地、5万m^2以上的住房开发用地都必须在开发之前进行交通影响评价。这样做一方面，可以进行开发项目对交通系统的影响的客观评价；另一方面，也可以通过交通咨询对开发项目的交通条件进行优化，以减少对城市交通系统的压力。从而规范城市用地的开发，把交通规划细划到开发城市用地的源头。

三、交通管理与控制

1.交通管理

道路交通是一个复杂的开放系统，涉及到政治、经济、技术等诸多问题，因此，治理交通需要运用系统工程理论，采取综合的措施。20世纪80年代，我国在交通安全教育、制订交通法规、推广各种管理措施方面做了大量工作。

（1）早期为减少交通需求，国家采取了限制性购车，在城市里，实行错峰上班、轮休、弹性工作制，禁止某种车在规定时间进入特定区域等措施。目前，国家将汽车产业作为国家经济的支柱性产业来发展，降低了购车的门槛，为此需要实行科学的交通需求管理。

（2）为了改善交通秩序，减少交通资源的浪费，在城市交通中，广泛采取了信号控制、路面画线、路口渠化、街区交通组织、禁止路边停车、变向车道等各种措施，并建立了自动控制系统，以充分发挥道路系统的通行能力。

（3）交通部于1983年5月颁布了《公路标志及路面标线标准》。1986年，国家颁布了交通部和公安部联合编写的《道路标志及路面标线标准》（GB5768—86）。1988年，国务院颁发了《中华人民共和国道路交通管理条例》。1999年国家又公布了《道路交通标志和标线》（GB 5796—1999）。公安部及各地公安部门还研究制定了各种道路交通管理条例和违章处罚的规定等。北京市于2003年3月颁布了《北京市公路交通标志和标线实施细则》的试行本。此外，上海和北京还正在研究信号交叉口设计的规范。

（4）随着计算机技术和网络技术的发展，建立了机动车、驾驶人以及交通执法的信息库，大大提高了交通管理的水平。

2.城市交通控制

1988年，北京市引进英国的自适应交通控制系统SCOOT即"周期—绿信比—相位差优化技术”和其相关设备，首先在北京中区52个路口，随后在东区39个路口实施了计算机区域联网控制。至今该系统仍在发挥作用。此后，上海、深圳等城市也相继建立了计算机区域控制系统。

随着智能交通系统（ITS）研究的不断深入，交通自动控制系统再次成为交通研究的热点问题。在国家“十五”科技攻关项目——智能交通系统关键技术及示范工程中，智能交通控制系统被列为一个独立的研究项目，期望能根据我国城市的交通特点，研制适合我国国情的交通自动控制系统。同时，伴随着城市快速路的建设，城市快速路控制系统也正由北京市公安交通管理局等单位进行共同研发。

四、其他方面

目前，北京的CBD智能交通控制系统总体规划已完成，方案以商务中心区周边地区36km^2为研究范围，智能交通工程随CBD道路工程同步实施，计划分3年完成，总投资1.4亿元。2007年北京朝阳CBD智能交通系统将建成。

1.道路工程

1）修建高速公路和快速公路

我国修建的第一条高速公路为台湾省纵贯南北的高速公路。该路自高雄起，经台南、台中、台北到基隆止，全长373.4km，总投资470亿台币，平均1.2亿台币/km（约300万美元/km），1970年动工，1978年10月通车。

进入20世纪80年代，我国高速公路的建设才开始，先后修建了沪嘉、沈大、京津塘、广佛、西临、广深、莘松、沪宁及广州市环城等第一批高速公路。同时，还修建了一批一级公路，如京石、合宁等，有些后来也改为高速公路。

近几年，由于国内经济发展的需要，为解除交通基础设施对经济发展的制约，国家大力投资建设交通等基础设施，高速公路得到了长足的发展，截止到2004年8月底，我国的高速公路通车里程已经突破了3万km，高速公路总里程位居世界第二。而在城市附近，像北京、上海、南京、广州等也修建了标准比较高的快速公路。如北京的二环路就为典型的城市快速路，如图1-1所示。

图1-1 北京二环路断面图

3)修建互通式立交桥

中国第一座城市道路立交是广州市于1964年建成的大北环形立交。北京市兴建最早的道路立交是位于昌平路上的白浮桥、蓝靛厂路上的八里庄桥和车道沟桥三座跨路、跨河立交，均建成于1966年。1974年在城区建成第一座苜蓿叶形互通式立交——复兴门桥，此后又建立了环形立交、菱形立交、跨线立交(变形的菱形立交)以及新型组合型立交等。其中，北京的四方桥地处朝阳区，位于东四环路与京沈公路交会处，立交形式为定向型互通式立交，占地面积31.9hm^2，其形式如图1-2所示。

图1-2 四方桥效果图

3)道路线形设计新理论

在研究道路交通安全的过程中，发现一些交通事故与道路设计不尽合理有关系。现行的道路线形设计理论，以汽车行驶对道路的要求为依据，静止地套用《公路工程技术标准》的规定，孤立地分析线形元素的尺寸。针对这种情况，学者们纷纷开展研究，提出了道路线形设计新理论，其要点是以用路者的交通需求为依据，从实际交通状况的角度即用动态的观点分析问题，根据驾驶人在道路中实际的运行速度进行协调设计。所谓协调是指道路与环境的协调，道路3个投影面之间的协调，各线形元素之间的协调，用速度连续和视觉连续作为判断协调的标准。按照新理论设计的道路，充分考虑了道路使用者的生理、心理特征，使道路线形设计更加符合实际的行车规律，为保证道路交通安全创造条件。

2.高速公路的监控系统及其他

高速公路的修建，带来交通监控系统、收费系统、通信系统、安全设施设计等诸多新课题。交通部公路科研所及各有关单位对这些问题进行了研究，取得了丰硕成果。目前在部分高速公路上已建设了交通自动监控系统和控制中心，其中包括交通量、交通事故、路况及气候等信息系统、闭路电视系统和应急电话系统等。通过试验路段研究，其后大部分采用了光纤系统。设计建设了开放式和封闭式收费系统，还创造了混合式收费系统，车型自动识别系统。

在交通安全设施方面，1992年，中国公路工程咨询监理总公司对高速公路安全护栏进行了实体碰撞试验，根据试验数据进行了理论分析。在此基础上，编写了适合我国高速公路使用的安全护栏技术标准。这些成果均已在我国高速公路建设中应用。

此外，随着人们对道路景观与美感要求的提高，在北京机场高速公路上，建设了具有我国民族特色的收费站，南京机场高速公路沿线的绿化与美化建设丰富多彩。同时，我国也进行了彩色沥青的实验路的实践应用，如北京亦庄开发区、郑少高速公路的部分路段等均有应用，从效果看，对丰富城市色彩景观起到了显著的作用。

3.交通评价理论与方法

在交通评价范围内，研究了综合效益函数法、模糊数学法、层次分析法及灰色理论的应用问题，提出了建模原则，建立了适合不同用途的评价体系，编制了交通规划评价专家系统。这些成果已广泛应用于城市交通综合评价、道路系统功能评价、交通规划方案评价、交叉路口评价、路面管理评价、交通安全评价等各个方面。

4.智能交通理论研究与发展

随着智能交通理念的引入，我国从20世纪70年代末开始在交通运输和管理中应用电子信息及自动控制技术，首先在北京、上海和广州等大城市开始了交通信号控制的研究开发，80年代后期，我国开始了ITS的基础性的研究工作，此后，我国智能交通研究和开发的重点集中在：道路交通综合管理；城市交通诱导系统；高速公路联网收费和不停车收费技术；智能控制与管理和交通信息服务系统；车载路径导航系统等。2005年11月，第九届多国城市交通学术会议——智能交通的应用与发展在北京召开，会上，全国10个ITS示范城市就各自城市“十五”期间科技项目的角度总结了智能交通方面的近期发展和未来规划，它代表了目前我国城市智能交通发展和应用的基本水平。2007年，国际ITS年会即将在北京召开，相信这将对我国智能交通的发展起到更大的推动作用。

思考题

1.什么是交通工程学？

2.交通工程学的主要内容是什么？

3.我国交通工程近些年的发展主要有哪些，集中在哪些方面？

第二章 交通特性

DIERZHANG

交通特性分析是交通工程的一个基本部分，是进行合理的、科学的交通规划、设计、营运、管理的前提和基础。

第一节 人的交通特性

道路交通系统中的人包括车辆(机动车和非机动车)驾驶人、乘客和行人，他们都是道路的使用者，是交通系统中的主要部分。人的因素不仅涉及到交通安全，而且贯穿整个交通工程的各个方面。

一、驾驶人的交通特性

1.驾驶人的任务

驾驶人是道路交通系统中“会思考”的部分，其主要任务是：

(1)沿着选定的路线驾驶车辆，完成从起点到终点的运输过程，以实现人员和货物在空间上的转移。

(2)遵守交通法规，正确理解信号、标志、标线的含义。服从交通警察的指挥，自觉维护交通秩序以保证交通的安全和通畅。

(3)遇到不利情况及时调整车速或改变车辆的位置和方向或停车，以避免交通事故的发生。

以上3项任务中，后两项任务决定着车辆运行的可靠性和安全程度。

2.驾驶人的信息处理过程

车辆行驶时，驾驶人通过视觉、听觉、触觉等感觉器官感知车内外的各种行车信息，这些信息通过注意的选择，一部分以较深刻的印象进入驾驶人的大脑神经中枢，并结合驾驶人以往的经验进行加工，加工的结果是做出相应的判断和决策，最后通过“反应器”(手、脚等运动器官)操纵车辆。此时如果“反应器”在反应上有偏差，导致车辆运动与驾驶人的实际期望不符，则必须把信息及时返回到神经中枢进行修正，然后再传递到“反应器”，“反应器”执行修正后的命令。这个过程可以抽象成图 2-1 所示的信息处理过程。

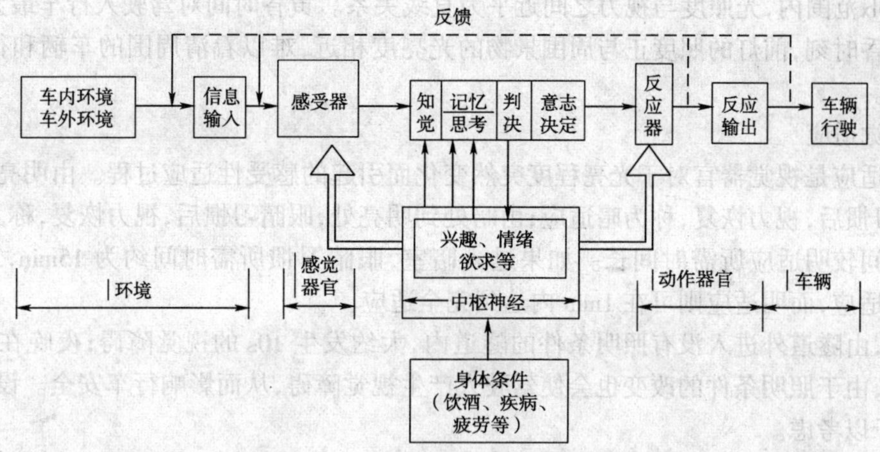

图 2-1 驾驶人的信息处理过程

总括起来，驾驶人行车的过程，就是感知、判断决策和操纵 3 个阶段不断循环往返的过程。

感知是驾驶人通过视觉、听觉、触觉等感觉器官来感知行车的环境、条件和信息，如道路线形、交通标志号、其他人、车状况等。

判断决策是驾驶人在感知信息的基础上，结合驾驶经验和技能，经过分析，做出判断，确定有利于汽车安全顺畅地行驶的措施。

操纵是驾驶人依据判断决策所做出的实际反应和行动，具体指手脚对汽车实施的控制，如加速、制动、转向等。

3. 视觉特性

在行车过程中，驾驶人需要及时感知各种交通信息，根据统计分析，各种感觉器官给驾驶人提供交通信息的比例如下：视觉 80%；听觉 10%；触觉 2%；味觉 2%，可见，眼睛是驾驶人信息输入最重要的器官，因此对视觉机能的考核和研究是驾驶人特性研究的重要内容。

视觉就是外界光线经过刺激视觉器官在大脑中所引起的生理反应。视觉在辨别外界物体的明暗、颜色、形状等物理特性，以及区分物体的大小、远近等空间属性上都起着重要的作用。

对于驾驶人的视觉机能，主要从以下几方面来考察：

1）视力

视力就是眼睛分辨两物点之间最小距离的能力。根据眼睛所处的状态和时间不同，又有静视力、动视力和夜间视力之分。

静视力是站在视力表前 5m 处，依次辨认视标测定的视力。视力共分 12 级，我国驾驶人体检时要求视力两眼各为 0.7 以上，或两眼裸视力不低于 0.4，但矫正视力必须达到 0.7 以上，无红绿色盲。日本的驾驶人考核标准规定，驾驶大客车的驾驶人，视力不应小于 0.5；小汽车的驾驶人视力不小于 0.4。

动视力是处在运动中观察物体的视力。动视力与汽车行驶的速度有关，随着车速的提高，视力明显下降。例如以 60km/h 的速度行驶，驾驶人能看清车前 240m 的标志，而以 80km/h 的速度行驶，则在接近 160m 处才能看清车前标志，车速提高 33%，视认距离反而减少 36%。此外，动视力还随驾驶人年龄的不同而有所差异，年龄越大，动视力降低的幅度越大。

夜间视力受光照度、背景亮度等诸多因素的影响。光照度增加则视力增加，光照度在0.1～1000lx范围内，光照度与视力之间近乎为直线关系。黄昏时间对驾驶人行车最为不利，原因在于黄昏时刻，前灯的照度正与周围景物的光亮度相近，难以看清周围的车辆和行人，容易发生事故。

2)视觉适应

视觉适应是视觉器官对于光亮程度突然变化而引起的感受性适应过程。由明亮处进入暗处，眼睛习惯后，视力恢复，称为暗适应；由暗处到明亮处，眼睛习惯后，视力恢复，称为明适应。暗适应时间较明适应所需时间长。如果进入暗室，眼睛习惯所需时间约为15min，30～40min才能完全适应，而明适应则可在1min内达到完全适应。

一般，由隧道外进入没有照明条件的隧道内，大约发生10s的视觉障碍；夜晚在城区和郊区交界处，由于照明条件的改变也会使驾驶人产生视觉障碍，从而影响行车安全。设置照明设施时，应予以考虑。

此外，黄昏时路面的明亮度急速降低(特别是秋天的黄昏)，这时的天空还较明亮，视觉的暗适应较困难，而此时正值驾驶人和行人都感到疲劳的时候，事故发生率较高，应从多方面予以重视。再者，对于不同年龄的驾驶人来说，暗适应能力也有明显不同，研究结果表明，从20岁到30岁，暗适应能力是不断提高的，40岁以后开始逐渐下降，而60岁时的暗适应能力仅为20岁人的1/8。了解驾驶人暗适应的变化特点，对预防交通事故的发生是十分必要的。

3)炫目

若视野内有强光照射，颜色不均匀，使人的眼睛产生不舒适感，形成视觉障碍，这就是炫目。夜间行车，对向来车的灯强光照射，最易使驾驶人产生炫目现象。这种现象有连续与间断之分。夜间行车多半是间断性的炫目，当受到对向车灯强烈照射时，不禁要闭目或移开视线，这种现象称之为生理性炫目。若由于路灯照明反射所产生的眩光使驾驶人有不愉快的感觉，这种现象为心理性炫目。炫目是由眩光产生的，眩光会使人的视力下降，下降的程度取决于光源的强度、视线与影响光之间的夹角、光源周围的亮度、眼的适应性等多种因素。汽车夜间行驶，多数遇见的是间断性炫目。

强光照射中断以后，视力从炫目影响中恢复过来需要的时间，从亮处到暗处大约需6s，从暗处到亮处约需3s，视力恢复时间的长短与刺激光的亮度、持续时间、受刺激人的年龄有关。

为了避免炫光影响，可采取交通工程措施，如改善道路照明，设道路中央分隔带并种植绿篱或设置防炫板、防眩网来遮蔽迎面来车的灯光，前灯用偏振玻璃做灯罩，使用双光束前照灯，戴防眩眼镜，驾驶人内服药物等。

与眩光有关的另一种现象是消失现象，即当某一物体(例如行人)因同时受到对向车的车灯照射，而在某一相对距离内完全看不清该物，呈消失状态。一般站在路中心线的行人当双向车距行人约50m时，呈现消失现象，驾驶人辨认不出行人。因此在夜间横过马路时，站在中心处是很危险的。

4)视野

两眼注视某一目标，注视点两侧可以看到的范围称为视野。

将头部与眼球固定，同时能看到的范围为静视野。若将头部固定，眼球自由转动，同时看到的范围为动视野。动视野比静视野大，左右约宽15°，上方约宽10°，下方无变化。

视野受到视力、速度、颜色、体质等多种因素影响。随着车速增大，驾驶人的视野明显变窄,注视点随之前移,两侧景物变得模糊,如表 2-1 所示。

驾驶人视野与行车速度的对应关系 表 2-1

行车速度(km/h)	注视点在汽车前方(m)	视 野(°)
40	183	90 ~ 100
72	366	60 ~ 80
105	610	40

5)色视觉

色视觉在可见波长范围内,不同波长的感觉阈限不同。可见光的波长在 400 ~ 760nm 之间,可见的颜色是从短波的紫色到长波的红色之间的颜色。波长在此范围以上的称红外线,在此范围以下的称紫外线。

颜色有 3 个属性:色相、明度、彩度。

色相 指反应各种具体色彩面貌的属性。色相决定于物体反射光的波长,是物体颜色在质方面的特性。红、黄、蓝为彩色的基本色。

明度 为彩色的明暗程度。就视觉反应而言,可将明度理解为反射光引起视觉刺激的程度,如浅红、深红、暗红、灰红等明度变化。

彩度 指颜色的纯度。当一种颜色的色素含量达到极限时,正好发挥其色彩的固有特性,是该色相的标准色。

不同的颜色对驾驶人产生不同的生理心理作用,如红色显近,青色显远;明亮度高的物体视之似大,显轻;明亮度低者,视之似小,显重等。

我国交通标志使用 6 种颜色:红、黄、蓝、绿、黑、白。红色波长最长,传播最远,使人产生"火"和"血"的联想,对人的视觉和心理有一种危险感和强烈刺激,多用于禁令标志。黄色具有明亮和警戒感觉,用于注意危险的警告类标志。蓝色和绿色使人产生宁静和平与舒适的感觉,多用于指示、指路标志。夜间人眼的识别能力降低,白色最好,黑色最差。

4.反应特性

反应是由外界因素的刺激而产生的知觉——行为过程。它包括驾驶人从视觉产生认识后,将信息传到大脑知觉中枢,经判断,再由运动中枢给手脚发出命令,开始动作,动作生效。知觉-反应时间是控制汽车行驶性能最重要的因素,如图 2-2 所示。

驾驶人开始制动前最少需要 0.4s 知觉-反应时间,产生制动效果需 0.3s 时间,共计 0.7s。根据美国各州公路工作者协会规定,判断时间为 1.5s,作用时间为 1s,故从感知、判断、开始制动到制动生效全部时间通常按 2.5 ~ 3.0s 计算。道路设计中,以此作为制动距离的基本参数。

反应时间的长短取决于驾驶人的素质、个性、年龄、对反应的准备程度以及工作经验。

5.疲劳

1)疲劳驾驶

驾驶人疲劳是指由于驾驶作业引起的身体上的变化、心理上的疲劳及客观测定驾驶人能力低落的总称。

驾驶汽车是一项脑力劳动与体力劳动并重,神经比较紧张的技术性工作。驾驶人驾车时间超过一定的长度便会发生疲劳,此时人的感觉、知觉、判断、意志决定、运动等会受疲劳的影响。

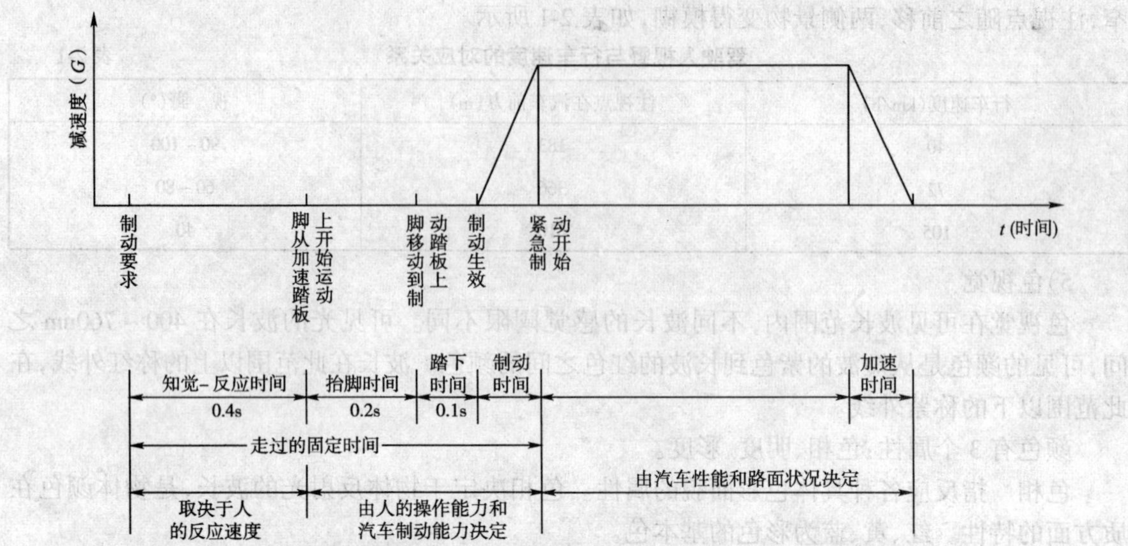

图 2-2　反应时间和制动操作示意图

2)影响驾驶疲劳的因素

(1)驾驶人生活情况

驾驶人每天的睡眠是否充足，与家庭、同事的关系是否和睦，家庭生活负担是否过重等，都产生驾驶的疲劳。如睡眠不足去开车，一定的时间后就想打瞌睡。在一般情况下，驾驶人一天行车超过 10h 以上，前一天睡眠时间不足 4.5h，事故率必然高。驾驶人家庭生活负担过重，家庭关系、同事关系不和睦，则在驾车时易走神、易烦闷，或者因过度劳累而产生疲劳。

(2)车内外环境

车内环境包括温度、湿度、噪声、振动、照明、气味、座椅的舒适度、与同乘者关系的融洽状况等等。这些因素的一项或多项的不利状态长时间作用于驾驶人，则易使驾驶人产生疲劳。车外环境包括时间(昼或夜)、大气(晴、雨雪、雾)、道路线形、路面状况、沿线设施及交通情况(车流畅通或拥挤)等。夜间、雨天、雾天、雪天驾车较辛苦较易疲劳。道路线形单调或视线不良、路面颠簸不平或太光滑、沿线设施繁杂或设置不当、车流太拥挤或车流速度反复变化等，都会使驾驶人身体劳累、心情烦躁或者过度紧张而产生疲劳。

(3)驾驶人自身特性

驾驶人自身特性包括年龄、性别、身体状况、性格取向、驾驶技术等。年轻驾驶人与老年驾驶人相比既易产生疲劳，也易消除疲劳。女性驾驶人在相同行车条件下比男性驾驶人易产生疲劳。身体健康、性格开朗愉快的驾驶人在同等条件下驾车对疲劳的体验会轻会少些。

驾驶疲劳给安全行车带来很大的影响，具体表现在驾驶人在驾车中产生反应时间增长、操作能力下降、判断失误增多等现象。据对疲劳驾驶人的检查可知，此时他们的视力下降，作业粗糙，注意力不集中，对环境、高度、距离等判断发生错误，动作的准确性和协调性变差。

6.饮酒与驾驶

饮酒后不宜驾驶车辆。酒的主要成分是酒精(化学名称为乙醇)，酒的烈性程度，是指所含酒精浓度的大小。人饮酒后，酒精被胃肠粘膜迅速吸收，溶解于血液中，通过血液循环流遍全身，渗透到各组织内部。由于酒精与水有融合性，所以体内含水量高的组织和器官，比如大脑和肝脏等,酒精含量也高。

酒精具有麻醉作用。它作用于高级神经中枢,最初使人有些轻松,减弱了对运动神经的约束,四肢活动敏捷,随着脑与其他神经组织内酒精浓度的增高,中枢神经活动便逐渐迟钝,先使人的判断力发生障碍,而后四肢活动也变得迟缓了。

饮酒对精神和心理的影响,比对身体的影响更大,其表现为:情绪不稳定;理性被麻痹,对各种事物的注意力下降;意识面变窄;信息处理能力下降,影响其选择面;预测的正确度和自制能力下降;没有了危机感,脾气变大,喜欢超速和超车,记忆力下降等。

由于饮酒对人的生理和心理能产生上述影响,所以,饮酒后驾驶人的驾驶机能会不同程度地下降。实验证明,体内酒精浓度为8%时,驾驶能力有所下降;浓度为10%时下降15%;浓度为15%时下降39%。《中华人民共和国治安管理处罚条例》第二十六条规定,饮酒后不准驾驶车辆,如违反规定,除依照本规定处罚外,可以并处吊扣驾驶证6个月以下;情节严重的,可以并处吊扣驾驶证6个月以上12个月以下。

7.驾驶人的差异

在拟定道路设计标准、汽车结构尺寸时,在对事故进行分析并采取安全措施时,要考虑驾驶人的各种特点,诸如性别、年龄、气质、知识水平、驾驶技术熟练程度、精神状态等。设计取值一般根据满足85%驾驶人的需要为度,对其余15%驾驶人的变化只予以适当考虑。

下面简单叙述驾驶人的几点差异。

1)性别差异

就一般而言,男性为外倾型(心理活动表现在外向、开朗、活跃、善交际、积极、富有正义感和意志决定能力)。女性为内倾型(深沉、文静、反应迟缓、顺应困难、直观、情绪不定)。具体表现为;

(1)开车时男驾驶人,易强行超车,东张西望,女驾驶人这种现象较少;

(2)男驾驶人对超速行车往往采取不在乎的态度,女驾驶人则很慎重;

(3)连续行车时间较短时女性的肇事率低,若时间较长则恰恰相反;

(4)遇到紧急情况时,差别更大。例如在遇到正面冲撞之前的一刹那,多数男性想方设法摆脱,而女驾驶人则陷入恐慌,手足失措;

(5)男驾驶人反应时间短,女性长;

由于驾驶人在性别上的差异,在管理中就应注意男、女驾驶人的心理、生理特点。培训驾驶人时,应适当延长女学员的训练时间,在安排任务时,让女驾驶人操纵轻便车。这样,有利于搞好交通运输,保证交通安全。

2)年龄差异

青年驾驶人,喜欢炫耀、有侥幸心理、爱冒险、寻求刺激,往往造成事故。在一般情况驾驶考试时,随年龄增高(不超过45岁)得分高,事故少;在紧急情况驾驶考试时,年龄在20~25岁者得分高,事故少,年龄大者成绩差。22~26岁的驾驶人,反应时间最短。对于夜间眩光后的恢复时间,年龄越小越快。青年驾驶人视力恢复时间约需2~3s,超过55岁者,恢复时间大约10s。老年人对交通标志、弯道、障碍判断不清,反应迟钝易肇事。对青年驾驶人应加强教育,对老年驾驶人不安排夜间行车,中年驾驶人的驾驶效果比较好。

3)气质差异

气质是人自身的稳定的个性特点,表现在各样活动中因人而异的心理活动的动力上,不以活动的内容、目的和动机为转移。

古希腊著名医生希波克拉观察到不同的人有不同的气质。他认为人体内有4种体液:血液、粘液、黄胆汁和黑胆汁。机体的状态决定于4种体液的混合比例,分别由其中一种体液占优势而生产多血质、胆汁质、粘液质、抑郁质等4种气质。

了解人的气质对于安全教育、驾驶人培训、组织交通运输业务都有重要意义。例如针对多血质驾驶人的特点,着重进行踏实、专一、不开快车等方面的教育;对胆汁质驾驶人,注意进行耐力、细心方面的教育,对其缺点错误不要当众批评,不使用“激将”法;对粘液质驾驶人,多给予指导,注意培养机动灵活的思维方式;对抑郁质驾驶人,要多鼓励,培养自信心。总之要针对不同的人,不同的特点进行工作,才能收到一把钥匙开几把锁的效果。

8.外界因素对驾驶人的影响

驾驶人的上述有关交通特性,除受自身生理、心理因素、婚姻状况、精神状态等条件影响外,还受道路条件,车辆状况,交通环境等外界因素的影响。

(1)道路线形设计欠妥,可能使视线失去诱导,使驾驶人产生错觉,增加驾驶人的心理紧张程度和驾驶疲劳。

(2)车辆的结构尺寸、仪表位置、操纵系统、安全设备等都对驾驶有影响。

(3)环境的影响。交通标志的布设会约束驾驶人的行为;道路周围若有吸引人注意的干扰点,会分散驾驶人的注意力;若沿途播放轻音乐,可加快车速;路上行人过多,会增加驾驶人的心理紧张等。

总之,驾驶人应具备以下职业特点:身体健康,能从复杂危险的状况中判断出最危险的情况,正确、冷静、迅速而恒定地作出反应;在黄昏时有较好的视力,有判断速度、距离的能力;驾驶技术娴熟,反应机敏;能判别不同的颜色;对工作有兴趣;对同志态度和蔼;遵守交通法规等。

二、行人交通特性

步行交通是与人类生活密不可分的一项活动。步行能够使个人与他人与环境直接接触,达到生活、工作、交往、娱乐之目的。为了满足步行者的生理、心理和社会需要,并保证他们不消耗过多的体力、不受其他车辆的干扰、不发生交通事故,就必须提供必要的设施。这些设施的规划、设计、实施需要对行人交通的特性有很好的认识和了解。从交通事故的统计和分析可知,行人交通事故所占比例很大。在交通系统中,行人是弱者,最容易受害,因此对行人交通进行管制。其中包括设人行道、人行过街横道、专用行人过街信号、护栏、安全带、安全岛、行人过街地道与天桥、照明以及相应的法规等。

1.行人交通特性

行人交通特征表现在行人的速度、对个人空间的要求、步行时的注意力等方面。这些与行人的年龄、性别、教养、心境、体质及出行目的等因素有关,也与行人所处的区域、周围的环境、街景、交通状况等有关。总结起来如表2-2所示。

2.儿童交通特点

由于汽车交通的发展,给儿童的生活带来很大影响,使他们的活动空间变小了。儿童在道路上玩耍,在上下学的路上和广场上玩球等都有可能与汽车冲突而肇事。因此,家庭、学校应对儿童进行交通安全教育。

儿童交通事故所占比例不小。以日本大阪府为例,1979 年交通死亡 321 人,其中步行者和骑自行车的死亡占一半,而儿童又占其中的 1/3。

行人交通特征及相关因素分析 表 2-2

因素 \ 特征	行人速度	个人空间	行人注意力
年龄	成年人正常的步行速度为 1.0 ~ 1.3m/s 之间,儿童的步行速度随机性较大,老年人较慢	成年人步行时个人空间要求 0.9 ~ 2.5m²/人,儿童个人空间要求比较小,老年人则要求比较大	成年人比较重视交通安全,注意根据环境调整步伐和视线,儿童喜欢任意穿梭
性别	男性比女性快	男性大、女性小	相当
目的	工作、事务性出行,步行速度较快,生活性出行较慢	复杂	工作、事务性出行,注意力比较集中,生活性出行注意力分散
文化及素养	复杂	受文化教育高的人一般要求高,为自己也为别人。反之,则要求低,也不太顾及他人	受文化教育高的人一般比较注意文明走路,交通安全
心境	心情闲暇时速度正常;心情紧张,烦恼时速度较快	心情闲暇时个人空间要求正常,心情紧张时要求较小,烦恼时要求较大	心情闲暇时注意力容易分散,紧张时比较集中
街景	街景丰富时速度放慢,单调时速度加快	街景丰富时个人空间小,单调时个人空间大	街景丰富时注意力分散,单调时集中
交通状况	拥挤时,速度放慢	拥挤时,个人空间变小	拥挤时,注意力集中
生活区域	城里人的生活节奏快,步行速度高。乡村人生活节奏慢,步行速度慢	复杂	城里人步行时注意力比较集中,乡村人比较分散

儿童的活动有其特点。6 岁以下的儿童,活动半径很小,距住地不超过 100m。如果看护不到,孩子突然跑到街上去玩,有可能肇事。幼儿园的儿童及小学低年级学生,智力发育尚不健全,思想简单,缺少交通知识,敢冒险从汽车前后穿越,因此酿成事故。随着年龄增长,小学高年级学生及初中学生,活动范围增大,骑车上学,可能因骑车技术不熟练或速度过快而发生交通事故。

为了保护儿童,应从小就对儿童进行交通安全教育。日本的小学一年级,第一堂课就是教怎样过人行横道,全日本在大城市里设有儿童交通公园 200 多处。小学、幼儿园所在范围的方圆 500m 地区的道路上都标有"学校区"的牌子,以引起驾驶人注意。

三、乘客交通特性

乘客交通特性的共同要求是安全、迅速、舒适。因此,线形设计、交通工具配备、交通设施都应考虑到这些要求。

当汽车在弯道上行驶时,横向力系数大于 0.2 时,乘客有不稳定感;横向力系数大于 0.4 时,乘客站立不住,有倾倒的危险。当曲线半径较小时,如果汽车由直线直接转入圆曲线,并且车速较快,乘客就会感到不舒服。所以在线形设计标准中对平曲线的最小半径和缓和曲线的长度都有规定。

在山区道路上或在陡边坡高填土道路上行车,乘客看不到坡脚,会产生害怕心理。如果在这种路段的路肩上设置护栏或放缓边坡,会消除不安心理。

道路美学与交通安全之间存在着微妙的关系。采用顺畅连续的线形、宽阔的带弧形的边沟、平缓的边坡等都会有助于道路美化和增加交通安全。这样,道路本身比较安全,驾驶人和乘客看起来也比较安全。无论道路多么优美,如果没有安全感,就不能认为在美学上是满意的。

乘客都希望缩短出行时间,尽快到达目的地。人们经常见到挤车现象,就是这种心理状态的具体表现。已在车上的乘客,希望中途一站不停,直达目的地。对于要乘车的旅客,希望出门就有车站,每辆车都停靠,来车就能上去。

乘车时间过长,容易产生烦躁情绪。为此,路线的布设应考虑到美学要求,应尽量利用名胜古迹、自然景物组成优美的道路交通环境,使乘客在旅途中能观赏风光,感到心旷神怡。同时沿线布设一些休息场地,使需要停驻的车辆稍停片刻,以便乘客下车活动、伸展腰肢、减轻疲劳。

由于体力、心理、生活、就业等方面的原因,城市居民对日常出行时间的容忍性是有一定限度的,如表 2-3 所示。如果他们的居住地离市中心的距离超出了可容忍的最大出行时间,则他们对自己居住地的位置以及交通系统服务是不会满意的。

不同出行目的的出行容忍时间(min) 表 2-3

出 行 目 的	理想的出行时间	不计较的出行时间	能忍受的出行时间
就业	10	25	45
购物	10	30	35
游憩	10	30	85

乘客在长途旅行中会产生了解沿途情况的心情。如沿途经过哪些地方,各有什么特点,前方到达哪个车站,已走了旅途的多少里程,距目的地还有多远等。因此,沿路应设立一些指示标志和里程碑,以解旅客悬念。

第二节 车辆交通特性

车辆特性在确定道路线形标准中能起很大作用。车辆分机动车和非机动车。机动车是指各种汽车、电车、电瓶车、摩托车、拖拉机、轮式专用机械车。非机动车是指自行车、三轮车、人力车、畜力车。车辆的尺寸会影响到道路线形、交通结构物的净空、停车场地等交通设施的设计。车辆的各种性能(如动力性能、制动性能)与使用这些性能的驾驶人结合在一起,又会影响到交通流的特性和交通安全。

一、车辆的设计外廓尺寸

车辆尺寸与道路设计、交通工程有密切关系。例如,制定公共交通规划时要用到公共汽车额定载客量的参数;研究道路通行能力时要使用车辆长度等数据;车辆宽度影响着车行道宽度设计等。在我国《公路工程技术标准》(JTG B01—2003)和《城市道路设计规范》(CJJ37—1990)中都规定了机动车辆外廓尺寸界限,如表 2-4 和表 2-5 所示。

《公路工程技术标准》(JTG B01—2003)规定的设计车辆外廓尺寸　　表2-4

车辆类型	总长(m)	总宽(m)	总高(m)	前悬(m)	轴距(m)	后悬(m)
小客车	6	1.8	2	0.8	3.8	1.4
载货汽车	12	2.5	4	1.5	6.5	4
鞍式列车	16	2.5	4	1.2	4+8.8	2

《城市道路设计规范》(CJJ37—1990)规定的设计车辆外廓尺寸　　表2-5

车辆类型	项目					
	总长(m)	总宽(m)	总高(m)	前悬(m)	轴距(m)	后悬(m)
小型汽车	5	1.8	1.6	1.0	2.7	1.3
普通汽车	12	2.5	4.0	1.5	6.5	4.0
铰接车	18	2.5	4.0	1.7	5.8及6.7	3.8

二、机动车的主要特性

1.汽车的动力性能

汽车动力性能通常用3个指标来评定,即:最高车速;加速度或加速时间;爬坡能力。

1)最高车速 V_{max}(km/h)

汽车的最高车速 V_{max}是指在良好的水平路段上,汽车所能达到的最高行驶车速(km/h)。

2)加速时间 t(s)

加速时间 t 有原地起步加速时间和超车加速时间之分。原地起步加速时间是指汽车由第1档起步,以最大的加速度逐步换至高档后达到某一预定的距离或车速所需要的时间。超车加速时间大多是用高档或次高档由30km/h或40km/h,全力加速至某一高速度所需的时间来表示。

3)爬坡能力 i_{max}(%)

爬坡能力用汽车满载时1档在良好的路面上的最大爬坡度 i_{max}(%)表示。小客车的最高车速大,加速时间短,又在平坦路面上行驶,所以一般不强调它的爬坡能力。货车经常要在各种路面上行驶,所以要求它具有足够的爬坡能力。

2.制动性能

汽车制动性能主要体现在制动距离或制动减速度上。制动距离 L 公式为:

$$L = \frac{V^2}{254(\varphi \pm i)} \tag{2-1}$$

式中:V——汽车制动开始的速度,km/h;

i——道路纵坡度,%,上坡为正,下坡为负;

φ——轮胎与路面之间的附着系数。与路面种类、路面表面状况、轮胎花纹和轮胎气压、车速等因素有关系。

驾驶人从发现障碍物采取措施到制动器生效,需要一段时间。这段时间统称反应时间,其长短因人而异。在确定安全停车距离时可取反应时间等于1.5~2.0s。因此,在安全停车距离中应包括制动距离 L 和在反应时间内汽车行驶的距离。

汽车的制动性能还体现在制动效能的稳定性和制动时汽车的方向稳定性上。制动过程实际上是把汽车行驶的动能通过制动器吸收转化为热能。所以温度升高后，能否保持在冷状态时的制动效能是要考虑的重要问题。制动效能的恒定性对于高速时制动和长下坡连续制动都是至关重要的。

方向稳定性是指制动时不产生跑偏、侧滑及失去转向能力的性能。制动跑偏与侧滑，特别是后轴侧滑是造成事故的主要原因。

三、自行车的交通特性

自行车交通是目前我国城市交通的一大特点，除个别城市自行车不多外，在大中小不同规模城市的出行方式构成中，自行车出行均占有很大的比例。一般大城市自行车出行量占总出行量的35%～55%；中等城市占45%～65%；小城市更高，有的超过80%。因此，研究自行车的交通特性，对于治理城市交通，保障交通安全具有重要的意义。

自行车有如下基本特性：

1)短程性

自行车是靠骑车人用自己的体力使车轮转动，因此其行驶速度直接受骑车人的体力、心情和意志的控制，行、止、减速与制动亦决定于骑车人的操纵。同时，也受到路线纵坡度、平面线形、车道宽度、车道划分、气候条件与交通状况的直接影响。个人的体力虽有强弱之分、但总是很有限的。因此，只适应于短距离出行，一般在5～6km以内(或20min左右)。

2)行进稳定性

自行车静态时直立不稳，当以一定速度前进时，则可保持行进的稳定性，只要不受突然出现的过大横向力的干扰，是可以稳定向前而不致侧向倾倒的。

3)动态平衡

自行车骑行过程中重心较高，因此，存在如何保持平衡的问题，特别是在自行车转向或通过小半径弯道时，就必须借助于人体的变位或重心倾斜以维持骑行中的动态平衡。

4)动力递减性

自行车前进的原动力是人体力，是两脚蹬踏之力。一般成年男子，10min以上可能发挥出的功率越小，车速亦随之减小。这就是动力递减的结果，一般自行车出行不宜超过10km。

5)爬坡性能

由于自行车的动力递减，对于普通无变速装置的自行车，不能爬升大坡、长坡，也不适宜爬陡坡，否则控制不住易酿成危险。对纵坡2.5%、3%与4%的坡道，其坡长限制分别为300m、200m和150m。当然，对于北方冰雪地区，其坡度与坡长更应减小，否则冬天无法骑车。

6)制动性能

自行车的制动性能，对于行车安全与通行能力具有重要意义，并与反应时间一起决定纵向安全间距，即纵向动态净空(L净)，根据国内外的研究资料，提供纵向动态净空的计算值见表2-6。

纵向动态净空距离(m)　　表2-6

自行车速度(km/h)	5	10	15	20	25	30
$0.14V_{max}$	0.7	1.40	2.1	2.8	3.5	4.2
$0.0092V^2min$	0.23	0.92	2.07	3.68	5.75	8.28
$L_净=1.9+0.14V_{max}+0.0092V^2min$	2.83	4.22	6.07	8.38	11.15	14.38

注：自行车常见速度为10～20km/h。

第三节　道 路 特 性

道路是供行人步行和车辆行驶的设施的统称。

道路按照其所处的地区不同可以分为公路、城市道路、厂矿道路、林区道路、乡村道路等。通常，把位于城市郊区以外的道路，称为公路；而位于城市范围以内的道路，则称为城市道路。

一、道路的类别与等级

1.公路的技术等级

在《公路工程技术标准》(JTG B01—2003)中，公路根据功能和适应的交通量分为以下5个等级；

(1)高速公路为专供汽车分向、分车道行驶并应全部控制出入的多车道公路。

四车道高速公路应能适应将各种汽车折合成小客车的年平均日交通量25000~55000辆；

六车道高速公路应能适应将各种汽车折合成小客车的年平均日交通量45000~80000辆；

八车道高速公路应能适应将各种汽车折合成小客车的年平均日交通量60000~100000辆。

(2)一级公路为供汽车分向、分车道行驶，并可根据需要控制出入的多车道公路。

四车道一级公路应能适应将各种汽车折合成小客车的年平均日交通量15000~30000辆；

六车道一级公路应能适应将各种汽车折合成小客车的年平均日交通量25000~55000辆。

(3)二级公路为供汽车行驶的双车道公路。

双车道二级公路应能适应将各种汽车折合成小客车的年平均日交通量5000~15000辆。

(4)三级公路为主要供汽车行驶的双车道公路。

双车道三级公路应能适应将各种汽车折合成小客车的年平均日交通量2000~6000辆。

(5)四级公路为主要供汽车行驶的双车道或单车道公路。

双车道四级公路应能适应将各种汽车折合成小客车的年平均日交通量2000辆以下。

单车道四级公路应能适应将各种汽车折合成小客车的年平均日交通量400辆以下。

2.公路的行政等级

国家《公路管理条例实施细则》规定：公路分为国家干线公路(简称国道)，省、自治区、直辖市干线公路(简称省道)，县公路(简称县道)，乡公路(简称乡道)和专用公路5个行政等级。

3.城市道路的类别

在《城市道路设计规范》(CJJ37—90)中，按照道路在道路网中的地位、交通功能以及对沿线建筑物的服务功能等，城市道路分为4类：

1)快速路

快速路应为城市中大量长距离快速交通服务。快速路对向车行道之间应设中间分车带，其进出口应采用全控制或部分控制。

快速路两侧不应设置吸引大量车流、人流的公共建筑物的进出口。两侧一般建筑物的进出口应加以控制。

2)主干路

主干路应为连接城市各主要分区的干路,以交通功能为主。自行车交通量大时,宜采用机动车与非机动车分隔形式,如三幅路或四幅路。

主干路两侧不应设置吸引大量车流、人流的公共建筑物的进出口。

3)次干路

次干路应与主干路结合组成道路网,起集散交通的作用,兼有服务功能。

4)支路

支路应为次干路与街坊路的连接线,解决局部地区交通,以服务功能为主。

二、路网密度

要完成一定的客、货运输任务,必须有足够的路网设施。路网密度是衡量道路设施数量的一个基本指标。一个区域的路网密度等于该区域内道路总长比该区域的总面积。一般地讲,路网密度越高,路网总的容量及服务能力越大。但这不是绝对的。道路网密度的大小应与一定的经济发展水平相当,与所在区域内的交通需求相适应,应使道路建设的经济性和服务水平,道路系统的社会效益、经济效益、环境效益得以兼顾和平衡。

公路网的合理密度可用式(2-2)来计算:

$$\gamma_0=\sqrt{\frac{\sum_{1}^{n}Q_i d_i \alpha}{AF}} \tag{2-2}$$

式中:γ_0——公路网的合理密度,km/km^2;

Q_i——第 i 年区域内的总运输量,t;

d_i——第 i 年运输单价,元/t·km;

α——平均运距 L_p 与路网密度 γ 之间的回归系数,即:$L_p=\alpha/\gamma$;

A——单位里程的道路建设费,元/km;

F——规划区面积,km^2;

n——规划年限。

城市道路网密度、间距的选取应遵循以下两条原则:

(1)道路网密度、间距与不同等级道路的功能、要求相匹配;

(2)道路网密度、间距与城市不同区域的性质、人口密度、就业密度相匹配。

我国《城市道路交通规划设计规范》(GB 50220—1995)对各类城市路网密度及道路宽度的规定如表 2-7 所示。

道路网间距可用式(2-3)计算:

$$L=\frac{\left[\Delta t+\frac{V}{7.2}\left(\frac{1}{a}+\frac{1}{b}\right)\right]V_s/3.6}{1-V_s/V} \tag{2-3}$$

式中:L——干道间距,m;

V_s——区间速度(区间长度比汽车通过区间的总时间)的对比值,km/h;

V——行驶速度,km/h;

Δt——交叉口停车延误时间,s

a、b——交叉口车辆加速度、减速度,m/s^2。

城市道路宽度与路网密度规划指标(GB 50220—1995)　　表 2-7

项目指标	城市规模、人口(万人)		快速路	主干路	次干路	支路
道路网密度(km/km^2)	大城市	>200	0.4 ~ .05	0.8 ~ 1.2	1.2 ~ 1.4	3 ~ 4
		<200 >50	0.3 ~ 0.4	0.8 ~ 1.2	1.2 ~ 1.4	3 ~ 4
	中等城市	20 ~ 50	—	1.0 ~ 1.2	1.2 ~ 1.4	3 ~ 4
	小城市	>5	—	3 ~ 4		3 ~ 5
		1 ~ 5	—	4 ~ 5		4 ~ 6
		<1	—	5 ~ 6		6 ~ 8
道路宽度(m)	大城市	>200	40 ~ 50	45 ~ 55	40 ~ 50	15 ~ 30
		<200 >50	35 ~ 40	40 ~ 50	30 ~ 50	15 ~ 20
	中等城市	20 ~ 50	—	35 ~ 45	30 ~ 40	15 ~ 20
	小城市	>5	—	25 ~ 35		12 ~ 15
		1 ~ 5	—	25 ~ 35		12 ~ 15
		<1	—	25 ~ 30		12 ~ 15

三、路 网 布 局

道路的规划、设计不能仅仅局限于一个点、一条线,而应从整个路网系统着眼。路网布局的好坏对整个运输系统的效率有很大影响,良好的路网布局可以大大提高运输系统的效率,增加路网的可达性,节约大量的投资,节省运输时间和运输费用,达到良好的经济效益、社会效益与环境效益。

对于不同的区域不同的城市,不存在统一的路网布局模式。路网布局必须考虑所在区域的自然、社会、经济情况来选取。

1.公路网的布局模式

典型的公路网布局有放射形、三角形、并列形、树叉形等。这些布局形式的特点、性能如表 2-8 所示。

典型公路网布局形式及其性能表　　表 2-8

图　式	特点与性能
放射形路网	放射形路网一般用于中心城市与外围郊区、周围城镇间的交通联系。对于发挥大城市经济、政治、科技、文化中心的作用,促进中心城市政治、经济、科技、文化对周围地区的辐射和影响有重要意义
三角形路网	三角形路网一般用于规模相当的重要城镇间的直达交通联系。这种布局形式通达性好,运输效率高,但建设量大

续上表

图式	特点与性能
并列形路网	平行的几条干线分别联系着一系列城镇，而处于两条线上的城镇之间缺少便捷道路连接，是一种不完善的路网布局
树杈形路网	树杈形路网一般是公路网中的最后一级，是从干线公路上分叉出去的支线公路。将乡镇、自然村寨与市、县政府联结起来

2.城市道路网的布局模式

典型的城市道路网布局有棋盘形(方格形)、带形、放射形、放射环形等。我国古代城市道路以方格形最常见，近、现代城市发展了许多其他形式的道路布局。典型城市路网布局的特点和性能如表2-9所示。

典型城市道路网布局及其性能　　表2-9

图　式	特点与性能
棋盘形	布局严整、简洁，方向性好，有利于建筑布置。网上交通分布均匀，交叉口交通组织容易，但非直线系数大，通达性差，过境交通不易分流，对大城市进一步扩展不利。改进的方式是增加对角线道路，有时亦会加环形线路
带形	建筑物沿交通轴线两侧铺开，公共交通布置在主要交通干道范围内，横向靠步行或非机动车，有利于公共交通布线和组织，但容易造成纵向主干道交通压力过大，不易形成市中心。有时可布置几条平行线，在功能上适当分工
放射形	交通干线以市中心为形心向外辐射，城市沿对外交通干线两侧发展，形成“指状”城市，这种布局具有带形布局的优点，同时缩短了到市中心的距离。缺点是中心区交通压力过大、边缘区相互间交通联系不便，过境交通无法分流。改进的布局是增加环形线并使各放射干道起点不过分集中于市中心
放射环形	这种布局具有通达性好、非直线系数小，有利于城市扩展和过境交通分流等优点。一般用于大城市，但不宜将过多的放射线引向市中心造成中心交通过分集中，交通压力大且布置建筑物不利

思考题

1.驾驶人信息处理过程是什么?

2.交通设施中哪些情况考虑了驾驶人的交通特性?请举例说明。

3.驾驶人的哪些个性特征可以影响驾驶行为,其影响如何?

4.哪些因素容易导致疲劳,应如何避免?

5.为什么严禁驾驶人饮酒?

6.汽车的动力性能指的是什么?

7.汽车的制动性能包括哪几个方面,汽车的制动性能对交通安全有何影响?

8.道路网规划设计时应考虑哪些道路网特征因素?

第三章 交通量调查

DISANZHANG

交通量是描述交通流特性最重要的参数之一。交通量调查的目的在于通过长期连续观测或短期间隙和临时观测,搜集交通量资料,了解交通量在时间、空间上的变化和分布规律,为交通规划、道路建设、交通控制与管理、工程经济分析等提供必要的数据。交通量数据是交通工程学中最基本的资料,因此交通量调查是十分重要的。

本章将主要介绍交通量的定义、其分布特性、交通量调查方法、交通资料的换算及交通量的表示方法等内容。

第一节　交通量的定义

交通量是指在一定的时间段内,通过道路某一地点、某一断面或某一条车道交通体的数量。交通量分为机动车交通量、非机动车交通量和行人交通量,一般不加说明则指机动车交通量,且指双向的车辆数。

交通量不是一个静止的量,不同时间、不同地点的交通量都是变化的,某一个交通量的数值,只对应观测的那个时间和地点。

在交通量观测和统计分析及实际应用中,常见的交通量有以下几种:

一、平均日交通量

由于交通量的随时间变化的特性,在表达方式上通常取某一时段内的平均值作为该时段的代表交通量。如,年平均日交通量就是将一年内的交通量总数除以当年的总天数所得出的平均值。常用的平均日交通量还有月平均日交通量、周平均日交通量以及任意期间(依特定分析目的而定)的平均日交通量等。

以上平均日交通量可以概括成如下的表达式:

$$平均日交通量(ADT)=\frac{1}{n}\sum_{i=1}^{n}Q_i \tag{3-1}$$

式中:Q_i——计算期内各单位时间的交通量;

n——计算期内的单位时间总数。

如果计算年平均日交通量(AADT)时,n 为 365 时,则

$$年平均日交通量(AADT)=\frac{1}{365}\sum_{i=1}^{365}Q_i \tag{3-2}$$

由此类推:

$$月平均日交通量(MADT)=\frac{1}{30}\sum_{i=1}^{30}Q_i \tag{3-3}$$

$$周平均日交通量(WADT)=\frac{1}{7}\sum_{i=1}^{7}Q_i \tag{3-4}$$

二、小时交通量

1 小时内通过某观测断面的车辆数,单位为辆/h。

三、高峰小时交通量

高峰小时交通量(PHT)指一天内的交通高峰期间连续 1h 的最大小时交通量,单位为:辆/h。

四、第 30 位小时交通量

将全年 8760 个小时的交通量,按从大到小的顺序排列,排列序号为第 30 位的那个小时的交通量,称为第 30 小时交通量。将一年中 8760 小时交通量依大小次序排列,各小时交通量占全年平均日交通量的百分比,称为小时交通量系数,以此为纵坐标,以排列次序为横坐标,可以绘制出一年中小时交通量系数曲线图(图 3-1)从图上可以发现:从第 1 位到第 30 位左右的小时交通量减少的比较显著,即曲线斜率大;而从第 30 位以后,交通量减少得非常缓慢,曲线较为平直,即曲线斜率小。据此规律,美国和日本等国选取第 30 位小时交通量作为设计小时交通量。这样,使道路设计既满足了 99.67%时间内的交通需求,将交通拥挤时间保持在最低限度(只占 0.33%),又大大降低了公路建设费用,经济合理。

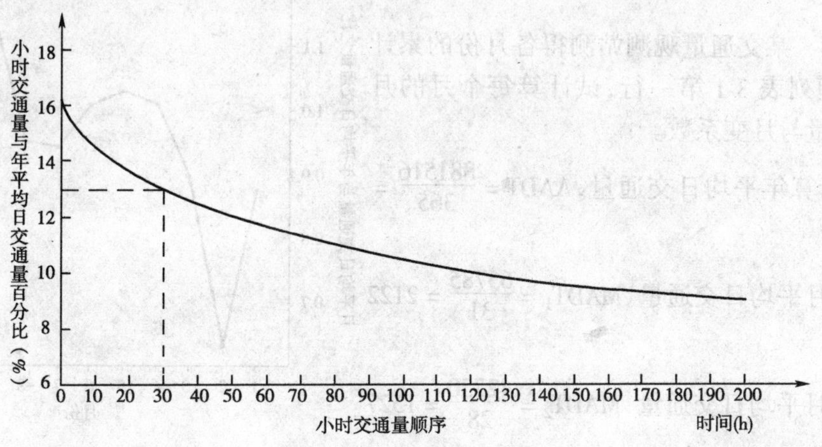

图 3-1　年小时交通量顺序变化图

第 30 位小时交通量作为设计小时交通量是国外经验数值(由于我国公路交通组成情况不同于国外),在美国、日本等国的交通组成中,小汽车所占比例很高,我国城市车型组成较复杂,并有自行车、人力车等混合交通,公路的技术状况也不同于国外,因此,在对我国交通量调查的基本数据作了系统处理与分析之后,分析资料表明小时交通量系数曲线的显著变化位置一般

在第20位小时交通量附近，这时的系数值偏高，而第20位小时之后的曲线较平缓，考虑技术与经济效益方面的因素，确定设计小时交通量的位数一般取第30位小时(JTG B01—2003)，各地可根据当地具体情况，在第20至40位小时交通量之间，选用最为经济合理的位数，作为设计小时交通量。

第二节　交通量的分布特性

交通量的大小与经济发展水平、居民生活水平、地理位置和气候等因素有关，随着空间的不同和时间的差异而变化，交通量这种随时间和空间的变化而变化的特性叫交通量的分布特性。

一、交通量的时间分布特性

交通量随着时间变化而出现的变化，具体指交通量随季节、月份、日期、小时的不同产生的差异。其反映了社会与经济活动等对交通的需求。这种需求随着社会和经济发展而增长，并因为经济生产的季节性等影响，使道路交通量也随之呈现随时间变化的特征。但是，这种随时间变化特征，在一个较短的时段，其分布具有相对的稳定性。

1.交通量在一年中的逐月变化

一年中每个月的交通量是不同的。以月份为横坐标、以每个月的月平均日交通量与年平均日交通量之比为纵坐标的曲线图叫交通量月变图(图3-2)；年平均日交通量与月平均日交通量之比，称为交通量月变系数 M(或称月不均系数，月换算系数)，即

$$M = \frac{年平均日交通量}{月平均日交通量} = \frac{AADT}{MADT} \tag{3-5}$$

并以各个月的月变系数表示交通量的月变规律。

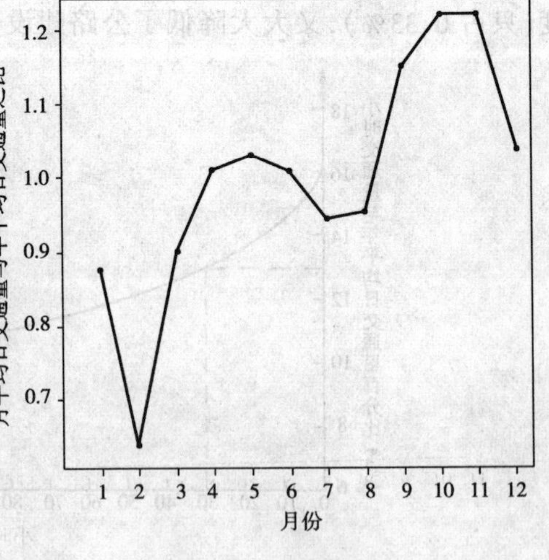

图3-2　交通量月变图

【例3-1】 某交通量观测站测得各月份的累计交通量，整理列表3-1第一行，试计算每个月的月平均日交通量与月变系数。

解：先计算年平均日交通量，$AADT = \frac{881516}{365} = 2415$ 辆/日

一月份月平均日交通量，$MADT_1 = \frac{65785}{31} = 2122$ 辆/日

二月份月平均日交通量，$MADT_2 = \frac{42750}{28} = 1527$ 辆/日

以此类推，各月份 $MADT_i$ 计算结果列于表3-1第2行，

一月份月变系数　　　　　　$M_1 = \frac{2415}{2122} = 1.14$

二月份月变系数 $M_2 = \frac{2415}{1527} = 1.58$

以此类推,各月份月变系数计算结果列于表 3-1 第三行。

交通量的月变化主要受地区经济、气候、工农业生产的季节性及人口活动习惯性行为等影响。

月平均日交通量与交通量月变系数　　表 3-1

月　份	1	2	3	4	5	6	7
累计交通量 MADT M	65785 2122 1.14	42750 1527 1.58	67141 2166 1.11	73317 2444 0.99	77099 2487 0.97	72782 2426 0.99	70641 2279 1.06
月　份	8	9	10	11	12	全年	—
累计交通量 MADT M	70951 2289 1.05	83043 2768 0.87	91661 2957 0.82	88166 2939 0.82	78180 2522 0.96	881516 AADT 2415	—

2.交通量在一周内的逐日变化

在一周七天中,交通量也是逐日变化的。显示这种变化的曲线图,叫交通量日变图(图 3-3)。用各个周日的交通量日变系数 D 表示交通量的日变规律。交通量日变系数 D,是以年平均日交通量(AADT)除以某周日的平均日交通量(ADT);某周日的平均日交通量等于全年所有某周日交通量的总和除以全年某周日的总天数。

即:

$$D = \frac{AADT}{ADT} \tag{3-6}$$

式中: $ADT = \frac{\text{全年某周日交通量总和}}{\text{全年某周日的总天数}}$

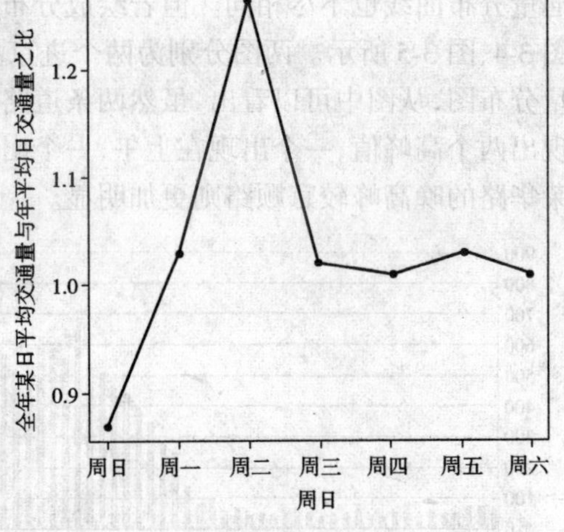

图 3-3　交通量日变图

【例 3-2】　同上,交通量观测站测得各个周日的全年累计交通量,整理列表 3-2 第 1 行,试计算各个周日的周平均日交通量与日变系数。

解:全年所有星期日交通量总和 = 111469 辆/年

星期日的平均日交通量 $= \frac{111469}{53} = 2103$ 辆/日(全年有 53 个星期日),

其余每周日的平均日交通量列于表 3-2 中第 2 行;

星期日的日变系数 $D = \frac{2415}{2103} = 1.15$ 列于第 3 行,其余类推。

周平均日交通量与交通量日变系数　　表 3-2

周日	日	一	二	三	四	五	六	全年
累计交通量	111469	128809	129486	128498	127030	129386	126838	881516
ADT	2103	2477	2490	2471	2443	2488	2439	AADT
D	1.15	0.97	0.97	0.98	0.99	0.97	0.99	2415

根据某地区交通量的日变系数和月变系数，在观测到某月某日的实际交通量后，可大致预测当年的年平均日交通量。预算公式如下：

$$\mathrm{AADT} = Q_{ij} M_i D_j \tag{3-7}$$

式中：Q_{ij}——第 i 月某天（星期 j）的实测交通量；

M_i——第 i 月的交通量月变系数；

D_j——星期 j 的交通量日变系数。

【例 3-3】 某地四月份 $M_4 = 0.945$，星期四 $D_4 = 1.223$，实际观测到该地某道路上 2000 年 4 月 13 日（星期四）的交通量为 3558 辆，试推算该地此道路 2000 年的年平均日交通量。

解：已知：$M_4 = 0.945$，$D_4 = 1.223$，$Q_{ij} = 3558$ 辆/日，所以，将以上数值代入式(3-7)得：

$$\mathrm{AADT} = 3558 \times 0.945 \times 1.223 \approx 4112（辆/日）$$

则，该条道路上 2000 年的年平均日交通量大约为 4100 辆左右。

应该说明，用上述方法预测年平均日交通量的精度不可能很高，只能是一个大概结果。在 M 与 D 均比较稳定，而且实测试日又没有偶然因素干扰的情况下，其结果相对准确一些，反之，则准确性较差。

3. 交通量在一日中的小时变化

一天 24 小时内交通量分布也不均匀，虽然由于调查地点不同，交通量大小各异，其每天交通量分布曲线也不尽相同。但若绘成分布曲线，其变化趋势和高峰出现时间却大致相似。如图 3-4、图 3-5 所示。两图分别为两个进京主要通道荣华路与京顺路一日 24 小时的当量交通量分布图，从图中可以看出，虽然两条道路交通状况不尽相同，但是其变化趋势却大致相似，呈现出两个高峰值，一个出现在上午，一个出现在下午，只是京顺路的早高峰比荣华路略有提前，荣华路的晚高峰较京顺路则更加明显。

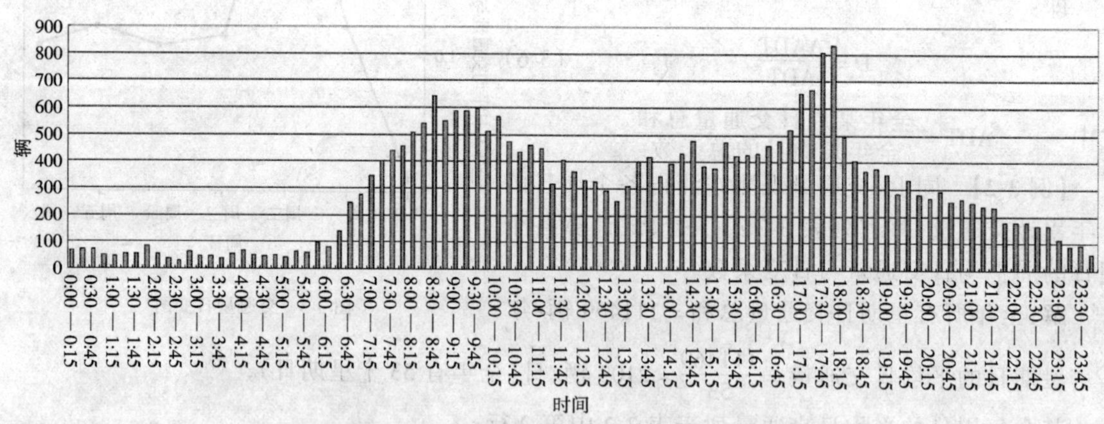

图 3-4 北京荣华路进京一日当量交通量分布图

高峰小时交通量占该日交通量的百分比，称为高峰小时流量比，反映高峰小时流量的集中程度，并可供高峰小时交通量与日交通量之间作为相互换算之用。

从小时交通量变化曲线上还可以发现，在一个高峰小时内交通量是不均布的，若将一个高峰小时划分成时间更短的几个高峰区间，通常以 5min 或者 15min 作为时段，连续 5min 或 15min 内累计交通量最大的那个时段，就是高峰小时内的高峰时段，把高峰时段内的累计交通量扩大为一个小时的交通量，可称为扩大的高峰小时交通量。高峰小时交通量与扩大的高峰小时量

之比称为高峰小时系数,计算式为:

$$PHF_i = \frac{高峰小时交通量}{\frac{60}{t} \times (t\ 时段内的最大交通量)} \tag{3-8}$$

式中:PHF_i——高峰小时系数;

t——一般其值取 5min 或 15min。

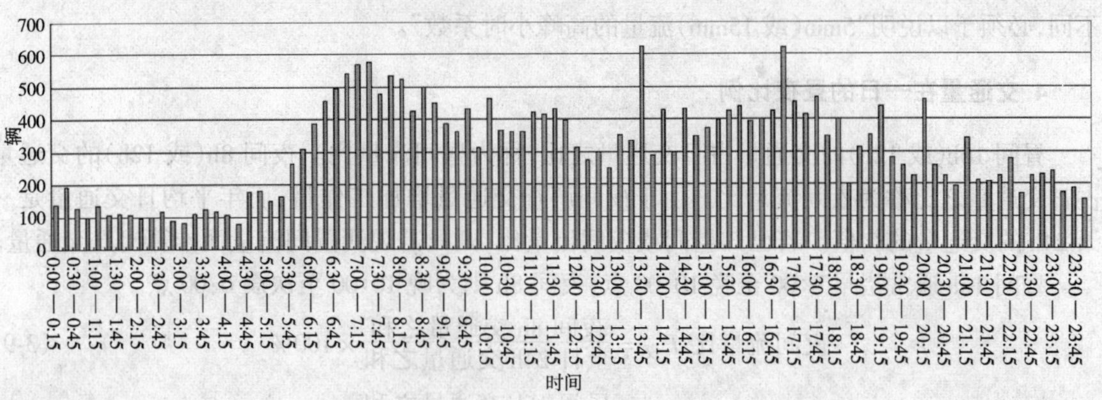

图 3-5 北京京顺路进京一日当量交通量分布图

【例 3-4】 由某公路交通量调查结果,已知高峰小时为 8:40 ~ 9:40(表 3-3),高峰小时交通量为每小时 1312 辆,求 5min 和 15min 高峰小时系数。

某公路高峰小时交通量 表 3-3

时 间	东行车量数	西行车量数	双向合计
8:40 ~ 8:45	69	49	118
8:45 ~ 8:50	63	50	113
8:50 ~ 8:55	59	53	112
8:55 ~ 9:00	62	49	111
9:00 ~ 9:05	68	46	114
9:05 ~ 9:10	69	51	120
9:10 ~ 9:15	61	54	115
9:15 ~ 9:20	54	52	106
9:20 ~ 9:25	54	40	94
9:25 ~ 9:30	57	41	98
9:30 ~ 9:35	54	54	108
9:35 ~ 9:40	49	54	103
合计	719	593	1312

解: 由表 3-3 看出,9:05 ~ 9:10 为 5min 高峰区间,5min 的流量为 120 辆,则

$$PHF_5 = \frac{1312}{\frac{60}{5} \times 120} = 0.91$$

又由表 3-3 得知,9:00 ~ 9:15 为 15min 高峰区间,该区间内的流量为 114 + 120 + 115 = 349 辆,则

$$\text{PHF}_{15} = \frac{1312}{\frac{60}{15} \times 349} = 0.94$$

在分析道路通行能力时，如对于高速干道、隧道、桥梁和交叉口等交通咽喉处，有必要考察高峰小时内交通量分布不均的情况，美国一些学者研究认为 5min 高峰流量是交通阻塞的根本原因之一。因此，用高峰小时系数来表示是极其实用的。注意，高峰小时系数，按所选取时段不同，必须予以说明"5min(或 15min)流量的高峰小时系数"。

4.交通量在一日的昼夜比例

昼间 16h(或 12h)的交通量占日交通量之比，称为昼间流量比。夜间 8h(或 12h)的交通量占日交通量之比称为夜间流量比。由于夜间调查交通量增加工作量，而年平均日交通量是一天 24h 的交通量的均值。若已知昼间或夜间流量比，则只需观测昼间流量而推算出日交通量。

昼间 16h 通常指早 6:00 至晚 10:00 点；夜间 8h 则为晚 10:00 至次晨 6:00 点。

$$\text{夜间流量比 } P_{\text{夜}} = \frac{\text{夜间 8h 交通量之和}}{\text{全日 24h 交通量之和}} \times 100\% \tag{3-9}$$

$$\text{昼间流量比 } P_{\text{昼}} = \frac{\text{昼间 16h 交通量之和}}{\text{全日 24h 交通量之和}} \times 100\% \tag{3-10}$$

【例 3-5】 已知某区域的机动车(当量值)、非机动车、行人的昼间 16h 的发生量、吸引量如表 3-4 所示，同时机动车、非机动车与行人昼间 16h 交通量占昼夜 24h 交通量的流量比分别为 96%，98%，99%。试推算此区域的一日机动车、非机动车、行人的发生量与吸引量。

区域出入交通量汇总表 表 3-4

时间	发生			吸引		
	机动车(pcu)	非机动车(辆)	行人(人)	机动车(pcu)	非机动车(辆)	行人(人)
6:00~6:30	1768	1269	210	1338	1042	126
6:30~7:00	3886	2900	456	2350	2605	204
7:00~7:30	5458	4141	662	3101	3431	349
7:30~8:00	5690	3603	552	3281	3086	420
8:00~8:30	5758	2395	388	3193	1888	403
8:30~9:00	5204	1565	341	3649	1490	300
9:00~9:30	4321	1478	337	3311	1147	313
9:30~10:00	4148	1442	273	3180	915	299
10:00~10:30	3381	1374	255	3209	721	236
10:30~11:00	3324	996	215	3076	775	251
11:00~11:30	2979	911	193	3072	728	287
11:30~12:00	2995	907	242	3043	682	305
12:00~12:30	2957	677	263	2761	685	273
12:30~13:00	2705	625	203	2575	573	260
13:00~13:30	2929	794	225	2898	514	186
13:30~14:00	3344	797	212	3246	594	225

续上表

时　间	发　生			吸　引		
	机动车（pcu）	非机动车（辆）	行人（人）	机动车（pcu）	非机动车（辆）	行人（人）
14:00~14:30	3505	825	184	3429	678	287
14:30~15:00	3326	924	240	3497	690	257
15:00~15:30	3433	1322	308	3651	841	228
15:30~16:00	3743	1038	294	3545	815	287
16:00~16:30	3909	966	260	3796	939	325
16:30~17:00	3953	1102	279	4726	1410	355
17:00~17:30	4304	1437	346	5156	1637	406
17:30~18:00	4719	1767	401	5619	1915	321
18:00~18:30	4737	1811	368	5859	1976	272
18:30~19:00	4052	1222	251	5262	1538	376
19:00~19:30	3038	907	219	3906	1002	288
19:30~20:00	2732	715	224	3583	740	262
20:00~20:30	2569	591	223	3454	494	162
20:30~21:00	2297	466	185	3320	373	143
21:00~21:30	2053	436	129	2831	339	94
21:30~22:00	1619	364	115	2676	297	120

解：计算得到区域16h的机动车（当量值）、非机动车、行人发生交通量分别为114836pcu、41767辆、9053人；区域16h的机动车（当量值）、非机动车、行人吸引交通量分别为111593pcu、36560辆、8620人。

则区域全日发生交通量分别为：

$$\text{区域全日机动车发生量} = \frac{\text{区域昼间 16h 机动车交通量之和}}{\text{昼间流量比 } P_{\text{昼}}}$$

$$= \frac{114836}{0.96} = 119621(\text{pcu})$$

$$\text{区域全日非机动车发生量} = \frac{\text{区域昼间 16h 非机动车交通量之和}}{\text{昼间流量比 } P_{\text{昼}}}$$

$$= \frac{41767}{0.98} = 42619(\text{辆})$$

$$\text{区域全日行人发生量} = \frac{\text{区域昼间 16h 行人交通量之和}}{\text{昼间流量比 } P_{\text{昼}}}$$

$$= \frac{9053}{0.99} = 9144(\text{人})$$

同理可得，区域全日吸引量分别为：

区域全日机动车吸引量为116243pcu；

区域全日非机动车吸引量为37306辆；

区域全日行人吸引量为8707人。

此外，交通量随时间的变化还可以以小时交通量及更短时间交通量表示，交通量的单位观测时间、利用目的与整理方法见表3-5。各种交通量的时间变化特性指标总结见表3-6：

交通量的单位观测时间、利用目的与整理方法表　　表 3-5

	数据的用途	数据的收集、整理方法
年交通量	评价道路的需求大小	用一年内平均一日的交通量(年平均日交通量)
月、周交通量	掌握月、星期的动态变化	换算为平均日交通量,对于月变动,进行各月平均日交通量的比较;对于星期变动,进行星期各日的日平均交通量的比较
日交通量	最基本的交通量	通常以平时的一日为对象,需要调查旅游交通需求较高道路的交通特征时,采用假日的一日。也常采用昼间 12h(7:00 ~ 19:00)或 16h(6:00 ~ 22:00)的观测量换算为 24h 交通量
小时交通量	了解一日内交通需求的变动状态以及高峰小时等的需求	以 1h 为基础来表示
短时间交通量	探讨随交通需求的变动及细致的交通控制	以 1min、5min、10min、15min 等短时间为基础表示

交通量随时间变化相关指标表　　表 3-6

月变系数	用年平均日交通量除以月平均日交通量得到的商
周变系数	某周日所属周的周平均日交通量除以该周日的日交通量所得到的商
小时变化系数	小时交通量与日交通量的比值
昼夜率	日 24h 交通量与昼间 12h 或 16h 交通量的比值
日变化系数	用年平均日交通量除以日交通量的标准偏差所得的商
K 值	第 30 位小时交通量与年平均日交通量的比值
高峰小时系数	PHF_i = 高峰小时交通量$/\left(\frac{60}{t}\times\right.$高峰 t 时段交通量$\left.\right)$

二、交通量的空间分布特性

在同一时间或相似交通条件下,交通量在不同区段、不同方向和不同车道上其分布情况也有所不同。

1.城乡分布

由于城乡经济发展、生产和生活对交通的需求不同,城乡之间的交通量呈明显差别。一般是城市道路交通量高于郊区道路,近郊高于远郊,乡村道路交通量最低。

2.方向分布

一条道路往返两个方向的交通量,在较长时间内大体上是相近的。但是在某段时间内,如一年中某个季节、一月中某几天,一天中某几小时,两个方向的交通量会有很大差别。如大城市连接卫星城镇的主要干道,上下班时间的客流方向明显不同;农村公路,秋季有大量农村产品运进城镇,冬季有丰富的轻工业产品运到农村。

交通量的方向分布与道路性质及所在位置有关,一般用道路方向分布系数 K_D 表示:

$$K_D=\frac{\text{主要行车方向交通量}}{\text{双向总交通量}}\times 100\% \tag{3-11}$$

据国外资料 K_D 有如下值：

上下班线路：70%

其他主要道路：60%

市中心区道路：50%

3.车道分布

当同向车行道有两条以上车道时，处于不同位置的车道，其交通量分布也不一样。每条车道交通量的大小与车道两侧干扰、慢行车的比例和进出口的数量位置有关。当车流为连续流时，主要受车速差别的影响。我国城市道路计算通行能力时，假定最靠中线的第一条车道为1，则向缘石方向的第二条车道通行能力折减系数为0.8～0.89，第三条车道的折减系数为0.65～0.78，第四条为0.5～0.65，第五条为0.40～0.52。

第三节　交通量的调查方法

交通量数据是交通工程学中最基本的资料，是道路交通组织获取信息的主要手段。交通量调查的目的主要包括：通过地点交通量的周期性调查，掌握交通量随时间推移的变化规律，以预测交通量的发展趋势；通过区域性交通量调查为新建、改建道路的先后顺序提供依据；通过对路网交通量的调查为确定设置信号、标志及采取某种交通管理措施提供论证基础；此外，通过事前、事后的交通量调查对比，可以评价交通改善措施效果，通过交通量实时调查掌握交通动态，可以进行有效的交通控制，同时，交通量调查可用于推算道路通行能力、计算事故率及道路运输成本和收入等。

交通量调查的种类根据用途和调查地点的不同，分很多类交通量调查，现简述如下：

(1)特定地点交通量调查。指为满足交通管理或信号控制等的需要而在特定地点进行的交通量调查。

(2)区域交通量调查。指以掌握某一区域的交通量大小及变化为目的，在区域内各不同路段及不同交叉口处进行的交通量调查。

(3)小区边界线交通量调查。为对客货业务繁忙地区，如都市圈等汽车交通量的调查。调查时将地区包围线(小区边界线)与进入该地区道路的相交处作为调查点，分别调查进入方向和驶出方向的交通量。

(4)核查线调查。这种调查是以河流、丘陵、铁道等地形及地物边界线或其他人为设立的检查线为分界线，调查分界线两侧区域相互来往穿过检查线的交通量。常用于核查OD调查的分布数据。

虽然交通量调查种类很多，但交通量调查的设计思路与调查流程大体相似，英国学者总结的交通量调查设计与调查进行流程如图3-6所示。

一、交通量调查的时间地点确定

在进行交通量调查前，首先应根据调查的目的和要求，制订调查计划，对调查工作的内容、方法、所需条件等进行系统的、周密的选择与部署，以使调查工作取得预期的成果。此外，在准备工作中，最主要的是调查区间、时间的选择和车种划分的选择。

1.划分交通量调查区间

在设置交通量观测站前,应先将调查区域范围内的每条干线和支线划分为若干调查区间。每区间只需设立一个观测站,其观测结果即可代表该调查区间路段任意断面的交通量。划分交通量调查区间时一般应按交通量变化大小作为划分区间的主要依据。为了管理上方便,划分区间时应考虑行政区划,但在必要时亦可跨区作业。划分调查区间时,应兼顾观测站点的设置要求,以便在典型地段能够设立观测站点。每条路线区间的划分应是连续的,即前一区间的终点应是后一区间的起点,因故停止通车的路段可暂停观测。在无特殊原因的情况下,应尽量保留已确定调查的区间划分。在划分调查区间后,应对各调查路段进行统一编号。

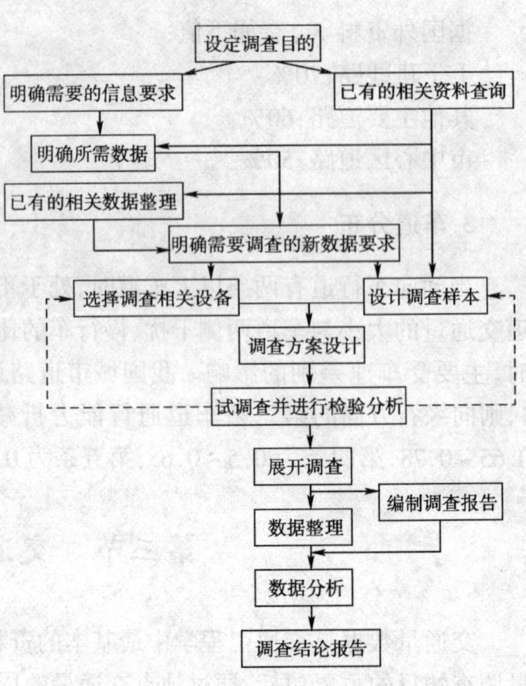

图 3-6 调查设计与调查进行流程图

2.交通量调查的时间选择

调查日期、时间、范围应随目的不同而异。作为了解交通量全年趋势的一般性调查,必须选在一年中有代表性交通量的时期进行。从一周来说,最好是星期二到星期五,避开周末及星期日前后。从日期来说,以商业活动比较活跃的日子、非节假日、休息日、无大型文体活动的晴天为宜。如果为了了解交通量的变化趋势,就应进行全面的连续调查。

3.调查中车种的划分

公路交通量调查,将车辆划分为小型车、中型车、大型车、拖挂车 4 类。畜力车、人力车、自行车等非机动车,按路侧干扰因素计算,一、二级公路上行驶的拖拉机按路侧干扰因素计算,三四级公路上行驶的拖拉机需单独作为调查车种;城市道路调查,将车辆划分为 5 种:小型汽车、普通汽车、铰接车、自行车等非机动车(包括自行车、三轮车、板车、兽力车)、其他车种。

二、交通量的调查方法

1.人工观测法

人工观测法是交通量调查的基本方法,适用性强,机动灵活,易于掌握,且精度亦高,也是我国目前应用最广泛的一种交通量调查方法。其操作方法为安排人员在指定地点按调查工作计划进行交通量观测。人工观测用原始记录表格配备计时器或划正字来记录过往车辆,也可以用机械或电子式的简单计数器记录,即按统计要求,将记录结果登记于记录表格上。根据调查计划要求,一般应分车型、来去方向进行记录,有时还要分车道记录。

从理论上来看,人工观测法无论在车型的分辨或是计数方面都应比仪器观测准确和灵活方便,调查方法易于掌握,调查资料方便整理,而且调查地点、环境也不受限制,可以得到分车种、分流向的交通量值。但由于受人员素质、管理水平的影响较大，致使精度反而不高，优势不明显。所以人工观测法一般只适合短期的、临时的交通量调查。表 3-7 是人工观测时用于记录的表格，同一时段有两个计数栏，可分别记录累计数字和分计数字以方便校核。

交通量观测记录表 表 3-7

<table>
<tr><td colspan="6">日期____年____月____日　　　　星期____上下午　天气(晴)(多云)(雨)
地址__________　　　　　　　时间:____点____分~____点____分
方向__________　　　　　　　观测员__________</td></tr>
<tr><td>车种 / 时刻</td><td>小客车</td><td>小货车</td><td>大客车</td><td>大货车</td><td>合计</td></tr>
<tr><td rowspan="2"></td><td></td><td></td><td></td><td></td><td></td></tr>
<tr><td></td><td></td><td></td><td></td><td></td></tr>
<tr><td rowspan="2"></td><td></td><td></td><td></td><td></td><td></td></tr>
<tr><td></td><td></td><td></td><td></td><td></td></tr>
<tr><td rowspan="2"></td><td></td><td></td><td></td><td></td><td></td></tr>
<tr><td></td><td></td><td></td><td></td><td></td></tr>
<tr><td rowspan="2"></td><td></td><td></td><td></td><td></td><td></td></tr>
<tr><td></td><td></td><td></td><td></td><td></td></tr>
<tr><td rowspan="2">小计</td><td></td><td></td><td></td><td></td><td></td></tr>
<tr><td></td><td></td><td></td><td></td><td></td></tr>
</table>

2.仪器自动计测法

目前，主要使用的检测器(传感器)有道路管(气压式或液压式)、电接触式、光电管、雷达、磁性、感应线圈、超声波、红外线和电容式等许多形式。有些永久性的计数检测站上只安装检测器作传感器，而将脉冲信号传输到记录和数据中心。以下介绍各类自动机械计数装置。

1)压管式检测器

压管式检测器分气压式和液压式两种。其原理是依靠车轮挤压一条充气的或充液体的软管，通过气体或液体传递的压力触发开关计数。由于携带方便、价钱便宜，安装和维修简便等特点，在交通工程研究中用于临时交通量观测应用较广。但压管式检测器由于其直接安放在道路上，受车轮碾压等，易于损坏，同时长期使用，精度会降低，因此不适合进行长期观测。

2)感应线圈式检测器

感应线圈式检测器是依靠埋入路面面层内的一个或一组感应线圈产生电感，车辆通过时导致该电感变化从而检测所通过的车辆。感应线圈式检测器应用非常广泛，可以在每条车道下分别设置感应线圈以检测每条车道上的车辆通过数，特别适用于在交通量较大的道路上进行连续观测或设置在交叉口为信号控制采集数据。与其他检测器相比，感应线圈式检测器准确性较高，对环境要求不高。但存在成本较高、维护困难的缺点。

3)电接触检测器

电接触检测器是由一块钢底板，及在板上用一块浇铸硫化橡胶垫固定的并可拆卸的悬置弹簧钢的带条所组成。在两个接触带之间开口，并用惰性气体充填成形，通过热补封闭组装元件。将这种检测器装置埋设于车道里并与路面齐平，当车辆从路面上通过时，使接触带接触而接通电路触发计数器。可以在每条车道下分别安装这种检测器,统计各条车道的车辆数。另外还有铺于路面之上的由导电橡胶为主组成的检测器,当车辆通过时,使相对隔离的两部分接触,从而接通电路触发计数器。目前我国不少单位已研制开发出这类检测器,并投入使用。但是造价比较贵,防潮防水性能有待改善,直接铺于路面上的检测器因受车轮的直接作用,寿命较短并容易损坏。我国还研制了检测自行车交通的这类检测器,它是利用导电橡胶的不同尺寸和形状的组合,从而区分汽车和自行车(或排除自行车的影响或另外专门检测自行车)的。

4)光电检测器

光电检测器一般可分为光束切断型和光束反射型两种。前者的原理是发出一道光束穿过车行道射到光敏管(光电管)上,当有汽车通过时就切断光束,光敏管测出后即激发计数器计数。后者的原理是一道光束从路面反射到光敏管上,汽车驶过时使光束从汽车上反射,这种特别的光反射在光敏管上被测出后即激发计数器计数。光电检测器对于预计每小时交通量超过1000辆的双车道或多车道道路是不太适用的,它也无法区别同时通过光束的两辆车,使得计数有误差。另外,由于车辆本身设计尺寸的变化很大,要确定光束通过的合适高度较困难。虽然这是一种简单可靠的计数系统,但由于精确度的问题,仅限于交通量不大的道路使用,也不适用于有自行车混合交通的道路。

5)雷达检测器

雷达检测器一般分为连续波雷达检测器和导向型雷达检测器两种。前者的原理是利用悬挂在车道上方一定距离的检测器,向下方车道发射已知频率的无线电波并接收反射波,通过反射波和接收波频率差异来检测通过的车辆。后者的原理是把无线电波以一定频率输送到埋置在车道下的传送线里,由于上面汽车的通行,而使检测器测出其变化并计数。这两种检测器都很精确可靠,并且不受行车作用而磨耗损坏。目前国内已较多地引进、研制和使用,效果甚好。但它们初始费用较昂贵,并需要专门人员维修维护,因此限制了它们的广泛使用。

6)磁性检测器

磁性检测器的原理是在其周围形成一种磁场(可由人工形成,也可利用天然的地球磁场),当具有金属体的车辆通过时,引起原来磁场的变化,由此即可通过变换器产生信号或脉冲。它可安设在车道表面上或埋在车道下。其优点是不受车轮的直接磨耗或破坏,也不受冰雪影响。但当附近有大型电气设备、电缆等产生强磁场时,它就会受到干扰,使用非常困难。目前我国已有引进和研制使用的。

7)超声波检测器

超声波检测器的原理是检测器发射一个连续的超声波射向驶近的车辆,由于多普勒效应引起来车反射能频率的变化,从而检测到所通过的车辆。超声波检测器准确性较高,不受天气影响,维护方便。缺点是初始费用较大。

8)红外线检测器

红外线检测器一般可分为主动式和被动式两种。主动式红外线检测器与光电检测器的原理相似,不过它使用半导体红外线发生器作为传感器。被动式红外线检测器其原理是利用无车辆时路面的红外线能辐射强度与路上有汽车通过时的红外线能辐射强度的变化,由红外线接收器检测出来。

9)电容式检测器

电容式检测器一般可分为机械性电容式和非机械性电容式两种。机械性电容式检测器原理是车辆通过时车轮的压力改变了两个重叠起来的柔性金属面的间隔,从而引起它们之间的静电耦合变化,最终电容的变化即被适当地检测出来。非机械性电容式检测器原理是两个电极之间的电容(或是一个电极和车辆车身组成的电容)由于车辆金属物的干扰而发生了变化,这一变化同样可用前一种方法检测出来。

10)其他类型检测器

除了以上所介绍的各类检测器外,还有一些检测器目前也已应用,如:压电式检测器、摩擦电式检测器、地震式检测器。

以上所介绍的各种类型的检测器,除了可供交通量调查之外,在交通控制和交通管理中也得到了广泛应用。同时,还可供车速检测或其他交通参数的检测。当作车速检测器使用时,需用两个前后排列有适当距离的通行检测器组成,根据车辆通过前后两个通行检测器已知距离的时间差,即可换算成车速。也可采用前述的多普勒速度传感器(如雷达检测器)来测定车速。还可用两个或多个检测器来测定其他交通参数,例如利用通行检测器加上速度检测器即可测出车辆密度。

选用哪一种类型的检测器,要根据各地、各部门交通调查的目的、检测车辆种类、设备的性能、国内目前所能购置的情况以及经费的多少等条件决定。目前,我国交通、公安、电子机械等部门已研制和引进了不少类型的检测器。常用的车辆传感器的性能特点如表3-8所示。

常用车辆传感器的性能特点　　表3-8

传感器名称	检测原理	检测方式		检测范围	信号处理难易	路面开挖量	抗干扰性能	设置方式	使用寿命	成本
		存在	通过							
道路管	气压开关		√	线	易	无	差	移动	短	低
光电	车体遮光	√	√	线	易	无	差	移动	短	中
超声波	反射	√	√	点	难	无	中	固定	长	高
电磁	剩磁	√	√	点	中	小	中	固定	—	低
地磁	地磁		√	点	易	中	好	固定	中	中
环形有源	电感	√	√	面	中	大	中	固定	短	中
环形无源	地磁		√	面	易	大	好	固定	短	低
导电橡胶	模拟开关		√	线	易	无	差	移动	短	中
雷达	多普勒效应		√	点	难	无	差	移动	中	高
振动共轴	电容式		√	线	中	小	—	固定	长	—
棒式磁	车体剩磁		√	线点	易	小	好	固定	长	低

3.流动车观测法

流动车观测法又称浮动车(Floating Car)法,此法是由英国交通工程专家Wardrop和Charlesworth提出的,其特点是可以同时获得某一路段的交通量、区间车速,是一种较好的综合的交通调查方法。

1)调查方法

流动车观测法需要有一辆观测车,三名调查员。

调查人员(除驾驶人外)需要一人记录与观测车反向行驶的会车数(辆);一人记录与观测车同向行驶的被观测车超越的车辆数(辆)和超越测试车的车辆数(辆);另一人报告和记录往返行驶时间(min)。调查过程中,观测车一般需沿调查路线往返行驶6~8个来回。流动车调查法延续的时间较长，为了真实反映交通情况，应注意路段和行程时间不要太长，行程距离应已知，路段长度一般取 1km 左右即可。

2)调查数据计算

根据所观测到的数据，可分别按下列公式计算测定方向上的交通量 Q_a，Q_b：

$$Q_a = \frac{X_b + Y_{a-b} - Z_{a-b}}{T_{a-b} + T_{b-a}} \times 60(\text{辆/h}) \tag{3-12}$$

$$Q_b = \frac{X_a + Y_{b-a} - Z_{b-a}}{T_{a-b} + T_{b-a}} \times 60(\text{辆/h}) \tag{3-13}$$

式中：Q_a、Q_b——由 A 向 B、由 B 向 A 行驶的交通量；

X_a、X_b——由 A 向 B、由 B 向 A 行驶时与观测车反向行驶的会车数；

Y_{a-b}、Y_{b-a}——由 A 向 B、由 B 向 A 行驶时同向超越观测车的车辆数；

Z_{a-b}、Z_{b-a}——由 A 向 B、由 B 向 A 行驶时被观测车超越的车辆数。

T_{a-b}、T_{b-a}——由 A 向 B、由 B 向 A 的行程时间，min。

在利用以上公式进行计算时，式中所用的数值(如 X_a，X_b 等)一般都取用往或返行驶的算术平均值。如果分次计算 Q_a 和 Q_b 后，再计算各次和的平均值亦可，但计算比较麻烦。

3)记录格式

表 3-9 列出了流动车调查原始记录表。

流动车观测法原始记录表 表 3-9

路线名称及编号______ 观测时间____年____月____日____时～____时
调查区间编号______ 气候情况______
观测路段起讫桩号______ 观测人员______
测定距离(L)______

行车方向	观测次数	逆向会车数 X_a	同向超越观测车的车数 Y_{a-b}	同向被观测车超越的车数 Z_{a-b}	行程时间 T_{a-b}		
					(min)	(s)	(换算为 min)
往 $A \to B$	1						
	2						
	⋮						
	6						
	平均						
行车方向	观测次数	逆向会车数 X_b	同向超越观测车的车数 Y_{b-a}	同向被观测车超越的车数 Z_{b-a}	行程时间 T_{b-a}		
					(min)	(s)	(换算为 min)
返 $B \to A$	1						
	2						
	⋮						
	6						
	平均						

流动车观测法记录整理表 表 3-10

上行方向 $A \to B$	逆向交会车辆数 X_a	同向超越观测车的车数 Y_{a-b}	同向被观测车超越的车数 Z_{a-b}	行程时间 T_{a-b}
1	42	1	0	2.52
2	45	2	0	2.57
3	47	2	1	2.37
4	51	2	1	3.00
5	53	0	0	2.42
6	53	0	1	2.50
合计	291	7	3	15.38
平均	48.5	1.17	0.5	2.56
下行方向 $B \to A$	逆向交会车辆数 X_b	同向超越观测车的车数 Y_{b-a}	同向被观测车超越的车数 Z_{b-a}	行程时间 T_{b-a}
1	34	2	0	2.48
2	38	2	1	2.37
3	41	0	0	2.73
4	31	1	0	2.42
5	35	0	1	2.80
6	38	0	1	2.48
合计	217	5	3	15.28
平均	36.2	0.83	0.5	2.55

【例 3-6】 (1)计算观测值的平均值

由表 3-10 可知：$X_a = 48.5$ 辆，$X_b = 36.2$ 辆，$Y_{a-b} = 1.17$ 辆，$Y_{b-a} = 0.83$ 辆，$Z_{a-b} = 0.5$ 辆，$Z_{b-a} = 0.5$ 辆，$T_{a-b} = 2.56\text{min}$，$T_{b-a} = 2.55\text{min}$

(2)计算 $A \to B$ 向的交通量

$$Q_a = \frac{X_b + Y_{a-b} - Z_{a-b}}{T_{a-b} + T_{b-a}} \times 60 = \frac{36.2 + 1.17 - 0.5}{2.56 + 2.55} \times 60 = 433(\text{辆/h})$$

(3)计算 $B \to A$ 向的交通量

$$Q_b = \frac{X_a + Y_{b-a} - Z_{b-a}}{T_{a-b} + T_{b-a}} \times 60 = \frac{48.5 + 0.83 - 0.5}{2.56 + 2.55} \times 60 = 573(\text{辆/h})$$

需要注意的是，按上述方法得到的交通量是在整个观测时段内的平均值，而由每次观测所得数据计算的交通量才是该时段的交通量。

4.摄影法

摄影法是利用摄像机、电影摄影机或照相机作为便携式记录设备，通过一定时间的连续图像给出定时间间隔的或连续的交通流详细资料的方法。

摄影法在录像时要求采用专门设备，并升到一定高度(如架设在人行过街天桥上)，以便能观测到所需的范围。放映或显示摄制到的录像带,按照一定的时间间隔以人工来统计交通量。用这种方法搜集交通量或其他资料数据,优点是现场人员较少,资料可长期反复应用,而且一次性可以调查多条车道上各种车辆(包括非机动车)甚至行人的交通量。因此在交叉口交通状况的调查中,应用较多。

摄影观测法的缺点在于整理资料工作量大、花费人工多,导致费用比较高。因此,目前多用于研究工作的调查中。近年来,国内外的一些研究机构开发了一种采用计算机图像处理和模式识别技术对摄像观测采集的连续图像(或称视频)进行加工,自动获取其中交通信息的技术,如美国开发的 autoscope。随着这种技术的成熟,摄影法会得到更加广泛的应用。

5.GPS 法

以上几种方法的一个共同缺点是它们不太适合于实现交通状况的实时采集。利用 GPS (Global Positioning System)技术可以经济而有效地解决这一问题。GPS 是一种全球性、全天候、连续的卫星无线电定位系统,可提供实时的三维坐标的位置、速度等空间信息和高精度的时间信息。因其具有定位精度高,速度快,不受云雾、森林等环境遮挡的特点,已被广泛应用于军事测绘、精密测量、导航定位、地球科学研究、交通管理等国民经济的各个领域,成为当今应用最为广泛的卫星定位系统。将 GPS 技术与城市交通管理系统相结合,得到交通实况信息的方法具有重要意义,可实现交通状况的实时检测与控制。

利用 GPS 实时检测实验车,虽然无法直接得到路段的交通量,但可以根据所测得的路段区间平均车速,依据交通流量与平均车速、车流密度三者的关系式来反推路段交通流量。关于三者的关系,见第六章相关内容。

6.航空摄影法

航空摄影法,即利用航空摄影技术来进行交通量调查,其观测点是一个空间连续的移动断面,因此航空摄影法车流量($Q_{航}$)的计算为:

$$Q_{航} = KV_s \tag{3-14}$$

$$Q = Q_1 + Q_2 \tag{3-15}$$

式中:Q——顺向、逆向双向交通流量;

Q_1、Q_2——顺向、逆向车流量;

V_s——车流空间平均车速,km/h。

通过航空摄影法在公路调查中的实际应用表明,利用此法进行车速和交通量调查较传统的交通量调查具有明显的特点,主要表现在:

(1)使用航空摄影法调查,可以不受天气、地点、时间的影响,可大大减少实地交通调查的工作量,具有很好的现实性和实用性;

(2)能在空中动态地监测道路运行状况,特别是在监测城市汽车行驶路线、沿线车辆停放以及交叉口交通状况等方面,是一种有效的手段;

(3)进行公路状况调查时的不足之处为因影像较小而对车型判读比较困难。

第四节 交通量资料的换算

在获得交通量调查资料后还要进行分析和整理,从中得到一些反映特征性的数据。调查资料的整理一般要进行车辆的分类换算并把观测时段的数据扩展转换为所需的整时段数据，列入相应的图表中进行分析。

交通量的换算主要包括车辆分类换算和交通量整时换算两个部分。

一、车辆分类换算

在道路上行驶的各类型车辆，由于其车型、外廓尺寸和行驶速度不同，对道路的占用和使用效率会不一样。为了对车辆进行统一的定性、定量，以便能准确评价道路通行能力、实现科学的交通管理和分析道路交通问题，需将不同车型的交通量，换算为标准车型的交通量，这项工作称为车辆当量换算。

标准车型是根据当量换算目的、车型可比性及要求达到的可认性等多方面因素确定的。

当量换算方法就是将观测得到的某种车型的交通量乘以该车型相对于标准车型的当量换算系数 E。对同一类标准车型，当量换算系数对应不同的道路类型和不同的使用目的有一定的差别。

此外，由于交通工程学研究中对于停车只需着眼于车辆占有空间的特性，因此对停车场上各类车辆换算，只需考虑各种车辆在场地上的空间效果，而不关心车辆在运行中占用道路的情况。

以下将《公路工程技术标准》(JTG B01—2003)与《城市道路设计规范》(CJJ37—90)的车种分类与车种换算标准列于表 3-11、表 3-12 供参考。

公路工程技术标准规定车种换算系数(JTG B01—2003)　　表 3-11

汽车代表车型	车辆折算系数	说　明
小客车	1.0	≤19 座的客车和载重量≤2t 的货车
中型车	1.5	>19 座的客车和载重量>2t~≤7t 的货车
大型车	2.0	载重量>7t~≤14t 的货车
拖挂车	3.0	载重量>14t 的货车

注：此表采用小客车为标准车型。

城市道路设计规范规定车种换算系数(CJJ 37—1990)　　表 3-12

车　型	小　汽　车	普通汽车	铰接汽车
路段上换算系数	1.0	1.5	2.0
环形交叉口换算系数	1.0	1.4	2.0
信号交叉口换算系数	1.0	1.6	2.5

注：此表换算系数系以小汽车为标准。

二、交通量整时换算

由于交通量数据量非常大，有些交通量调查常常采取按一定时间间隔间歇式的抽样调查或者选取有代表性的日期、时段进行调查。这些调查得到的数据需要换算成相应的小时交通量、日交通量、月交通量和年交通量。换算的方法参见本章第二节。

第五节　交通量的表示方法

在对交通量调查数据进行整理换算分析之后，需要绘制一些相应的图表来反映交通量特征和变化规律，下面列出几种常用的表示交通量的方法。

一、汇 总 表

各种调查方法所获得的交通量资料，经过整理都可以列成汇总表。汇总表要有内容详细的表头，至少应包括现场记录表表头的所有项目。汇总表竖向一般按时间分隔，若 15min 一栏，则每小时要小计一次，横向可以按车种划分，当不计车种时，可以按流向划分。对于长期连续观测站的资料，每周的调查结果可以汇总于一张表内。对于交叉路口高峰期间的调查结果，还应提出高峰小时各入口方向分流向分车种的交通量汇总表。

二、柱 状 图

柱状图常用来表示一天中调查时段小时交通量的变化，典型的形式如图 3-7 所示。横坐标为绝对时间，纵坐标为相应小时的交通量，更多的是用小时交通量占日交通量的百分比，一般采用双向交通量的合计值。

三、曲 线 图

曲线图常用来表示交通量的小时变化、日变化和月变化以及一年按序号排列的小时交通量变化。图 3-7 为一日交通量变化图，直接连接图 3-7 中每个小矩形顶部的中心，便得到图 3-8，一天中小时交通量的变化曲线图。

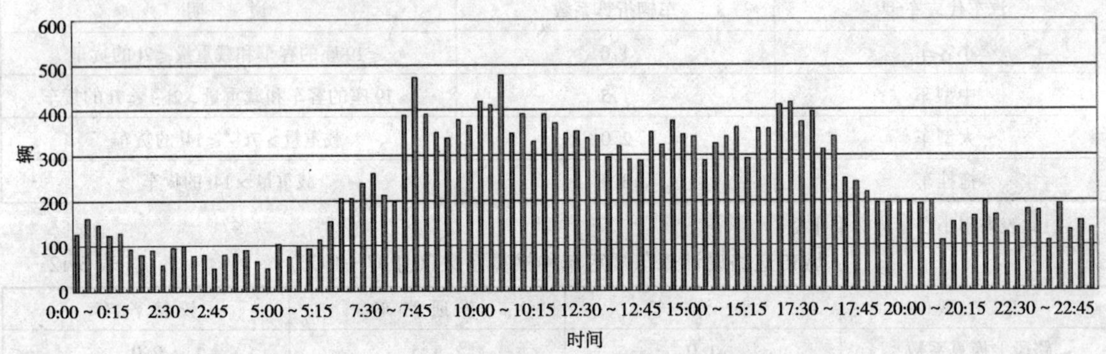

图 3-7 一日交通量柱状变化图

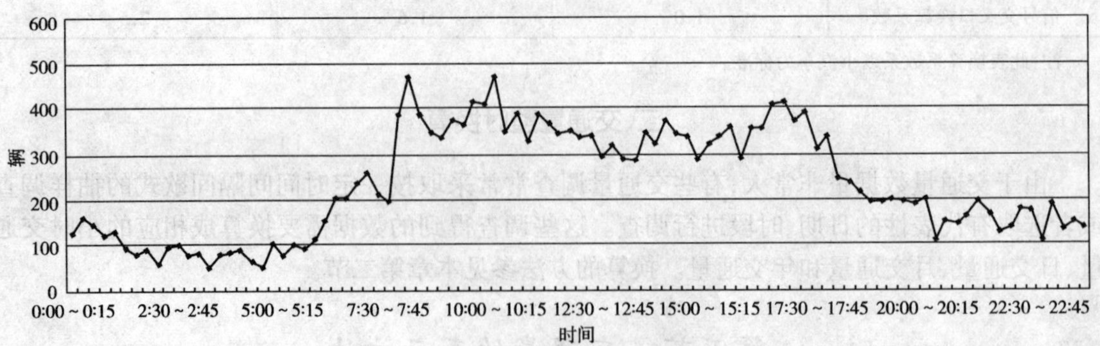

图 3-8 一日交通量曲线变化图

四、流量流向图

流量流向图用来表示交叉口车辆的运行状况，图 3-9 为一典型的十字交叉路口的流量流向图。由图可以一目了然地看到交叉口的流量流向分布情况。通常根据高峰小时的当量交通量绘制，当不知道车辆换算系数时，也可以直接用混合交通量代替。当机动车高峰与非机动车高峰不重叠时，一般应对每个高峰小时的机动车和非机动车分别绘制。

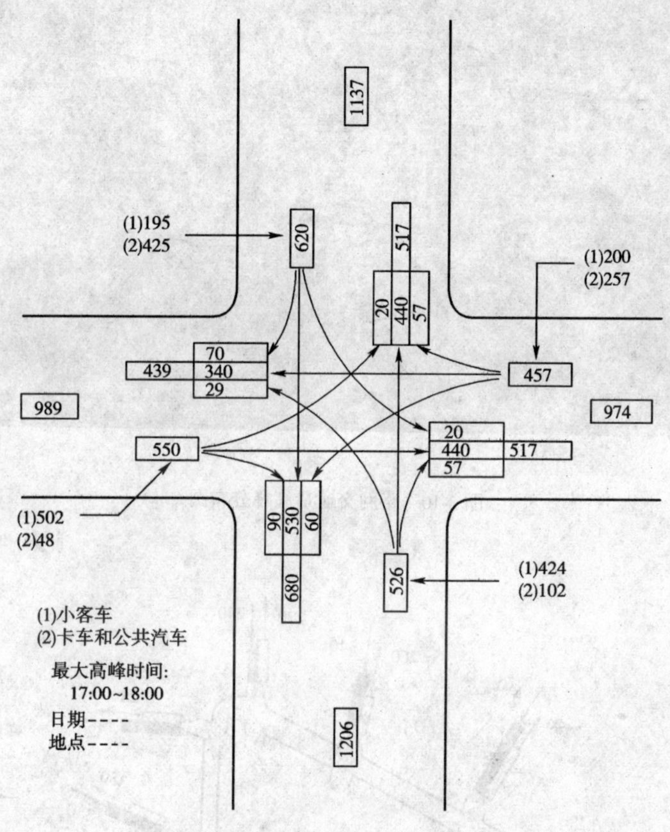

图 3-9　交叉口流量流向图

五、路网流量图

此图根据路网交通量普查资料绘制，用宽度与交通量成正比的线条表示出各条道路的交通量，同时辅以颜色显示路网流量的大小。如图 3-10 所示，此图为使用 trips 软件绘制的北京市高峰时段路网交通量分布图。

六、区域进出交通量示意图

如图 3-11 所示，通常用来表示小区出入交通量的调查结果。

七、交通负荷空间分布图

根据调查所得的高峰流量数据，结合道路通行能力计算出路口、路段负荷水平(交通拥挤程度)见图 3-12 和图 3-13。其可作为制定相应动态、静态交通组织调整措施的依据。

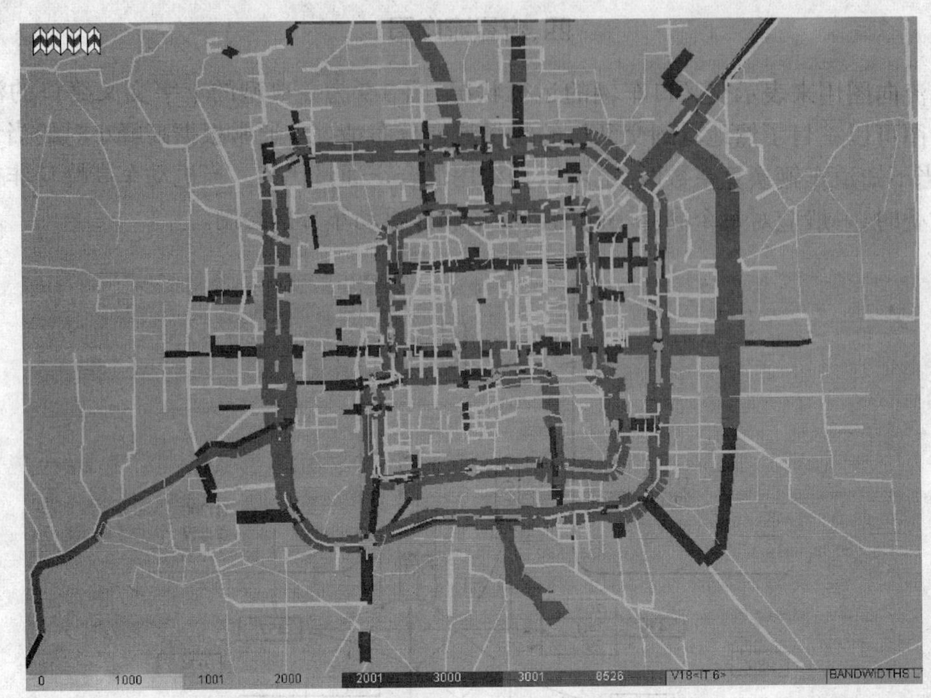

图 3-10　路网交通量高峰分布图

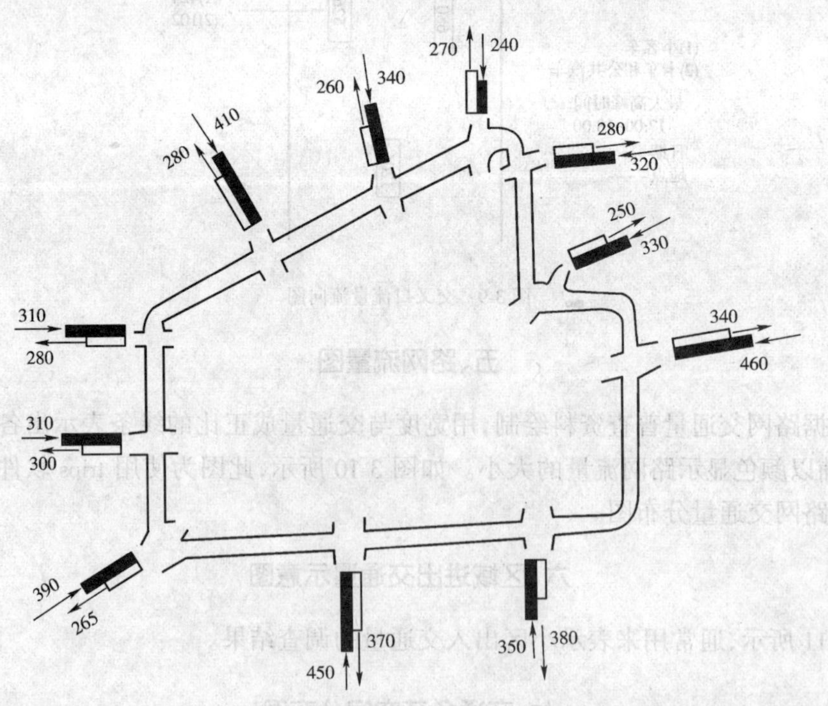

图 3-11　区域进出交通量图

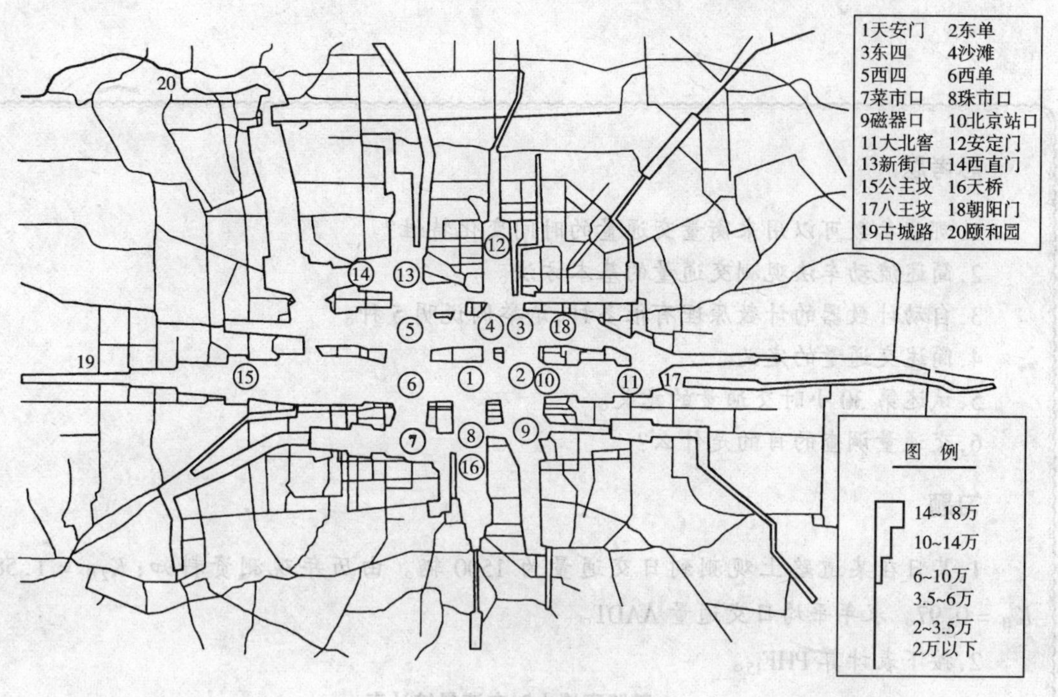

图 3-12　路网交通负荷空间分布图

图 3-13　路口交通负荷空间分布图

思考题

1. 哪些参数可以用来衡量交通量的时间变化特性?

2. 简述流动车法观测交通量的基本方法。

3. 自动计数器的计数原理有很多种,请举例说明5种。

4. 简述交通量的定义。

5. 试述第30小时交通量的意义。

6. 交通量调查的目的是什么?

习题

1. 某日在某道路上观测到日交通量为1500辆。由历年观测资料知:$K_{2月}=1.58$,$K_{日}=0.97$。求年平均日交通量AADT。

2. 按下表计算PHF_{15}。

某路高峰小时车流量统计表

时　间	南行车辆	北行车辆	总　数
8:30~8:45	191	152	343
8:45~9:00	199	146	345
9:00~9:15	169	146	315
9:15~9:30	160	149	309

第四章 车速调查
DISIZHANG

行车速度是交通流理论研究中的重要参数，是交通运行情况的基本量度，又是车辆运营效率的一项评价指标。了解和掌握道路上行车速度及其变化规律是道路设计、交通规划、交通控制与管理、交通设计的基础。因此，车速调查为交通工程中最重要的调查项目之一。

第一节　车速的基本定义

车速是单位时间内车辆所行驶的距离，通常用 l 表示运行距离，用 t 表示所需时间，则速度用式(4-1)表示：

$$v = \frac{l}{t} \tag{4-1}$$

在交通工程中，随着车速的用途不同，具有若干特定用途的车速，常用的有：地点车速、行驶车速、行程车速、设计车速等。

一、基本定义

1.地点车速

车辆驶过道路某断面时的瞬时速度，称为地点车速或点车速，实际工作中常用下式计算：

$$v = \frac{L}{t} \text{或} V = 3.6 \times \frac{L}{t} \tag{4-2}$$

式中：v, V——地点车速，单位分别为 m/s，km/h；

L——短观测段的距离(其长度以车辆驶过 l 的平均时间一般为 2～3s)，m；

t——车辆驶过距离 L 的时间，s。

2.行驶车速

车辆驶过某段路程的长度与行驶时间(不含停车损失时间)之比，即为行驶车速。

3.行程车速(区间车速)

车辆驶过某段路程的长度与所用的总时间(包括中途停车损失时间在内,但不包括客、货运车辆在起、终点的调头时间)之比,即为行程车速。它与行驶车速一起,常用于评价道路行车通畅程度、估计行车延误。

显然,行驶车速一般总是高于行程车速。

4.设计车速

设计车速是指在道路、交通、气候良好的情况下仅受道路条件控制时所能保持的最大安全车速。它是设计道路线形尺寸的依据。

5.临界速度(最佳速度)

指交通容量最大时(即饱和流量时)的车辆速度。

二、时间平均车速和区间平均车速

1.时间平均车速

车辆通过道路某断面时,观测时间内地点车速观测值的算术平均值,称为时间平均车速,即:

$$\overline{V}_t = \frac{1}{n}\sum_{i=1}^{n} V_i \tag{4-3}$$

式中:$\overline{V}_t$——时间平均车速,km/h;

V_i——第 i 辆车的地点车速,km/h;

n——观测时间内观测的车辆数。

2.区间平均车速

在某一瞬间,行驶于道路某一特定长度内的全部车辆车速分布的平均值。当观测长度一定时,其数值为地点车速观测值的调和平均值,计算公式为:

$$\overline{V}_s = \frac{1}{\frac{1}{n}\sum_{i=1}^{n}\frac{1}{V_i}} = \frac{1}{\frac{1}{n}\sum_{i=1}^{n}\frac{1}{L/t_i}} = \frac{L}{\overline{t}_i} \tag{4-4}$$

实际常用下式:

$$\overline{V}_s = \frac{L\cdot n}{\sum_{i=1}^{n} t_i}\times 3.6 \tag{4-5}$$

式中:$\overline{V}_s$——区间平均车速,km/h;

t_i——第 i 次行程的行程时间,s;

n——车辆行驶于该行程 L 的次数;

L——特定路段长度,m。

如果说时间平均车速表示的是该观测路段的“点”车速(即定点测量),那么区间平均车速则表征了某观测路段的“线”车速(即按某一长度测量)。

3.时间平均车速与区间平均车速的数学关系

利用下式可由时间平均车速推求区间平均车速:

$$\overline{V}_s = \overline{V}_t - \frac{\sigma_t^2}{\overline{V}_t} \tag{4-6}$$

式中:σ_t^2——时间平均车速观测值的方差,km/h。

利用下式可由区间平均车速推求时间平均车速:

$$\overline{V}_t = \overline{V}_s + \frac{\sigma_s^2}{\overline{V}_s} \tag{4-7}$$

式中:σ_s^2——区间平均车速观测值的方差,km/h。

由回归分析,得到两种车速的关系为:

$$\overline{V}_s = -1.88960 + 1.02619\overline{V}_t \tag{4-8}$$

由式中可以看出,在区间平均车速数值上小于时间平均车速,随着车速的提高,两者的差异逐渐缩小。

【例 4-1】 设有 3 辆汽车,分别以 20km/h、40km/h、60km/h 的速度通过路程长度为 10km 的路段,试求时间平均车速和区间平均车速。

解:先求时间平均车速

$$\overline{V}_t = \frac{1}{n}\sum_{i=1}^{n} V_i = \frac{1}{3}(20 + 40 + 60) = 40(\text{km/h})$$

再求区间平均车速

$$\overline{V}_s = \frac{1}{\frac{1}{n}\sum_{i=1}^{n}\frac{1}{V_i}} = \frac{1}{\frac{1}{3}\left(\frac{1}{20} + \frac{1}{40} + \frac{1}{60}\right)} = 32.7(\text{km/h})$$

三、车速频率分布

地点车速实为瞬时速度,一般观测结果多用算术平均值表示,由于地点车速在平均值周围一般分布很宽,单用这一参数不足以描述其特征,因此还需要通过地点车速频率曲线和累积频率分布曲线以及相应的数字参数从统计上加以分析。

地点车速频率分布规律一般用频率直方图表示,如图 4-1 所示,也可用这一直方图每一小矩形顶部中点用光滑曲线连接起来而成的曲线即地点车速频率分布曲线表示。图 4-1 中,横坐标是地点车速的速度分组,纵坐标则是相应的各组频率,从图中可以形象地看出地点车速分布范围及在范围内的散布情况。

车速频率为在同一地点观测到的某一区间内的车辆数 n,与总的观测车数 N 的比值。车速频率分布,是车辆速度频率的变化情况。图 4-1 中柱高为地点车速的频率,柱宽 S 为分组间隔。

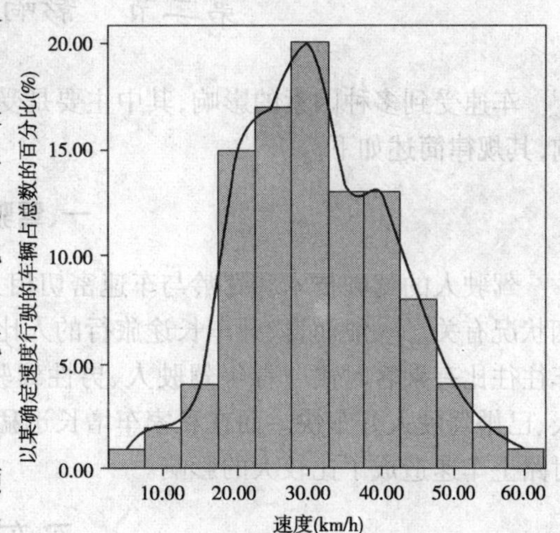

图 4-1 地点车速频率分布曲线

由频率分布曲线可绘得累积频率分布曲线，如图 4-2 所示。图中纵坐标即为小于等于各组地点车速的相应的累积频率。这两条曲线用来表明该观测路段地点车速的统计特征，从中可以选取以下参数作为特征地点车速。

1. 中位车速

在该车速以下行驶的车辆数等于在该车速以上行驶的车辆数，即图 4-2 中累积频率为 50% 时的相应横坐标值，也称 50% 位车速。只有当图 4-1 所示的速度分布曲线完全对称时，该值才等于其算术平均值。

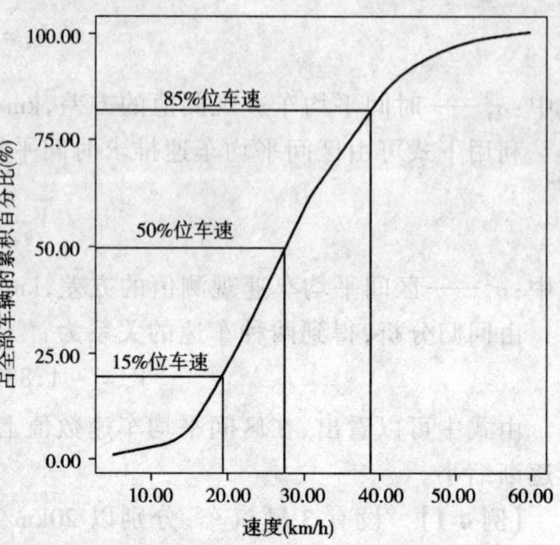

图 4-2　地点车速累计频率分布曲线

2. 85% 位车速

图 4-2 中累积频率为 85% 时的相应的横坐标值，即在观测到的车辆数中，有 85% 的车辆的地点车速小于或等于该值。85% 位车速用于确定观测路段的最大限制车速。但需要指出的是，用 85% 位车速做限速的做法，仅限于非饱和交通条件，且依据此法的限速值相对偏高，因为车流稀少时车速会相应提高，超过设计车速，易发生事故。因此实际道路限速上限值的确定应参考设计车速、85% 位车速、限速路段路面摩阻系数、限速路段视距条件和实际发生的事故情况综合确定。

3. 15% 位车速

在样本中有 15% 的车辆未达到的车速，即累计频率分布曲线中累计频率为 15% 时对应的横坐标值。为了减少排队阻塞现象，交通管理中对某些需要限制最低车速的道路如高速公路及城市快速路，常以此指标作为最低限速。

第二节　影响车速变化的因素

车速受到多种因素的影响，其中主要是受驾驶人、车辆、道路、交通及环境等因素变化的影响，其规律简述如下。

一、驾驶人的影响

驾驶人的驾驶技术和驾龄与车速密切相关，同时，车速还与驾驶人的个性、年龄、性别和婚姻状况有关。一般而言，开车长途旅行的人比本地出行的人开得快。车上无乘客时，驾驶人开车往往比有乘客时快。青年驾驶人、男性驾驶人、单身驾驶人，一般比中年驾驶人、女性驾驶人、已婚驾驶人开车快。而在私家车增长迅猛的大城市中，驾龄较短的驾驶人比例明显增加，对路上车速造成了比较大的影响。

二、车辆的影响

车辆对速度的影响主要体现在车型和车辆的新旧程度上。在我国，小客车车速最快，专用大客车次之,货车最慢。载货汽车的平均车速按轻型单机货车、中型货车、重型组合车、重型单机货车的次序下降。单辆货车的地点车速随货运物总重的增加而下降。新车的车速基本高于旧车。

三、道路的影响

驾驶人实际开车速度在很大程度上受道路条件的影响。诸如道路类型、平纵线形、坡长、车道数和路面类型等对车速都有影响。又如道路所处的地理位置、视距条件、车道位置、侧向净空和交叉口间距等对车速也有影响。

1.道路类型的影响

在高速道路、城市快速道路与城市之间的公路上,车辆一般都能以道路线形和交通设施所容许的车速安全行驶。而在一般城市道路上,车速将受到高峰交通量、交通信号、交叉口、交通管理措施和城市道路环境等的限制。

2.平面线形的影响

一般而言,在平曲线上较直线段上车速要低。平曲线半径越大,车速越高。设计车速较低的弯道上,平均车速接近设计车速。设计车速高的弯道上,平均车速低于设计车速,并接近于在切线段观测到的平均车速。

3.纵断面线形的影响

道路的纵断面线形对车速影响显著,并且这种影响对货车的影响比对小客车更为明显。下坡时与运行在平坡直线路段相比,对于货车当纵坡大至5%、对专用大客车和小客车当纵坡大至3%,平均车速都是增加的。当下坡超过此限度以及在上坡道,各类车辆的车速都降低。重型货车爬坡行驶表明,在一定坡度的路段上,车速随坡度的增加几乎是直线地下降,直至降到等于爬坡速度,并以此速度继续爬坡。

4.车道数及车道位置的影响

多于四车道时,车行道的特性与四车道时相似。四车道公路上,由于行驶时不受对向行车的约束,比双车道和三车道公路上的平均车速高。当有中央分隔带时这种差异更明显。三车道上的车速略高于相类似的双车道公路。在行近市区的道路上,入境车辆的平均车速一般比出境车速高3~6km/h。在多车道的公路上,地点车速由靠中央分隔带的车道向靠路肩的车道逐次递减。

5.视距的影响

道路上视距若不能满足要求,则车速明显降低。尤其在建筑密度较大的城市中,部分交叉口处,道路的两侧建筑物对驾驶人的视线造成了遮挡,使得车辆行驶速度下降。

6.侧向净空的影响

在双车道公路上,一般侧向净空受到限制时,平均车速降低2~5km/h,货车比客车受的影响小。

7. 路面条件的影响

路面类型由低级发展到高级时，地点车速将逐渐增加。例如，我国大量的砂石路面改善为高级、次高级路面后，车速提高了 30% 左右。目前，载货汽车在高级路面上行驶，车速可达 60 ~ 80km/h；在次高级路面上行驶，车速可达 40 ~ 60km/h；在中级路面上行驶，车速可达 30 ~ 40km/h。我国干线公路调查指出，沥青路面上的汽车平均车速为 38.5km/h，砂石路面上的汽车平均车速为 30.0km/h(26.9 ~ 33.1km/h)。同一类型路面，其状况的优劣也直接影响车速。

四、交通条件的影响

1. 交通量的影响

交通量越大，交通密度越大，车速越低。这是由于道路的交通量越大，超车就越困难。超车时，超车驾驶人要提高车速，一般比被超车辆平均高 16km/h，由于超车数量的减少，快行车的潜力得不到发挥，所以平均车速要下降。

2. 交通组成的影响

快慢车分离比快慢车混合行驶车速高。在城市道路上，全封闭的快速路比主干道车速高，三块板道路比一块板道路的车速高。行人，特别是横过街道的行人交通量的大小，对车速也很有影响。

3. 交通管理的影响

道路渠化能使车速有比较明显的提高，这是由于车辆各行其道，减少了相互间的干扰。在交叉口实行线控制的道路上的行驶车速和行程车速大多比交叉口为点控制的道路要高。例如北京前门大街实行线控后比线控前行驶车速有明显提高，小汽车速度提高了 19.5%。

五、环境的影响

地形、气候和地理位置的不同对车速均有影响。我国 1980 年车速调查表明，在山岭、重丘区公路上，解放车的平均运行车速为33.9km/h；在平原、微丘区的公路上，平均运行车速为 39.9km/h，后者较前者快 15%。公路入口控制的严格程度越高，公路主线的平均车速越高。临近村镇、居民区、学校等的道路与周围环境开阔的道路相比，车速明显偏低。

第三节　地点车速调查

地点车速调查的资料通常用于道路设计、交通规划、交通安全分析、交通工程设施设计和设置的依据、制定交通管理与控制措施的依据以及作为交通流理论研究中的重要参数。因此地点车速调查成为交通工程中最重要的调查项目之一。

一、调查的主要目的

1. 掌握某地点车速分布规律及变化趋势

在选定的地点，定期抽样调查，测定各种车辆的速度，得到车速随时间的变化规律，从而探求速度的发展趋势，为评价规划设计指标与服务水平提供依据。

2. 作为改善道路的依据

根据道路的车速分布，判断某路段的道路条件和交通状况，针对存在的问题采取合适的改善措施。

3. 用于交通事故分析

确定车速与交通事故的关系，以便提出相应的改善措施。

4. 前后对比分析判断交通改善措施的成效

比较采取交通改善或管制措施前后的车速变化资料，可以定量的校核所用措施的效果。

5. 确定道路限制车速

地点车速资料可用来确定限制车速的数值。一般以85%位车速作为限速值，为方便起见限速值皆取5的倍数。

6. 设置交通标志的依据

在规定曲线上和交叉口入口采用的安全车速、标志的位置、信号位置、确立禁止超车区的范围、建立速度分区等都要使用地点车速资料。

二、调查时间的确定

调查时间应选择与调查目的相对应的具有典型性和代表性的时段。一般均不选择休息日及交通有异常的日期和时间。例如星期日，由于大部分居民不上班，车流量少，因此车速一般均较平日高，又如一些大型体育赛事或集会活动举行前后，交通量会突然增大，车速较正常相比变缓。一般为制定交通管理措施搜集依据和检验交通改善效果的调查应选用机动车早高峰及晚高峰时段，因为这段时间交通量大，矛盾最为突出；为了调查车速限制、收集基础资料等一般性调查，应选非高峰时段。特别要指出在进行交通改善措施前后的对比调查时，调查的时间段前后必须一致。

三、调查地点的选择

调查地点的选择应根据不同的调查目的选择。

(1)如果速度调查是为了掌握车速分布特征及变化规律，在公路上应选择道路平坦顺直，且离交叉口有一定距离，路边无开发的路段，从而使车速不受道路条件及信号灯控制和行人过街的影响，在城市道路上，还应注意避免公共汽车停靠站的影响；

(2)为了设计交叉口信号灯的配时或配置交通标志时，需调查进入交叉口的车速；

(3)为了确定限制车速、检验交通改善设计或交通管理措施的效果和交通安全分析，观测点应设在相应的道路或地点上。

四、抽样调查与样本量要求

道路上通行的每辆车都有特定的速度，对每辆车的车速都进行观测是不可能的，因此，进行地点速度调查时，一般要用随机抽样的方法，即抽取有限的样本来推断车速总体特性。如何保证样本能够准确地反映总体的特性，决定于样本的选择和样本量的选取。

1.样本的选择

在地点车速观测中，要取得无偏的车速样本，抽样必须是随机的，即每一行驶车辆被选取作为样本的机会是均等的。作为代表性的样本必须符合：

(1)抽样是随机的，样本的选择必须避免某种偏向。高速、低速车辆和正常车速的车辆均有同等概率被抽做样本；

(2)样本相互之间必须完全独立，如路段上车辆列队行驶时，一般只取头车作为独立行驶车辆，因后面车辆受头车的影响；

(3)选取数据的地区间应无根本的差别，构成样本所有项目的条件应该一致。

2.样本量

速度调查不同于交通量调查，要进行抽样调查，为了减少费用，抽样的数量要尽可能的小，同时还要满足调查的精度要求。因此，调查前要计算所需样本的最小数目。

要确定样本量的大小，需讨论两个问题，一是样本量与精度的关系，二是置信水平与精度的关系。

1)样本量与精度的关系

地点车速的样本平均数与总体平均数之间总是有差异的，其差别的大小取决于样本平均数的标准差。在概率论中已经证明，母体为正态分布时，子样平均数均为正态分布，其期望值等于母体期望值，样本平均数的方差 $\sigma_{\bar{x}}^2$ 等于母体方差 σ^2 除以样本量 n。即：

$$\sigma_{\bar{x}} = \frac{\sigma}{\sqrt{n}} \tag{4-9}$$

在不知 σ 的情况下，可用样本标准离差 S 来代替。从上式可知样本量越大，$\sigma_{\bar{x}}^2$ 越小，亦即精确程度越高。例如：某地点车速标准离差 $S = 12\text{km/h}$，计算不同样本量时的 $\sigma_{\bar{x}}$ 如表 4-1 所示。

$\sigma_{\bar{x}}$ 与样本量 n 的关系 表 4-1

样本量大小	$n = 36$	$n = 64$	$n = 144$	$n = 576$
$\sigma_{\bar{x}} = \frac{\sigma}{\sqrt{n}}$	2.0	1.5	1.0	0.5

从上例可以清楚地看出样本数从 36 增加到 576，即增长 16 倍，而样本平均数的标准离差 $\sigma_{\bar{x}}$ 只减小 3/4，因此说明，对样本平均数的标准差应规定一定的值，否则过大的样本量是不经济的。为了解决这个问题，提出了允许精度即样本平均数($\bar{x}$)与总体平均数之差(μ)的绝对值 $|\bar{x} - \mu|$ 不超过某定值 E，E 称为允许偏差精度。根据统计推断中的参数区间估计：

$$\frac{|\bar{x} - \mu|}{\sigma_{\bar{x}}} < t \tag{4-10}$$

式中：t——决定于置信水平和自由度的分布统计量。

若以允许偏差 E 代入上式，则得到

$$E = \sigma_{\bar{x}} t$$

$$E = \frac{\sigma}{\sqrt{n}} \cdot t \tag{4-11}$$

由此得到最小样本量公式：

$$n = \left(\frac{t\sigma}{E}\right)^2 \tag{4-12}$$

式中各符号意义同前。

2)置信水平与精度的关系

当样本平均数的标准差一定时，选定的置信水平将决定总体平均数的置信区间。如果置信水平高，则要求较多的预测值落在置信区间中，置信区间必然宽，也就是对预测精度要求高；反之，置信水平低，则预测值落在置信区间内的要求低，置信区间必然窄，也就是预测精度降低。在地点车速调查中，一般采用95%或90%的置信水平，从 t 分布表可知，当样本量大于120时，与正态分布一致，置信水平为95%的 t 分布统计量 $t=1.96$，当置信水平为90%时，$t=1.64$。

综上，根据我国1998年出版的《交通工程手册》，地点速度调查的最小样本量 n 应按下式计算：

$$n = \left(\frac{\sigma K}{E}\right)^2 \tag{4-13}$$

式中：n——最小样本量；

E——速度观测值的允许误差，km/h。E 的取值取决于速度调查要求的精度，一般可取 $E=2$km/h；

K——不同置信水平对应的系数，实质上是一定置信水平和自由度的 t 分布统计量值，《交通工程手册》给出了对应于不同置信水平 K 值的经验值(表4-2)；

σ——样本总体标准差的估计值，一般应由分析先前的速度资料得出，如果困难则应根据调查区域和道路的类型选取经验值。《交通工程手册》给出了对应于不同地区和道路类型 σ 的经验值(表4-3)。

置信水平系数 K 值表 表4-2

置信水平(%)	68.3	86.8	90	95	95.5	98.8	99.7
K	1	1.5	1.64	1.96	2	2.5	3

样本标准差值 σ 值表 表4-3

调查区域	平均标准差(km/h)		调查区域	平均标准差(km/h)	
	双车道	四车道		双车道	四车道
乡村	8.5	6.8	城市	7.7	7.9
郊区	8.5	8.5	平均值	8.0	8.0

五、调查方法

调查地点车速有两种最基本的方法。一种是测量驶过已知距离的时间，另一种是利用多普勒原理。由于使用的仪器不同，又可区分为人工测量和自动测量的方法，其具体方法分述如下。

1.人工测量方法

这是最常用的一种方法。实际上是测量车辆通过某一微小距离的平均时间。首先在拟调查的路段上选一个很短的距离 L，距离 L 的取值与车速有关，可按车辆经过 L 路段的时间在

2～3s 控制长度，通常取 20～50m。

行程长度确定之后，在调查地点两端做上标记。最好能选择对面的电杆或树木为标志做道路中线的垂线，作为起点。在水泥混凝土路面上，也可以伸缩缝作为起点线。由起点量测行程长度 L，在路面上划线作为终点如图 4-3 所示。

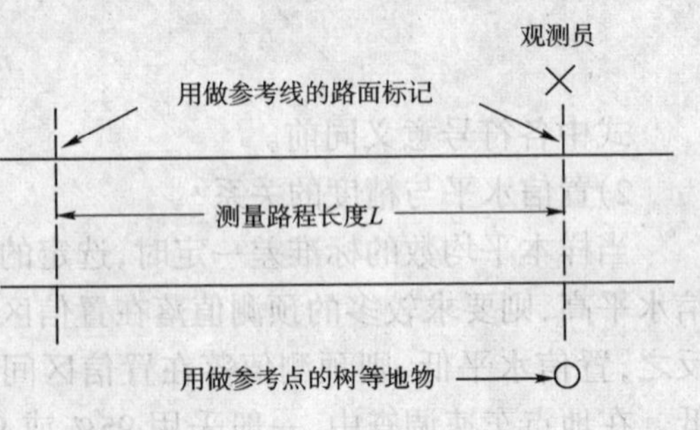

图 4-3　调查地点车速平面示意图

用人工法调查车速，通常需要 3 名观测员。其中一人持旗(或徒手)立于起点，面向对面标志，当对面标志(树或电杆)一被车头越过或前轮刚刚碾过起点线时，立即挥旗(或挥手)。另 1 人持秒表立于终点，见到第 1 人手势立即起动秒表，待该车的车头或前轮一通过终点线即停表。第 3 人在终点处负责记录。记录时在表 4-4 记下每一个车的车型，通过起点时间及通过终点时间，并计算出通过时间，根据距离即可算出车速。

地点速度观测记录表　　表 4-4

日期________　时间________　地点________　方向________　路面________　天气________

车型 / 序号	小客车	大客车	铰接车	小货车	大货车	通过起点时间(min:s)	通过终点时间(min:s)	通过时间(s)	距离(m)	车速(m/s)
1										
2										
3										

人工法的优点是简单易行，不需什么特殊的设备，灵活机动。缺点是由于视差和观测人员的中途更换可能引起较大的误差。因此要求起点和终点的两名观测者要协调一致。另外，此方法不宜进行长时间观测。

2.车辆检测器法

使用车辆检测器(感应器)测量交通量时，可通过电磁感应或超声波反应原理同时感知车辆通过的距离和时间，从而计算地点车速。量测方法为：在测速地点取一小段距离(如取 5m)两端均埋设检测器，车辆通过前后两检测器时即发出信号，并传送给记录仪，记录下车辆通过前后两个检测器的时间，从而算得车速。当测速精度要求不太高时，也可用一个检测器的办法，即测量车辆前后车轮通过检测器的时间，并用前后轴距除以该时间求得车速。这种方法适用于交通控制区中已埋设检测器的场合并与交通流量数据同时存放于数据采集系统中。

3.雷达测速仪法

这种方法是目前现代交通管理常用的一种方法。原理是向车辆发射雷达波，根据其反射波的多普勒效应测定车速。即用雷达枪瞄准测速车辆时，发射出雷达束遇车辆后再从车辆反射回来，发射波与反射波的频率差与车辆行驶的速度成正比，从而得到车辆的瞬时速度。雷达仪以 km/h 计量的车速直接读数。许多雷达仪(枪)都附带有自动记录器，提供永久性的记录。

由于不能从行驶车辆的正面发射和接收雷达束，所以这种方法有一定的误差。其误差与雷达束方向和行车方向之间夹角的余弦成正比。例如，夹角 15°产生的误差约为 3.5%。

这种方法的优点是操作简单，设备安装和移动方便，而且不易于被驾驶人发觉，特别适合于交通警用来纠正违章超速行车。但其价格较昂贵，而且在交通量较大或多车道道路上，要鉴别所有车辆的速度是困难的。

4.光电管法

此法如图 4-4a)所示，将光源放在路侧的 A、B 两点，将光电管放在道路另一侧，分别接收 A、B 两点来的光束。车辆通过时就会遮断光束，使接通的继电器移动电笔，在滚动纸上记下符号。如果从 A、B 两点记入的符号能平行于同一滚动纸上，如图 4-4b)所示，则通过 A 点的第一辆车在 A 线上记下 a_1，第二辆车记下 a_2，直至 n 辆车，记下 a_n。通过 B 点也同样在 B 线上记下同样车辆 $b_1,b_2,\cdots b_n$。于是，如果已知从 a_1 向 B 线的投影 a_1 到 b_1 的长度 L，就可以知道从 A 到 B 所需的时间 t，由于 A、B 的距离为已知，所以即可求得车速。但是，当 A、B 间距离比较长，自动记录同一车辆时，应为 $a_3b_3a_4b_4$；这时有超车现象时，就容易在整理记录时错误地定记为 $a_3b_4a_4b_3$，因此，观测员在整理与观测时要注意超车情况。

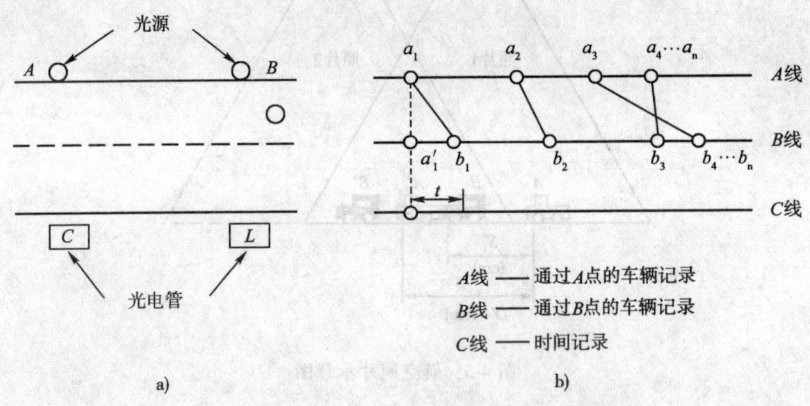

图 4-4　用光电管测地点车速

5.摄影测量法

在非常拥挤的城市道路上，可借助摄影机或照相机拍摄照片，并从照片上精确地分析时间与距离的关系，从而得到地点车速。摄影测量法根据拍摄方式，大致可分为照相法和航空摄影法。

1)照相法

该法是用电影摄影机连续拍摄或用普通照相机按一定的时间间隔对同一地点拍摄照片。查点车辆通过地面已知距离的两点的胶片格数或照片张数，可以得到行驶时间，从而算出车速。

照相法观测简单，可以同时测量一个车队的车速。对于所有交通流的数据，例如交通量、车辆分类、车间距离等，还可通过照片取得永久性的记录。缺点是拍摄角度亦可造成一定误差；另外，由于摄影机或照相机需要安装在高处有利拍照的位置，因而也限制了其应用。同时资料的分析整理费时费工，花钱较多。因此通常只限于科学研究。

2)航空摄影法

该法用 1/5000 左右的比例尺，飞行高约 1000m。航行时速 200 ~ 300km/h，以便于计算速度的时间间隔 t(如 5s，6s 或 10s)重叠 50%进行摄影，然后将照片放大到 1∶1000 比例尺，按下列方法计算车速、车头间隔和车头时距。

设在图 4-5 中，最初在照片上 A、B 位置的两辆汽车，在 7s 后拍摄的照片 2 上移到 A'，B'，汽车在照片上移动的距离 AA' 为 D' cm，照片上的车头间隔为 S'_Lcm，照片比例尺为 1/m 则车速 V 和车头时距 S_t 及车头间隔为 S_L：

$$V = D' \times \frac{3600}{t} \times m \times \frac{1}{100000}(\text{km/h}) \tag{4-14}$$

$$S_L = S'_L \times m \times \frac{1}{100}(\text{m}) \tag{4-15}$$

$$S_t = \frac{S'_L}{\frac{D'}{t}}(\text{s}) \tag{4-16}$$

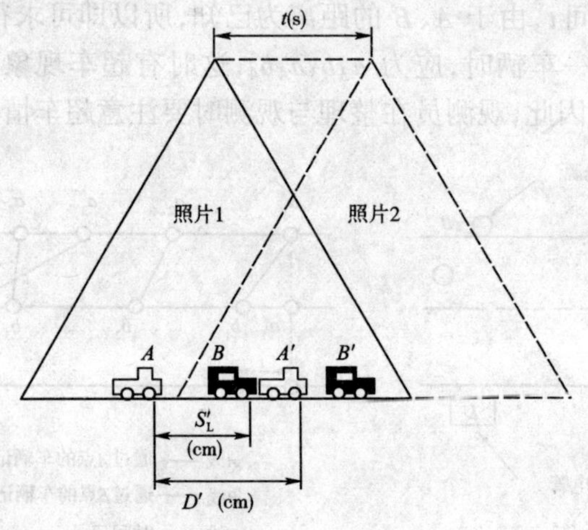

图 4-5　航空照片示意图

第四节　地点车速资料整理

地点车速的观测数据应按调查目的进行汇总，然后把数据整理成图表，并用统计方法对调查结果作统计特征值计算。

车速资料的整理主要应给出时间平均车速频率分布曲线、累积频率分布曲线。

一、数 据 整 理

由于车速属于连续形随机变量，一般采用分组法整理。所谓分组法就是将调查数据所分布的范围按一定的时间间隔划分成若干个首尾相接的区间，而每个区间就称为一个组。凡位于同一组的速度值都认为其速度值为该组的中值速度。

为了整理数据简便而精练，可列出一张地点车速频率分布表，如表 4-5 所示：

地点车速频率分布表　　　　表 4-5

(1) 速度分组	(2) 组中值 $v_{i中}$	(3) 观测频数 f_i	(4) 累计频数 F_i	(5) 观测频率 f_i^*(%)	(6) 累计频率 F_i^*(%)

表 4-5 中第 1 列为速度分组。由于地点车速样本一般均很多，如将实测数值自大至小排

列，必然十分繁琐，因而用分组的方法使之简化。组距的确定，是以保证原有样本精度为前提，组距过大，必然组数少，难于反映样本中车速分布的实际情况；组距过小则带来统计工作量的繁琐，有时在车速样本量有限的情况下，会出现分布不连续情况。为此分组数应根据车速的分散程度和样本数量而定，一般分组数宜在 8～20 范围内。分组数确定后，可求得组距。从观测数据中取出最大车速和最小车速，二者之差称为极差，极差除以分组数减 1 得组距，然后取整。例如某地点车速样本容量为 80，样本的最高车速为 75km/h，最低车速为 20km/h，样本初步分为 10 组，则每组间隔为(75 - 20)/(10 - 1) = 6.1(km/h)。为便于整理，将组间隔取整为 6.0km/h，最后确定实际分组数。

第 2 列为组中值即分组的代表位，就是一个分组的中心数值。

第 3 列为观测频数。把现场观测值归入所属的组，统计得到各组的车速频数。各分组出现频数所组成的数列，称为频数分布，各组频数之和，必等于现场观测的样本量。

第 4 列为累计频数。如果数组车速由小到大排列，则累计频数表示等于和小于该数组的频数之和，最后一行的累计频数必等于总样本量。

第 5 列为观测频率。各组的频数除以样本总数即得各组频率。各组频率之和必等于1.0。

由频率所组成的分布，消除了对于样本总数的依赖，可用来对比不同样本量时频率分布的结果。

第 6 列为累计频率。与累计频数相对应，即累计频数除以样本量。如果车速数组自小到大排列时，则该组的累计频率表示等于及小于该数组速度的频率之和，最后一行的累计频率必等于 100%。地点车速的频率分布曲线及累计频率分布曲线见图 4-1 和图 4-2。

在地点车速频率分布表的基础上，地点车速资料常需进行以下数学分析。

二、计算统计特征值

(1)地点车速平均值是车速统计中最常用的特征值和表示车速分布的最有效的统计量，其计算公式如下：

当车辆未分组时：

$$\overline{V} = \frac{\sum_{i=1}^{n} V_i}{n} \tag{4-17}$$

当车辆分组时：

$$\overline{V} = \frac{\sum_{i=1}^{g} f_i V_{i中}}{\sum_{i=1}^{g} f_i} \tag{4-18}$$

式中：$\overline{V}$——地点车速的算术平均值，km/h；

V_i——各组车速的平均值，km/h；

f_i——地点速度观测值分组出现的频数；

$V_{i中}$——各车速分组的组中值，km/h；

n——观测的总车辆数，辆；

g——地点车速分组组数。

(2)中位车速是速度按递增顺序排列的中间位置车速值。当观测次数为奇数时，中位车速是所排列数列的中间车速，而观测次数为偶数时，中位车速规定为两中间车速的算术平均数。中位车速也等于累计频率分布曲线上累计频率为50%时对应的横坐标值，亦即将累计频率分布曲线划分为两个面积相等部分的垂线与横坐标的交点。在频率分布表(表4-5)中可用下列公式内插求算中间速度：

$$V_{中} = V_{下} + \frac{\frac{n}{2} - f_0}{f_m} \times C \tag{4-19}$$

式中：$V_{下}$——为中位车速区间的下限速，km/h；

n——观测车辆总数，辆；

f_0——到中位车速区间下限为止的累计观测的车辆数，辆；

f_m——中位车速组区间内观测到的车辆数，辆；

C——包含中位车速的区间长度，km/h。

(3)常见速度(众数)是频率分布曲线中出现频率最高的那个组的组中值。当速度资料分组收集时，要精确定出常见速度则比较困难，有时常见速度估计位于频率分布曲线峰点相对应的速度。

如果速度频率分布曲线左右完全对称，则算术平均速度、常见速度及中位车速均相同。

常见速度受极大速度和极小速度的影响，一般要比算术平均速度所受的影响小(即极大或极小车速对算术平均车速影响大，对常见车速影响小)。

(4)极差即观测值中最大车速与最小车速之差，可用下式表示：

$$R = V_{max} - V_{min} \tag{4-20}$$

式中：R——极差；

V_{max}——观测值中最高的车速值，km/h；

V_{min}——观测值中最低的车速值，km/h。

极差值易取得，但它决定于样本量的大小，且受反常观测者的影响很大。

(5)样本标准差(S)为衡量数据离散程度的标准。标准差越大，表示存在于通过车辆中的速度差越大。这时当交通量小时，表示车辆选择速度的自由度大；当交通量较大时，表示交通混乱程度严重。

当地点车速未分组时：其计算公式为：

$$S = \sqrt{\frac{\sum_{i=1}^{n}(V_i - \overline{V})^2}{n-1}} \tag{4-21}$$

当地点车速分组时，其计算公式为：

$$S = \sqrt{\frac{\sum_{i=1}^{g} f_i V_{i中}^2}{n-1} - \frac{(\sum_{i=1}^{g} f_i V_{i中})^2}{n(n-1)}} \quad 或者 \quad S = \sqrt{\frac{\sum_{i=1}^{g}(V_{i中} - \overline{V})^2 f_i}{\sum_{i=1}^{g} f_i}} = \sqrt{\frac{\sum_{i=1}^{g} V_{i中}^2 f_i}{n} - \overline{V}^2} \tag{4-22}$$

以上公式中的符号意义同前。

三、地点车速数据统计分析实例

【例4-2】 在某路上观测到的车速数据如表4-6所示，试对数据进行分析。

车 速 观 测 值　　　　表 4-6

组区间（km/h）	65 ~ 69	60 ~ 64	55 ~ 59	50 ~ 54	45 ~ 49	40 ~ 44
组中值 μ_i	67	62	57	52	47	42
频数 f_i	0	2	15	14	29	74
组区间（km/h）	35 ~ 39	30 ~ 34	25 ~ 29	20 ~ 24	15 ~ 19	
组中值 μ_i	37	32	27	22	17	
频数 f_i	60	63	29	6	8	

解：地点车速频率分布如表 4-7 所示。

地点车速频率分布表　　　　表 4-7

组区间（km/h）	组中值 μ_i	观测频数 f_i	观测频率 F_i（%）	累计频数 f	累计频率 F（%）
15 ~ 19	17	8	2.67	8	2.67
20 ~ 24	22	6	2.00	14	4.67
25 ~ 29	27	29	9.67	43	14.33
30 ~ 34	32	63	21.00	106	35.33
35 ~ 39	37	60	20.00	166	55.33
40 ~ 44	42	74	24.67	240	80.00
45 ~ 49	47	29	9.67	269	89.67
50 ~ 54	52	14	4.67	283	94.33
55 ~ 59	57	15	5.00	298	99.33
60 ~ 64	62	2	0.67	300	100.00
65 ~ 69	67	0	0.00	300	100.00

根据公式 4-18 计算平均车速为：

$$\overline{V} = \frac{\sum_{i=1}^{g} f_i V_{i中}}{\sum_{i=1}^{g} f_i} = \frac{2 \times 62 + \cdots + 17 \times 8}{300} = 38.22(\text{km/h})$$

根据公式 4-22 计算样本标准差为：

$$S = \sqrt{\frac{\sum_{i=1}^{g} V_{i中}^2 f_i}{n} - \overline{V}^2} = \sqrt{\frac{62^2 \times 2 + \cdots + 17^2 \times 8}{300} - 38.22^2} = 8.88(\text{km/h})$$

样本的标准差较大，由此可见，通过车辆的速度差较大，交通混乱程度较大。

此外，根据表 4-7 绘制地点车速频率分布直方图与地点车速累计频率曲线见图 4-6 与图 4-7。

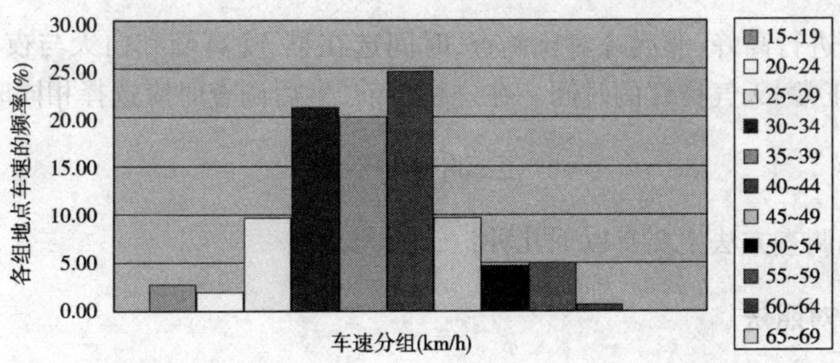

图 4-6　地点车速频率分布直方图

除了以上计算得到的特征值，还可由累计频率分布曲线得出15%位车速，中位车速及85%位车速。

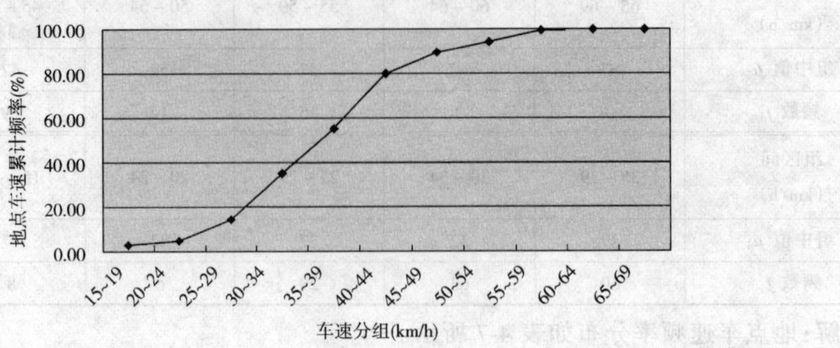

图4-7　地点车速累计频率曲线

第五节　区间车速调查

区间车速是另一种速度资料，其调查资料通常用于掌握道路交通现状，作为评价道路服务水平的主要指标，也作为路线改建设计的依据和衡量道路上车辆运营经济性(运营时间和车辆耗油)的重要参数，它是研究整条路线的畅通程度发生延误的原因，或者分析整条道路通行能力的重要资料。

区间车速是通过量测通过已知长度道路的行程时间来获得。通常要求拟调查路线的长度在1.5km左右。观测时间取决于调查目的。调查时，可选在高峰时段，也可选在非高峰时段。

一、调查区间与调查时间的选择

调查区间与调查时间的选择应根据调查目的选定。

1.调查区间

掌握道路交通现状时，只要在选定路段内测量车辆通过的时间即可，一般情况下起终点应选在无交通阻塞处；当出于交通管理目的时，应在拟定管辖地区选择合适区间；用于评价道路改建及交通管理措施的效果时，在道路改建及实施交通管理措施前后，都要进行相关路段区间调查，且事前、事后选择相同的路段和时间。

2.调查时间

一般情况应进行高峰、非高峰对比调查，时间选在早、晚高峰和白天与夜晚非高峰4个阶段，且选在交通正常、天气良好的时间。在进行事前、事后调查时应选择相同时间。

二、调查方法

区间车速的调查方法主要有以下几种：

1.车辆牌照对照法

车辆牌照对照法是在拟调查区间的两端设置调查人员，记录通过车辆的牌照号码及其通过起、终点断面的时刻，以求得区间行程时间，并由此计算出区间平均车速的方法。牌照法的主要优点在于取样速度快，室外工作时间短，能较准确地测得不同时段的平均行程车速，便于进行交通工程中的微观分析。但牌照法所测得的只是起终点间的行程时间，无法知道车辆在行驶过程中的延误及交通阻滞情况，当路段中间有交叉口时，由于车辆在交叉口的转向，易造成起终点的车辆牌照号码不完全一致，增加了内业工作量；在单向两车道或大于两车道的路段，观测时由于靠边车道上车辆的阻挡，无法看清中间车道上车辆的牌照号码，容易漏记车号，另外，此法现场观测的劳动强度较大。

具体调查方法如下：

在调查路段的起点和终点各设调查员4~6人，按上下行分为两组观测。当只需一个方向的资料时，起、终点各需2~3人。一人读通过该点的汽车车牌号码的末3位数及车型；一人读通过该点的时间；一人记录。当交通量非常小时，记录者可同时看时间，如果交通量很大，可进行抽查，例如只调查尾号是0或5(抽样20%)的车辆或只读尾号是0(抽样10%)的车辆。观测完后，将起、终点同一车牌号码对起来，算出区间行程时间，然后根据起、终点之间的距离，算出区间平均车速。

【例4-3】 表4-8为此法实测记录与计算实例

车辆牌号对照法对行车时间及区间速度调查表 表4-8

通过车辆车牌号	车辆通过观测断面时刻		行车时间
	入口	出口	
	(h:min:s)	(h:min:s)	(min:s)
19335	8:00:12	8:04:05	3:53
12143	8:00:58	8:05:29	4:31
17963	8:01:21	8:05:19	3:58
15142	8:01:44	8:05:49	4:05
14872	8:01:59	—	未对上
17615	8:02:19	8:05:39	3:20
15166	8:02:35	8:06:11	3:26
18327	8:02:41	—	未对上
11144	8:02:52	8:07:12	4:20
11579	8:03:09	8:07:28	4:19
17156	8:03:36	8:07:07	3:31
13218	8:03:55	8:07:39	3:44
17244	8:04:47	8:08:56	4:09
16288	8:05:07	8:09:25	4:08
平均通过时刻	8:02:43	8:06:41	3:58
	出口 8:06:41 入口 8:02:43	差值为3:58	(3.97min)
区间长度：$L=2.35$km		$V=\frac{60\times 2.35}{3.97}=35.52$(km/h)	

2.流动车法

测定方法在第三章中已做过介绍,调查交通量的同时可获得区间平均车速。流动车观测法不宜用于城市中交叉口间距短或全线道路交通条件不一致的情况。但流动车观测法可以用较少的人力在较长路段上同时观测行程车速和流量;内业工作量小,适用于路线上无交叉口、道路两侧很少有车辆插入、车流均匀稳定的情况。

如果往返观测过程中均没有出现超过观测车或被观测车超过的现象,则观测车的往返时间 T_{a-b}、T_{b-a}就可以认定为车流的往返平均行程时间。如果观测车在往返行驶过程中出现了超车与被超车现象,则用下式修正区间行程时间:

$$\overline{T}_{a-b}=T_{a-b}-\frac{(Y_{a-b}-Z_{a-b})}{Q_a}\times 60 \tag{4-23}$$

$$\overline{T}_{b-a}=T_{b-a}-\frac{(Y_{b-a}-Z_{b-a})}{Q_b}\times 60 \tag{4-24}$$

式中:$\overline{T}_{a-b}$,$\overline{T}_{b-a}$——测试车由 $A\to B$ 或由 $B\to A$,通过路段 AB 的平均行程时间,min;

T_{a-b},T_{b-a}——测试车由 $A\to B$ 或由 $B\to A$,行驶于路段 AB 的行程时间,min;

Q_a、Q_b——由 A 向 B、由 B 向 A 行驶的交通量,辆/h。

其他符号同第三章。

区间平均速度:

$$V_{A-B}=\frac{L}{\overline{T}_{a-b}}\times 60 \tag{4-25}$$

$$V_{B-A}=\frac{L}{\overline{T}_{b-a}}\times 60 \tag{4-26}$$

式中:L——路段 AB 长度,km。

【例 4-4】 第三章中表 3-9 和表 3-10 分别列出了流动车调查原始记录表和记录整理表。根据表 3-10 整理的数据,分别用于计算上行 A—B 和下行 B—A 的平均行程时间和区间平均速度。

解:由表 3-10 可知:$X_a=48.5$ 辆,$X_b=36.2$ 辆,$Y_{a-b}=1.17$ 辆,$Y_{b-a}=0.83$ 辆,$Z_{a-b}=0.5$ 辆,$Z_{b-a}=0.5$ 辆,$T_{a-b}=2.56\text{min}$,$T_{b-a}=2.55\text{min}$,由第三章例 3.6 计算出了 A—B 的交通量 Q_a 及 B—A 的交通量 Q_b,如观测路段长 2km,则:

(1) 计算 A—B 向的平均行程时间和区间平均速度

$$\overline{T}_{a-b}=T_{a-b}-\frac{(Y_{a-b}-Z_{a-b})}{Q_a}\times 60=2.56-\frac{1.17-0.5}{433}\times 60=2.47(\text{min})$$

$$\overline{V}_{a-b}=\frac{L}{\overline{T}_{a-b}}\times 60=\frac{2}{2.47}\times 60=48.58(\text{km/h})$$

(2) 计算 B—A 向的平均行程时间和区间平均速度

$$\overline{T}_{b-a}=T_{b-a}-\frac{(Y_{b-a}-Z_{b-a})}{Q_b}\times 60=2.55-\frac{0.83-0.5}{573}\times 60=2.52(\text{min})$$

$$\overline{V}_{b-a}=\frac{L}{\overline{T}_{b-a}}\times 60=\frac{2}{2.52}\times 60=47.62(\text{km/h})$$

3.跟车法

跟车法是利用观测车在观测路段往返行驶,观测车应该紧跟车队行驶,除非遇到特殊的车辆,一般允许超车。同时记录下所用的时间,用路段的长度除以该时间即可得到行程速度。

这种方法的主要优点是方法简单,能量测全程各路段间的行程车速、行驶车速、停车延误时间及原因,便于综合分析与车速有关的因素;且所需的观测人员少,劳动强度低,适用于交通量大、交叉口多、路上交通复杂的城市道路上。

缺点是测量次数受行程时间的影响,次数不可能很多,观测车一般只能往返 6~8 次,有时还要受偶然因素的影响。当交通量大时,测量数据能代表路段上的实际行车速度,但当交通量小时,观测车较难跟踪到有代表性的车辆,所测车速受到观测车性能及驾驶人行车习惯的影响,不能完全代表路段上车流的车速。

具体方法为:用图纸量测路段全长及各交叉口间及特殊地点(如道路断面宽度变化点)间的长度,并在现场实地做好标记。测速时,测试车辆必须跟踪道路上的车队行驶。车上有两名观测人员,一人观测沿线交通情况,并用秒表读出经过各标记的时间、沿线停车时间及停车原因,另一人做记录。

【例 4-5】 乘某路公共汽车从 A 出发到 B,中途经过两个交叉口(I_1,I_2)和 3 个停靠站(S_1,S_2,S_3),单方向行驶 5 次,用秒表计时,得到表 4-9 所示的结果。试计算平均区间车速。

跟车法调查结果 表 4-9

地点	停车时间(min)					行驶时间 t_{2i}(min)					距离(m)
A	1.03	0.95	1.10	1.17	0.86						
I_1	0.51	0.87	0.00	1.01	0.77	0.20	0.27	0.18	0.22	0.21	100
S_1	0.47	0.63	0.52	0.78	0.84	2.93	3.15	2.76	2.88	3.21	1650
I_2	3.21	4.37	1.55	2.73	2.87	0.27	0.38	0.41	0.23	0.29	150
S_2	0.66	0.54	0.72	0.69	0.79	0.65	0.72	0.51	0.63	0.55	400
S_3	0.41	0.37	0.34	0.45	0.57	1.00	0.97	1.21	1.37	0.85	600
B	0	0	0	0	0	0.91	0.86	1.17	1.06	1.35	500
合计	5.26	6.78	3.13	5.66	5.84	5.96	6.35	6.24	6.39	6.46	3400

解:根据定义,行程时间不应包括在起点站 A 的等候时间,因此应将其剔除后,再对停车时间按竖向求和。

(1)平均停车时间

$$\overline{t}_1 = \frac{1}{n}\sum_{i=1}^{n} t_{1i} = \frac{1}{5} \times (5.26 + 6.78 + 3.13 + 5.66 + 5.84) = 5.33(\text{min})$$

(2)平均行驶时间

$$\overline{t}_2 = \frac{1}{n}\sum_{i=1}^{n} t_{2i} = \frac{1}{5} \times (5.96 + 6.35 + 6.24 + 6.39 + 6.46) = 6.28(\text{min})$$

(3)平均行程时间

$$\overline{T} = \overline{t}_1 + \overline{t}_2 = 5.33 + 6.28 = 11.61(\text{min})$$

(4)平均区间车速

$$\overline{V} = \frac{L}{\overline{T}} \times 60 = \frac{3.4}{11.61} \times 60 = 17.57(\text{km/h})$$

4.驶入驶出法

使用车辆牌照对照法可求出某一车的区间车速,从而可同时求出区间速度的分布。当无需求取分布形式而只关心区间平均速度时,可使用驶入驶出法进行观测。

调查方法与流动车法(试验车法)类似,在调查区间的两端设调查人员,并另用一试验车通过区间两次,调查人员在试验车第一次通过调查断面时(起点或终点)开始每分钟记录一次通过断面的车辆数,并在试验车第2次通过时结束调查。

试验车记录人员记录通过两断面的时间及超车和被超车次数。然后计算全部被测车辆分别通过两断面的平均时刻,并求算区间平均速度,此法对通过的全部车辆进行调查,其精度极高,但只可求得平均速度,无法求得区间速度的分布形式。

【例4-6】 在某公路上选择1km长路段,试验车从8:00′00″通过起点,在起点从试验车刚通过时开始,以1min作为记数周期,统计通过起点的车辆数;试验车在8:01′21″到终点,在终点上从试验车到达终点时开始,以1min作为记数周期,统计通过终点车辆数,试验车第一次在该1km路段行驶时,超越原公路上行驶车辆有2辆,试验车被后面来车超越数有1辆,所观测数据见表4-10,试求该1km路段区间平均车速。

驶入、驶出测量法实测区间速度例 表4-10

流动车通过起点时间:8:00′00″			到达终点时间:8:01′21″		路段长度:1000m
起点			终点		
观测时间(min)	车辆数量(辆)	计算 [(1)-0.5]×(2)	观测时间(min)	车辆数量(辆)	计算 [(3)-0.5]×(4)
(1)	(2)	—	(3)	(4)	—
1	2	0.5×2=1	1	2-2+1*	0.5×1=0.5
2	1	1.5×1=1.5	2	2	1.5×2=3.0
3	5	2.5×5=12.5	3	4	2.5×4=10.0
4	3	3.5×3=10.5	4	2	3.5×2=7.0
5	1	4.5×1=4.5	5	3	4.5×3=13.5
6	4	5.5×4=22.0	6	2	5.5×2=11.0
7	2	6.5×2=13.0	7	3	6.5×3=19.5
8	6	7.5×6=45.0	8	5	7.5×5=37.5
9	1	8.5×1=8.5	9	2	8.5×2=17.0
10	3	9.5×3=28.5	10	2	9.5×2=19.0
11	1	10.5×1=10.5	11	4	10.5×4=42.0
12	2	11.5×2=23.0	12	3	11.5×3=34.5
13	4	12.5×4=50.0	13	2	12.5×2=25.0
14	5	13.5×5=67.5	14	5	13.5×5=67.5
15	3	14.5×3=43.5	15	3	14.5×3=43.5
合计	43	341.5	合计	43	350.5

*注:"—"表示被试验车超越的车辆数;"+"表示超越试验车的车辆数。

试验车通过起点时刻是8:00′00″,在15min内共有43辆车通过起点,43辆车加权平均通过起点的时间为：

$$\frac{341.5}{43}=7'56''$$

43 辆车平均通过起点的时刻为：8:00′00″ + 7′56″ = 8:07′56″

试验车到达终点时刻是 8:01′21″，在 15min 内共有 43 辆车通过终点，43 辆车加权平均通过终点的时间为：

$$\frac{350.5}{43}=8'09''$$

43 辆车平均通过终点的时刻为：8:01′21″ + 8′09″ = 8:09′30″

则 43 辆车平均通过 1km 路段的时间为：

8:09′30″ − 8:07′56″ = 1′34″ = 94″

43 辆车平均空间车速为：

$$\frac{1000}{94}\times 3.6=38.30(\text{km/h})$$

驶入驶出法的原理在进行路段延误观测计算时同样适用，只是其方法和观测重点稍有不同，为了区分，进行路段延误观测时，与此类似的方法被命名为输入输出法。具体方法将在第五章中予以详细介绍。

5.五轮仪法

五轮仪是测量车速的专用仪器，与速度分析仪同时使用。测速时将五轮仪装置于试验车之后，成为试验车以外另加的一个轮子，故名五轮仪。当试验车行驶时，五轮仪的轮子亦与地面接触，同样转动。在五轮仪的轮轴上设有光电装置，其作用是将车轮转动速度转换成电信号输入速度分析仪，此时记录仪能自动记下行驶距离、行驶时间、行程车速。例如试验车在路段起点时，观测员打入信号，当车辆行驶到第一个标记时再打入信号，则速度分析仪就能记下从起点到第一个标记时两点间的距离、行程时间和平均行程车速。

五轮仪的测速法与跟车法的测速法基本相同，其主要优点是自动化程度高，测速精确，能直接将结果打印输出，无需记录。五轮仪可以与车辆油耗仪同时使用，测量不同行驶状态、不同车速情况下的耗油量，作为建立模型的可靠资料。

在使用五轮仪时，对路面平整度有一定要求，平整度很差的路面，行驶时五轮仪跳动厉害，影响测速精度，并有损仪器。在测速时如有车辆倒退或掉头等情况，必须将五轮仪的轮子升起，使其不与地面接触，否则会损坏仪器。

6.光感测速法

光感测速仪也是一种测量车速的专用仪器，这种仪器是由光电探测器和光谱屏幕两个主要部件所组成。测速时，将光感测速仪贴在试验车车箱外壳上，光电探测器对准地面，随着车辆行驶，在光电屏幕上产生不同频率的电信号，频率的高低与车速成正比。如果再配置一台微型计算机且与之连机，则可以直接打印出速度曲线、行驶时间、行驶距离等。这种仪器的测速范围在 3 ~ 200km/h 之间。

使用光感测速仪测速，也是试验车跟踪测速的方法之一，其主要优点是测速方便，能方便地安装在各种类型的车辆上，测速精度高，可连续获得各点的瞬时车速和全程平均车速，并直接打印出结果。这种仪器对测速时的使用和平时维护的要求均较高。

思考题

1.地点车速和区间车速有何异同?

2.车速频率分布统计有什么意义?

3.影响车速的主要因素包括哪些?

4.测量地点速度时,抽样应注意什么问题?

5.请分别描述3种地点车速和区间车速的调查方法。

习题

1.上海市中山北路某断面实测地点车速样本如表4-11,试整理出该车速的频率分布表、频率分布直方图、累计频率曲线,计算速度分布特征值(平均车速、标准离差、85%地点车速、15%地点车速)。

地点车速样本(m/s) 表4-11

3.4	4.2	6.5	6.3	5.3	7.1	7.3	9.1	8.1	9.3	5.9	7.9
7.5	8.2	3.7	4.8	8.9	7.9	9.2	8.5	6.1	7.2	6.6	8.2
8.3	7.7	8.1	6.1	8.3	3.9	7.6	8.8	9.6	5.2	4.7	7.1
4.9	7.2	5.5	7.6	9.9	8.7	4.6	6.8	8.5	7.5	5.6	6.3
5.1	9.7	7.3	8.3	12.1	6.8	9.1	7.2	7.7	8.9	4.2	7.6
8.1	7.2	5.7	7.1	8.1	7.4	6.5	8.3	9.2	10.3	7.4	6.4
8.5	7.9	6.3	8.4	9.2	6.6	7.8	8.8	7.3	9.2	6.2	5.4
7.1	7.2	9.4	6.1	7.4	7.9	10.5	6.9	8.5	6.7	10.1	10.2
10.5	9.9	12.2	10.2	11.5	11.1	10.8	11.7	11.2	10.1	9.4	9.1

第五章 行车延误调查

DIWUZHANG

延误是反映交通流运行效率的指标,进行延误调查就是为了确定产生延误的地点、类型和大小,评价道路上交通流的运行效率,在交通阻塞路段找出延误的原因,为制定道路交通设施的改善方案、减少延误提供依据。通过延误调查可以直接得到车辆行程时间和损失时间的准确数据,这对于评价道路交通设施的服务质量、进行道路交通项目的工程经济分析以及研究交通拥挤程度等方面都具有十分重要的意义。本章将先给出行车延误的相关概念,然后分别介绍路段行车延误和交叉口延误的调查方法。

第一节 行车延误

一、基本定义

行车延误是由于交通干扰以及交通管理与控制设施等因素引起的运行时间损失,以秒或分钟计。其相关概念主要包括:

(1)行车时间。是指汽车在实际交通条件下沿一定路线,从一处到达另一处行车所需的总时间(包括停车和延误)。

(2)延误。由于道路与环境条件、交通干扰以及交通管理与控制设施等驾驶人无法控制的因素所引起的时间损失,以 s/辆或 min/辆计。

(3)基本延误(固定延误)。是由交通控制装置所引起的延误,是与道路交通量多少及其他车辆干扰无关的延误。其主要发生在交叉口处。交通信号、停车标志、让路标志和铁道口等处都会引起基本延误。

(4)运行延误。由各种交通组成部分之间相互干扰而引起的延误。其主要包括由其他交通组成部分(如行人、受阻车辆、路侧停车及横穿交通等)对车流的干扰(称为侧向干扰)而引起的延误和由交通流之间的干扰(主要包括交通拥挤、汇流、超车与交织运行等,称为内部干扰)而引起的延误两个部分。

(5)停车延误。由于偶然原因使车辆处于静止状态而引起的时间延误。停车延误等于停车时间,包括车辆由停止到启动时驾驶人的反应时间。

(6)行程时间延误。是指实际行驶的总行程时间与完全排除干扰后以畅行速度通过路段的自由行驶时间之差。这一延误包括了停车延误与因加减速而产生的加速延误和减速延误。

(7)延误率。车辆通过单位长度路段的实际运行时间与车辆在理想条件下通过该路段所需时间之差。延误率可反映单位长度路段上延误的大小。根据国外观测资料显示,高峰时间内车辆通过单位长度路段的标准运行时间为:高速道路 1.06min/km,主要城市干道 1.49min/km,集散道路 1.86min/km。

(8)排队延误。车辆排队时间与车辆畅行通过排队路段的时间差即为排队延误。排队时间是指车辆从第一次停车到越过停车线的时间。排队路段是指车辆的第一次停车断面与停车线之间的路段。

(9)引道延误。车辆在引道上实际消耗时间与车辆畅行通过引道延误段的时间之差即为引道延误。在入口引道上,从车辆因前方信号或已有排队车辆而开始减速行驶断面至停车线的距离叫引道延误段。排队车辆越多引道延误段就越长,实际选用时,通常将可能出现的最大排队长度作为引道延误段。

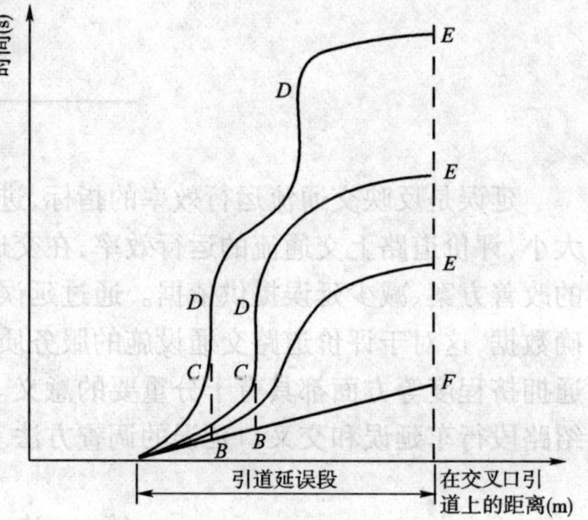

图 5-1　交叉口入口引道上受延误车辆的时间－空间关系图

图 5-1 是车辆在交叉口入口引道上的时间空间关系图。该图可以说明引道延误、排队延误和停车延误三者之间的关系。图中纵坐标是车辆通过引道延误段所用的时间,横坐标是车辆在交叉口引道上行驶的距离。由图中可以看出车辆的各种延误受阻情况。受到延误的车辆的引道实际耗时为 E 点的纵坐标值(s)。引道畅行行驶时间为 F 点的纵坐标值。引道延误为 E、F 两点纵坐标值之差。排队时间为 E、C 两点纵坐标值之差。停车延误为 D、C 两点纵坐标值之差。

据对大量交叉口的调查和分析,停车延误通常约占引道延误的 76%,排队延误约占引道延误的 97%。

二、行车延误的影响因素

行车延误受许多因素的影响,这些因素主要有人(包括驾驶人、行人等)、车(车辆类型、车龄、车辆的动力性能等)、道路与交叉口条件、交通条件(交通组成、转向车比例和路边停靠车辆等)、交通管理和控制(交通信号、交通标志等)以及道路环境等,分述如下:

1.车辆的影响

不同车型和不同车龄的车,由于动力性能不同,对行车延误的影响有所不同。一般而言,绿灯亮时,头车反应时间加起动时间,小型车要比大型车少,而大型车要比拖挂车少;从加速性能来看,小型车加速性能也要强于大型车。因此,对于车型混杂的车流,大型车越多,延误越大。

2.驾驶人的影响

行车延误不仅和驾驶人的技术水平有关,还与驾驶人的自身特性有关,主要影响因素包括：驾驶人的性别、年龄、婚姻状况、性格取向等。一般说来，青年驾驶人、男性驾驶人较中年驾驶人、女性驾驶人反应快，应变能力强，车速高，因而行车延误低。单身驾驶人也较已婚驾驶人开车快，性格外向型比性格内向型车速快，行车延误低。此外，驾驶人对交通规则的遵守程度也对其他车辆延误有较大影响，个别驾驶人的抢道等违章行为导致交通阻塞的现象在国内屡禁不止，这也是我国与一些发达国家道路利用效率的主要差距所在。这需要加强驾驶人的素质和增强处罚力度来解决。

3.行人和非机动车的影响

行人和非机动车过街会对交通流产生干扰，进而增加行车延误。没有机非分隔带的道路同向行驶的非机动车也会对机动车的速度造成干扰。

4.道路条件的影响

在有隔离墩分离的道路上行驶要比用标线分离的道路上延误小。机非分离的道路比机非混行的道路行车延误小。据广州至佛山公路上的调查，无分隔带道路上的行车延误约为有分隔带道路的1.3倍。车道较多、行车道较宽的道路比车道数少、行车道较窄的道路延误要少。进行渠化后的交叉口的平均延误要小于没有渠化的交叉口。此外，设有专用左转车道的交叉口引道入口的行车延误和没有专用左转车道的入口延误也有所不同。

5.交通条件的影响

当交通流中大型车和重型车所占比例较大时，行车延误也会增加。左转和右转通过路口的车速都低于直行车速，因此，当转向车比例越大，平均每辆车的延误也越大，尤其左转车的比例对行车延误影响更为明显。此外，公交车站点停靠等路侧停车，也会对正常车流进行干扰，增加平均延误。

6.交通负荷的影响

常以负荷度来度量交通负荷的影响。所谓负荷度即实际交通量与通行能力的比值。行车延误与负荷度成正比。根据模拟研究，当负荷度$\leqslant 0.3$时，每辆车平均延误$\leqslant 19s$，而当负荷度$\leqslant 0.7$时，每辆车平均延误上升为$\leqslant 32 \sim 55s (>19s)$。

7.交通控制与管理的影响

交通控制的方式对行车延误影响较明显，感应式信号机要好于单点定周期信号机控制的交叉口，而线控制则比前两者都好，如北京市前门大街实行线控以后，主干线车辆的平均延误降低了45%，支线车辆的平均延误降低了22%。信号灯配时不当也会引起较大的行车延误。一般来说，信号周期合适，绿信比越大，延误就越小。过长或过短的信号周期都会增大延误。停车标志、让路标志也会影响车辆的延误。此外，随着ITS的发展，交通的信息化和实时化为机动车个体和路网总体行车延误的降低起到很大作用。如，目前英国开发的“面控”系统SCOOT，在我国北京等大城市应用后，一定程度上缩短了行车延误，缓解了交通拥挤。

8.道路环境的影响

行车道路环境不同，会对行车延误造成一定的影响。如：由于行人和路侧干扰的不同，城市道路比公路的行车延误高；商业中心区道路又比一般城市道路的行车延误高。在美国，市区道路因延误所引起的总损失时间占行程时间的15%～16%，而在商业中心区达35%～50%。

三、行车延误资料的应用

1.评价服务质量

行车延误直观地反映了道路交通的阻塞情况。借助于延误资料可以确定观测路段和交叉口服务水平等级，评价道路的服务质量。表5-1为美国信号交叉口以延误作为服务水平评价的标准表，表中所规定的延误标准对于我国而言较难达到，因此我国应根据我国国情制定适合的延误标准。

美国信号交叉口服务水平表　　表5-1

服务水平	平均每辆车的延误(s)	服务水平	平均每辆车的延误(s)
A	≤5.0	D	25.1～40.0
B	5.1～15.0	E	40.1～60.0
C	15.1～25.0	F	>60.0

2.评价道路交通堵塞程度

行车延误十分直观地反映了道路交通的堵塞情况。通过分析延误资料可以确定交通阻塞的位置、程度和原因，并对阻塞程度给出合理的评价。延误越大，则阻塞程度越严重。若车辆在某条线路上行车延误时间很高，则说明该路线阻塞程度严重；相反，若车辆行车延误时间很低，则说明该路线阻塞程度低。对于阻塞程度相当严重的路段或交叉口，则应考虑采取措施。

3.经济分析

交通运输部门计算运输成本，管理部门对交通工程建设方案论证与可行性研究时，需要计道路使用者的费用(包括时间价值、燃料消耗等)，这些费用的计算都离不开延误资料。

4.改建道路和交叉口的依据

根据延误调查资料，对阻塞严重的路段或交叉口提出相应的改建措施。如是否应拓宽道路或是否应设置左转专用道等。此外，车辆在交叉口的延误资料也是优化信号灯配时方案的重要依据。

5.交通管制

对选定的地点，定期进行行车延误调查，可以探求延误随时间的变化规律和发展趋势，从而对交通状况作出评价，为交通管理和控制提供基础信息。同时，根据延误资料，可以确定是否应限制停车，是否应采取单行或禁行等交通管制措施。

6.运输规划

交通运输部门在运营调度时往往不是选择距离最短的路线而是选择行车时间最少的路线。因此，运输部门可根据延误资料进行路线选择。公共交通运输部门制定行车时刻表、调整路线运行状况时也可以依据延误资料。

7.交通规划

行程时间直接影响了人们对出行方式的选择和交通量的分配,而交通方式选择模型和交通量分配模型中采用行程时间作为主要参数。由于延误资料是确定道路网上各路段和交叉口行程时间的依据,因此,行程延误也是交通规划的基础资料。

8.掌握行车延误的发展趋势

在选定的地点,定期进行延误调查,获得延误随时间的变化规律,进而掌握延误的发展趋势,作出交通状况是好转还是恶化的判断,预测未来的延误状况以尽早采取对策。

第二节 行车延误的调查方法

行车延误是分析、研究道路交通问题所需进行的一项重要调查内容。行车延误通常与行程时间一起调查,这样可同时获得行驶时间、行驶车速、行程时间、行程车速和延误等一系列资料。行车延误调查通常采用跟车法、输入输出法。其中跟车法观测交通延误往往是和区间车速调查同时进行且调查方法也相同,方法已经在第四章介绍,故不再重述。下面介绍输入输出法。

输入输出法只适用于调查瓶颈路段的行车延误。该方法的假设前提是:车辆的到达和离去属于均匀分布;车辆排队现象存在于某一持续的时间内,在其中某一时段内,若到达的车辆数大于路段的通行能力时则开始排队。而当到达车辆数小于路段的通行能力时,则排队将开始消散。

具体调查方法为:调查在两个断面同时进行,在调查路段的起终点各设一名观测员,用调查交通量的办法,以 5min 或 15min 为间隔时间,统计交通量。要求两断面的起始时间相同,因此调查开始之前,两断面观测员应对准表以统一时间。当车辆受阻排队有可能超过瓶颈路段起点断面时应根据实际情况及早将起点断面位置后移。如果该路段的通行能力为已知,则瓶颈路段终点断面可不予以调查,这时,终点断面每一时段离开的车辆数取同一时段待驶出车辆数和通行能力二者中的低值。

表 5-2 是一组用输入输出法对某一瓶颈路段发生阻塞时的观测数据,已知该路段通行能力为 360 辆/h,即平均每 15min 通过 90 辆车。由表 5-2 可知,在 9:00 开始的第一个 15min 内,到达的车辆数小于路段通行能力,路段上并无阻塞。第二个 15min 内,累计离去的车辆数小于累计到达的车辆数,有 10 辆车被阻,于是开始阻塞。9:30 至 9:45 是高峰,到达车辆数最大,阻塞继续发生。9:45 至 10:00 到达车辆已开始减少,但累计待驶车辆数仍超过能离去的车辆数,通行能力仍不能满足要求。以上这 45min 是排队开始形成排队长度不断增加直至出现最大排队长度的一段时间。10:00 以后,到达车辆数小于路段通行能力,累计到达车辆数与累计离去车辆数开始接近,排队长度缩短,阻塞车队开始消散。到 10:30 累计到达车辆数等于累计离去车辆数,于是阻塞结束。

现在来求每辆车通过瓶颈路段的延误时间。例如求第 300 辆车的延误时间。第 300 辆车是在 9:45 到达的,此时仅离开了 260 辆车,因此它排队的位置为 300 - 260 = 40 辆,即排队中的第 40 辆车。由于瓶颈路段的通行能力为 360 辆/h,即 90 辆/15min,因此每辆车通过瓶颈路段的平均需要时间为 15/90(min)。故第 300 辆车通过瓶颈路段所需时间为:

$\frac{15}{90} \times 40 = 6.67(\text{min})$

由上式得知第 300 辆车是在 9:45(它的到达时刻)加 6.67min(6:40′00″),即 9:51′40″驶离瓶颈路段的。第 300 辆车通过瓶颈路段的延误时间,应为实际行程时间与无阻碍时的自由行驶时间之差,即

$$6.67 - \frac{15}{90} = 6.5(\text{min})$$

瓶颈路段阻塞调查结果 表 5-2

时　间	到达车数(辆)		离去车数(辆)		阻塞情况
	到达	累计	到达	累计	
9:00～9:15	80	80	80	80	无阻塞
9:15～9:30	100	180	90	170	阻塞开始
9:30～9:45	120	300	90	260	阻塞
9:45～10:00	90	390	90	350	阻塞
10:00～10:15	70	460	90	440	阻塞开始消散
10:15～10:30	70	530	90	530	阻塞结束

输入输出法比较简便,调查结果又能整理成十分直观的图表,因此,作为分析瓶颈路段的行车延误方法,具有一定的实用价值。但输入输出法调查延误很难得到平均每辆受阻车的延误和受阻车辆占总数的百分比,也无法确定产生延误的准确地点和原因,而且还无法识别延误的类型。在这些方面此法都不如跟车法。因输入输出法的理论前提为假设来车率与离去率是均一的,这往往与实际交通状况不相符合。事实上,来车率与离去率往往是随机的而并非均一的,因此,统计交通量的时间间隔取得的越小,瓶颈路段的长度越短,精度才能越高。

随着测绘技术的发展,今天对行程时间与延误的调查,只需一辆装有 GPS 的实验车即可,令实验车在待测的道路上行驶,计算机终端实时记录下车辆的行驶状态,根据 GPS 反馈的信息,测得速度不为零时的时间总和就是行驶时间;车辆通过整个路段的时间就是行程时间;在路口或设有交通标志的地点,速度为零的总时间就是固定延误时间;在整个路段车速为零的时间总和就是停车延误时间;在无路口或交通标志的地点,速度为零的总时间就是运行延误时间。可见,利用 GPS 可以方便快捷地得到相关的信息。

第三节　交叉口的延误调查

在路网和道路的总行车延误中,交叉口延误所占的比例一般都在 80% 以上,由此可见,交叉口的延误调查尤为重要。

交叉口的延误主要受到入口引道的车道数、宽度、坡度、入口控制方式、渠化情况、有无停车站点等道路条件的影响,同时受到每个入口引道的高峰小时交通量及其流向分配、车辆类型及组成、驶近交叉口的车速、行人及非机动车情况等交通条件的影响,此外,交叉口的管制方式不当(如交叉口类型、信号管理方式、周期长、绿信比、停车或让路标志、转向与停车控制等)对交叉口延误也有较大的影响。

一、调查地点和调查时间

1.调查地点

调查地点应根据调查目的确定,在实际中通常有3种情况:

(1)指定交叉口。对指定交叉口进行调查主要是为了了解某条道路或整个路网的延误情况;

(2)经常发生交通堵塞的交叉口。对其进行调查是为了提高经常发生交通阻塞交叉口的整体服务水平,为制订改善措施提供基础延误资料;

(3)某个交叉口一个或几个引道。主要为了了解交叉口引道的延误情况及对交叉口整体运行效率做出评价。

2.调查时间

调查应在天气良好、交通正常的条件下进行。只有需要研究不利条件下的延误特征时,才选择天气恶劣或不利的交通条件进行调查。

调查时间一般也要根据调查目的确定。要了解高峰时段延误情况就要选择高峰时段,具体选早高峰还是晚高峰,机动车高峰还是非机动车高峰,则要根据具体调查内容确定。如果是为了对比高峰和非高峰时延误,则还要调查非高峰时段延误。

在交通控制与管理设施改善的前后,作延误的前后对比分析调查时,两次调查应在时间上尽可能保持一致,同时注意其他条件的相似性。

二、调 查 方 法

交叉口延误的调查方法可分为两类:停车时间法和行程时间法。行程时间法是测定从交叉口前某一点至交叉口之后某一点的行程时间,各车辆的平均行程时间减去这段行程的车辆畅行行驶时间就是交叉口的延误。行程时间法又分为试验车法、牌照法等。由行程时间法得到的延误包括停车延误和减速延误。当选择的观测点位于交叉口之后,也可用于调查控制延误。根据停车时间测定方法的不同,停车时间法可分为点样本法和分间断航空摄影法、延误仪测记停车时间法等。

1.车牌照法

车牌照法是通过记录一定车辆的牌照号码、特征和通过交叉口引道延误调查段两端的时刻,进而获得在交叉口引道实际耗时的方法。用实际耗时减去畅行行驶时间,即为引道延误时间。如果有以往资料已知畅行行驶车速,则可利用交叉口引道延误段长度除以畅行车速计算出畅行行驶时间,否则还需要调查畅行行驶车速,其调查方法也可以采用车牌照法进行。

1)样本容量

为了保证一定的精确度,进行交叉口延误调查时,需要确定调查的最小样本数,可根据式(5-1)确定。

$$N = \frac{(SK)^2}{E^2} \tag{5-1}$$

式中:S——引道时间的样本标准差,s,通常取 $S = 10 \sim 20$s;

E——引道时间的容许误差,s,通常取 $E = 2 \sim 5$s;

K——所要求置信度对应的常数，可按表(5-3)查用，通常采用置信度为95%的 K 值，即 $K=1.96$。

一定置信度对应的 K 值 表 5-3

常数 K 值	置信度(%)	常数 K 值	置信度(%)
1.00	68.3	2.00	95.5
1.50	86.6	2.50	98.8
1.64	90.0	2.58	99.0
1.96	95.0	3.00	99.7

2)人员和设备

每个引道入口可设一个5~6名观测员组成的观测小组并配备两台无线电对讲机和4块秒表，整个交叉口进行延误调查所需人员和设备，按引道个数累加。

3)调查方法

观测时，必须确定入口断面和出口断面。入口断面记为断面Ⅰ，参照以往引道最大排队长度来确定，其位于引道上游；将交叉口入口停车线作为出口断面，记为断面Ⅱ。两断面间的距离应宁长勿短，一般在80~200m范围内。但如果在调查过程中发现车辆排队超过了断面Ⅰ的位置，应及时予以调整，并将调整前后的调查资料分开整理。

以一个引道调查为例来说明观测过程如下：调查时，1人持对讲机站在断面Ⅰ的路侧，当欲调查的车辆到达断面Ⅰ时，便将其车型、特征和车牌号末3位数字用对讲机通知断面Ⅱ的观测人员。调查小组的其余4~5名调查人员均站在断面Ⅱ的路侧，1人持对讲机与断面Ⅰ观测人员联络，其余3~4人记录。持对讲机者负责接收断面Ⅰ上观测人员发来的信息，将接收到信息分别告诉各位记录人员。记录人员一听到传送的关于某辆车的信息，立即记下当时的时刻，然后按记录的该车特征、车型及车号，在来车群中寻找自己负责记录的车辆。当该车通过断面Ⅱ时，马上记录下其通过时刻。如果要分流向研究车辆的延误，记录人员还要记下该车辆通过停车线后的去向。通常一名记录员每小时可记下20~30辆车的完整数据，引道时间越长，则能记下的车辆数越少。表5-4为一典型车牌照法延误现场调查记录表。

畅行行驶车速可通过来回几次驾驶车辆通过交叉口，并记录车辆在交叉口上游某点的点速度得到，一般要求该点位于不受交叉口影响的中间路段上，且没有排队车辆的影响。

4)注意事项

(1)抽样时除注意对一般随机取样的有关规定外，还要慎重对待在交叉口引道延误段有停靠站的公交车辆。如果不抽取这些车辆也能获取足够的样本数时，最好不调查这些车辆，只有在需要调查这类车辆时才抽取它们；但抽取公交车作为样本时，应扣除其平均停靠站的时间，这将增加额外的工作量。

(2)当需要调查某一流向车辆的延误时间时，根据观测的实地情况，抽取的样本总数要比通常所要求的样本大某一倍数，即：

$$N_T = N/R \tag{5-2}$$

式中：N_T——调查某一流向车辆引道时间时应抽取的样本总数；

N——所需某一流向最小样本数；

R——某一流向的车辆在车流中的比例，一般用小数表示。

主要因为引道延误段一般都较长，车辆行至断面Ⅰ时，驾驶人尚未打开方向指示灯，断面Ⅰ

观测员通常无法判定车辆的流向。如果在专用转弯车道上调查,由于此时能判断出车辆的流向,因此可直接确定所需样本数。

(3)使用牌照法调查中,由于车辆通过断面Ⅰ的时刻是由远在断面Ⅱ的观测人员记录的,因此有一定的误差,但较小(一般$<2s$),并且均形成负误差,即观测的引道实际耗时均小于车辆的实际引道时间。如果引道自由行驶时间与引道实际耗时均采用牌照法观测,则在计算延误时可以抵消这项误差。

(4)上述调查得到的延误为交叉口引道延误,若断面Ⅱ选择在交叉口下游某点,则可得到控制延误观测数据。

5)调查结果的整理与分析

交叉口引道延误调查资料的整理方法与地点车速资料整理类似:

(1)将实际耗时和畅行行驶时间的数据分组整理,分别求得平均值,两平均值之差即是平均每辆车的引道延误时间。若引道实际耗时的容许误差范围为$\pm E_t$,引道畅行行驶时间容许误差范围为$\pm e$,则平均每辆车的引道延误的误差范围就是$\pm \max\{E_t, e\}$,其区间估计为平均每辆车的引道延误$\pm \max\{E_t, e\}$。

(2)将引道实际耗时的观测数据减去引道畅行行驶时间平均值,然后再分组整理,则可获得延误的分布规律。

(3)由于车辆通过断面Ⅰ、Ⅱ时所记录的是绝对时间,经过适当的整理,可以得到引道延误随时间变化的规律。这个规律的得到需要进行大量的调查。采用连续式或定时间断式调查均可。

车牌照法延误现场调查记录表 表 5-4

交叉口名称:________ 引道:________ 调查时段:________

日期:________ 时间:________ 天气:________ 记录:________

序号	特征	车型	车号	通过端面Ⅰ时刻(min,s)	通过端面Ⅱ时刻(min,s)	流向	通过调查段时间(s)

【例 5-1】 表 5-5 是某交叉口引道时间调查数据的整理结果。已知引道长度为 265m,引道畅行行驶车速为 27.5±2.0km/h。计算置信度为 95%时的平均每辆车引道延误及其区间估计。

某交叉口引道实际耗时调查结果整理分析表 表 5-5

组别	组区间(s)	组中值 t_i(s)	观测数 f_i(辆)	频率 F_i(%)	$f_i t_i$(辆·s)	$f_i t_i^2$(辆·s²)
1	20~30	25	8	7.69	200	5000
2	30~40	35	7	6.73	245	8575
3	40~50	45	7	6.73	315	14175
4	50~60	55	4	3.85	220	12100
5	60~70	65	11	10.58	715	46475

续上表

组别	组区间(s)	组中值 t_i (s)	观测数 f_i (辆)	频率 F_i (%)	$f_i t_i$ (辆·s)	$f_i t_i^2$(辆·s²)
6	70~80	75	15	14.42	1125	84375
7	80~90	85	22	21.15	1870	158950
8	90~100	95	10	9.62	950	90250
9	100~110	105	3	2.89	315	33075
10	110~120	115	3	2.89	345	39675
11	120~130	125	3	2.88	375	46875
12	130~140	135	7	6.73	945	127575
13	140~150	145	1	0.96	145	21025
14	150~160	155	3	2.88	465	72075
合计			104	100	8230	760200

解:平均引道实际耗时:

$$\overline{T} = \frac{\sum f_i t_i}{N} = \frac{8230}{104} = 79.1(\mathrm{s})$$

样本标准差:

$$S_t = \sqrt{\frac{\sum f_i t_i^2}{N-1} - \frac{(\sum f_i t_i)^2}{N(N-1)}} = \sqrt{\frac{760200}{103} - \frac{(8230)^2}{104 \times 103}} = 32.5(\mathrm{s})$$

引道实际耗时的容许误差:

$$E_t = \frac{S_t K}{\sqrt{N}} = \frac{32.5 \times 1.96}{\sqrt{104}} = \pm 6.2(\mathrm{s})$$

引道畅行行驶时间:

$$T_t = \frac{265}{27.5 - 2.0} \times 3.6 \sim \frac{265}{27.5 + 2.0} \times 3.6 = 37.4 \sim 32.3(\mathrm{s})$$

其平均值为:

$$\overline{T}_t = \frac{37.4 + 32.3}{2} = 34.9(\mathrm{s})$$

引道畅行行驶时间的容许误差为:

$$e = \pm \frac{37.4 - 32.3}{2} = \pm 2.6(\mathrm{s})$$

平均每辆车引道延误为:

$$\overline{D} = 79.1 - 34.9 = 44.2(\mathrm{s})$$

总体区间估计为:

$$\overline{D} \pm \max\{E_t, e\} = \overline{D} \pm E_t$$

即为 44.2-6.2~44.2+6.2,置信度为95%。

车牌照调查法运用时方法简便,机动灵活,精度也较高。用这种方法可以得到引道延误的分布规律、各流向车辆的延误状况等,同时用它可以进行前后对比调查。但这种方法无法获得每一停驶车辆的平均延误和停驶车辆百分率等统计量。

2.点样本法

点样本法是停车时间法的一种,该方法由于方法简单且不需要专门的仪器,因此应用较广泛。

1)样本容量

用点样本法调查交叉口延误,为保证其调查精度,必须要有足够的样本数。当所关心的是停驶车辆的百分率时,应用概率统计的二项分布来确定需要调查的最小样本数:

$$N = \frac{(1-p)K^2}{pd^2} \tag{5-3}$$

式中:N——最小样本数;

p——在交叉口入口引道上的停驶车辆百分比,%;

K——对应置信度的常数,取值同前;

d——停驶车辆百分比估计值的容许误差,d 值取决于调查目的,其范围一般为 0.01 ~ 0.10,通常采用 0.05 或 0.10。

此处,样本容量指的是包括停驶车辆和不停驶车辆在内的入口引道车辆总和。因此,在正式观测前,应进行一次现场试测,来确定适当的停驶车辆百分比 p 值,为确定适当的样本容量 N 做准备。

2)调查方法

调查时,每一入口需要 3 ~ 4 名观测员和一块秒表。观测员站在停车线附近的路侧人行道上,其中一人持秒表,按预先选定的时间间隔(通常为 15s,根据情况也可以取其他值,例如 10s 或 20s)通知另外 2 ~ 3 名观测员。第 2 名观测员负责清点停在停车线后面的车数,记录在记录表(参见表 5-6)中,每到一个预定的时间间隔就要清点一次。第 3 名观测员负责清点经过停车后通过停车线的车辆数(停驶数)和不经停车通过停车线的车辆数(未停驶数),当交通量较大时,可由两名观测员分别清点,每分钟小计一次,并记入记录表中相应的栏内。连续不间断地重复上述过程,直至取得所需的样本量或交叉口引道上交通显著地改变,不同于拟研究的交通状况时为止。

对于入口为多车道的交叉口,若不要求区分某一具体车道上的延误,可不分车道调查,否则要按车道安排调查人员。

3)调查结果分析

交叉口延误调查,通常要求提供以下成果:

$$\text{总延误} = \text{总停驶数} \times \text{抽样时间间隔(辆·s)} \tag{5-4}$$

$$\text{每一停驶车辆的平均(停车)延误} = \frac{\text{总延误}}{\text{停驶车辆数}}\text{(s)} \tag{5-5}$$

$$\text{每一入口车辆的平均(停车)延误} = \frac{\text{总延误}}{\text{入口交通量}}\text{(s)} \tag{5-6}$$

$$\text{停驶车辆百分比} = \frac{\text{停驶车辆数}}{\text{入口交通量}} \times 100\% \tag{5-7}$$

$$\text{停车百分比的容许误差} = \sqrt{\frac{(1-p)K^2}{pN}} \tag{5-8}$$

式中符号的意义同前。

【例 5-2】 表 5-6 为某一交叉口车辆入口延误调查结果,试对其做出分析。

某一交叉口车辆入口延误调查结果 表 5-6

交叉口：______		入口：______		车道号：______		
日期：______		星期：______		天气：______		记录员：______
开始时间(h:min)	在下列时刻停在入口的车辆数				入口交通量	
	+0s	+15s	+30s	+45s	停驶数	不停驶数
9:00	2	1	6	0	9	8
9:01	4	0	3	2	8	9
9:02	3	2	1	0	10	12
9:03	3	4	0	5	11	7
9:04	1	3	1	1	5	10
9:05	0	2	3	6	7	13
9:06	9	0	4	0	10	8
9:07	4	2	4	1	11	7
9:08	2	5	2	0	10	11
9:09	3	2	5	4	13	14
9:10	2	1	4	5	10	12
9:11	4	3	3	3	12	7
9:12	5	4	1	0	9	13
9:13	1	6	2	2	8	12
9:14	6	2	3	1	10	16
小计	49	38	43	31	143	159
合计	161				302	

解：总延误 = 161 × 15 = 2415 辆·s；

每一停驶车辆的平均(停车)延误 $= \frac{2415}{143} = 16.9\text{s}$；

每一入口车辆的平均(停车)延误 $= \frac{2415}{302} = 8.0\text{s}$；

停驶车辆百分比 $= \frac{143}{302} \times 100\% = 47.4\%$；

取置信度为 90%，则停车百分比容许误差 $= \sqrt{\frac{(1-0.474)\times 2.7}{0.474 \times 302}} = 10.0\%$，在允许误差范围内。

4)调查注意事项：

(1)若所调查的交叉口为定时信号控制，选定的取样间隔时间应保证不能被信号周期长度整除，否则，清点停车数的时间有可能是每个周期中的某个固定时刻，从而失去了抽样的随机性；

(2)调查启动(开始)时间应避开周期开始(如绿灯或红灯启亮瞬间)时间；

(3)每到一个清点停到入口车辆数的时刻(例如 15s 时)，要清点停车入口或拟调查的车道上的所有车辆，而不管它们在上一个时刻是否已被清点过。即若一辆车停驶时间超过一次抽样时间间隔，则这辆车就不止一次被清点过。在任一分钟内，入口交通量的停驶数一栏中的数值总是小于或等于这一分钟内停在入口车辆的总数(即 0s、15s、30s、45s 时停在入口车辆数之和)，这一特性，可用来判断记录的正确性。

点样本法中的各个样本是相互独立的,因此,一个样本中的错误或遗漏对总的结果几乎没有影响,同时,该方法不依赖于信号设备;点样本法能够得到比较完整的描述交叉口停车延误的统计数字。但是,当停驶车辆百分比很高时(如达到90%以上),由于排队车辆数目很大,在15s或20s的时间里清点停在入口的车辆数几乎是不可能的,这时,点样本法很难适用。当入口为多车道且有左右转专用车道时,需要考虑增加观测小组和观测员。另外,点样本法只能得到平均停车延误时间,而无法获得延误时间的分布特性。

思考题

1.影响行车延误的因素有哪些?

2.路段行车延误和交叉口行车延误的调查有什么不同,为什么?

3.简述点样本法观测交叉口入口停车延误的方法及注意事项。

第六章 交通流量、速度和密度之间的关系

DILIUZHANG

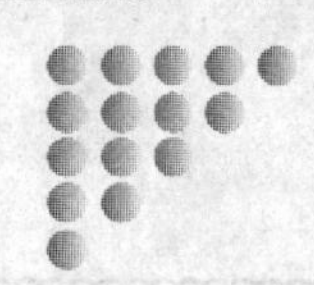

前几章中分别介绍了交通量、速度和密度的统计特性，对这些量的变化规律进行了定性定量描述，建立了交通量、车头时距、地点车速的统计分布函数，但没有研究这些量之间的相关关系。本章通过对交通流模型的介绍描述连续流状态下交通流宏观变量（即交通量、平均车速和密度）之间关系的数学模型。

通过对三者关系的描述，可实现交通流变量之间的转换，实现控制变量与交通性能指标之间的转换，从而在交通管理中可用于控制某个变量以使交通性能达到最优的目的。

第一节 交 通 密 度

交通密度是指在单位长度车道上，某一瞬间时所存在的车辆数，一般用辆/(km·车道)表示，也可用某个行车方向或某路段单位长度上的车辆数来度量。交通密度表示的是道路空间上的车辆密集程度。

常用的交通密度调查方法有出入量法和摄影法。

一、出 入 量 法

出入量法，是一种测定无出入路段上两断面之间的现有车辆数，计算该路段交通密度的方法。

取观测路段 AB，利用流动车等辅助方法测得路段中初始时刻的车辆数 $E(t_0)$，根据路段两端断面 $t_0 \sim t$ 时刻的进入和驶出车辆数 Q_A 和 Q_B，则 t 时刻路段中车辆数为：

$$E_t = E_{t_0} + [Q_A - Q_B] \tag{6-1}$$

则 t 时刻 AB 路段内的交通密度为：

$$K_t = \frac{E_t}{L_{AB}} \tag{6-2}$$

式中：K_t——t 时刻 AB 路段上的交通密度，辆/(km·车道)；

E_t——t 时刻 AB 路段上存在的车辆数,辆;

L_{AB}——AB 路段的长度,km;

E_{t_0}——t_0 时刻 AB 路段上存在的初始车辆数,辆;

Q_A——从 t_0 到 t 这一时段内从 A 处驶入的车辆数,辆;

Q_B——从 t_0 到 t 这一时段内从 B 处驶出的车辆数,辆;

Q_A 和 Q_B 可在 A、B 两断面处测得,问题是如何测得 E_0(实测段的初期密度值)。

用试验车在测试路段 A、B 内以均衡速度行驶,试验车在 A、B 段行驶时间内,累积测得 $Q_A(t)$ 和 $Q_B(t)$ 应分别是 t_0 和 t 时刻存在于 AB 路段的车辆数。当实测路段上所有车辆均以试验车速匀速行驶时,实测值符合理论值。当车速有变化时,实测值出现误差,可通过加、减超车数 a 与被超车数 b 进行调整。此法简便易行,测量精度高。表 6-1 为实测的算例。

出入量法密度测定记录计算表 表 6-1

时间	A 断面交通量	B 断面交通量	变化量 ①-②	时刻	初始车辆数	现有车辆数	调整值	修正值	瞬间密度	平均密度	试验车驶入驶出时刻超车(a)及被超车(b)车数
	①	②	③		④	⑤	⑥	⑦	⑧	⑨	
14:00 ~01	40	54	-14	14:01			0				
~:02	74	60	14	02′							
~:03	39	40	-1	03′							
~:04	61	68	-7	04′							
~:05	37	60	-23	05′							14:06′50″进 $a=10$ $b=2$ 14:08′20″出
~:06	72	59	13	06′							
~:07	52/9	48/7	4/2	07′	94/0	0/96	0	96	119		
~:08	67	58	9	08′		105	0	105	130		
~:09	19/24	21/26	-2/-2	09′	103/0	103/101	0	101	125		
~:10	69	65	4	10′		105	0	105	130		
小计	563	566	-3								
~:11	46	66	-20	11′		85	0	85	165		
~:12	69	56	13	12′		98	0	98	121		
~:13	57	65	-8	13′		90	1	91	112	115	
~:14	57	59	-2	14′		88	1	89	110		
~:15	58	46	12	15′		100	1	101	125		14:18′43″进 $a=14$ $b=3$
~:16	52	48	4	16′		104	1	105	130		
~:17	40	58	-18	17′		86	1	87	107		
~:18	59	59	0	18′		86	1	87	107	128	
~:19	47/20	29/15	18/5	19′	105/0	104/110	0	110	136		
~:20	49	31	18	20′		128	0	122	158		
小计	554	532	22								

续上表

时间	A断面交通量	B断面交通量	变化量①-②	时刻	初始车辆数	现有车辆数	调整值	修正值	瞬间密度	平均密度	试验车驶入驶出时刻超车(a)及被超车(b)车数
	①	②	③		④	⑤	⑥	⑦	⑧	⑨	
~:21	37	48	-11	21′	117	117	0	117	144		
~:22	39	40	-1	22′		116	0	116	143		
~:23	48	59	-11	23′		106	0	105	130	125	
~:24	41	65	-24	24′		81	-1	80	99		
~:25	72	65	7	25′		88	-1	87	107		14:21′10″出
~:26	65	76	-11	26′		77	-1	76	94		
~:27	53	63	-10	27′		67	-2	65	80		
~:28	56	63	-7	28′		60	-2	58	72	75	
~:29	46	50	-4	29′		56	-2	54	67		
~:30	42	43	-1	30′		55	-3	52	64		
小计	499	572	-73								

二、摄 影 法

利用空中定时摄影方法求得实测路段的车辆数，然后除以路段长度即可得到摄影时刻的路段交通密度。若进行连续摄影，即可连续测得各时刻的交通密度。具体做法为：在拟测路段上选长度为50~100m区段并在路面上作出标记，然后调整摄影机使其对准拍摄范围作定时拍摄。当实测区段过长时会使摄影精度下降，此时可使用多架摄影机分段连动摄取。在拍摄照片后，通过对照片处理即可求得摄影时刻的交通密度值。

第二节 交通流三参数的基本关系

交通流量、速度、密度三个参数是描述交通流基本特征的主要参数，这三个参数之间相互联系，相互制约。为了研究它们之间的关系，将物理学中的流体理论引入交通流的研究，将交通流看作是由近似交通体组成的一种粒子流体，用流体力学和数学的有关理论，建立相关的描述交通流特征的数学模型。

假设交通流为自由流，研究单位时间内通过道路某断面的车辆数，取距离为 L 的两个断面 A 与 B，速度为 V 的车辆(如图6-1中的车辆 N)通过断面 A 所用的时间(t)为：

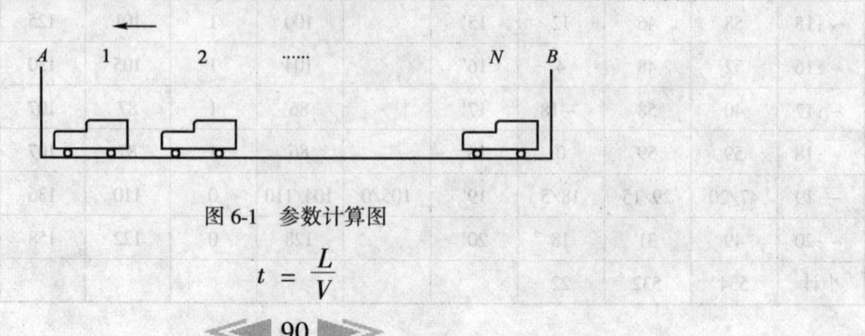

图6-1 参数计算图

$$t = \frac{L}{V}$$

L 路段上的车流密度：$K = \dfrac{N}{L}$

单位时间内通过 A 断面的交通量：

$$Q = \frac{N}{t} = \frac{N}{\frac{L}{V}} = \frac{N}{L} \cdot V = KV \tag{6-3}$$

其中：Q——流量，辆/h；

V——区间速度，km/h；

K——密度，辆/h。

该式表明了交通流的流量、速度和密度三者之间的关系，称为交通流基本模型。三者之间的关系可由一条三维曲线描述(见图 6-2)。为方便起见，将这一曲线向三个平面投影，得到三个二维关系曲线(见图 6-3)，分别描述速度-密度关系、速度-流量关系和流量-密度关系。

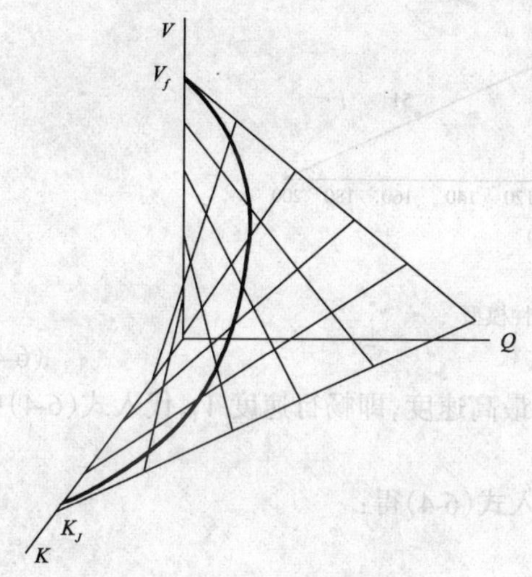

图 6-2　流量-速度-密度三维曲线

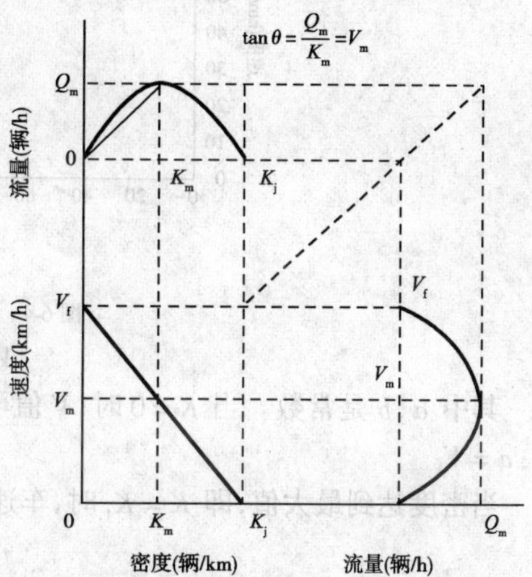

图 6-3　速度-密度、流量-密度和速度-流量关系图

由图 6-3 可以找出反映交通流特征的一些特征变量：

(1)最大流量 Q_m。$Q-V$ 关系曲线上的最大值；

(2)最佳速度 V_m。即流量达到最大时的速度；

(3)最佳密度 K_m。即流量达到最大时的密度；

(4)阻塞密度 K_j。车流密集到所有车辆无法移动($V=0$)时的密度；

(5)畅行速度 V_f。车流密度趋于零，车辆可以畅行无阻时的平均速度。

根据实地观测，对于 3 个交通流宏观变量之间的关系有如下结论：

当密度很低时($K\to 0$)，速度接近最大车速($V\to V_f$)，流量接近零($Q\to 0$)；随着密度逐渐加大，速度降低，流量增加。

当密度达到最佳密度时($K=K_m$)，流量达到最大($Q=Q_m$)，此时的速度为最佳速度($V=V_m$)；随着密度进一步增大，速度降低，流量逐步减少，直到密度接近拥堵密度时($K\to K_j$)，速度趋于零($V\to 0$)，此时流量亦趋于零($Q\to 0$)。

由于速度-密度关系是单调变化，而且速度-密度关系和交通流基本模型可以导出另外两个关系，因此，早期的交通研究主要对速度-密度关系进行观测和分析。

第三节　速度与密度的关系

从观测中可以看出,当道路上车辆增多、车流密度增大时,驾驶人被迫降低车速。当车流密度由大变小时,车速又会增加。因此,速度和密度之间存在相关关系。

一、Greenshields 模型(线性模型)

最早的速度-密度模型由 Greeshields 于 1935 年提出。他通过对大量观测数据的统计研究,得出速度和密度之间呈线性关系的结论(图 6-4):

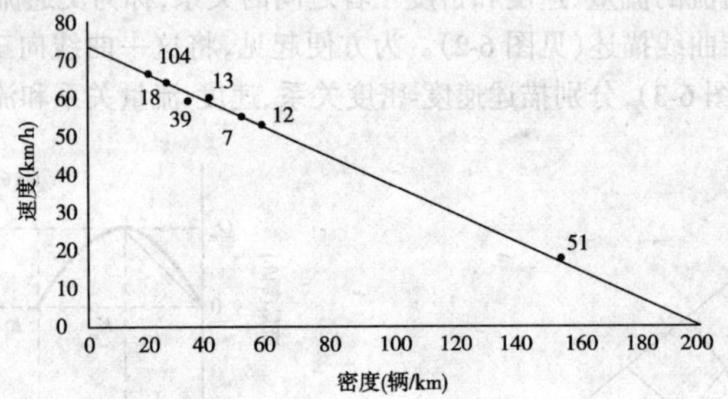

图 6-4　Greenshields 线性模型

$$V = a - bK \tag{6-4}$$

其中 a、b 是常数。当 $K=0$ 时,V 值可达到理论最高速度,即畅行速度 V_f,代入式(6-4)中得:$a = V_f$

当密度达到最大值,即 $K = K_j$ 时,车速 $V=0$,代入式(6-4)得:

$$b = \frac{V_f}{K_j}$$

将 a、b 代入式(6-3)得

$$V = V_f - \frac{V_f}{K_j}K = V_f(1 - \frac{K}{K_j}) \tag{6-5}$$

后来一些学者也对这个模型进行了验证,如 Huber(1957)建立的线性模型,如图 6-5。

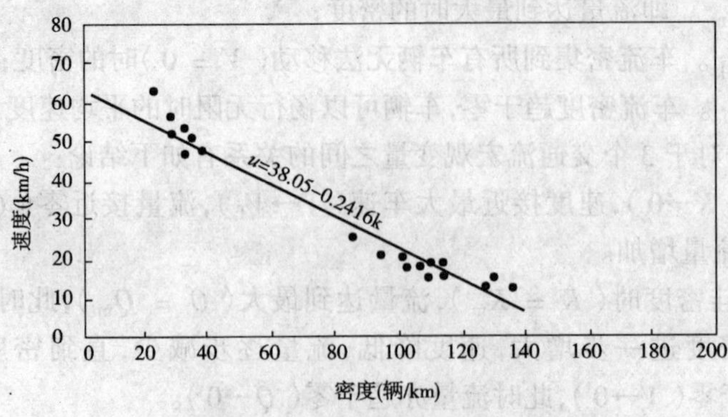

图 6-5　Huber 的线性模型

线性模型形式简单,因此得到了广泛的应用,至今仍是一种非常重要的模型。直接使用模型需要知道道路的畅行车速 V_f 和阻塞密度 K_j 。

前者较容易获得,一般介于道路限速和设计车速之间;后者由于路段上交通流很少到停止状态而不易调查,一般在 115~155 辆/km 范围内。

尽管线性模型简单易用,但在建模过程中所收集的样本存在缺陷。观察图 6-4 和图 6-5 可以看出,流量小(直线两端)的部分样本少,尤其是在接近通行能力(直线中部)的部分没有数据。因此 Greenshields 模型还不完善,速度-密度模型还有待进一步研究。

二、其 他 模 型

1. Greenberg 模型(阻塞流,对数模型)

Greenberg 通过调查隧道中的交通流数据,重点对阻塞范围的交通流模型进行了研究,认为速度-密度关系是非线性的,呈对数变化关系,而且通过 Huber 的数据(图 6-5 中的数据)进行了验证(图 6-6),拟合效果相当好。

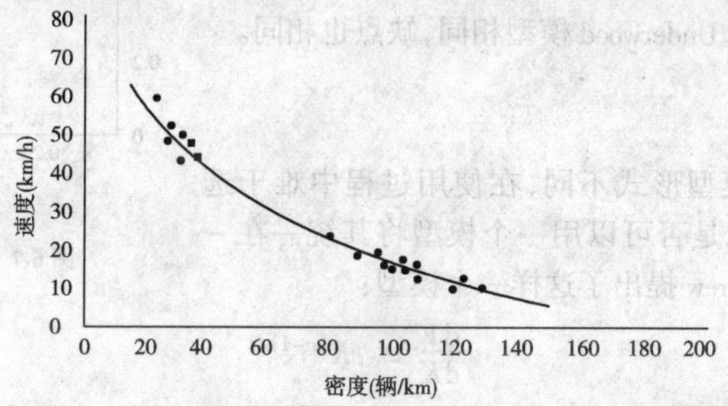

图 6-6 Greenberg 的对数模型

对数模型形式是:

$$V = V_m \cdot \ln(\frac{K_j}{K}) \tag{6-6}$$

使用 Greenberg 模型需要确定最佳速度 V_m 和阻塞密度 K_j 。与 Greenshields 模型相比,不仅阻塞密度不易获得,最佳车速比畅行速度更难得到。一般将设计车速的一半作为最佳车速的粗略估计。

值得注意的是,该模型的畅行车速不存在(趋于无穷大)。尽管如此,Greenberg 模型仍具有重要意义,因为该模型在宏观交通流模型与微观跟车理论之间建立了桥梁。

2. Underwood 模型(自由流,指数模型)

Underwood 提出了自由流的交通流模型,其形式为:

$$V = V_f \cdot e^{-\frac{K}{K_m}} \tag{6-7}$$

模型参数是畅行车速 V_f 和最佳密度 K_m 。其中畅行车速容易得到,但最佳密度随道路的不同而不同。该模型的缺点是速度不可能为零,而且阻塞密度为无穷大。

3. Edie 模型(组合模型)

鉴于 Greenberg 模型和 Underwood 模型分别适用于阻塞流和自由流，Edie 将两者组合在一起，构成一个分段的组合模型，两个模型的曲线在中部位置相交，如图 6-7 所示。阻塞流部分(交点左侧)采用对数模型；自由流部分(交点右侧)采用指数模型。

$$\begin{cases} V = V_{\mathrm{m}} \cdot \ln\left(\dfrac{K_{\mathrm{j}}}{K}\right)(\text{阻塞流}) \\ V = V_{\mathrm{f}} \cdot e^{-\frac{K}{K_{\mathrm{m}}}}(\text{自由流}) \end{cases} \tag{6-8}$$

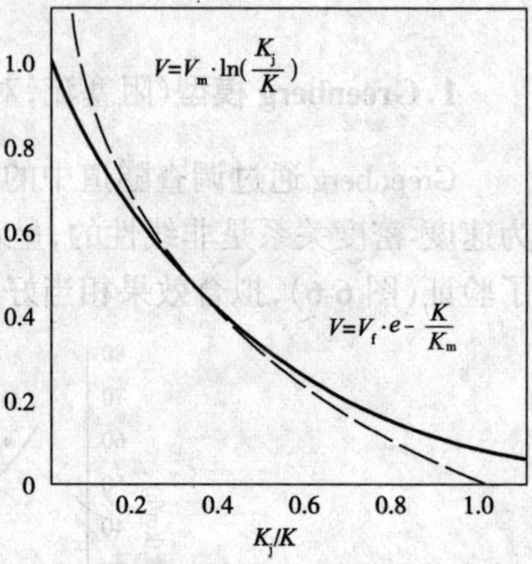

4. Drake 模型

Drake 等人发现很多速度-密度的散点图都具有钟的形状，为此提出了钟型模型如下：

$$V = V_{\mathrm{f}} \cdot e^{-\frac{1}{2}\left(\frac{K}{K_{\mathrm{m}}}\right)^2} \tag{6-9}$$

该模型的参数与 Underwood 模型相同，缺点也相同。

图 6-7　Edie 的组合模型

5. Drew 模型

由于上述各种模型形式不同，在使用过程中难于选择。很自然就会考虑是否可以用一个模型将其统一在一起，如图 6-8 所示。Drew 提出了这样一个模型：

$$\frac{\mathrm{d}V}{\mathrm{d}K} = cK^{(n-1)/2} \tag{6-10}$$

式中的 n 为实数。当 $n = -1$ 时，解上述微分方程，并用交通流的边界条件，可以得到 Greenberg 模型；当 $n = 0$ 时，能得出一个抛物线模型；而当 $n = +1$ 时，微分方程的解是 Greenshields 模型。因此可以看出 Drew 模型实际上是一簇模型。

第四节　流量与密度的关系

尽管速度-密度模型具有理论研究上的优点，但对于交通分析、交通控制却不够直观。流量-密度关系曲线能反映流量、密度、速度、车头时距、波速等大多数交通参数，因而被广泛用于道路通行能力分析、交通控制、交通波分析等方面，也被称为交通流的基本图形。

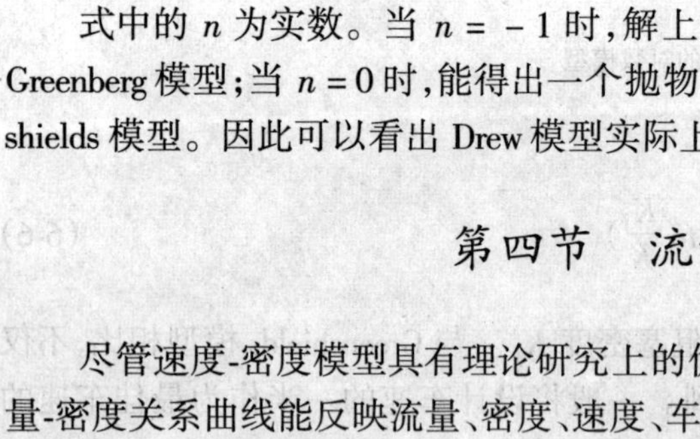

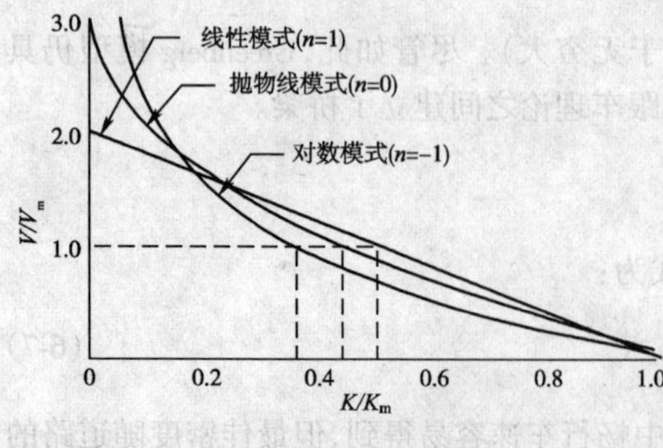

图 6-8　Drew 的模型簇

流量-密度基本关系可由交通流公式(6-3)及(6-5)，得：

$$Q = KV_{\mathrm{f}}\left(1 - \frac{K}{K_{\mathrm{j}}}\right) \tag{6-11}$$

该式表示一种二次函数关系，如图 6-9 所示，可表示为一条抛物线。图中 C 点代表通行能力或最大流量 Q_{m}，从该点开始，流量随密度增加而减少，直至达到阻塞密度 K_{j}，此时流量 $Q = 0$。

以原点 A、曲线上的 B、C 和 D 点的连线为矢径，这些矢径的斜率表示速度。通过点 A 的矢径与曲线相切，其斜率为畅行速度 V_f 。在流量-密度曲线上，对于密度比 K_m 小的点，表示的是道路上不拥挤的情况，密度大于 K_m 的点表示拥挤情况。

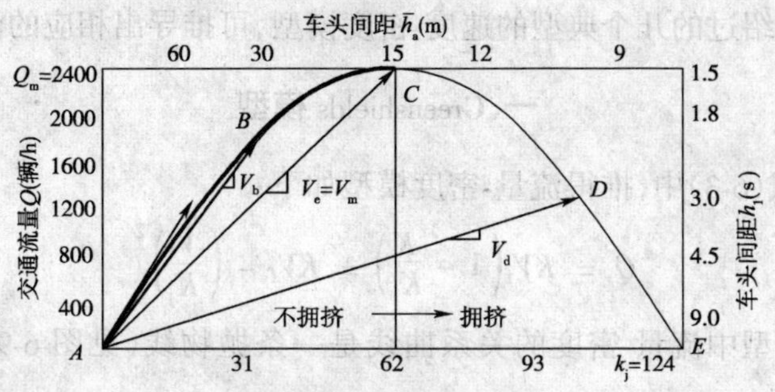

图 6-9　交通流量-密度曲线图

但实际运行过程中，该曲线不一定是完全对称，甚至不一定是连续的。如图 6-10 所示，图中的流量-密度曲线是连续的。图中点所对应的交通流状态，流量为 1200 辆/h，密度为 30 辆/km，车速为 40km/h。另外，根据车头时距与流量之间的关系可知，流量达到 1200 辆/h 时所对应的平均车头时距为 3600/1200 = 3s。曲线只有一个流量最大点，最大流量为 1400 辆/h，即该道路的通行能力，相应的最佳密度是 50 辆/km，最佳速度为 1400/50 = 28km/h。阻塞密度是曲线与横轴的第 2 个交点所对应的密度，其值为 175 辆/km。

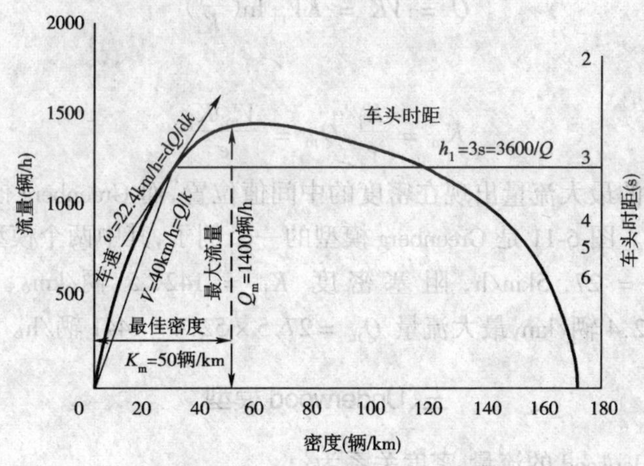

图 6-10　实测的一条流量-密度关系曲线

经分析，流量-密度曲线具有如下特点：

(1)如果道路上没有车辆，密度为 0，流量亦为 0，因此，该曲线一定通过坐标原点；

(2)当交通流处于阻塞状态时，车辆停止前行，密度为阻塞密度 K_j，流量为 0，曲线与横轴存在第 2 个交点；

(3)在两个流量为零的点之间一定存在一个或几个流量最大的点，对应的密度为最佳密度；

(4)由坐标原点到曲线上某个点的矢径的斜率为该点所对应的交通流的车速，原点处的车速为畅行车速，曲线终点处的车速为 0；

(5)由于流量和车头时距存在倒数关系，因此曲线上的每个点对应的车头时距也能在图中得到直观体现；

(6)流量-密度曲线不一定是连续的。

从图 6-10 可看出，流量-密度曲线是一条不规则曲线，通过对曲线方程的定义可找出相关关系。结合前面已介绍过的几个典型的速度-密度模型，可推导出相应的流量-密度模型。

一、Greenshields 模型

将式(6-5)代入式(6-3)中，推得流量-密度模型如下：

$$Q = KV_{\mathrm{f}}\left(1 - \frac{K}{K_{\mathrm{j}}}\right) = KV_{\mathrm{f}} - \left(\frac{V_{\mathrm{f}}}{K_{\mathrm{j}}}\right)^2 \tag{6-12}$$

可以看出线性模型中流量-密度的关系曲线是一条抛物线(见图 6-9)，对上式求导，即令 $\mathrm{d}Q/\mathrm{d}K = 0$，可得：

$$K_{\mathrm{m}} = \frac{1}{2}K_{\mathrm{j}} \tag{6-13}$$

此时交通流处于饱和状态，是达到道路通行能力时的流量，对应的密度是最佳密度。

二、Greenberg 模型

由式(6-6)代入式(6-3)中，得出 Greenberg 的流量-密度模型如下：

$$Q = VK = KV_{\mathrm{m}}\ln\left(\frac{K_{\mathrm{j}}}{K}\right)$$

求导得出：

$$K_{\mathrm{m}} = \frac{K_{\mathrm{j}}}{e}, Q_{\mathrm{m}} = \frac{V_{\mathrm{m}}K_{\mathrm{j}}}{e} \tag{6-14}$$

Greenshields 模型的最大流量出现在密度的中间值位置，而 Greenberg 模型的最大流量出现在密度偏左的位置上。图 6-11 是 Greenberg 模型的一个例子，其中两个模型参数为：

最佳速度 $V_{\mathrm{m}} = 27.5\mathrm{km/h}$，阻塞密度 $K_{\mathrm{j}} = 142.5$ 辆/km。计算得最佳密度 $K_{\mathrm{m}} = 142.5/2.718 = 52.4$ 辆/km，最大流量 $Q_{\mathrm{m}} = 27.5 \times 52.4 = 1441$ 辆/h。

三、Underwood 模型

根据式(6-8)，Underwood 的流量-密度关系为：

$$Q = KV_{\mathrm{f}}\, e^{-\frac{K}{K_{\mathrm{m}}}} \tag{6-15}$$

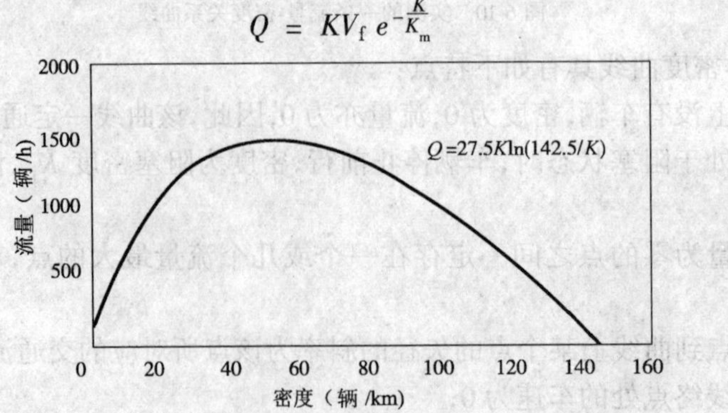

图 6-11　Greenberg 的流量-密度关系曲线

交通流的特征值为：$V_m = \frac{V_f}{e}, Q_m = \frac{K_m V_f}{e}$。

四、Edie 模型

Edie 模型采取了分段函数：自由流状态采用指数形式；阻塞流状态采用对数形式。两条曲线不一定在中间相交或相切，因此可能形成不连续的流量-密度关系曲线。调查资料表明，在中等密度范围内流量存在不连续的跳跃现象，如在瓶颈地点流量达到通行能力之前和之后其表现明显不同（见图 6-12）。根据 Edie 模型的拟合结果，自由流状态时最大流量能达到 1522 辆/h，阻塞流状态时最大流量只能达到 1334 辆/h。

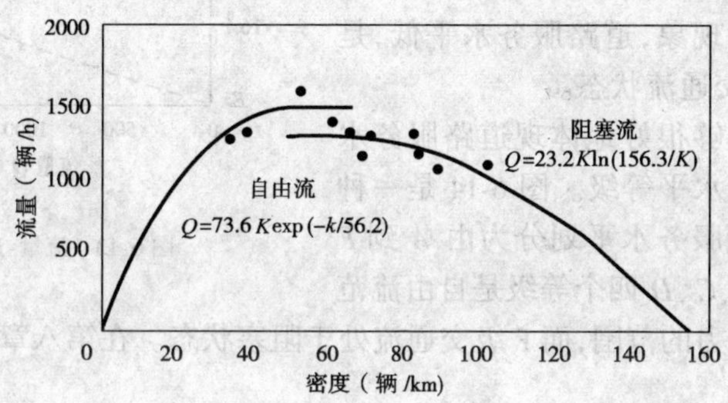

图 6-12　Edie 的流量-密度关系曲线

五、瓶颈地点的交通流

在存在瓶颈的道路上，主路和瓶颈地点的流量-密度曲线是不同的（见图 6-13）。瓶颈地点的通行能力如图中点 3 所示，当上游流量接近瓶颈地点通行能力时，上游交通流处于车速较高（u_1）的 1 状态；而当上游流量超过瓶颈地点通行能力时，上游交通流处于车速较低（u_2）的 2 状态，并且在瓶颈地点前形成车辆排队，队尾以（$\Delta Q/\Delta K)_2$ 的速度向上游方向移动，产生冲击波。通过冲击波理论和相关模型，可进一步分析车流集结行车拥挤的过程和拥挤车流消散的过程。参见第七章中流体力学模拟的相关内容。

第五节　速度与流量的关系

根据式(6-5)得：

$$K = K_j\left(1 - \frac{V}{V_f}\right)$$

代入式(6-3)，得

$$Q = K_j\left(V - \frac{V^2}{V_f}\right) \tag{6-16}$$

上式同样表示一条抛物线（如图 6-13），形状与流量-密度曲线相似。通常速度随流量增加而降低，直至达到通行能力时的流量 Q_m 为止。曲线在拥挤的部分时，流量和速度都降低。点 A、B、C、D 和 E 对应于流量-密度曲线上同样的点。从原点 E 到曲线上的点画矢径，其斜率表示那一点的密度倒数 $1/k$。点 C 上面的速度-流量曲线部分表示不拥挤情况，而点 C下面的曲线部分则表示拥挤的情况。

速度-流量关系曲线以速度为纵轴,流量为横轴。由于当速度为 0 和畅行速度时,流量均为 0,因此该曲线与纵轴有两个交点。在两个交点之间一定存在流量为最大的点,此时流量达到道路通行能力。以此点为分界点,上半部曲线是自由流范围,而下半部属于阻塞流范围。在自由流范围中,速度值越大,流量越小,对应的密度值越小,驾驶人感觉行车顺畅、舒适,道路服务水平高;而在阻塞流范围,密度值大,车速慢,交通流时常出现车辆走走停停、排队等现象,道路服务水平低,是道路使用者不期望的交通流状态。

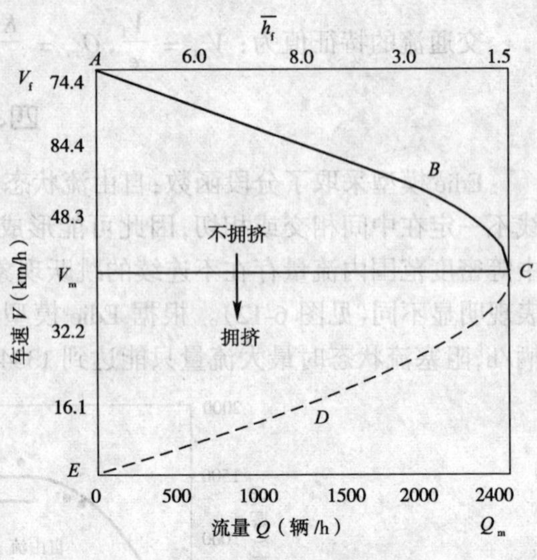

图 6-13 流量-速度关系曲线

速度-流量曲线能够很好地体现道路服务水平,往往用于划分服务水平等级。图 6-14 是一种划分方法,根据密度将服务水平划分为由 *A* 到 *F* 五个等级。其中 *A*、*B*、*C*、*D* 四个等级是自由流范围,*E* 级是达到通行能力的范围,而 F 级交通流处于阻塞状态。在第八章将详细讨论服务水平的划分问题。

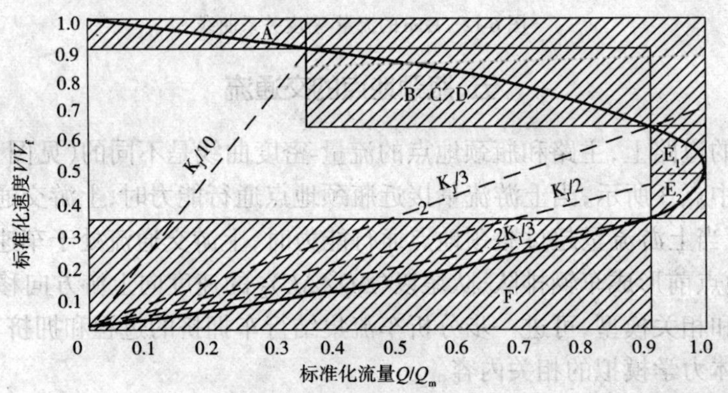

图 6-14 速度-流量关系与服务水平

根据 Greenshields 模型,速度-流量曲线是一条抛物线,达到通行能力的速度(最佳速度)是畅行速度的一半 $V_m = \frac{1}{2} V_f$,从式(6-13),已知 $K_m = \frac{1}{2} K_j$,则 $Q_m = V_m K_m = \frac{1}{2} V_f \cdot \frac{1}{2} K_j = \frac{1}{4} V_f K_j$。通过调查数据的验证,Greenshileds 模型的最佳速度估计较低,实际数据的最佳速度多数情况下超过畅行速度的一半,而且在自由流范围速度与流量之间的关系接近线性变化,曲线较平缓。在阻塞流范围,速度-流量之间关系比较复杂,没有一致的结论,因此不论是服务水平的划分还是通行能力研究,往往都忽略这一段曲线。上面介绍常用模型的速度-流量模型可以根据速度-密度模型和交通流基本模型导出,这里不再赘述。

Hall 等(1992 年)指出根据速度-密度关系导出的速度-流量关系曲线与实际调查数据有很大出入,提出了图 6-15 所示的速度-流量关系曲线的一般图示。交通流分为自由流、排队消散流和阻塞流 3 种状态,不同状态曲线则不同。自由流的曲线接近水平线,排队消散流近似垂直线，阻塞流的曲线与排队消散流向左右所错开。这一曲线得到了普遍认可，与实际交通流比较吻合，缺点是难以建立模型。“美国通行能力手册”1997 采用了下面的图示计算通行能力(图 6-16)。

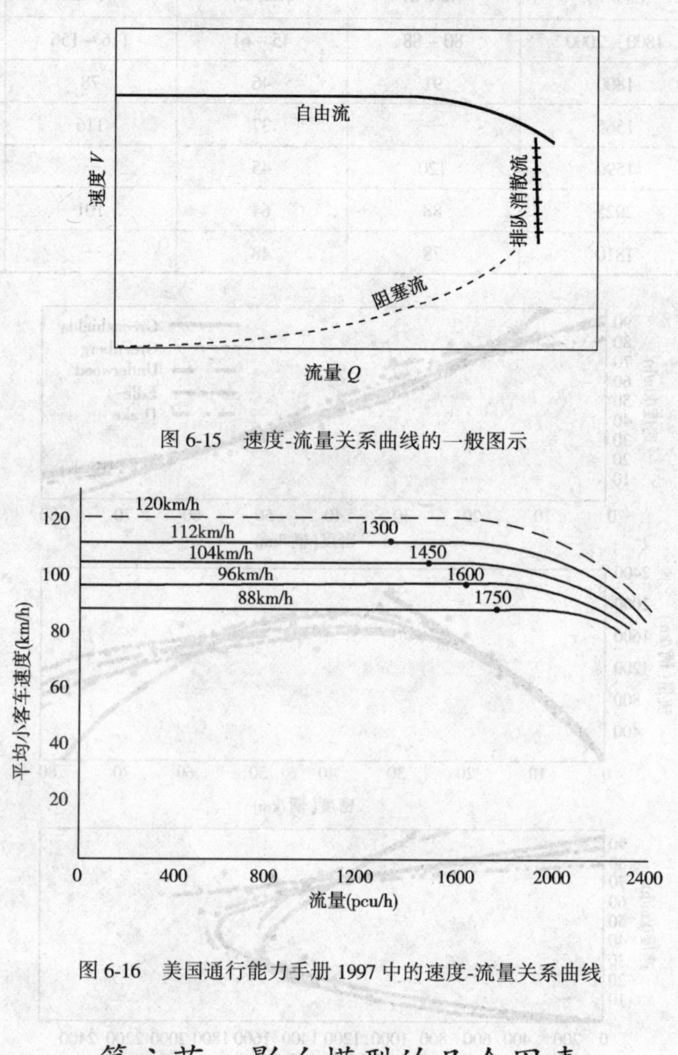

图 6-15　速度-流量关系曲线的一般图示

图 6-16　美国通行能力手册 1997 中的速度-流量关系曲线

第六节　影响模型的几个因素

一、几种模型特征值比较

上述各种模型或是通过调查数据统计，或是从理论推导得来。由于采用的数据不同，理论依据不同，研究的交通流模型的适用范围也不同，因此有必要进行比较。

采用一组调查数据，首先通过统计分析确定调查数据的交通流特征值范围，然后采用回归分析确定各模型的最佳拟合方程式，最后比较调查数据和各模型计算的特征值(见表 6-2)。

通过比较从图 6-17 可看出，密度低于 15 辆/km 时，Greenberg 和 Underwood 模型高估了速度。密度在 15 ~ 40 辆/km 范围内，除了 Edie 模型以外所有模型低估了速度和流量。而所有的模型对密度在 40 ~ 60 辆/km 范围的交通流拟合较好。当密度大于 60 辆/km 时，Greenshields 模型明显偏离了调查数据，阻塞密度为 78 辆/km，与调查数据相差甚远。

调查数据与各模型的特征值比较 表 6-2

模 型	最大流量(辆/h)	畅行车速(km/h)	最佳速度(km/h)	阻塞密度(辆/km)	最佳密度(辆/km)
调查数据	1800 ~ 2000	80 ~ 88	45 ~ 61	116 ~ 156	30 ~ 41
Greenshields	1800	91	46	78	39
Greenberg	1565	—	37	116	43
Underwood	1590	120	45	—	36
Edie	2025	88	64	101	31
Drake 等	1810	78	48	—	38

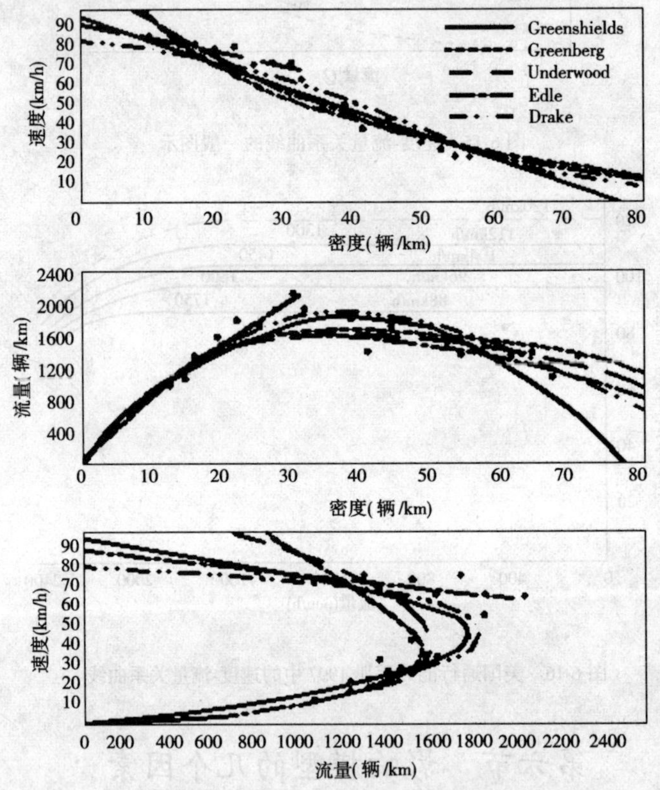

图 6-17 调查数据与各模型拟合结果的比较

仔细观察所调查数据可以发现中等密度的交通流存在不连续现象,而这一范围的交通流正是出现了最大流量的范围,是研究通行能力的重要部分。但遗憾的是,大多数模型对这一段的描述能力较差,相比较而言,Edie 模型对这部分的调查数据拟合较好,体现了分段模型的优点。但分段模型也有明显的缺点,如分段点难于确定以及模型使用不方便等。

二、调查地点对模型的影响

交通流模型主要有两个来源:其一是调查数据的回归分析;其二是理论推导。前者直接采用调查数据,后者是在已经确定模型形式的基础上使用调查数据进行标定和验证。因此调查数据对于交通建模至关重要,不同的调查数据会导致不同的研究结果。

交通流模型是描述交通流宏观变量关系的模型,关系曲线上的一个点代表一种交通流状态。

比如说速度-密度曲线上的一个点（V_i,K_i）表示所研究道路位置在某个时刻的速度为 V_i，对应的密度为 K_i。换言之，如果该道路位置的交通流模型确定了，只要测得该时刻的速度 V_i，就可以根据交通流模型计算出 K_i。这有很好的实际应用意义，如在高速公路的交通控制中有了流量-密度模型，就可以通过调整进口匝道的流量来控制交通流密度的范围，使其达到预定的服务水平。

交通流模型在图形上是一条连续、完整的曲线（当然，对于分段模型有间断点，是分段连续曲线），在性质上是一条状态曲线，而不是趋势曲线。曲线上的相邻点并不代表对应交通流状态出现的时间顺序关系，某个交通流状态出现的时间和频率是不确定的。有的状态经常出现，有的状态可能永远也不出现。因此在建立交通流模型时，为了使模型准确，获得的曲线完整，就需要大量的、长期的调查数据。不仅如此，对于一条均匀路段，尽管各个位置的交通流模型相同，但各个地点出现各种交通流状态的频率却往往是不同的。因此要获得完整的交通流模型关系曲线，调查地点的选取是非常重要的。

图 6-18 给出了一条中部存在瓶颈的道路，瓶颈部分有两条车道，其前后均为 3 条车道。显然两车道和 3 车道的路段交通流模型是不同的。我们假设 3 车道的路段都是均匀的，交通流模型相同，但 3 车道路段上不同位置出现某些交通流状态的频率却大不相同。为此将其分为 3 段：路段 A 是不受瓶颈路段 C 影响的 3 车道路段，路段 B 是高峰时将产生交通阻塞的路段。而路段 D 处于瓶颈的下游。为简便起见，假设这 4 个路段的交通流模型均服从 Greenshields模型（这里只是为示意所作的假设，调查研究之前交通流模型是未知的），即速度-密度之间的关系为线性关系，速度-流量以及流量-密度关系曲线为抛物线。并假设每条车道的通行能力都相同，这样 3 车道的路段 A、B、D 均具有 3 个车道的通行能力，而瓶颈路段 C 只具有两条车道的通行能力。另外假设各路段中车辆的畅行速度相同。密度是单位长度道路内所有车道中的车辆数，因此路段 C 的阻塞密度是 3 车道路段阻塞密度的 2/3。由此可知各路段的速度-密度、速度-流量和流量-密度曲线如图 6-18 所示。

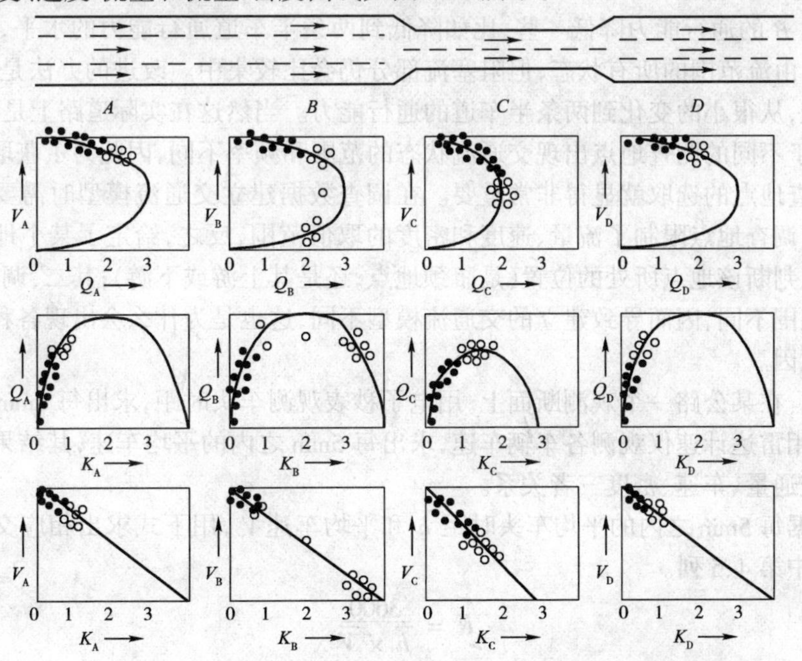

图 6-18 调查地点对交通流模型的影响

在平峰期(比如早高峰之前),流量逐渐增加,直到两条车道达到通行能力为止,各路段测得的数据将会用图中的实点表示。此时路段 A、B、D 均未达到通行能力,车速较快,密度较低。路段C在流量增加到两条车道通行能力时达到其通行能力。比较而言速度低,密度较大,但可以满足上游车辆的顺利通行要求,不会形成交通阻塞。总体来讲,各路段的交通流状态均处于自由流状态,因而测得的数据在曲线的自由流部分。

那么当流量继续增加,假如流量增加到两条半车道通行能力的水平时,各路段的情况又会是怎样呢?显然路段 A 由于不受瓶颈路段的影响,流量也未达到其通行能力,因此仍处于自由流状态,车辆保持较高的行驶速度,密度较低。路段 B 开始时与路段 A 相同,但由于瓶颈路段 C 满足不了来自上游的交通需求(即交通需求大于其通行能力),于是会产生一种回涌现象;剩余交通需求(即交通需求与通行能力之差)将贮存在路段 B,形成车辆排队,相应的交通流状态处于曲线的阻塞流部分(见图中的空心点),此时路段 B 的流量只能保持与路段 C 通行能力相等的水平(两条车道通行能力)。路段 C 仍然维持两个车道通行能力的流量水平,即达到其通行能力,此时车辆运行速度为最佳速度,密度为最佳密度。由于瓶颈的阻塞作用,路段 D 的交通需求最多为两条车道通行能力的流量,永远不会达到其通行能力,交通流总处于自由流状态,保持着较高车速和较低密度。

高峰过后,流量减少,各路段的交通流会恢复到高峰前的状态,调查数据仍会是实心点的范围。

根据上述分析可以得出这样的结论:第一,路段 A 和 D 的交通流只处于自由流状态,路段 D 不可能有流量超过两条车道通行能力的交通流状态;第二,瓶颈路段 C 不会出现阻塞流状态,其调查数据可覆盖曲线的整个自由流部分;第三,路段 B 在高峰期会出现阻塞流状态,但难出现达到其通行能力的状态(即流量达到3车道通行能力),而且阻塞流状态集中在流量为两车道通行能力的附近。第四,所有4个调查点都不能获得交通流所有状态的数据,当然也就不能画出描述实际的完美曲线。

如果路段 B 的通行能力降低一些,比如降低到两条半车道通行能力的水平,路段 B 可以获得曲线上自由流范围的所有状态,但阻塞流部分仍会比较集中。改进的办法是使路段 D 的通行能力可变,从很小的变化到两条半车道的通行能力。当然这在实际道路上是很难做到的。

总之,由于不同的调查地点出现交通流状态的范围和频率不同,因此为了获取完整的交通流曲线,对调查地点的选取就显得非常重要。在调查数据建立交通流模型时需要注意它的两个特点:其一,调查地点限制了流量、速度和密度的取值范围,反之,给定了某个地点足够的调查数据便可以判断该地点所处的位置(是瓶颈地点,还是其上游或下游);其二,调查地点不同,获取的数据范围不同,因而导致建立的交通流模型不同,这也是为什么会出现各种形式交通流模型的主要原因。

【例 6-1】 在某公路一个观测断面上,用电子秒表观测车头时距,求出每5min之内平均车头时距,同时用雷达计速仪观测各车辆车速,求出每5min之内的平均车速,其结果见表6-3,试分析该路的交通量、车速、密度三者关系。

解:1.根据每5min之内的平均车头时距 $\overline{h}$ 和平均车速 $\overline{V}$,用下式求出相应交通量和车流密度,列入表中第4、5列。

$$K = \frac{3600}{\overline{h} \times \overline{V}}$$

$$Q = \frac{3600}{\overline{h}}$$

某公路观测每 5min 之内平均车头时距和平均车速资料 表 6-3

顺序	平均车头时距 $\bar{h}$ (s)	平均车速 $\bar{V}$ (km/h)	交通量 Q (辆/h)	车流密度 K (辆/km)	K^2	$\bar{V}K$
1	16.67	58.2	216	3.71	13.76	215.92
2	13.24	56.3	272	4.83	23.33	271.93
3	6.32	45.5	570	12.53	157.00	570.12
4	4.73	37.1	761	20.51	420.66	760.92
5	4.66	20.8	773	37.16	1380.87	772.93
6	4.46	35.4	807	22.80	519.84	807.12
7	4.51	22.4	799	35.67	1272.35	799.01
8	7.07	47.2	509	10.79	116.42	509.29
9	10.14	52.8	355	6.72	45.16	354.82
10	4.46	24.3	807	33.21	1102.90	807.00
11	8.16	50.3	441	8.77	76.91	441.13
12	5.72	42.8	629	14.70	216.09	629.16
13	5.14	39.7	700	17.64	311.17	700.31
14	4.73	19.4	761	39.23	1538.99	761.06
15	4.44	33.6	811	24.14	582.74	811.10
16	5.37	16.2	670	41.36	1710.65	670.03
17	4.29	31.3	839	26.81	718.7	839.15
18	5.82	13.8	619	44.86	2012.42	619.07
19	4.32	29.4	833	28.33	802.59	832.90
20	4.41	27.1	817	30.15	909.02	817.07
合计		703.6		463.92	13931.65	12990.04

2. 根据表 6-3 数据资料绘出图 6-19 中实测的交通量、车速和密度的三者关系曲线图。

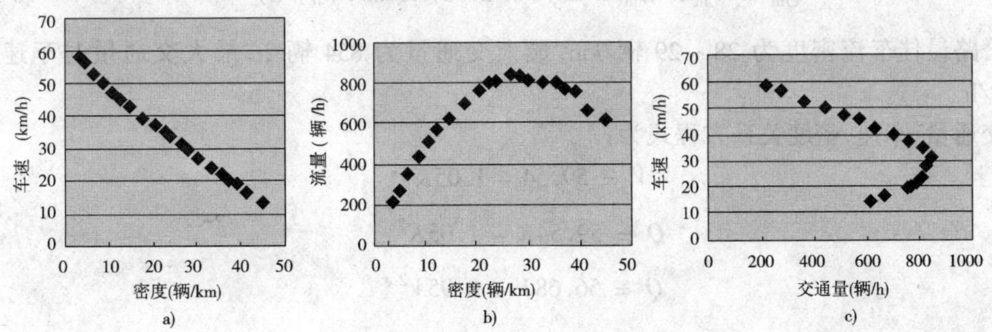

图 6-19 实测交通量、车速、密度三者关系图

3. 根据图 6-19 可看出：车速 V 与密度 K 的关系可用线性关系 Greenshields 模型模拟，方程式同式(6-4)，其中参数 a 和 b 可根据观测数据，利用最小二乘法得出：

$$a\sum x_i + b\sum x_i^2 = \sum x_i y_i \qquad \text{(6-17)}$$
$$an + b\sum x_i = \sum y_i$$

其中 $y = V, x = K, a = V_f, b = -\dfrac{V_f}{K_j}$

$\sum y_i = \sum V_i = 703.6, \sum x_i = \sum K_i = 463.92 \quad n = 20, \sum x_i^2 = \sum K_i^2 = 13931.65, \sum x_i y_i = \sum V_i K_i = 12990.04$

代入式 6-17 可得

$$\begin{cases} 20V_f + 463.90\left(\dfrac{V_f}{K_j}\right) = 703.6 \\ 463.92V_f + 13931.65\left(\dfrac{V_f}{K_j}\right) = 1299004 \end{cases}$$

解该方程可得出：

$$a = V_f = \frac{12990.04 \times 463.92 - 703.6 \times 13931.65}{463.92^2 - 20 \times 13931.65} = 59.54(\text{km/h})$$

$$b = (-\frac{V_f}{K_j}) = \frac{463.92 \times 703.6 - 20 \times 12990.04}{463.92^2 - 20 \times 13931.65} = -1.05$$

$$K_j = \frac{V_f}{b} = \frac{59.54}{1.05} = 56.68\ (\text{辆/km})$$

该公路在车辆自由行驶状态时，最高平均车速为 59.54km/h，在拥挤状态阻塞最大车流密度为 57 辆/km。

4. 特征值计算：

$$K_m = \frac{1}{2}K_j = 57/2 = 28.5(\text{辆 /km})$$

$$V_m = \frac{1}{2}V_f = 59.94/2 = 29.97(\text{km/h})$$

$$Q_m = V_m \times K_m = 28.5 \times 29.97 \approx 854\ (\text{辆/h})$$

该公路最佳车流密度为 28 ~ 29 辆/km，最大交通量为 854 辆/h，最大交通量时车速为 29.97km/h

5. 交通量、车速、密度关系方程式为：

$$V = 59.54 - 1.05K$$

$$Q = 59.54K - 1.05K^2$$

$$Q = 56.68V - 0.95V^2$$

思考题

1.交通密度的表示方法有哪些？其含义有何不同？

2.交通流三参数之间有什么关系？

3.简述交通流量和密度之间的相互关系。

4.简述速度和交通流量之间的相互关系。

第七章 交通流理论

DIQIZHANG

第一节 概　　述

交通流理论是交通工程学的基础理论。所谓交通流理论是应用数学或物理学原理对交通流的各参数及其之间关系进行定性和定量的分析，以寻求道路交通流的变化规律，从而为交通规划、交通管理和道路设计及管理提供理论依据。

交通流理论研究始于20世纪30年代，研究人员开始时将交通车流看作是随机独立变量，应用概率论数理统计理论分析交通流分布规律。40年代由于受第二次世界大战的影响，交通流理论发展不多。20世纪50年代随着汽车工业的发展，道路上行驶车辆数量急剧增加，出现大量车辆排队的现象，有些学者开始应用流体力学理论、回波理论和动力学跟踪理论分析交通流变化规律。1959年在美国底特律举行了首届国际交通流学术讨论会，以后又举行了多次专题讨论会。1964年由美国公路研究委员会出版了"交通流理论入门"专题报告汇编，以后美国一些大学开始编写交通流理论书籍，逐渐形成了交通流理论。

当在道路上某一地点观测交通流，交通流量不是很大时，不难看出有这些现象：每一个时间间隔内通过的车辆数不是一个固定的数。这个数是预先不可知的，并且与其前后任意一个时间间隔内通过的车辆数量是无关的。由此看出，道路上交通车流是相互独立的随机变量，道路上车辆行驶过程是一种随机变化过程。交通流分布规律符合概率论数理统计分布规律，可以用概率论数理统计理论来分析交通流，微观地对各个车辆行驶规律进行研究，找出交通流变化规律。这种研究方法，称为概率论方法。

当道路上交通流量增大时，车流出现拥挤现象，车辆的流动类似水流，这时车辆的行驶失去了相互独立性，不再是随机变量，不能应用概率论方法来分析。但可以将道路上整个交通流看作是一种具有特殊性质的流体，应用流体运动理论宏观地研究整个交通流体的演变过程，并可应用洪水回波理论研究交通拥挤阻塞回波现象，得出交通流拥挤状态变化规律。这种研究方法称为流体力学方法。

道路上一辆车跟踪另一辆车的追随现象是很多的，前一辆车行驶速度的变化，影响后一辆车的行驶，后一辆车为了与前车保持具有最小安全间隔距离，需要不断调整车速，这种前后车辆运动过程可以应用动力学跟踪理论，建立道路上行驶车辆流动线性微分方程来分析车辆行驶情况和变化规律。这种研究方法称为跟驰理论。

交通流理论目前仍处在不断发展完善的过程中,今后将会有更多数学物理学理论用于分析交通流现象,使交通流理论得到进一步发展和完善。本章将分别介绍概率统计分布特性、排队理论、跟驰理论和交通流的流体力学理论及其相关应用。

第二节　交通流的概率统计分布

如前所述,概率统计方法是最早应用于交通流理论的数学方法,它为解决交通中具有随机性现象的交通问题提供了有效分析手段。如信号配时设计中,用离散分布描述车辆到达的分布,可预测一个周期内到达的车辆数;在可接受间隙理论中,用连续分布描述车头时距分布,可估计支路的通行能力。本节介绍了交通中常用的几种离散型分布和连续型分布。

一、离散型分布

在一定的时间间隔内到达的车辆数,或在一定的路段上分布的车辆数,是所谓的随机变量,描述这类随机变量的统计规律用的是离散型分布。交通工程中常用的离散型分布有:泊松分布、二项分布和负二项分布等。

1.泊松(Poission)分布

1)适用条件

泊松分布适用于车流密度不大,车辆间相互影响微小,其他外界干扰因素基本上不存在,即车流是随机的。

泊松分布规律:一定时间间隔内到达的车辆数是相互独立离散型独立变量,进行相当多次观测试验,每次观测出的概率是很小的,属于稀有小概率事件,可用下面公式计算。

2)基本公式

$$P(x) = \frac{(\lambda t)^x e^{-\lambda t}}{x!}, x = 0,1,2,\cdots,n \tag{7-1}$$

式中:$P(x)$——在计数间隔 t 内到达 x 辆车的概率;

λ——单位间隔的平均到达率;

t——每个计数间隔时间(或路段长度);

e——自然对数的底,取 2.71828。

若 $m = \lambda t$,则式(7-1)可写为

$$P(x) = \frac{m^x e^{-m}}{x!} \tag{7-2}$$

式中:m——在计数时间间隔 t 内平均到达的车辆数。

当 m 为已知时,应用式(7-2)可求出在计数间隔 t 内恰好有 x 辆车到达的概率。除此之外,还可计算出如下的概率值:

(1)到达数小于 x 辆车的概率

$$P(<x) = \sum_{i=0}^{x-1} \frac{m^i e^{-m}}{i!} \tag{7-3}$$

(2)到达数小于或等于 x 的概率

$$P(\leqslant x)=\sum_{i=0}^{x}\frac{m^{i}e^{-m}}{i!} \tag{7-4}$$

(3)到达数大于 x 的概率

$$P(>x)=1-\sum_{i=0}^{x}\frac{m^{i}e^{-m}}{i!} \tag{7-5}$$

(4)到达数大于或等于 x 的概率

$$P(\geqslant x)=1-\sum_{i=0}^{x-1}\frac{m^{i}e^{-m}}{i!} \tag{7-6}$$

(5)到达数至少是 x 但不超过 y 的概率

$$P(x\leqslant i\leqslant y)=\sum_{i=x}^{y}\frac{m^{i}e^{-m}}{i!} \tag{7-7}$$

3)递推公式

(1) 当 $x=0$ 时,$P_0=e^{-m}$

(2) 当 $x\geqslant 1$ 时,$P_{x+1}=\dfrac{m}{x+1}P_x$ (7-8)

4)分布的均值 $E(X)$和方差 $Var(X)$

$$E(X)=\sum_{x=0}^{\infty}x\frac{m^{x}e^{-m}}{x!}=m\sum_{x=1}^{\infty}x\frac{m^{x-1}e^{-m}}{(x-1)!}=m$$

$$Var(X)=\sum_{x=1}^{\infty}(x-m)^2\frac{m^{x}e^{-m}}{x!}=m \tag{7-9}$$

在实际应用中,均值 $m=E(X)$和方差 $Var(X)$分别由其样本均值 $\overline{m}$ 和样本方差 S^2 进行估计:

$$\overline{m}=\frac{\sum_{i=1}^{g}x_i f_i}{\sum_{i=1}^{g}f_i}=\frac{\sum_{i=1}^{g}x_i f_i}{g}$$

$$S^2=\frac{1}{N-1}\sum_{i=1}^{N}(x_i-m)^2=\frac{1}{N-1}\sum_{j=1}^{g}(x_j-\overline{m})^2 f_j \tag{7-10}$$

其中:g——观测数据分组数;

f_i——时间 T 内,事件 X 发生 i 次的频数;

N——观测的总周期数。

由概率论的知识可知,泊松分布的均值 $E(X)$和方差 $Var(X)$是相等的,并且样本均值 $\overline{m}$ 和样本方差 S^2 分别为无偏估计。因此,当$\dfrac{S^2}{\overline{m}}$显著的不等于 1 时,则意味着泊松分布拟合不合适,实际应用中,常用此作为能否应用泊松分布拟合观测数据分布的初始判断。

5)应用举例

【例 7-1】 某路段,交通流量为 360 辆/h,车辆到达符合泊松分布。求:

(1)在 95%的置信度下,每 60s 的最多到达车辆数。

(2)在 1s、2s、3s 时间内无车的概率。

解:(1)根据题意,每 60s 平均来车数 m 为

$$m=\frac{360\times 60}{3600}=6$$

于是,由式(7-2)可知,来车分布为

$$P(x) = \frac{m^x e^{-m}}{x!} = \frac{6^x e^{-6}}{x!}$$

按式(7-4)公式计算,结果见表7-1:

概率计算结果 表7-1

x	$P(x)$	$P(\leqslant x)$	x	$P(x)$	$P(\leqslant x)$
0	0.0025	0.0025	6	0.1620	0.6115
1	0.0150	0.0175	7	0.1389	0.7504
2	0.0450	0.0625	8	0.1041	0.8545
3	0.0900	0.1525	9	0.0694	0.9239
4	0.1350	0.2875	10	0.0147	0.9656
5	0.1620	0.4495			

根据计算结果,在95%的置信度下每60s的最多到达的车数少于10辆。

(2)当 $t = 1\text{s}$ 时,$m = \frac{360 \times 1}{3600} = 0.1$,由式(7-2)可知,1s内无车的概率:

$$P(0) = \frac{0.1^0 e^{-0.1}}{0!} = e^{-0.1} = 0.905$$

同理,当 $t = 2\text{s}$ 时,$m = 0.2$,$P(0) = e^{-0.2} = 0.8187$

当 $t = 3\text{s}$ 时,$m = 0.3$,$P(0) = e^{-0.3} = 0.7408$

2.二项分布

1)适用条件

二项分布适应于车辆比较拥挤,自由行驶机会不多的车流。此时车辆行驶受到约束,交通流具有较小方差值,符合二项分布。

2)基本公式

$$P(X) = C_n^x\left(\frac{\lambda t}{n}\right)^x\left(1 - \frac{\lambda t}{n}\right)^{n-x}, x = 0,1,2,\cdots,n \tag{7-11}$$

式中:$P(x)$——在计数间隔 t 内到达 x 辆车的概率;

λ——单位间隔的平均到达率;

t——每个计数间隔时间(或路段长度);

C_n^x——在观测 n 辆车一次取 x 辆的组合 $C_n^x = \frac{n!}{x!(n-x)!}$。

通常记 $P = \lambda t/n$,则二项分布可写成

$$P(x) = C_n^x p^x (1-p)^{n-x}, x = 0,1,2,\cdots,n \tag{7-12}$$

$0 < P < 1$,称为分布参数。该式可计算在计数间隔 t 内恰好到达 x 辆车的概率。除此之外,还可计算:到达数小于 x 的概率

$$P(<x) = \sum_{i=0}^{x-1} C_n^i p^i (1-p)^{n-i} \tag{7-13}$$

到达数大于 x 的概率

$$P(>x) = 1 - \sum_{i=0}^{x} C_n^i p^i (1-p)^{n-i} \tag{7-14}$$

3)递推公式

(1)当 $x=0$ 时，$P_0=(1-P)^n$

(2)当 $x\geqslant 1$ 时，$P(x+1)=\frac{n-x}{x+1}\cdot\frac{p}{1-p}p(x)$ (7-15)

4)分布的均值和方差

对于二项分布，根据概率论，其均值 $E(x)=nP$，方差 $D(x)=nP(1-P)$，因此，当二项分布拟合观测数据时，公式中参数 P 和 n 可以由观测样本数据估计值 P 和 $\hat{n}$ 来估算。

$$\hat{P}=\frac{m-s^2}{m}$$

$$\hat{n}=\frac{m}{P}=\frac{m^2}{m-s^2}\text{，取整数} \tag{7-16}$$

5)应用举例

【例 7-2】 某交叉口，准备设置一条左转车道，为此需要预测一个周期内到达的左转车辆数。经研究发现，来车符合二项分布，并且每个周期内平均到达 25 辆车，有 20% 的车辆左转。求：

(1)左转车的 95% 置信度的来车数；

(2)到达的 5 辆车中有 1 辆左转车的概率。

解：(1)由于每个周期平均到达车辆数为 25 辆，而左转车占 20%，所以左转车的分布为：

$$P(X=x)=C_{25}^{x}0.2^{x}(1-0.2)^{25-x}$$

置信度为 95% 的来车数写 $x_{0.95}$ 应满足：

$$P(x\leqslant x_{0.95})=\sum_{i=0}^{x_{0.95}}C_{20}^{i}p^{i}(1-p)^{20-i}\leqslant 0.95$$

计算可得：$P(x\leqslant 9)\approx 0.928$，$P(x\leqslant 10)\approx 0.970$。因此，可取左转车的 95% 置信度的来车数少于 10 辆。

(2)由题意可知，到达左转车服从二次分布：

$$P(X=x)=C_{5}^{x}0.2^{x}(1-0.2)^{5-x}$$

所以：
$$P(X=1)=C_{5}^{1}0.2^{1}(1-0.2)^{5-1}=0.4096$$

因此，到达的 5 辆车中有 1 辆左转车的概率为 0.4096。

3.负二项分布

1)适用条件

当观测到达车辆数据方差很大时，特别是当计数过程包括高峰期和非高峰期时，交通量变化较大，用负二项分布描述车辆的到达是个很好的选择。当计数间隔较小时，也会出现大流量时段与小流量时段，也可用负二项分布拟合观测数据。

2)基本公式

$$P(X=x)=C_{x+k-1}^{k-1}p^{k}(1-p)^{x},(x=0,1,2,\cdots) \tag{7-17}$$

式中：p，k——负二项分布参数，$0<p<1$，k 为正整数。

3)递推公式

$$P(x=0)=p^{k}$$

$$P(X=x)=\frac{x+k-1}{x}(1-p)P(x-1),x\geqslant 1 \tag{7-18}$$

4)分布的均值和方差

$$E(X) = \frac{k(1-p)}{p}$$
$$Var(X) = \frac{k(1-p)}{p^2} \tag{7-19}$$

参数 p,k 的一组估计：

$$\check{p} = \frac{\bar{m}}{S^2}$$
$$\hat{k} = \frac{\bar{m}^2}{S^2-\bar{m}},(取整数) \tag{7-20}$$

式中：$\bar{m}$，S^2——分别为样本均值和样本方差，对给定的观测数据可由式(7-10)计算。

如果用 X 表示给定时间内到达的车辆数，可计算到达车辆数小于 X 的概率：

$$P(X<x) = \sum_{i=0}^{x-1} C_{i+k-1}^{k-1} p^k (1-p)^i \tag{7-21}$$

到达车辆数大于 x 的概率

$$P(X>x) = 1-\sum_{i=0}^{x} C_{i+k-1}^{k-1} p^k (1-p)^i \tag{7-22}$$

另外，由式(7-19)可知，$\frac{Var(X)}{E(X)} = \frac{1}{p} > 1$，因此，当$\frac{S^2}{\bar{m}} > 1$时，可考虑使用负二项分布拟合观测数据。

二、连续型分布

离散型分布是研究某一个时间间隔内对应有一定的到达车辆数的离散型的随机变量分布规律。对于交通流前后车辆的车头时距是连续型的随机变量，其分布规律服从下面的连续型分布。常用的连续型分布有负指数分布、移位负指数分布、M3 分布和爱尔朗分布等。

1.负指数分布

1)适用条件

该分布用于描述有充分超车机会的单列车流和密度不大的多列车流的车头时距分布。常与到达车数的泊松分布相对应。

2)基本公式

当车辆到达符合泊松分布时，车头时距就是负指数分布。

在计数间隔 t 内没有车辆到达($x=0$)的概率为

$$P(0) = e^{-\lambda t} \tag{7-23}$$

上式表明，在具体的时间间隔 t 内，如无车流到达，则上一次车到达和下一次车到达之间车头时距至少有 t 秒，即 $P(0)$也是车头时距大于等于 t 秒的概率。

$$P(h \geqslant t) = e^{-\lambda t} \tag{7-24}$$

故车头时距小于 t 的概率为

$$P(h < t) = 1-e^{-\lambda t} \tag{7-25}$$

若 Q 表示小时交通量，则 $\lambda = Q/3600$(辆/s)，令 T 为车头时距概率分布的平均值，则有：

$$T = 3600/Q = \frac{1}{\lambda}$$

则式(7-24)可改写为(分布曲线见图 7-1):

$$P(h \geqslant t) = e^{-t/T} \tag{7-26}$$

式(7-25)可改写为(分布曲线见图 7-2):

$$P(h < t) = 1 - e^{-t/T} \tag{7-27}$$

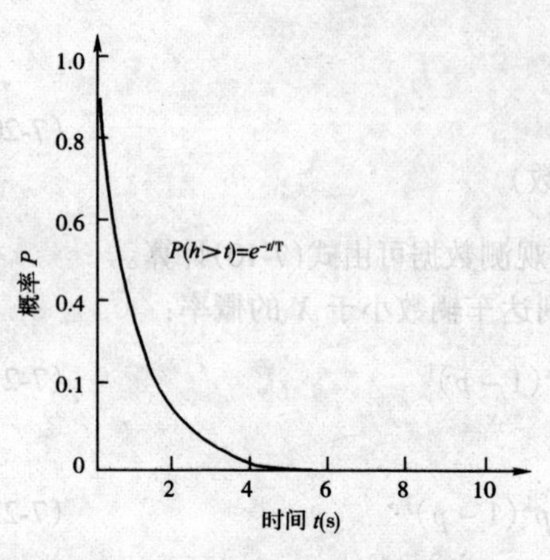

图 7-1 ≥t 的车头时距分布曲线

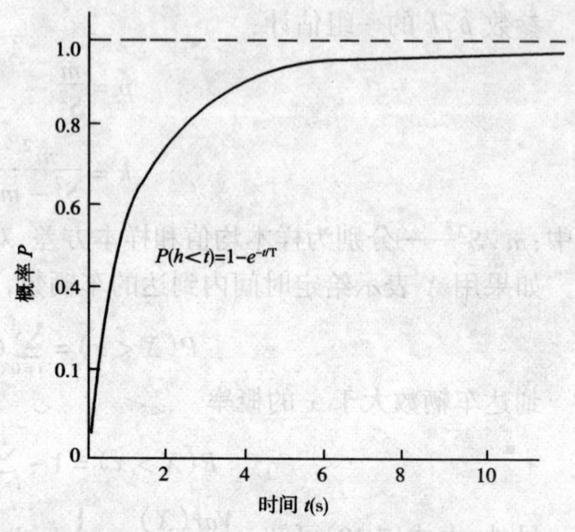

图 7-2 <t 的车头时距分布曲线

负指数分布广泛地被应用于描述车头时距分布。当每小时每车道的不间断车流量小于等于 500 辆时,用负指数分布描述车头时距,通常符合实际。

2.移位负指数分布

1)适用条件

该分布用于描述限制超车的单列车流车头时距分布和低流量时多列车流的车头时距分布。

2)基本公式

为克服负指数分布的车头时距越趋近于零其出现概率越大这一缺点,可将负指数分布曲线轴从 0 沿 t 轴向右移一个最小的间隔长度 τ(根据调查数据确定,一般在 1.0~1.5s 之间),得到移位负指数分布曲线,它能更好地拟合观测数据。基本公式为

$$P(h \geqslant t) = e^{-\lambda(t-\tau)}, t \geqslant \tau \tag{7-28}$$

3)分布的均值和方差

$$M = \frac{1}{\lambda} + \tau, D = \frac{1}{\lambda^2} \tag{7-29}$$

用样本均值 m 代替 M,样本方差 S^2 代替 D,则可算出移位负指数分布的两个参数 λ 和 τ。图 7-3 为移位负指数分布式(7-28)的曲线图。其中 λ 的表达式由式(7-29)得到。

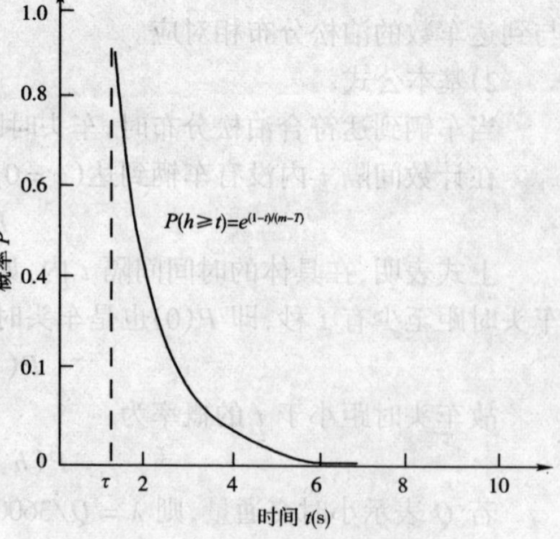

图 7-3 移位负指数分布曲线($M = 1$s)

3.M3 分布

研究发现,当交通较拥挤时,出现了部分车流成车队状态行驶,无论用负指数分布还是移位负指数分布都不能很好地描述车头时距的统计性质。针对此问题 Crowan(1975)提出了 M3 分布模型。该模型假设车辆处于两种行驶状态:一部分是车队状态行驶,另一部分车辆按自由流状态行驶。分布函数为:

$$F(t) = \begin{cases} 1 - \alpha\exp[-\lambda(t-\tau)] & (t \geqslant \tau) \\ 0 & (t < \tau) \end{cases} \tag{7-30}$$

式中:α——按自由流状态行驶车辆所占的比例;

τ——车辆处于车队状态行驶时,车辆之间保持的最小车头时距,s;

λ——特征参数。

均值和方差:

$$E(H) = \tau + \frac{\alpha}{\lambda}$$

$$Var(H) = \frac{\alpha(2-\alpha)}{\lambda^2} \tag{7-31}$$

需要注意的是,即使车辆成队列行驶,车头时距也有波动。因此,该模型不能刻画很小的车头时距分布,运用该模型时,往往可根据实际经验确定 τ 值,只要车头时距小于该值即认为车辆成队列行驶。这样,式(7-31)中只有两个参数未知,可用一般的估算法得出。

4.爱尔朗(Erlang)分布

爱尔朗分布的密度函数为

$$f(t) = \lambda e^{-\lambda t}\frac{(\lambda t)^{k-1}}{(k-1)!} \quad (k = 1,2,3,\cdots) \tag{7-32}$$

式中:k、λ——参数。

对给定的参数 k,式(7-32)对应着一种分布,而随着 k 取值的不同,可以得到不同的分布函数。因此,爱尔朗分布适用范围较广。在交通工程中也常用来描述车头时距的分布,特别是,当 $k=1$ 时,该式对应着车头时距为负指数分布的情况,当 $k=\infty$ 时,该式对应着车头时距为均匀分布的情形。观测结果表明,随着 k 值的增大,交通情况越拥挤,驾驶人行为的随机程度越小。

实际应用中,参数 k 可通过下式进行估计:

$$\hat{k} = \frac{\bar{m}^2}{S^2} \tag{7-33}$$

其中:$\bar{m}$, S^2——分别为样本均值和样本方差。

三、分布的拟合优度检验

1.拟合优度检验步骤

上面讨论了交通流理论中常用的分布,但在实际应用中,很难确切地知道研究对象的具体分布,通常需要基于一定的经验,并假设其服从一定分布。这种假设是否正确,可用拟合优度检验方法——χ^2 检验加以验证。下面的讨论是针对随机变量分布完全已知的拟合优度检验问题，对分布参数未知的情况也给出了相应的说明。χ^2 检验的具体步骤如下：

1)建立原假设 H_0

随机变量 X 是服从完全给定的分布。"所谓完全给定的分布"是指分布的函数形式已知，并且该分布中的参数也已知。

2)构造统计量

由数理统计理论可知，在一定条件下，经验分布可作为概率分布的估计。如果原假设 H_0 成立，则假设的概率分布与经验分布相差不应太远。反之，如果被研究对象的经验分布与假设的分布相去甚远，就有理由否定原假设 H_0。设样本在 i 组的频数为 f_i，在原假设成立的条件下，样本"落入"该组区间的概率为 p_i，若观测样本数为 N，则 $N \cdot p_i$ 可认为是样本落入该区间的理论频数值，记为 F_i^*。在原假设成立的条件下，f_i 与 F_i^* $(i=1,2,\cdots,g)$ 应相差不大。基于上述思想可构造统计量：

$$\chi^2 = \sum_{i=1}^{g}\frac{(f_i - F_i^*)^2}{F_i^*} = \left(\sum_{i=1}^{g}\frac{f_i^2}{F_i^*}\right) - N \tag{7-34}$$

3)确定统计量的临界值

由概率论可知，当样本量 N 足够大时，统计量 X 服从自由度 $DF = g-1$ 的 χ^2 分布。因此，对给定的显著性水平 $\alpha(0<\alpha<1)$ 则可根据自由度 DF，由 χ^2 分布的分位数表查出临界值 χ^2_α。分位数表见表 7-2。

4)判断假设是否成立

比较 χ^2 计算值和临界值 χ^2_α，若 $\chi^2_\alpha \geqslant \chi^2$ 则接受原假设，即认为随机变量 X 服从完全给定的概率分布；若 $\chi^2_\alpha < \chi^2$ 则拒绝原假设。

上文讨论了"随机变量 X 服从完全给定的分布"这类问题的假设检验问题。如果只假设随机变量 X 服从某种分布形式，而其分布函数中有未知的参数，则不能直接用上述讨论的方法。此时，可用参数的估计值代入分布，计算各组的理论频数 F_i^*，然后按式(7-34)计算 χ^2 值，只是 χ^2 统计量的自由度变为 $DF = g-1-i$。其中 i 为分布函数中未知参数的个数。

χ^2 分布分位数表 表 7-2

DF \ α	0.10	0.05	0.01	DF \ α	0.10	0.05	0.01
1	2.706	3.841	6.635	16	23.542	26.296	32.000
2	4.605	5.991	9.210	17	24.769	27.587	33.409
3	6.251	7.815	11.345	18	25.989	28.869	34.805
4	7.779	9.488	13.277	19	27.204	30.144	36.191
5	9.236	11.070	15.086	20	28.412	31.410	37.566
6	10.645	12.596	16.812	21	29.615	32.671	38.932
7	12.017	14.067	18.475	22	30.813	33.924	40.289
8	13.362	15.507	20.090	23	32.007	35.172	41.638
9	14.684	16.919	21.666	24	33.196	36.415	42.980
10	15.987	18.307	23.209	25	34.382	37.652	44.314
11	17.275	19.675	24.725	26	35.563	38.885	45.642
12	18.549	21.026	26.217	27	36.741	40.113	46.963
13	19.812	22.362	27.688	28	37.916	41.337	48.278
14	21.064	23.685	29.141	29	39.087	42.557	49.588
15	22.307	24.996	30.578	30	40.256	43.773	50.892

2.拟合优度检验的注意事项

使用 χ^2 检验方法作拟合优度检验应注意的事项：

①样本量应足够大；

②对样本分组应连续，并且通常要求分组数 g 不小于5；

③各组的理论频数 F_i^*，不得小于5，若某个组的理论频数 F_i^* 小于5，则将其和相邻的组合并，直至合并后的理论频数大于5为止；

④统计量的自由度 DF 的确定：对于分布完全已知的情形，自由度等于样本最终的分组数减去1，即 $DF = g - 1$；当分布函数中有未知参数时，自由度 $DF = g - 1 - i$，其中 i 为分布函数中参数的个数；

⑤显著性水平 α 的取值，在实际应用中一般取 $\alpha = 0.05$。

【例7-3】 在某段公路上，观测到达机动车车辆数，用5min为计数间隔，结果如表7-3所示。试求5min内到达车辆分布并检验。

车辆到达观测结果统计 表7-3

<table>
<tr><th>序号</th><th>来车数 x_i</th><th>观测频数 f_i</th><th>$P(X=xi)$</th><th colspan="2">理论频数 F_i^*</th><th>$f_i - F_i^*$</th><th>$(f_i - F_i^*)^2$</th><th>$(f_i - F_i^*)^2/F_i^*$</th></tr>
<tr><td>1</td><td>0</td><td>3</td><td>0.0086</td><td>2.83</td><td rowspan="2">16.28</td><td rowspan="2">0.72</td><td rowspan="2"></td><td rowspan="2">0.031843</td></tr>
<tr><td>2</td><td>1</td><td>14</td><td>0.0410</td><td>13.45</td></tr>
<tr><td>3</td><td>2</td><td>30</td><td>0.0974</td><td>31.06</td><td></td><td>1.06</td><td>1.1236</td><td>0.036175</td></tr>
<tr><td>4</td><td>3</td><td>41</td><td>0.1544</td><td>50.63</td><td></td><td>-9.63</td><td>92.7369</td><td>1.831659</td></tr>
<tr><td>5</td><td>4</td><td>61</td><td>0.1834</td><td>60.16</td><td></td><td>0.84</td><td>0.7056</td><td>0.011729</td></tr>
<tr><td>6</td><td>5</td><td>69</td><td>0.1744</td><td>57.19</td><td></td><td>11.81</td><td>139.4761</td><td>2.43882</td></tr>
<tr><td>7</td><td>6</td><td>46</td><td>0.1381</td><td>45.31</td><td></td><td>0.69</td><td>0.4761</td><td>0.010508</td></tr>
<tr><td>8</td><td>7</td><td>31</td><td>0.0938</td><td>30.76</td><td></td><td>0.24</td><td>0.0576</td><td>0.001873</td></tr>
<tr><td>9</td><td>8</td><td>22</td><td>0.0557</td><td>18.28</td><td></td><td>3.72</td><td>13.8384</td><td>0.757024</td></tr>
<tr><td>10</td><td>9</td><td>8</td><td>0.0294</td><td>4.65</td><td rowspan="4">14.43</td><td rowspan="4">-3.43</td><td rowspan="4">11.7649</td><td rowspan="4">0.815308</td></tr>
<tr><td>11</td><td>10</td><td>2</td><td>0.0140</td><td>6.59</td></tr>
<tr><td>12</td><td>11</td><td>0</td><td>0.0060</td><td>1.98</td></tr>
<tr><td>13</td><td>≥12</td><td>1</td><td>0.0038</td><td>1.21</td></tr>
<tr><td colspan="2">总计</td><td>328</td><td>1.00</td><td colspan="2">328.00</td><td>—</td><td>—</td><td>$\chi^2 = 5.935$</td></tr>
</table>

解：根据表7-3所给出的数据，可知：

$$N = \sum_{i=0}^{12} f_i = 328$$

$$\bar{m} = \frac{\sum_{i=0}^{12} x_i f_i}{\sum_{i=0}^{12} f_i} = \frac{1559}{328} \approx 4.753$$

$$S^2 = \frac{\sum_{i=0}^{12} (x_i - m)^2 f_i}{N-1} \approx 4.186$$

计算：$\frac{S^2}{m} = \frac{4.186}{4.753} = 0.881$ 接近1.00，可考虑采用泊松分布拟合观测数据。拟合过程见表

7-3的第 3 ~8 栏。

计算统计量χ^2 ,即：

$$\chi^2 = \sum_{i=0}^{8} \frac{(f_i - F_i^*)^2}{F_i^*} = 5.935$$

自由度 $DF = 9 - 1 - 1 = 7$,查χ^2 分布的分位数表,$\chi_{0.05}^2 = 14.07 > 5.935$。因此,接受车辆到达服从泊松分布的假设。

每 5min 时间内到达的车辆数可用泊松分布拟合,分布函数

$$P(X - x) = \frac{(4.753)^x e^{-4.753}}{x!}$$

第三节　排　队　论

道路上交通流排队现象随时可见,如高速公路收费站的车辆排队,加油站等候加油的车辆排队等。因此,有必要研究交通流中的排队理论及其应用。

排队论是研究“服务”系统因“需求”拥挤而产生等待行列(即排队)的现象,以及合理协调“需求”与“服务”关系的一种数学理论,是运筹学中以概率论为基础的一门重要分支,亦称“随机服务系统理论”。

本节主要介绍排队论的基本方法及其在交通工程中的应用。

一、排队论的基本概念

1.“排队”与“排队系统”

“排队”单指等待服务的,不包括正在被服务的,而“排队系统”既包括了等待服务的,又包括了正在服务的车辆。例如,一队汽车在收费站排队等候交费,它们与收费站构成一个排队系统。其中尚未轮到交费依次排队等候的汽车行列,称为“排队”。所谓“排队车辆”或“排队(等待)时间”,都是仅指排队本身而言,而“排队系统中的车辆”或“排队系统(消耗)时间”,则把正在受服务者也包括在内,后者当然大于前者。

2. 排队系统的三个组成部分

(1)输入过程。指各种类型的“顾客(车辆或行人)”按怎样的规律到来。有各种类型的输入过程,例如:

定长输入——顾客等时距到达。

泊松输入——顾客到达时距符合负指数分布。这种输入过程最容易处理,因而应用最广泛。

爱尔朗分布——顾客到达时距符合爱尔朗分布。

(2)排队规则。指到达的顾客按怎样的次序接受服务。例如:

损失制——顾客到达时,若所有服务台均被占,该顾客就自动消失,永不再来;

等待制——顾客到达时,若所有服务台均被占,它们就排成队伍,等待服务,服务次序有先到先服务(这是最通常的情形)和优先服务(如急救车、消防车)等多种规则;

混合制——顾客到达时,若队的长度小于 L,就排入队伍;若队长大于等于 L,顾客就离

去，永不再来。

(3)服务方式。指同一时刻有多少服务台可接纳顾客，每一顾客服务了多少时间。每次服务可以接待单个顾客，也可以成批接待，例如公共汽车一次就装载大批乘客。

服务时间的分布主要有如下几种：

定长分布——每一顾客的服务时间都相等；

负指数分布——即各顾客的服务时间相互独立，服从相同的负指数分布；

爱尔朗分布——即各顾客的服务时间相互独立，具有相同的爱尔朗分布。

为叙述方便，引用下列符号：令 M 代表泊松输入或负指数分布服务，D 代表定长输入或定长服务，E_k 代表爱尔朗分布的输入或服务。于是泊松输入、负指数分布服务、N 个服务台的排队系统可以写成 M/M/N，泊松输入、定长服务、单个服务台的系统可以写成 M/D/1。同样可以理解 $M/E_k/N$，D/M/N…等记号的含义。如果不附其他说明，则这种记号一般都指先到先服务，单个服务的等待制系统。

3.排队系统的主要数量指标

(1)等待时间——从顾客到达时起到开始接受服务时的这段时间；

(2)忙期——服务台连续繁忙的时期，这关系到服务台的工作强度；

(3)队长——有排队顾客数与排队系统中顾客数之分，这是排队系统提供的服务水平的一种衡量。

二、单通道排队服务(M/M/1)系统

此时，由于排队等待接受服务的通道只有单独一条，故称“单通道服务系统”如图 7-4 所示。

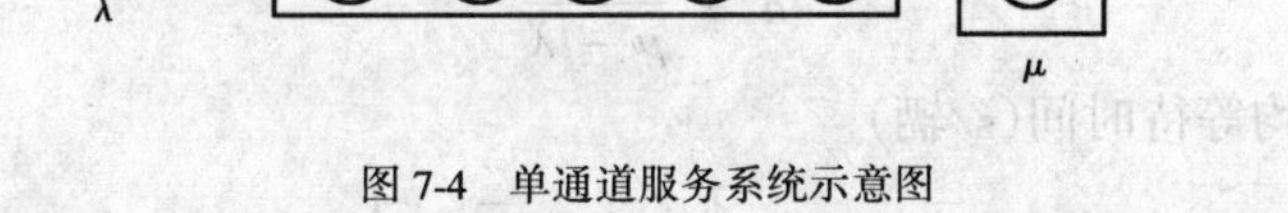

图 7-4 单通道服务系统示意图

设顾客随机单个到达，平均到达率为 λ，则两次到达之间的平均间隔为 $1/\lambda$。从单通道接受服务后出来的输出率(即系统的服务率)为 μ，则平均服务时间为 $1/\mu$。比率 $\rho=\lambda/\mu$ 叫做交通强度或利用系数，可确定各种状态的性质。如果 $\rho<1$，并且时间充分，每个状态将会循环出现。当 $\rho\geqslant1$，每个状态都是不稳定的，而排队的长度将会变得越来越长。因此，要保持稳定状态即确保单通道排队能够疏散的条件是 $\rho<1$，即 $\lambda<\mu$。

(1)在系统中没有顾客的概率：

$$P(0)=1-\rho \tag{7-35}$$

(2)在系统中有 n 个顾客的概率：

$$P(n)=\rho^{n}(1-\rho) \tag{7-36}$$

(3)排队系统中的平均顾客数：

$$\overline{n}=\frac{\rho}{1-\rho} \tag{7-37}$$

(4)排队系统中顾客数的方差：

$$\sigma^2 = \frac{\rho}{(1-\rho)^2} \tag{7-38}$$

$\overline{n}$ 和 σ 与 ρ 的关系可绘成图 7-5，从图中不难看出当交通强度 ρ 越过 0.8 时，平均排队长度迅速增加，而系统状态的变动范围和频度增长更快，即不稳定因素迅速增长，服务水平迅速下降。

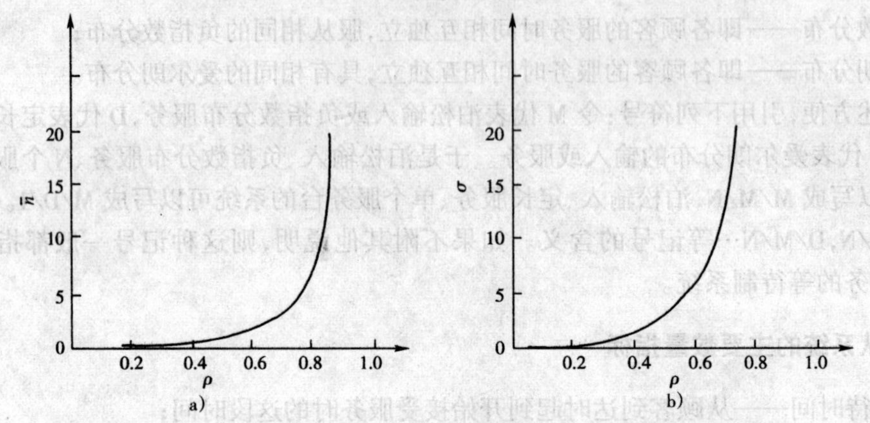

图 7-5 $\overline{n}$ 和 σ 与 ρ 的关系图

a) $\overline{n}$ 与 ρ 的关系图；b) σ 与 ρ 的关系图

(1)平均排队长度：

$$\overline{q} = \frac{\rho^2}{1-\rho} = \rho\,\overline{n} \tag{7-39}$$

(2)平均非零排队长度

$$\overline{E} = \frac{1}{1-\rho} \tag{7-40}$$

(3)排队系统中的平均消耗时间(s/辆)

$$\overline{d} = \frac{1}{\mu - \lambda} \tag{7-41}$$

(4)排队中的平均等待时间(s/辆)

$$\overline{w} = \frac{\lambda}{\mu(\mu - \lambda)} = \overline{d} - \frac{1}{\mu} \tag{7-42}$$

【例 7-4】 一个停车场有一个出入口，同时收费。假设车辆到达服从泊松分布，参数 λ 为 300 辆/h，收费平均持续时间 10s，服从指数分布，试求收费空闲的概率、系统中有 n 辆车的概率、系统中平均车辆数、排队的平均长度、排队系统中的平均消耗时间、平均等待时间。

解：该系统为 M/M/1 系统，并且 $\lambda = 300$ 辆/h

$$\mu = \frac{3600}{10} = 360\ (\text{辆/h})$$

$$\rho = \frac{\lambda}{\mu} = \frac{300}{360} = 0.83 < 1$$

所以系统是稳定的。

系统中没有车辆的概率：$P(0) = 1 - \rho = 0.17$

系统中有 n 辆车的概率：$P(n) = \rho^n(1-\rho) = 0.83^n \cdot 0.17$

系统中的平均车辆数：$\overline{n} = \frac{\rho}{1-\rho} = \frac{\lambda}{\mu - \lambda} = 5$(辆)

平均排队长度为：$\bar{q} = \dfrac{\rho^2}{1-\rho} = \rho\bar{n} = 0.83 \times 5 = 4.15$(辆)

平均消耗时间：$\bar{d} = \dfrac{1}{\mu - \lambda} = \dfrac{1}{360 - 300} \times 3600 = 60$(s/辆)

平均排队等候时间：$\bar{w} = \dfrac{\lambda}{\mu(\mu - \lambda)} = \bar{d} - \dfrac{1}{\mu} = 50$(s/辆)

【例 7-5】 拟修建一个服务能力为 240 辆/h 的停车场，设置一个出入通道。根据调查每小时有 144 辆车到达，假设车辆到达服从泊松分布，每辆车服务时间服从负指数分布。如果出入通道能容纳 5 辆车，问是否合适？

解：该系统为 M/M/1 系统，并且 $\lambda = 144$ 辆/h，$\mu = 240$ 辆/h

$$\rho = \frac{\lambda}{\mu} = \frac{144}{240} = 0.6 < 1$$

系统是稳定的。

系统中的平均车辆数为：$\bar{n} = \dfrac{\rho}{1-\rho} = \dfrac{0.6}{1-0.6} = 1.5$ 辆 < 5 辆

系统中的平均车辆数小于通道能容纳的车辆数，故合适。

第 2 种判断方法：通过计算系统中车辆数超过 5 辆的概率：

$P(0) = 1 - \rho = 1 - 0.6 = 0.4$

$P(1) = 0.6 \times (1 - 0.6) = 0.24$

$P(2) = 0.6^2 \times (1 - 0.6) = 0.14$

$P(3) = 0.6^3 \times (1 - 0.6) = 0.09$

$P(4) = 0.6^4 \times (1 - 0.6) = 0.05$

$P(5) = 0.6^5 \times (1 - 0.6) = 0.03$

系统中车辆数超过 5 辆的概率为：

$$P(n > 5) = 1 - \sum_{n=0}^{5} P(n) = 0.05$$

因此，系统中车辆超过 5 辆的可能性只有 5%，所以该通道的容量是合适的。

三、多通道排队服务(M/M/N)系统

在这种排队系统中，服务通道有 N 条，根据排队方式的不同，可分为：

单路排队多通道服务：指排成一队等待数条通道服务的情况。排队中头一辆车可视哪个通道有空就到哪里去接受服务，如图 7-6 所示。

多路排队多通道服务。指每个通道各排一个队，每个通道只为其对应的一队车辆服务，车辆不能随意改换队列，如图 7-7 所示。相当于 N 个单通道服务系统。

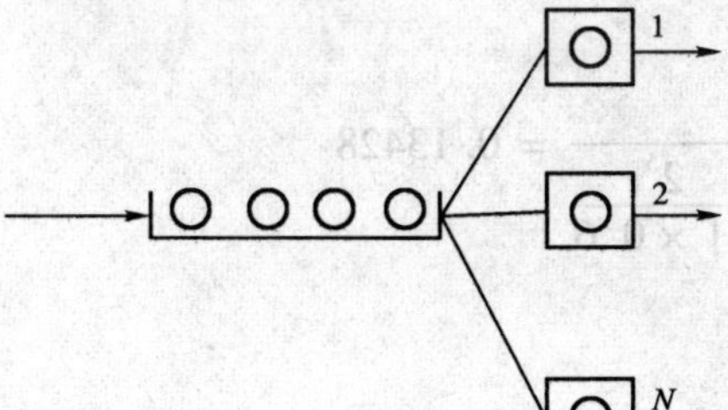

1
2
N

图 7-6 单路排队多通道服务

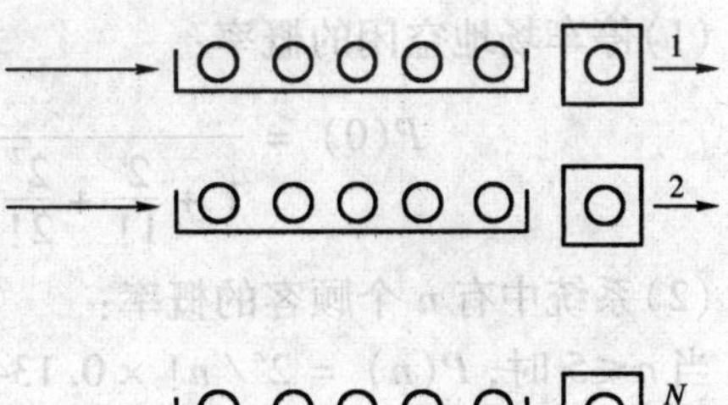

1
2
N

图 7-7 多路排队多通道服务

对于多通道服务系统，保持稳定状态的条件，不是$\rho<1$，而是$\frac{\bar{\rho}}{N}<1$。其中$\bar{\rho}$为各通道ρ的平均值。考虑各通道ρ值相等的情况则$\bar{\rho}=\rho$。若令λ为进入系统中的平均到车率，则对于单路排队多通道服务系统，存在下列关系式：

系统中没有车辆的概率：

$$P(0)=\frac{1}{\left[\sum_{n=0}^{N-1}\frac{1}{n!}\left(\frac{\lambda}{\mu}\right)^{n}+\frac{1}{N!}\left(\frac{\lambda}{\mu}\right)^{N}\left(\frac{N\mu}{N\mu-\lambda}\right)\right]}=\frac{1}{\sum_{n=0}^{N-1}\frac{\rho^{n}}{n!}+\frac{\rho^{N}}{N!\ (1-\rho^{N})}} \tag{7-43}$$

系统中有n辆车的概率：

$$P(n)=\frac{\rho^{n}}{n!}P(0)\quad 当\ n\leqslant N$$

$$P(n)=\frac{\rho^{n}}{N!\ N^{n-N}}P(0)\quad 当\ n\geqslant N \tag{7-44}$$

排队系统中的平均车辆数：

$$\bar{n}=\frac{\lambda}{\mu}+\frac{\lambda\mu\left(\frac{\lambda}{\mu}\right)^{N}P(0)}{(N-1)!(N\mu-\lambda)^{2}}=\rho+\frac{P(0)\rho^{N+1}}{N!N}\left[\frac{1}{(1-\rho^{N})^{2}}\right] \tag{7-45}$$

平均排队长度：

$$\bar{q}=\frac{\rho^{N+1}P(0)}{N!N}\left[\frac{1}{(1-\rho^{N})^{2}}\right]=\bar{n}-\rho \tag{7-46}$$

排队系统中的平均消耗时间：

$$\bar{d}=\frac{\mu(\frac{\lambda}{\mu})^{N}P(0)}{(N-1)!(N\mu-\lambda)^{2}}+\frac{1}{\mu}=\frac{\bar{n}}{\lambda} \tag{7-47}$$

排队中的平均等待时间：

$$\bar{w}=\frac{\mu(\frac{\lambda}{\mu})^{N}P(0)}{(N-1)!(N\mu-\lambda)^{2}}=\frac{\bar{q}}{\lambda} \tag{7-48}$$

【例7-6】 某停车场，白天车辆到达率为4辆/h，平均每辆车停留在停车场的时间为0.5h。停车场有5排停车位，假设车辆到达服从泊松分布，停车时间服从负指数分布，试评价该停车场的服务情况。

解：该系统为M/M/N系统，并且$N=5$，$\lambda=4$辆/h，$\mu=\frac{1}{0.5}=2$辆/h，$\rho=\frac{\lambda}{\mu}=2$，利用系数$\frac{\rho}{N}=\frac{2}{5}=0.4<1$。可求得：

(1)停车场地空闲的概率：

$$P(0)=\frac{1}{1+\frac{2}{1!}+\frac{2^{2}}{2!}+\frac{2^{3}}{3!}+\frac{2^{4}}{4!}+\frac{2^{5}}{5!\times 0.6}}=0.13428$$

(2)系统中有n个顾客的概率：

当$n\leqslant 5$时，$P(n)=2^{n}/n!\times 0.134328$

当$n>5$时，$P(n)=\frac{2^{n}}{5!5^{n-5}}\times 0.134328$

$$P(0) = 0.134328$$
$$P(1) = 0.268656$$
$$P(2) = 0.268656$$
$$P(3) = 0.179104$$
$$P(4) = 0.089552$$

(3)排队系统中顾客的平均数：$\overline{n} = 2.0398$(辆)

(4)在系统中平均消耗时间：$d = 0.50995$ (h)

(5)排队中的平均等待时间：$\overline{w} = 0.00995$ (h)

第四节　跟驰理论

跟驰理论是运用动力学方法,研究在无法超车的单一车道上车辆列队行驶时,后车跟随前车的行驶状态的一种理论。它用数学模型表达跟驰过程中发生的各种状态。

1950 年,Reuschel 开始研究车辆在排队行驶时的运行状态。1953 年,Pipes 用动力学分析车辆跟驰现象,形成了车辆跟驰理论。此后,Herman 和 Montroll (1958)等人又进行了实验室研究并将跟驰理论作了进一步的扩充。另外,Michaels (1963)通过分析驾驶人生理和心理潜在的一些因素,首次提出了生理——心理跟驰理论的理念,Zhang,Y.L 等(1998)在此基础上提出了一种可应用的多段式模型。自 20 世纪 90 年代以来,研究人员试图用模糊推理系统和混沌理论来描述跟驰状态。

跟驰理论研究的一个主要目的是试图通过观察各个车辆逐一跟驰的方式来了解单车道交通流的特性。这种特性的研究可用来描述交通流的稳定性,加速干扰以及干扰的传播;检验在高速公路专用车道上运行的公共汽车车队的特性;检验管理技术和通信技术,以便预测短途车辆对市区交通流的影响,使追尾事故减到最低限度。跟驰模型的研究对于交通安全、交通管理、通行能力、服务水平等方面都有着重要的意义。跟驰模型的另一重要运用是进行交通模拟,在 20 世纪 80 年代后期以来所作的跟驰模型研究,基本上都是基于开发交通流仿真模型或模拟驾驶行为分析进行的。

一、车辆跟驰特性分析

在道路上,当交通流密度小时,驾驶人能根据自己的驾驶特性(个人驾驶技巧、驾驶倾向、身体状况、情绪、出现的紧迫性等)和车辆条件、道路条件进行驾驶,而基本不受或少受道路上其他使用者的影响,通常能保持他们的期望速度,这时的交通流状态被称为自由流;当交通流的密度加大时,车辆间距减小,车队中任一辆车的车速都受前车速度的制约,驾驶人只能按前车提供的信息采用相应的车速,我们称这种状态为非自由运行状态。跟驰理论就是研究这种运行状态车队的行驶特性。

非自由状态行驶的车队有以下 3 个特性:

1.制约性

在一队汽车中,驾驶人总不愿意落后,而是紧随前车前进,这就是“紧随要求”。同时,后车的车速不能长时间地大于前车车速,只能在前车车速附近摆动,否则会发生碰撞。这是“车速条件”。此外,前后车之间必须保持一个安全距离,在前车制动后,两车之间有足够的距离,从而有足够的时间供后车驾驶人作出反应，采取制动措施。这是“间距条件”。

“紧随要求”、“车速条件”和“间距条件”构成了一队汽车跟驰行驶的制约性。即前车车速制约着后车车速和两车间距。

2.延迟性

从跟驰车队的制约性可知，前车改变运行状态后，后车也要改变。但前后车运行状态的改变不是同步的，后车运行状态的改变滞后于前车。因为驾驶人对前车运行状态的改变要有一个反应过程，需要反应时间。假设反应时间为 T，那么前车在 t 时刻的动作，后车在 $t+T$ 时刻才能作出相应的动作。这就是延迟性。

3.传递性

由制约性可知，第 1 辆车的运行状态制约着第 2 辆车的运行状态，第 2 辆又制约着第 3 辆……，第 n 辆制约着第 $n+1$ 辆。一旦第 1 辆车改变运行状态，它的效应将会一辆接一辆地向后传递，直至车队的最后一辆。这就是传递性。而这种运行状态的传递又具有延迟性。这种具有延迟性的向后传递的信息不是平滑连续的，而是像脉冲一样间断连续的。

二、线性跟驰模型的建立

跟驰模型是一种刺激-反应的表达式。一个驾驶人所接受的刺激是指其前方导引车的加速或减速以及随之而发生的这两车之间的速度差和车间距离的变化；该驾驶人对刺激的反应是指其为了紧密而安全地跟踪前车所作的加速或减速动作及其实际效果。

假定驾驶人保持他所驾驶车辆与前导车的距离为 $S(t)$，以便在前导车制动时能使车停下而不至于和前导车尾相撞。设驾驶人的反应时间为 T，在反应时间内，车速不变，这两辆车在 t 时刻的相对位置用图 7-8 表示，图中 n 为前导车，$n+1$ 为后随车。两车在制动操作后的相对位置如图所示。

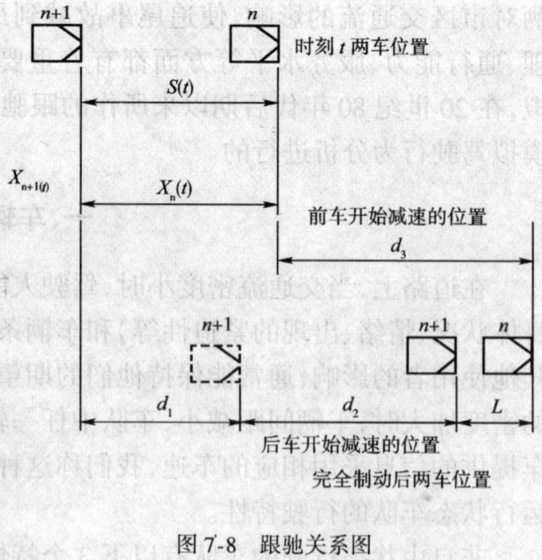

图 7-8 跟驰关系图

图中：

$X_n(t)$——第 i 辆车在时刻 t 的位置；

$S(t)$——两车在时刻 t 的间距，$S(t)=X_n(t)-X_{n+1}(t)$；

d_1——后随车在反应时间 T 内行驶的距离；

d_2——后随车在减速期间行驶的距离；

d_3——前导车在减速期间行驶的距离；

L——停车后的车头间距。

假定 $d_2=d_3$，要使在时刻 t 两车的间距能保证在突然制动事件中不发生撞碰，则应有

$$S(t) = d_1 + L = TX_{n+1}(t+T) + L \tag{7-49}$$

对 t 微分，得

$$\dot{x}_n(t) - \dot{x}_{n+1}(t) = T\ddot{x}_{n+1}(t+T)$$

或 $$\ddot{x}_{n+1}(t+T)=\frac{1}{T}[\dot{x}_{n(t)}-\dot{x}_{n+1}(t)] \tag{7-50}$$

式中，$\ddot{x}(t+T)$ 为后车在时刻 $t+T$ 的加速度，称为后车的反应；$\frac{1}{T}$ 称为敏感度；$\dot{x}_n(t)-\dot{x}_{n+1}(t)$ 称为时刻 t 的刺激。

这样，式(7-50)就可理解为：反应 = 敏感度 × 刺激。

式(7-50)是在前导车制动、两车的减速距离相等以及后车在反应时间 T 内速度不变等假定下推导出来的。实际的跟车操作要比这两条假定所限定的情形复杂得多。比方说，刺激也可能是由前车加速引起的。而两车在变速过程中行驶的距离可能不相等。为了适应更一般的情形，把上式修改为：

$$\ddot{x}_{n+1}(t+T)=a[\dot{x}_n(t)-\dot{x}_{n+1}(t)] \tag{7-51}$$

其中，a 为反应强度系数，量纲为 s^{-1}。这里 a 不再理解为敏感度，而应看成是与驾驶人动作的强弱程度直接相关。表明后车的反应与前车发出的刺激成正比，此公式称为线性跟车模型。

第五节　流体力学模拟理论

1955 年，英国学者 Lighthill 和 Whiteham 将交通流比拟为流体流，在一条很长的公路隧道里，对密度很大的交通流的规律进行研究，提出了流体力学模拟理论。

该理论运用流体力学的基本原理，模拟流体的连续性方程，建立车流的连续性方程。把车流密度的疏密变化比拟成水波的起伏而抽象为车流波。当车流因道路或交通状况的改变而引起密度的改变时，在车流中产生车流波的传播如表 7-4 所示。通过分析车流波的传播速度，寻求车流流量和密度、速度之间的关系。因此，此理论又称为车流波动理论。

交通流与流体流的比较表　　表 7-4

物理特性	流体力学系统	交通流系统
连续体	单向不可压缩流体	单车道不可压缩车流
离散元素	分子	车辆
变量	质量 m	密度 K
	速度 v	车速 V
	压力 p	流量 Q
动量	mv	KV
状态方程	$p=CMT$	$Q=KV$
连续性方程	$\frac{\partial m}{\partial t}+\frac{\partial(mv)}{\partial x}=0$	$\frac{\partial K}{\partial t}+\frac{\partial(KV)}{\partial x}=0$
运动方程	$\frac{dV}{dt}+\frac{c^2}{m}-\frac{\partial m}{\partial x}=0$	$\frac{dV}{dt}+K(\frac{dV}{dK})^2\frac{\partial K}{\partial x}=0$

流体连续模拟理论是一种宏观的模型。它假定在车流中各单个车辆的行驶状态与它前面的车辆完全一样，这是与实际不相符的。尽管如此，该理论在“流”的状态较为明显的场合，如分析瓶颈路段的车辆拥挤问题时，有其独特的用途。

一、车流连续性方程的建立

假设车流顺次通过断面Ⅰ和Ⅱ的时间间隔为 dt,两断面的间距为 dx,同时,车流在断面Ⅰ的流入量为 Q,密度为 K。车流在断面Ⅱ的流出量为 $(Q+dq)$,密度为 $(K-dk)$。dk 取负号表示在拥挤状态,车流密度随车流量的增加而减少。

根据质量守恒定律

流入量 - 流出量 = dx 内车辆数的变化

即:

$$-dq dt = dk dx$$

$$\frac{dk}{dt}+\frac{dq}{dx}=0 \tag{7-52}$$

因 $Q=KV$,故有:

$$\frac{dk}{dt}+\frac{d(kV)}{dx}=0 \tag{7-53}$$

该方程表明,车流量随距离而降低时,车流密度则随时间而增大。同样,我们还可以通过流体力学的理论来建立交通流的运动方程:

$$\frac{dk}{dx}=-\frac{dV}{dt} \tag{7-54}$$

表明,车流密度增加时,产生减速。

二、车流中的波

图 7-9 是由 8 车道路段过渡到 6 车道路段的半幅平面示意图。由图可以看出,在 4 车道的路段和 3 车道的路段,车流都是各行其道。而在由 4 车道向 3 车道过渡的那段路内,车流出现了拥挤、紊乱甚至堵塞。这是因为车流在即将进入瓶颈路段时会产生一个反向的波,类似声波碰到障碍物时的反射,或者管道内的水流突然受阻时的后涌。这个波导致瓶颈路段之前的路段出现车流紊乱现象。

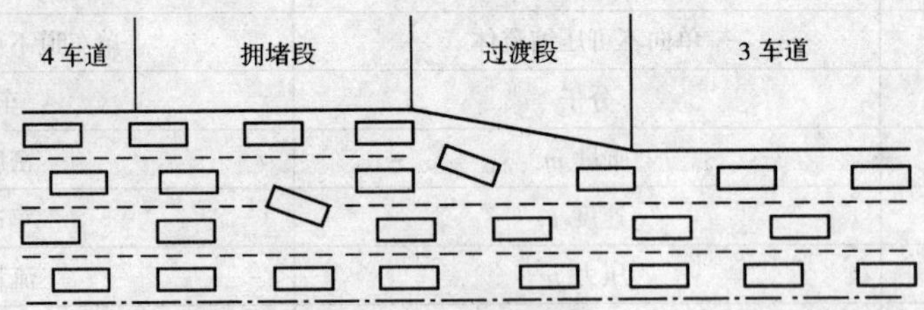

图 7-9　瓶颈处的车流波

1.基本方程

为讨论方便起见,取图 7-10 所示的计算图式。假设一直线路段被垂直线 S 分割为 A、B

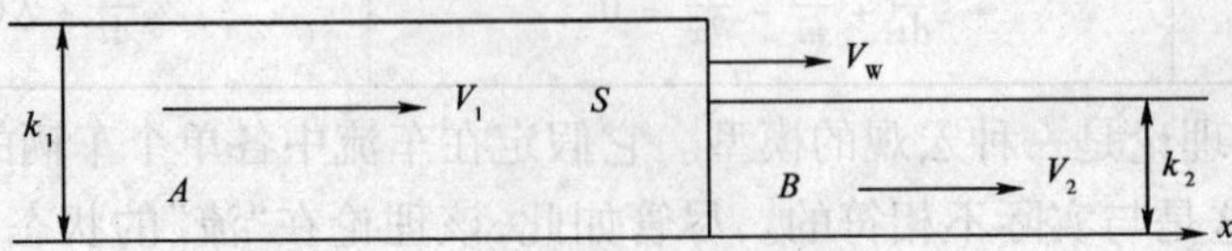

图 7-10　瓶颈处的车流波计算图式

两段。A 段的车流速度为 V_1，密度为 k_1；B 段的车流速度为 V_2，密度为 k_1；S 处的速度为 V_w，沿路线按照所画的箭头 X 正方向运行，速度为正，反之为负。

图中：V_1——在 A 区车辆的区间平均车速；

V_2——在 B 区车辆的区间平均车速；

则在时间 t 内横穿 S 交界线的车数 N 为

$$N = (V_1 - V_w)k_1 t = (V_2 - V_w)k_2 t \tag{7-55}$$

即

$$(V_1 - V_w)k_1 = (V_2 - V_w)k_2$$

$$V_w = \frac{(V_1 k_1 - V_2 k_2)}{k_1 - k_2} \tag{7-56}$$

令 A、B 两部分的车流量分别为 q_1、q_2，则根据定义可得

$$q_1 = k_1 V_1, q_2 = k_2 V_2$$

于是，式(7-56)变为

$$V_w = \frac{q_2 - q_1}{k_2 - k_1} \tag{7-57}$$

当 $q_1 > q_2$，$k_1 < k_2$ 时，V_w 为负值。表明波的方向与原车流流向相反。此时在瓶颈过渡段内的车辆即被迫后涌，开始排队，出现拥塞。有时 V_w 为正值，则表明此时不致发生排队现象，或者是已有的排队即将开始消散。

若 A、B 两区车流量与交通密度大致相等，则可以写成

$$q_2 - q_1 = \Delta q, k_2 - k_1 = \Delta k$$

因此可得传播小紊流的速度

$$V_w = \frac{\Delta q}{\Delta k} = \frac{\mathrm{d}q}{\mathrm{d}k} \tag{7-58}$$

至此，以上分析尚未触及到区间平均车速 V_1 及 V_2，密度 k_1 及 k_2 之间的任何具体关系。如果我们采用线性的速度与密度关系式，即

$$V_i = V_f(1 - k_i/k_j)$$

如果再进一步，设 $\eta_i = k_i/k_j$

则，$$V_1 = V_f(1 - \eta_1), V_2 = V_f(1 - \eta_2)$$

式中：η_1 和 η_2——在界线 S 两侧的标准化密度。

将以上关系代入(7-57)，得波速为

$$V_w = \frac{k_1 V_f(1 - \eta_1) - k_2 V_f(1 - \eta_2)}{k_1 - k_2} \tag{7-59}$$

从方程(7-58)得到 η_1 和 η_2 的关系式可用来简化上式，结果为

$$V_w = V_f[1 - (\eta_1 + \eta_2)] \tag{7-60}$$

上式说明，波速可用交通密度不连续线两侧的标准化密度表示。

2.交通密度大致相等的情况

如果在界线 S 两侧的标准化密度 η_1 和 η_2 大致相等，如图 7-11 所示。S 左侧的标准化密度为 η，而 S 右侧的标准化密度为 $(\eta+\eta_0)$，这里 $\eta+\eta_0\leqslant 1$。

在此情况下，设 $\eta_1=\eta, \eta_2=\eta_0+\eta$

并且 $$[1-(\eta_1+\eta_2)]=[1-(2\eta+\eta_0)]=1-2\eta \tag{7-61}$$

3.停车产生的波

对于车流的标准化密度为 η_1，以区间瓶颈车速 V_1 行驶的车辆，假定下式成立

$$V_1=V_f(1-\eta_1)$$

在道路上，位置 $X=x_0$ 处，因红灯停车，车流立即呈现出饱和的标准化密度 $\eta_2=1$。如图 7-12 所示。线 S 左侧，车流仍为原来的密度 η_1，按方程(7-61)的平均速度继续运行，将 $\eta_1=\eta$，$\eta_2=1$ 代入方程，可得停车产生的波的波速

$$V_w=V_f[1-(\eta_1+1)]=-V_f\eta_1 \tag{7-62}$$

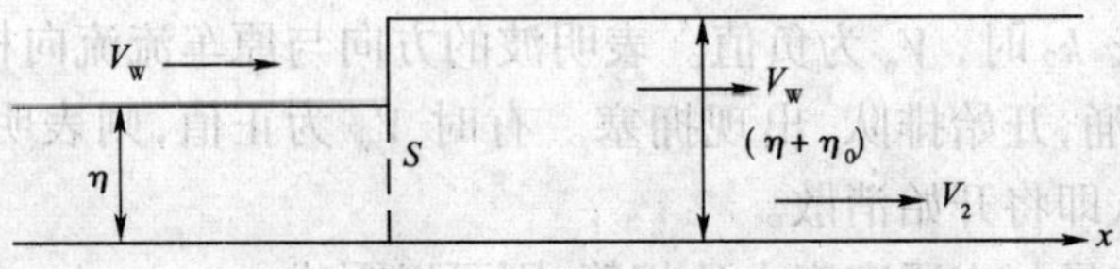

图 7-11　交通密度大致相等时的标准化密度

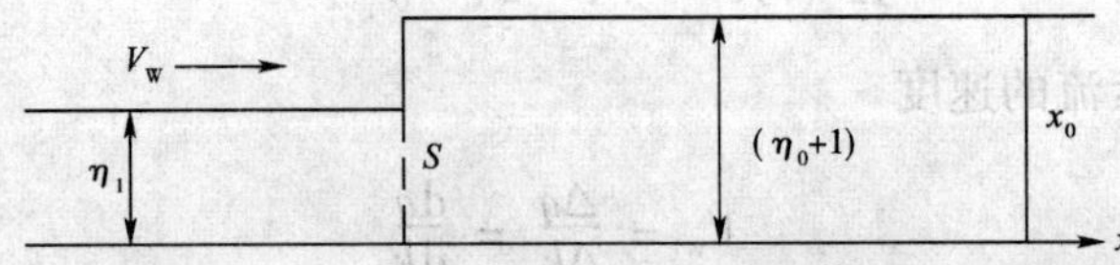

图 7-12　停车时饱和的标准化密度

上式说明，由于停车而产生的波，以 $V_f\eta_1$ 的速度向后方传播。如果信号在 $X=x_0$ 处变为红灯，则经 t 秒以后，一列长度为 $V_f\eta_1 t$ 的汽车就要停在 x_0 之后。

4.发车产生的波

现在讨论的是一列车辆起动(发车)所产生的波的性质。假定 $t=0$ 时，一列车已经停在位于 $X=x_0$ 处的信号灯后边。因为这列车停着，所以具有饱和密度 $\eta_1=1$，如图 7-13 所示。

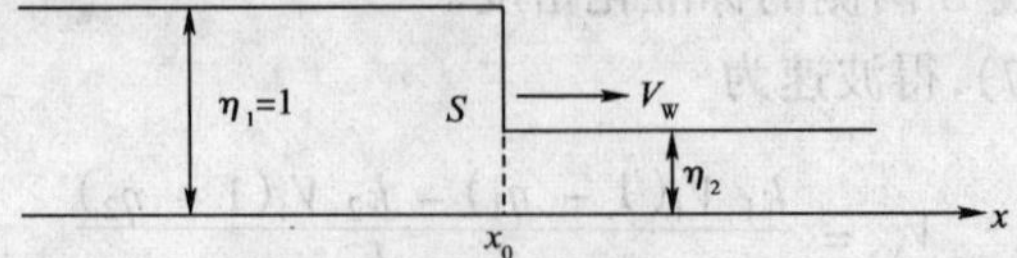

图 7-13　发车时的标准化密度

如果在 $t=0$ 时，$X=x_0$ 处变为绿灯，车流以速度 V_2 起动，此时，停车一方(S 线左侧)的交通密度仍为保护密度 $\eta_1=1$，而 η_2 可以从下式求得：

$$V_2 = V_f(1 - \eta_2)$$

即 $\eta_2 = 1 - \frac{V_2}{V_1}$，将其代入式(7-60)，得到：

$$V_w = V_f[1 - (\eta_2 + 1)] = -V_f\eta_2 = -(V_f - V_2) \tag{7-63}$$

所以，一列车队开始运行（发车），就产生了发车波，该波从 x_0 处以（$V_f - V_2$）的速度向后传播，由于发车速度 V_2 一般总是很小，因而可看作几乎以 $-V_f$ 速度传播。

三、车流波动理论的应用

【例 7-7】 车流在一条 6 车道的公路上以 80km/h 的速度畅行，路上有座 4 车道的桥，每车道的通行能力为 1940 辆/h。高峰时车流量为 4200 辆/h（单向）。在过渡段的车速降至 22km/h。这样持续了 1.69h。然后车流量减到 1956 辆/h（单向）。试估计桥前的车流排队长度和阻塞时间。

解：(1)计算排队长度。

在能畅行的车道内没有阻塞现象，其密度为

$$k_1 = \frac{q_1}{V_1} = \frac{4200}{80} = 53\ (\text{辆/km})$$

在过渡段，由于该处只能通过 1940 × 2 = 3880 辆/h，而现在却需要通过 4200 辆/h，故出现拥挤，其密度为：

$$k_2 = \frac{q_2}{V_2} = \frac{3880}{22} = 177\ (\text{辆/km})$$

由式(7-57)得

$$V_w = \frac{q_2 - q_1}{k_2 - k_1} = \frac{3880 - 4200}{177 - 53} = -2.58\ (\text{km/h})$$

表明此处出现迫使排队的反向波，波速为 2.58km/h

排队长度为 $L = \frac{0 \times 1.69 + 2.58 \times 1.69}{2} = 2.18(\text{km})$

(2)计算阻塞时间。高峰过去后，排队即开始消散，但阻塞仍要持续一段时间，因此阻塞的时间应为排队形成时间（即高峰时间）与排队消散时间之和。

①排队消散时间

已知高峰后的车流量：$q_3 = 1956 < 3880$ 辆/h，表明通行能力已有富裕，排队已开始消散。

排队车辆数为：$(q_1 - q_2) \times 1.69 = (4200 - 3880) \times 1.69 = 541$（辆）

疏散车辆数为：$q_3 - q_2 = 1956 - 3880 = -1924$（辆/h）

排队消散时间为：$t' = \frac{(q_1 - q_2) \times 1.69}{|q_3 - q_2|} = \frac{541}{1924} = 0.28(\text{h})$

②阻塞时间 t

$$t = t' + 1.69 = 0.28 + 1.69 = 1.97\ (\text{h})$$

习题

1.对某个路段进行交通流调查，资料如下：

每 5min 到达车辆数 x_i	0	1	2	3	4	5	6	7	8	9	10	11	≥12
每 5min 到达车辆数为 x_i 的频数 f_i	3	14	30	41	61	69	46	91	22	8	2	0	1

试用 x^2 检验其分布是否服从泊松分布。

2.有一个无信号交叉口，主要道路上的车流量为每小时 800 辆，次要道路上车辆横穿主路车流所需要最小车间距为 6s，假设主要道路上车头时距服从负指数分布，求次要道路上车辆的平均等待时间。

3.假设某收费站车辆到达率为 1200 辆/h，该收费站设有两个服务通道，每个服务通道可服务车辆为 800 辆/h，假设车辆到达服从泊松分布，服务时间服从负指数分布，试计算收费站空闲的概率、排队的平均长度、排队系统中的平均消耗时间、排队中的平均等待时间。

第八章 DIBAZHANG 道路通行能力

道路通行能力也称道路容量，是度量道路疏导车辆能力的指标。当道路上的交通量接近道路的通行能力时，就会出现交通拥挤现象。这时所有车辆按同一车速列队行进，一旦发生干扰，很容易就造成交通阻塞；当道路上的交通量小于道路通行能力时，驾驶人驱车前进就有一定的自由度，有变换车速和超车的机会。

道路通行能力是道路的一种性能，是一项重要指标。研究它的目的在于：估算道路设施在规定的运行质量条件下所能适应的最大交通量，以便设计时确定满足预期交通需求和服务水平要求所需要的道路等级、性质和设计道路的几何尺寸，同时可以评价现有道路设施。

关于道路通行能力的研究，最早是以美国为中心进行的，并于1950年将其算法标准化编入美国《道路通行能力手册》(Highway Capacity Manual，HCM)中。之后，几经修订，目前最新版本为2000年版。该手册不仅在美国，而且在很多国家作为计算通行能力的规范书使用着。

在日本，于1960年制定了《公路工程技术标准》，该标准采用了美国《公路通行能力手册》中的观点。之后，于1982年趁修改日本《公路工程技术标准》的机会，将日本的研究成果编入《道路交通容量》一书中，而使日本的公路通行能力的计算标准化。《道路交通容量》中论述了路段、平面交叉路口、匝道、交织区间等公路各组成部分通行能力的算法。

与国外研究成果相比，我国对通行能力研究起步较晚，在20世纪80年代前期，实际应用中基本上引用HCM的研究成果。然而中国的交通环境、交通组成和车辆性能与国外有很大差别，主要是混合交通比较普遍。为此，我国自1983年以来，由交通部牵头，连同一些大专院校，先后对通行能力进行了较大规模的研究，但这些研究都是地方性的、逐步的，未能形成通行能力的核心与框架，难以作为修订标准和规范的技术依据。因此，于1996年，国家成立了"九五"科技攻关"公路通行能力"课题组，对我国道路通行能力进行了深入研究，最终取得了出版《公路通行能力》这一研究成果。

第一节 道路通行能力与服务水平

道路的通行能力和服务水平从不同的角度反映了道路的性质与功能，通行能力主要反映道路服务车辆数量的多少或能力的大小，服务水平主要反映了道路服务质量或服务的满意程度。严格地说，没有无通行能力的服务水平，也没有无服务质量的通行能力，两者是不能分开的。

一、道路通行能力概述

1.定义

《美国公路通行能力手册》(HCM)中将道路通行能力定义为："一定时段和通常的道路、交通与管制条件下，人和车辆通过车道或道路上的一点或均匀断面的最大小时交通量，通常以辆/h或人/h 表示。"我国常定义为："道路通行能力是指道路上某一点某一车道或某一断面处，单位时间内可能通过的最大交通实体(车辆或行人)数，用'辆/h'或用'辆/昼夜'或'辆/s'表示。"这里车辆多指小汽车，当有其他车辆混入时，均采用等效通行能力的当量小客车为单位(pcu)。公路与城市道路代表车型与小客车的折算系数见表 3-11 和表 3-12。

通行能力定义中所依据的条件(理想条件)是：

(1)道路条件。指街道或公路的几何条件，路面状况，包括交通设施的种类、性质及其形成的环境，每个方向车道数、车道和路肩宽度、侧向净空以及平面、纵面线形。

(2)交通条件。涉及道路的交通流特性。它由交通流中车辆种类的分布，车道中交通流量、流向及方向分布等共同确定。

(3)管制条件。指道路管制设施装备的类型、管理体制的层次，交通信号的位置、种类、配时等影响通行能力的关键性管制条件，其他还有停车让路标志、车道使用限制，转弯禁限等措施。

通行能力是指所分析的道路、设施没有任何变化，还假定其具有良好的气候条件和路面条件下的通过能力，如条件有任何变化都会引起通行能力的变化。总之，道路通行能力不是一个一成不变的定值，是随其影响因素变化而变动的疏解交通的能力。

2.道路通行能力的作用

道路通行能力是道路本身的一项重要指标，也是道路规划、设计和运营的一项重要参数。研究道路通行能力，会有助于科学地解决下面一些问题：

(1)根据交通需求预测以及设计交通量的分析，可以正确地确定新建道路的等级、性质、主要技术指标和选择正确的交通设施；

(2)通过分析现有的道路交通量，可评价该道路在交通高峰期间，能够提供何种服务水平。针对问题提出改进的方案或措施，作为老路或旧街改建的主要依据；

(3)根据道路通行能力和运营状况的分析，可提出各种改进交通管理的措施，更加充分地利用道路的时空资源；

(4)根据居民出行特征和公共交通通行能力分析，确定在交通高峰期间需要多少公交车辆来满足交通需求，以及公交车站能否满足运营要求，并确定这些运营过程中可能出现的瓶颈地带；

(5)根据交通需求和行人、自行车通行能力分析，确定拥挤的街道中人行道、自行车道的布局、宽度等主要技术指标。

二、道路服务水平概述

1.服务水平概念

服务水平是衡量交通流运行条件以及驾驶人和乘客所感受的服务质量的一项指标,通常根据交通量、速度、行驶时间、驾驶自由度、交通间断、舒适和方便等指标确定服务水平。不同的服务水平允许通过的交通量不同称之为服务流率或服务交通量。服务等级高的道路车速快,延误少,驾驶人开车的自由度大,舒适与安全性好,但其相应的服务交通量就小;反之,允许的服务交通量大,则服务水平低。

2.道路服务水平分级及运行质量

服务水平亦称服务等级,是用来衡量道路为驾驶人、乘客所提供的服务质量的等级,其质量可以从自由运行、高速、舒适、方便、安全满意的最高水平,到拥挤、受阻、停停开开、难以忍受的最低水平。服务等级各国划分不一,一般均根据本国的道路交通的具体条件划分为3~6个服务等级。美国的HCM将道路服务水平分为A、B、C、D、E、F六个服务等级,其中A级代表车流运行条件最佳,而F级则是最差的运行条件。日本《道路技术标准》指出:规划及设计道路所用的交通规划等级分为I、II、III级。

根据实际观测分析并综合考虑美国、日本的分级标准,从便于公路规划设计、使用方便、可操作性强的原则出发,以区分稳定流和不稳定流为基本条件。我国《公路工程技术标准》(JTG B01—2003)将服务水平划分为一、二、三、四共四个等级。一级服务水平相当于美国公路服务水平的A级到B级;二级服务水平相当于美国C级;三级服务水平相当于美国D级;四级服务水平大致相当于美国公路E级到F级。具体规定如下:

一级服务水平:交通量小、驾驶者能自由或较自由地选择行车速度并以设计速度行驶,行驶车辆不受或基本不受交通流中其他车辆的影响,交通流处于自由流状态,超车需求远小于超车能力,被动延误少,为驾驶者和乘客提供的舒适便利程度高。

二级服务水平:随着交通量的增大,速度逐渐减小,行驶车辆受别的车辆或行人的干扰较大,驾驶者选择行车速度的自由度受到一定限制,交通流状态处于稳定流的中间范围,有拥挤感。到二级下限时,车辆间的相互干扰较大,开始出现车队,被动延误增加,为驾驶者提供的舒适便利程度下降,超车需求等于超车能力。

三级服务水平:当交通需求超过二级服务水平对应的服务交通量后,驾驶者选择车辆运行速度的自由度受到很大限制,行驶车辆受别的车辆或行人的干扰很大,交通流处于稳定流的下半部分,并已接近不稳定流范围,流量稍有增长就会出现交通拥挤,服务水平显著下降。到三级下限时行车延误的车辆达到80%,所受的限制已达到驾驶者所允许的最低限度,超车需求超过了超车能力,但可通行的交通量尚未达到最大值。

四级服务水平:交通需求继续增大,行驶车辆受别的车辆或行人的干扰更加严重,交通流处于不稳定流状态,靠近下限时每小时可通行的交通量达到最大值,驾驶者已无自由选择速度的余地,交通流变成强制状态。所有车辆都以通行能力对应的、但相对均匀的速度行驶。一旦上游交通需求和来车强度稍有增加,或交通流出现小的扰动,车流就会出现走走停停的状态,此时能通过的交通量很不稳定,其变化范围从通行能力到零,时常发生交通阻塞。

表 8-1 至表 8-3 为我国高速公路、一级公路和二、三、四级公路服务水平分级，从表中所列指标可以看出，高速和一级公路主要以密度作为主要指标，其相应的服务水平与运行状态，一级为自由流，二级为稳定流的中间范围，三级为稳定流的下半部分，四级为不稳定流。二、三、四级公路主要以车辆延误率作为服务水平分级的主要指标，延误率在数值上等于排队行驶车辆数与总流量之比，其相应的服务水平与运行状态应为一级自由流或较为自由，二级处于稳定流的中间范围，有拥挤感，三级处于稳定流的下半部分，并已接近不稳定流范围，流量稍有增长就会出现交通拥挤，服务水平显著下降；四级为处于不稳定流状态，靠近下限时每小时可通行的交通量达到最大值，驾驶者已无自由选择速度的余地，交通流变成强制状态。在服务水平选用时原则上高速公路与一级公路应采用二级服务水平设计，二、三级公路一般应采用三级服务水平设计。

表 8-4 为美国 2000 年版通行能力手册所定的高速公路服务水平标准，以密度、速度、服务流率与 V/C 比作为依据，同我国高速公路与一级公路基本一致，不同之处，美国采用最大服务流率(SMF)，我国采用最大服务交通量。交通量与流率在数量与单位上相同而词义上是有区别的，交通量(Volume)是在一定时间间隔内观测所得的实际车辆数，流率(Flow Rate)则表示在不足 1h 间隔内，通过某一点的车辆数。但以当量小时表示，取不足 1h 时段观测的车辆数除以观测时间(单位为小时)，即得流率，如在 15min 内观测到的流量为 100 辆，则其流率为 100 辆/0.25h，即 400 辆/h。

表 8-5 为日本规定的道路规划等级，其实也是道路服务等级，并规定一级用于营运质量要求高的第 1 种道路，高速汽车国道及汽车专用公路。二级适用于除上述一级之外的道路，三级标准规划等级 V/C 比为一，属于极限交通状态的等级，原则上不予使用。

3.道路设计采用的服务水平等级

高速公路基本路段、匝道——主线连接处、交织区均采用二级服务水平。但在不得已的情况下，匝道——主线连接处及交织区可降低要求采用三级服务水平。

不控制进入的多车道公路路段在平原微丘的地区采用二级服务水平，在重丘山岭地形及近郊采用三级服务水平。

不控制进入的汽车双车道公路路段采用三级服务水平。

混合交通双车道公路路段采用三级服务水平。

高速公路服务水平分级　　表 8-1

服务水平等级	密度(pcu/km/车道)	设计速度(km/h)								
		120			100			80		
		速度(km/h)	V/C	最大服务交通量(pcu/h/车道)	速度(km/h)	V/C	最大服务交通量(pcu/h/车道)	速度(km/h)	V/C	最大服务交通量(pcu/h/车道)
一	≤7	≥109	0.34	750	≥92	0.31	650	≥74	0.25	500
二	≤18	≥90	0.74	1600	≥79	0.67	1400	≥66	0.60	1200
三	≤25	≥78	0.88	1950	≥71	0.86	1800	≥60	0.75	1500
四	≤45	≥48	接近 1.0	<2200	≥47	接近 1.0	<2100	≥45	接近 1.0	<2000
	>45	<48	>1.0	0~2200	<47	>1.0	0~2100	<45	>1.0	0~2000

注：V/C 是在理想条件下，最大服务交通量与基本通行能力之比，基本通行能力是四级服务水平上半部的最大交通量。

一级公路服务水平分级 表 8-2

服务水平等级	密度（pcu/km/车道）	设计速度（km/h） 100			80			60		
		速度（km/h）	V/C	最大服务交通量(pcu/h/车道)	速度（km/h）	V/C	最大服务交通量(pcu/h/车道)	速度（km/h）	V/C	最大服务交通量(pcu/h/车道)
一	≤7	≥96	0.35	700	≥78	0.30	550	≥60	0.25	400
二	≤15	≥87	0.65	1300	≥70	0.58	1050	≥57	0.53	850
三	≤20	≥80	0.80	1600	≥65	0.72	1300	≥52	0.66	1050
四	≤40 >40	≥50 <50	接近 1.0 >1.0	<2000 0~2000	≥46 <46	接近 1.0 >1.0	<1800 0~1800	≥40 <40	接近 1.0 >1.0	<1600 0~1600

二、三、四级公路服务水平分级 表 8-3

服务水平等级	延误率（%）	设计速度（km/h） 80				60				≤40			
		速度（km/h）	不准超车区（%） <30	30~70	>70	速度（km/h）	不准超车区（%） <30	30~70	>70	速度（km/h）	不准超车区（%） <30	30~70	>70
			V/C				V/C				V/C		
一	≤30	≥76	0.15	0.13	0.12	≥65	0.15	0.13	0.11	≥54	0.14	0.13	0.10
二	≤60	≥67	0.40	0.34	0.31	≥56	0.38	0.32	0.28	≥48	0.37	0.25	0.20
三	≤80	≥58	0.64	0.60	0.57	≥48	0.58	0.48	0.43	≥42	0.54	0.42	0.35
四	<100	≥48 <48	1.0	1.0	1.0	≥40 <40	1.0	1.0	1.0	≥37 <37	1.0	1.0	1.0

美国 2000 年版道路通行能力手册中高速公路路段服务水平标准 表 8-4

服务指标 / 服务水平	密度（pcu/km/车道）	自由流速 120km/h 最小速度（km/h）	最大 V/C	最大服务流率（pcu/h/车道）	自由流速 110km/h 最小速度（km/h）	最大 V/C	最大服务流率（pcu/h/车道）	自由流速 100km/h 最小速度（km/h）	最大 V/C	最大服务流率（pcu/h/车道）	自由流速 90km/h 最小速度（km/h）	最大 V/C	最大服务流率（pcu/h/车道）
A	7	120	0.35	840	110	0.33	770	100	0.30	700	90	0.28	630
B	11	120	0.55	1320	110	0.51	1210	100	0.48	1100	90	0.44	990
C	16	114.6	0.77	1840	108.5	0.74	1740	100	0.70	1600	90	0.64	1440
D	22	99.6	0.92	2200	97.2	0.91	2135	93.8	0.90	2065	89.1	0.87	1955
E	28	85.7	1.00	2400	83.9	1.00	2350	82.1	1.00	2300	80.4	1.00	2250
F							728						

日本道路规划等级 表 8-5

规划等级	折减率(交通量/通行能力,即 V/C) 地方性道路	市区道路	规划等级	折减率(交通量/通行能力,即 V/C) 地方性道路	市区道路
1	0.75	0.80	3	1.00	1.00
2	0.85	0.90			

第二节 路段通行能力

按照交通流运行特性的变化，可将道路分为基本路段，交织区和匝道及通道连接点3个部分，按道路结构物造型分为路段交叉口和匝道，按车辆运行形态不同则有分流、合流、交织与交叉等，现公路技术标准和惯例均按基本路段、交织、匝道和连接处4个部分，城市则按路段和路口两部分进行分析。

所谓基本路段指道路不受匝道立交及其附近合流、分流、交织、交叉影响的路段，它是道路的主干和重要组成部分。

根据道路条件和交通条件的不同，将路段通行能力分为"基本通行能力"、"可能通行能力"和"设计通行能力"3种。

通行能力用1h为单位定义，为了表示车辆数，用小客车当量辆数(passenger count unit)，即用pcu/h表示。

一、基本通行能力

基本通行能力是道路和交通都处于理想条件下，标准车辆以最小的车头间距连续行驶的理想交通流，在单位时间内通过道路断面的车辆数，是理论上能通行的最大交通量。

理想交通条件是指道路上单一小客车行驶，车头间距能保持以设计车速行驶所需要的最小车头间距，无混合车种和行人干扰。衡量的一般标准是指车道宽度大于3.75m(我国标准)、3.65m(美国标准)3.5m(日本标准)，侧向余宽大于0.75m(我国)、6m(美国)、1.75m(日本)，无纵坡，线型好，有足够视距，能满足设计车速要求，无街道化干扰。

在这样的理想条件下，建立的车流计算模式，所得出的最大交通通过量，即基本通行能力，亦称理论通行能力(见计算示意图8-1)，其公式推导如下：

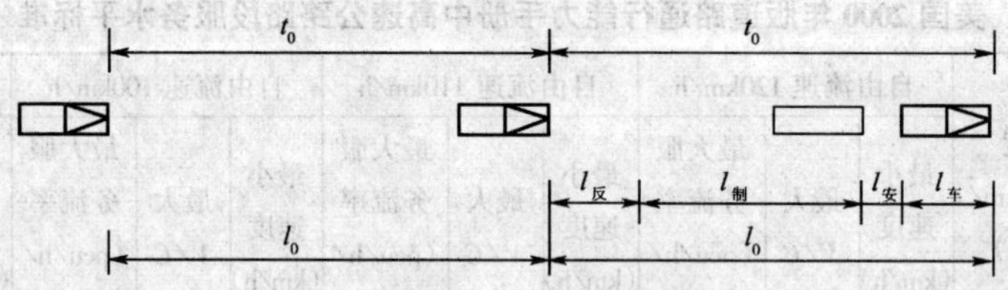

图8-1 基本通行能力计算示意图

设：V——行车速度，km/h；

t_0——车头最小时距，s；

l_0——车头最小间隔，m；

$l_车$——车辆平均长度，m；

$l_安$——车辆间的安全间距，m；

$l_制$——车辆的制动距离，m；

$l_反$——驾驶人在反应时间内车辆行驶的距离，m。

则计算的最大交通量为：

$$N_{最大} = \frac{3600}{t_0} = \frac{3600}{l_0 / \frac{V}{3.6}} = \frac{1000V}{l_0}(辆/h) \tag{8-1}$$

式中：$l_0 = l_{反} + l_{制} + l_{安} + l_{车} = \dfrac{V}{3.6}t + \dfrac{V^2}{254\phi} + l_{安} + l_{车}$(m)

t——驾驶人反应时间，s。

根据国内外实际使用的经验和理论分析，$l_{安}$一般取用2m，t可取1s，轮胎与路面间的附着系数ϕ与轮胎花纹、路面粗糙度、平整度、表面湿度、行车速度等因素有关。在次高级路面的潮湿状态下，随行车速度而变化的ϕ值可按表8-6采用。车辆长度对于小汽车采用6m，对于解放牌汽车采用12m，现以解放牌汽车为例，代入上述数值则得：

$$N_{解} = \frac{1000V}{\dfrac{V}{3.6} + \dfrac{V^2}{254\phi} + 12 + 2} = \frac{1000}{\dfrac{1}{3.6} + \dfrac{V}{254\phi} + \dfrac{14}{V}} \tag{8-2}$$

以不同车速相应的ϕ值代入上式，则得出各车速时相应的基本通行能力，列于表8-7。

纵向附着系数ϕ与车速V的关系　　表8-6

V(km/h)	120	100	80	60	50	40	30	20
ϕ值	0.29	0.30	0.31	0.33	0.35	0.38	0.44	0.44

单车道的计算通行能力数值表　　表8-7

计算车速 V(km/h)		120	100	80	60	50	40	30	20	10
按式(8-2)取车长6m	计算值(辆/h)	506	603	718	888	999	1121	1231	1256	857
	采用值(辆/h)	500	600	700	900	1000	1100	1200	1250	850
按式(8-2)取车长8m	计算值(辆/h)	502	592	703	862	963	1062	1155	1065	695
	采用值(辆/h)	500	600	700	850	950	1050	1150	1050	700
按式(8-2)取车长12m	计算值(辆/h)	494	589	681	815	893	959	1050	864	565
	采用值(辆/h)	500	600	700	800	900	950	1050	850	550

从表中数值可知，$N_{解}$为V和ϕ的函数，ϕ值越大则$N_{解}$亦增大，速度增加则通行能力增大，但增大至某一数值后，通行能力开始减小，一般变化于500～1300辆/h之间，同时随车长增加，通行能力也随之减小，而按现场实际观察的最小车头时距计算则可达2000辆/h以上，这主要由于路面干燥使附着系数大，平纵线形视距好，驾驶人估计不会出现意外停车，从而减小了车头应保持的最小间隔。

其他，还有实际观测各种道路交通条件下，一条车行道的流量，通称实测法；用秒表观测单行道路口的车头时距，通称时距法；还有模拟、模型等，很多方法可推求一条车道理想条件下的最大通过量。美国重视实测，2000年HCM中，刊载的4车道高速公路，实测流量为每车道2650辆/h与2628辆/h。在我国现实条件下是难以达到的。我国高速公路的基本通行能力与设计通行能力见表8-8。

高速公路的基本通行能力与设计通行能力(JTG B01—2003)　　表8-8

设计速度(km/h)	120	100	80
基本通行能力(pcu/h/车道)	2200	2100	2000
设计通行能力(pcu/h/车道)	1600	1400	1200

二、可能通行能力

可能通行能力(Possible Capacity)：即道路实际所能承担的最大交通量，指偏离上述理想条件各种道路修正后得到的通行能力。计算可能通行能力是以基本通行能力为基础，考虑到实际的地形、道路和交通状况，确定其修正系数，再以此修正系数乘以前述的基本通行能力，即得实际道路、交通在一定环境条件下的可能通行能力。

1.概述

影响通行能力的因素很多，不能一一列出修正，只能择其影响大的主要因素予以修正。对不同等级的公路采用修正的指标不同。如，一般公路通行能力的修正，主要考虑行车道宽度、方向分布、横向干扰、交通组成4项，而道路地形、街道化程度，在考虑自由流速度影响中，在通行能力计算时就不再列入；高速公路通行能力的修正只考虑行车道宽度左侧路肩宽度与交通组成。美国2000年版手册通行能力的修正因素包括：车道宽度与侧向净空，重车混入率，驾驶人素质。看来各个国家根据自己的国情和交通实况，对不同等级的道路选用不同的修正项目是一种发展趋势。但基本通行能力，各国所定的指标比较接近，而可能通行能力，因国情不同，认识不同，修正的因素不同，相差较大。可能通行能力 $N_{可能} = N_{基本} \times$ 宽度修正 $\times$ 重车修正 $\times$ 纵坡修正。

2.影响通行能力的修正系数

1)道路条件的修正系数

道路条件影响通行能力的因素很多，不能一一修正，只能选择其影响大的主要方面予以修正。

(1)车道宽度修正系数 f_w。根据国内外对道路宽度影响通行能力的实际观测均认为，当车道宽度达某一数值时其通过量能达到理论上的最大值，当车道宽度小于该值时，则通行能力降低，小于此宽度的修正系数分别列于表8-9～表8-11。

(2)侧向净空受限修正系数 f_{cw}。侧向净空受限是指车道外边缘至路侧障碍物(护墙、桥栏、挡墙、灯柱、临时停放的车辆等)的横向距离，根据实际调查表明，当侧向净空小于某一数值时(理想条件规定的数值)会使驾驶人感到不安全，从而降速、偏离车道线，使旁侧车道利用率降低。故当侧向净空不足时，应予以修正，其修正系数，列于表8-9～表8-11。

我国高速公路通行能力影响因素修正系数表 表8-9

基本通行能力影响系数		硬路肩宽度修正系数 f_{cw}		车道宽度修正系数 f_w		交通组成修正系数 f_{HV}
设计速度(km/h)	基本通行能力(pcu/h/车道)	硬路肩宽度(m)	修正系数	车道宽度(m)	修正系数	$f_{HV}=\frac{1}{1+\sum P_i(E_i-1)}$
120	2200	0.75	1.00	3.75	1.00	P_i——车型 i 的交通量占总交通量的比重(%)；E_i——车型 i 的小客车换算系数。
100	2100	0.50	0.97	3.50	0.96	
80	2000	0.25	0.95			

美国公路车道宽度及侧向净空受限的修正系数表 表8-10

距车行道路面边缘距离(m)(ft)	道路单侧有障碍物 f_{cw}			道路双侧有障碍物 f_{cw}		
	车道宽度(m)(ft)			车道宽度(m)(ft)		
	≥3.65(12)	3.35(11)	3.0(10)	≥3.65(12)	3.35(11)	3.0(10)
≥6(1.83)	1.00	0.95	0.90	1.00	0.95	0.90
4(1.22)	0.99	0.94	0.89	0.98	0.93	0.88
2(0.61)	0.97	0.92	0.88	0.95	0.90	0.86
0(0)	0.92	0.88	0.84	0.86	0.82	0.78

注：括号中数字为ft，1ft＝0.3048m。

日本车道宽度与侧向净空对通行能力影响的系数　　表 8-11

侧向净空(m)		日本公路技术标准							车道宽度对通行能力影响的修正	
		1.75	1.50	1.25	1.0	0.75	0.5	0	车道宽度(m)	修正系数 f_w
双车道	一侧净空不足	1.00	0.98	0.96	0.93	0.91	0.88	0.85	3.50	1.00
	两侧净空不足	1.00	0.96	0.92	0.86	0.81	0.75	0.70	3.25	0.94
多车道	一侧净空不足	1.00	1.00	0.99	0.98	0.97	0.95	0.90	3.00	0.85
	两侧净空不足	1.00	0.99	0.98	0.97	0.94	0.90	0.81	2.75	0.77

(3)纵坡度修正系数 f_{HV}。道路纵坡的大小对行车速度有很大的影响,特别是对于载重货车、拖挂车,当纵坡越大,车速降低越多,通行能力亦随之而降低。国外均以小汽车为标准车型,由于小汽车后备功率大,当纵坡小于 7%时,车速降低很少,因而可不予修正。但我国当前在公路上行驶的多为大客车和载重货车,在坡道上行驶,车速降低很多,因此应予以修正。

通过国内行车的实践,坡度大小和坡道长短对车速和通行能力均有影响,故两者应同时考虑。美国的修正方法有两种,一是当量法,将一辆载货汽车换算成多少辆小汽车,然后用小汽车的当量值来计算。不同坡度和坡长情况下载货汽车对通行能力的影响列于表 8-12 ~ 表 8-16。其修正值 f_{HV},根据载货汽车所占百分数按下式计算:

$$f_{HV} = \frac{1}{1 + P_T(E_T - 1) + R_R(E_R - 1)} \tag{8-3}$$

式中:P_T 与 R_R——载货与旅游客车所占百分率。

E_T 与 E_R——载货与旅游客车换算为小汽车的当量值,可按表 8-12、表 8-13、表 8-14,该车所占比重、一定坡度和坡长查得。

我国高速公路上大中型车辆和特大型车辆的换算系数,可按表 8-16 的规定求得其相应的当量(pcu)值,此值随流量的大小与纵坡不同而有较大的变化。

(4)视距不足修正系数 S_1。道路线形的几何要素应满足设计车速的条件,按《公路路线设计规范》(JTJ11—94)的要求,由于客观原因视距不足,往往不能满足行车要求,特别是超车的要求,可按其占道路全长的百分数进行修正。视距不足的路段越长,其影响则越大。视距不足的修正,只适用于双车道道路,其修正值见表 8-17。对于匝道视距修正可参阅表 8-18。

在特定上坡段上货车与公共汽车的小客车换算系数 E_T 值表　　表 8-12

纵坡度(%)	坡长(mile) \ 货车与公共汽车比重(%)	2	4	5	6	8	10	15	20	25
<2	全长	1.5	1.5	1.5	1.5	1.5	1.5	1.5	1.5	1.5
2	0 ~ 1/4	1.5	1.5	1.5	1.5	1.5	1.5	1.5	1.5	1.5
	1/4 ~ 1/2	1.5	1.5	1.5	1.5	1.5	1.5	1.5	1.5	1.5
	1/2 ~ 3/4	1.5	1.5	1.5	1.5	1.5	1.5	1.5	1.5	1.5
	3/4 ~ 1	2.5	2.0	2.0	2.0	1.5	1.5	1.5	2.5	1.5
	1 ~ 3/2	4.0	3.0	3.0	3.0	2.5	2.5	2.0	2.0	2.0
	>3/2	4.5	3.5	3.0	3.0	2.5	2.5	2.0	2.0	2.0

续上表

纵坡度（%）	货车与公共汽车比重（%）／坡长（mile）	2	4	5	6	8	10	15	20	25
3	0～1/4	1.5	1.5	1.5	1.5	1.5	1.5	1.5	1.0	1.5
	1/4～1/2	3.0	2.5	2.5	2.0	2.0	2.0	2.0	1.5	1.5
	1/2～3/4	6.0	4.0	4.0	3.5	3.5	3.4	2.5	2.5	2.0
	3/4～1	7.5	5.5	5.0	4.5	4.0	4.0	3.5	3.0	3.0
	1～3/2	8.0	6.0	5.5	5.0	4.5	4.0	4.0	3.5	3.0
	>3/2	8.5	6.0	5.5	5.0	4.5	4.5	4.0	3.5	3.0
4	0～1/4	1.5	1.5	1.5	1.5	1.5	1.5	1.5	1.5	1.5
	1/4～1/2	5.5	4.0	4.0	3.5	3.0	3.0	3.0	2.5	2.5
	1/2～3/4	9.5	7.0	6.5	6.0	5.5	5.0	4.5	4.0	3.5
	3/4～1	10.5	8.0	7.0	6.5	6.0	5.5	5.0	4.5	4.0
	>1	11.0	8.0	7.5	7.0	6.0	6.0	5.0	5.0	4.5
5	0～1/4	2.0	2.0	1.5	1.5	1.5	1.5	1.5	1.5	1.5
	1/4～1/3	6.0	4.5	4.0	4.0	3.5	3.0	3.0	2.5	2.0
	1/3～1/2	7.0	7.0	6.0	6.0	5.5	5.0	4.5	4.0	3.5
	1/2～3/4	12.5	9.0	8.5	8.0	7.0	7.0	6.0	6.0	5.0
	3/4～1	13.0	9.5	9.0	8.0	7.5	7.0	6.5	6.0	5.5
	>1	13.0	9.5	9.0	8.0	7.5	7.0	6.5	6.0	5.5
6	0～1/4	4.5	3.5	3.0	3.0	3.0	2.5	2.5	2.0	2.0
	1/4～1/3	4.0	6.5	6.0	6.0	5.0	5.0	4.0	3.5	3.0
	1/3～1/2	12.5	9.5	8.5	8.0	7.0	6.5	6.0	6.0	5.5
	1/2～3/4	15.0	11.00	10.0	9.5	9.0	8.0	8.0	7.5	6.5
	3/4～1	15.0	11.00	10.0	9.5	9.0	8.5	8.0	7.5	6.5
	>1	15.0	11.00	10.0	9.5	9.0	8.5	8.0	7.5	6.5

注：①美国 HCM 在论述纵坡对车辆换算的影响时，分为特殊路段与一般路段，前者为≥3%坡度段长度>1/2mile，<3%坡度段长>1mile，后者为≥3%坡度段长<1/2mile，<3%坡度段长>1mile，前者采用表 8-12，表 8-13，表 8-14 换算，后者采用表 8-15 换算，(1mile = 1.609344km)；

②若坡长正好落在分界值上取较大坡长的换算值，若坡度大于表中所列百分数时，则采用其后的更大坡度的换算值；

③摘自 2000 年版美国"HCM"。

在特定上坡段上旅游车的小汽车换算系数 E_R 值表 表 8-13

纵坡	旅游车所占比重（%）／坡长（mile）	2	4	5	6	8	10	15	20	25
≤2	全长	1.2	1.2	1.2	1.2	1.2	1.2	1.2	1.2	1.2
3	0～1/2	1.2	1.2	1.2	1.2	1.2	1.2	1.2	1.2	1.2
	>1/2	2.0	1.5	1.5	1.5	1.5	1.5	1.2	1.2	1.2
4	0～1/4	1.2	1.2	1.2	1.2	1.2	1.2	1.2	1.2	1.2
	1/4～1/2	2.5	2.5	2.0	2.0	2.0	2.0	1.5	1.5	1.5
	>1/2	3.0	2.5	2.5	2.0	2.0	2.0	2.0	2.5	1.5

续上表

纵坡	旅游车所占比重(%) 坡长(mile)	2	4	5	6	8	10	15	20	25
5	0 ~ 1/4	2.5	2.0	2.0	2.0	1.5	1.5	1.5	1.5	1.5
	1/4 ~ 1/2	4.0	3.0	3.0	3.0	2.5	2.5	2.0	2.0	2.0
	>1/2	4.5	3.5	3.0	3.0	3.0	2.5	2.5	2.0	2.0
6	0 ~ 1/4	4.0	3.0	2.5	2.5	2.5	2.0	2.0	2.0	1.5
	1/4 ~ 1/2	6.0	4.0	4.0	3.5	3.0	3.0	2.5	2.5	2.0
	>1/2	6.0	4.5	4.0	4.0	3.5	3.0	3.0	2.5	2.0

注:①若坡长正好落在分界线上取较大坡长的换算系数值,若坡度大于表中所列百分数时,采用其后的更大坡度换算值;

②摘自2000年版美国"HCM"。

在特定下坡段上货车与公共汽车的小客车换算值 E_T 表 表8-14

纵坡(%)	货车与公共汽车占(%) 坡长(mile)	5	10	15	20
<4	全部长度	1.5	1.5	1.5	1.5
4	≤4	1.5	1.5	1.5	1.5
4	>4	2.0	2.0	2.0	1.5
5	≤4	1.5	1.5	1.5	1.5
5	>4	5.5	4.0	4.0	3.0
≤6	≤4	1.5	1.5	1.5	1.5
≥6	>4	7.5	6.0	5.5	4.5

注:摘自2000年版美国"HCM"。

美国高速公路一般路段小客车换算值表 表8-15

换算系数值 车型类别	地区类型 平原区	丘陵区	山岭区
货车与公共汽车(E_T)	1.5	3.0	6.0
旅游汽车(E_R)	1.2	2.0	4.0

我国高速公路路段车辆折算系数(pcu)表 表8-16

车型	流量 (pcu/h/车道)	道路纵坡度(%) 0	1	2	3	4	5	6
大中型车	0	1.5	1.5	1.5	2.0	2.0	2.5	2.5
	1000	2.5	2.8	3.4	3.8	4.5	5.5	6.5
	1500	2.5	2.5	3.0	3.3	4.0	4.8	5.5
特大型车	0	2.0	2.0	2.0	2.5	2.5	3.0	3.0
	1000	7.0	9.0	10.0	11.0	13.0	14.0	15.0
	1500	6.0	8.0	8.0	9.0	11.0	12.0	14.0

视距不足对通行能力影响的修正系数 S_1 表 8-17

视距小于 450m 的路段占全长的百分比(%)	行车速度(km/h)			
	35 ~ 64	64 ~ 72	72 ~ 80	80 ~ 88
0	1.00	1.00	1.00	1.00
20	0.88	0.91	0.96	0.93
40	0.85	0.87	0.89	0.83
60	0.80	0.80	0.80	0.70
80	0.76	0.73	0.69	0.50
100	0.69	0.64	0.56	0.27

匝道视距修正系数表 表 8-18

停车视距 S_t (m)	行车视距 S_t (m)	修正系数 FFV_v (km/h)
$S > 135$	$S > 270$	0
$75 \leqslant S \leqslant 135$	$150 \leqslant S \leqslant 270$	−3
$S < 75$	$S < 150$	−5

(5)沿途条件修正系数 S_2。

沿途条件是指道路两旁街道化程度,和横向干扰。由于道路两侧有建筑物,常产生行人和非机动车流对汽车的干扰,从而迫使汽车降速,以致通行能力降低。横向干扰列入对道路通行能力修正系数见表 8-19。

横向干扰对道路通行能力修正系数 S_2 表 8-19

指标 \ 路别	一级公路					双车道公路				
横向干扰等级	1	2	3	4	5	1	2	3	4	5
修正系数 S_2	1.0	0.98	0.96	0.93	0.92	0.91	0.81	0.74	0.65	0.57

2)交通条件修正系数

交通条件的修正主要是指车辆的组成,特别是混合交通情况下,车辆类型众多,大小不一,占用道路面积不同,性能不同,速度不同,相互干扰大,严重影响了道路的通行能力。为了使不同类型的车辆换算为同一车型,一般根据所占道路面积和行车速度的比值进行换算,亦有用平均车头时距的比值进行换算。我国《公路工程技术标准》(JTG B01—2003)与《城市道路设计规范》(CJJ37—90)的车种分类与车种换算标准列于表 3-11、表 3-12。

【例 8-1】 某一道路上坡坡度为 4%,坡道长度 3/4 ~ 1mile,载货汽车占交通量的 20%,求坡度修正系数。

解:当坡长 3/4 ~ 1mile,坡度为 4%,货车占 20%,由表 8-12,得 $E_T = 4.5$

已知 $P_T = 20\%$,代入式(8-3)则得:

$$f_{HV} = \frac{100}{100 - P_T + E_T P_T} = \frac{100}{100 - 20 + 4.5 \times 20} = 59\%$$

【例 8-2】 某微丘地区四车道高速公路设计车速 100km/h,路基宽 26m,其中两侧土路肩与路缘带均为 0.75m,硬路肩亦各为 3m,中央分隔带 2m,纵坡为 1%,设计小时交通量为小汽车 2400 辆,大中型汽车 480 辆,特大型汽车 70 辆。试求该路有无超过其通行能力,如无,其服务水平如何?

解：先进行交通量换算，按表 8-16 不同纵坡与交通量其换算系数不同。

大中型车 480 辆纵坡为 1%，换算系数 E_T 在 1.5 与 2.8 之间，特大型车为 70 辆，纵坡为 1%，换算系数 E_T 在 2 与 9 之间。经内插计算分别为 $E_{T大}=2.124$，$E_{T特}=2.490$，则当量交通量 $=2400+480\times2.124+70\times2.49=3593$，取 3600pcu/h。

方向分布，高速公路取 50/50，车道分布采用 40/60，则得负荷较重右侧车道 $Q_{右}=3600/2\times60\%$ pcu/h = 1080pcu/h，再求算实际条件下通行能力，由表 8-9 得知 $V=100$km/h，基本通行能力 $N_{基本}=2100$pcu/h，查修正系数 f_w、f_{cw} 与 f_{HV}

f_w 因车道宽 3.75m 故为 1，f_{cw} 因硬肩宽度 3m 亦为 1；

$f_{HV}=\dfrac{1}{1+\sum P_T(E_T-1)}$，先计算大车比重，得：$P_{T大}=480\times2.124/3600=28.3\%$

$P_{T特}=70\times2.49/3600=4.6\%$；将上述 E_T 与此 P_T 值代入得：

$f_{HV}=\dfrac{1}{1+\sum P_T(E_T-1)}=0.721$，计算可能通行能力

$N_{可能}=N_{基本}\times f_w\times f_{cw}\times f_{HV}=2100\times1\times1\times0.721=1514$pcu/h，以 1500pcu/h 计。

最大负荷 $Q_{右}$ 为 1080pcu/h 小于可能通行能力 1500pcu/h，可以通过，再计算负荷度 $Q/C=1080/1500=0.72$。查表 8-9，$V=100$km/h 得知二级 $V/C=0.67$，三级 $V/C=0.86$，故其服务水平为二级。

三、设计通行能力

设计通行能力是指道路交通的运行状态保持在某一设计的服务水平时，道路上某一路段的通行能力。即根据对交通服务的质量要求和路段的具体道路条件、交通条件及交通管理水平，对可能通行能力进行相应的修正后得到的通行能力。它是指在规划、设计公路时，根据公路的种类、特性、重要性、适应全年应提供的服务质量规定的交通量。其值是可能通行能力乘以给定服务水平的服务交通量与通行能力之比，就得到设计通行能力，即：

$$N_{设计}=N_{可能}\times\frac{服务交通量}{通行能力} \tag{8-4}$$

服务交通量与通行能力之比，按表 8-1 高速公路二级服务水平的 V/C 比为 0.67，故将上例中的数据代入则得：$N_{设计}=1500\times0.67=1005$pcu/h，小于负荷较重右侧车道的 1080pcu/h，以三级服务水平 V/C 比 0.86 计算，则 $N_{设计}=1500\times0.86=1290$pcu/h，大于负荷较重的右侧车道的 1080pcu/h，进一步证实了上例的结论。若以可能交通负荷计算其服务水平，1080/2200 = 0.49，则介于表 8-1 一级 0.31 与二级 0.67 之间，交通流状态处于自由流与稳定流之间的状态，超车速度选择基本自由状态，延误与干扰很少。

由于上例高速公路，左侧为超车道，右侧通行车道，故右侧车道行驶的车辆常较左侧为多，上例以右侧占 60% 毛计，实际设计时如有实测数据，最好以实测值为据。若为一般公路则由内侧车道驶出通过外侧车道，这种车道转移常常影响正常行驶的汽车，主要是外侧车道受干扰最大，故处于不同位置的车行道所受干扰不同，受影响的程度也不同。

通常以靠近路中线或中央分隔带的车行道为第 1 条车行道，其通行能力为 1（即 100%），第 2 条车行道的通行能力为第 1 条车道的 0.8～0.9，第 3 条车道的通行能力则为 0.65～0.8，第 4 条车道的通行能力则为 0.5～0.6。这样，多车道的总设计通行能力 N 可以写成：

$$N_{多}=N_1\sum K_n\ (辆/h) \tag{8-5}$$

式中：N_1 ——第一条车道的设计通行能力，辆/h；

K_n——相应于各车道的折减系数。

具体选用时，如能实测则以实测值为据，否则，可根据街道性质、车辆出入与转移车道的频率、两旁慢行车辆的影响情况等合理选定。

根据《公路工程技术标准》(JTG B01—2003)，我国高速公路、一级公路、二、三、四级公路的设计通行能力见表 8-20 和表 8-21。

高速公路、一级公路的设计通行能力 表 8-20

设计速度(km/h)		120	100	80	60
高速公路设计通行能力(pcu/h/车道)		1600	1400	1200	
一级公路	具干线功能的一级公路(pcu/h/车道)	—	1400	1200	900
	具集散功能的一级公路(pcu/h/车道)	—	850 ~ 1000	700 ~ 900	550 ~ 700

二、三、四级公路的设计通行能力 表 8-21

公路等级	设计速度(km/h)	基本通行能力(pcu/h)		不准超车区(%)	V/C 比	设计通行能力(pcu/h)
二级公路	80	9.0m	2500	<30	0.64	550 ~ 1600
	60	7.0m	1400	30 ~ 70	0.48	
	40		1300	>70	0.42	
三级公路	40	7.0m	1300	<30	0.54	400 ~ 700
	30	6.5m	1200	>70	0.35	
四级公路	20	<6.0m	<1200	>70	<0.35	<400

第三节 无信号灯控制交叉口的通行能力

不设信号灯控制的交叉口通常分为两大类，一是暂时停车方式，一是环形方式。本节主要讨论暂时停车方式的无信号灯控制交叉口，而在第五节讨论环形交叉口。

暂时停车方式又可分为两向停车方式和全向停车方式。两向停车方式通常用于主要道路与次要道路相交路口，主要道路上的车辆优先通过，通过路口不用停车。次要道路中的车辆，必须首先让主要道路上的车辆通行，寻找机会，穿越主要道路上车流的空当，通过路口。全向停车方式是用于同等重要程度的，相交道路的车辆通过交叉口具有同等的优先权，都必须在交叉口处停车，然后根据交通法规的规定，选择适当时机通过。

两向停车方式，主要道路上能够通过的车辆，按路段计算。次要道路上能够通过多少车辆受下列因素影响：主要道路上车流的车头间隔分布、次要道路上的车流穿越主要道路的车流所需时间、次要道路上车辆跟驰状态的车头时距。

这种路口的通行能力，等于主要道路上的路段通行能力加上次要道路上的车辆穿越空当所能通过的车辆数。若主要道路上的车流已经饱和，则次要道路上的车辆一辆也通不过。因此，无信号交叉口的通行能力最大等于主要道路路段的通行能力。事实上，在无信号交叉口，主要道路上的交通量并不大，车辆呈随机到达，有一定空当供次要道路的车辆穿越，相交车流无过大阻滞，否则，需加设信号灯，分配行使权。

假设：主要道路上的车辆优先通过路口；主要道路上的车流视为连续行驶的交通流，其流量值等于该路段的通行能力；车辆到达的概率分布符合泊松分布；车头时距符合负指数分布；当间隙大于临界间隙 t 时，次要道路上可以穿越主要道路。并且，当次要道路中车辆跟驰状态车头时距为 t_0 秒时，次要道路中的跟驰车辆可以连续通过。

根据以上假设，利用概率论，可以推算出次要道路上的车辆每小时能穿越主要道路车流的数量为：

$$N_{次} = \frac{N_{主} \cdot e^{-\lambda t}}{1 - e^{-\lambda t_0}} \tag{8-6}$$

式中：$N_{次}$——次干道上可以通过的交通量，辆/h；

$N_{主}$——主干道优先通过的双向交通量，辆/h；

λ——主要干道单位时间车辆的到达率，$N_{主}/3600$，辆/s；

t——临界间隙时间，s。对于设停车标志指示的交叉口采用 6～8s，对于设让车标志的交叉口采用 5～7s，这一时间数值系主要道路允许次要道路车辆横穿的最小安全时间，实际设计时，可以实测若干数据，然后取平均值；

t_0——次要道路上车辆连续通过的饱和车头时距，对于停车标志采用 5s，对让路标志可采用 3s。根据上式算得的次干道的通行能力列于表 8-22。

【例 8-3】 一无信号灯控制的交叉口，主要道路的双向交通量为 1200 辆/h，车辆到达符合泊松分布。车流允许次要道路车辆穿越的车头时距 $t=6$s，次要道路车流的平均车头时距 $t_0=3$s。求穿越主要道路车流的交通量。

解：$N_{次(单)} = \dfrac{1200 \times e^{-\frac{1200}{3600}\times 6}}{1 - e^{\frac{-1200}{3600}\times 3}} = 257$（辆/h）

次要道路通行能力*（小汽车辆数/h） 表 8-22

主要道路交通量 / 次要道路管制方式	采用时间间隔(s)		主要道路双向交通量(辆/h)				
	t	t_0 值	800	1000	1200	1400	1600
停车标志	8	5	200	140	100	75	45
	7	5	250	190	140	110	80
	6	5	315	250	200	160	125
让路标志	7	3	350	250	185	135	95
	6	3	—	335	255	200	150
	5	3	—	440	360	290	230

注：一般情况，次要道路通行能力＜主要道路通行能力的一半。

美国各州公路工作者协会根据使用经验，认为不设信号灯控制交叉口，在不影响主要道路车辆通行的情况下，次要道路可通过的车流量应不超过表 8-23 的数值。

美国规定的主干道优先时支路通行能力的经验值（辆/h） 表 8-23

路　别	主干道为双车道			主干道为四车道		
主干道	400	500	650	1000	1500	2500
支路	250	200	100	100	50	25

第四节 信号灯控制的交叉口通行能力

一、概 述

交叉口信号是由红、黄、绿三色信号灯组成，用以指挥车辆的通行、停止和左右转弯，随信号灯色的变换使车辆通行权由一个方向转移给另一个方向，根据信号周期长度及每个信号相互所占时间的长短，可以计算出交叉口的通行能力。大、中城市街道交通繁忙的平面交叉口一般都设置信号灯管制交通。因此信号交叉口的通行能力与信号控制设计有密切关系。

二、信号灯交叉口的通行能力

信号灯管制十字形交叉的设计通行能力按停止线法计算。十字形交叉的设计通行能力为各进口道设计通行能力之和。进口道设计通行能力为各车道设计通行能力之和。此处介绍《城市道路设计规范》(CJJ 37—90)中关于灯管路口通行能力的计算方法。

1.各种直行车道的设计通行能力

(1)直行车道设计通行能力应按下式计算：

$$N_s = 3600\psi_s[(t_g - t_1)/t_{is} + 1]/t_c \tag{8-7}$$

式中：N_s——一条直行车道的设计通行能力，pcu/h；

t_c——信号周期，s；

t_g——信号周期内的绿灯时间，s；

t_1——变为绿灯后第 1 辆车起动并通过停止线的时间，s，可采用 2.3s；

t_{is}——直行或右转车辆通过停止线的平均间隔时间，s/pcu；

ψ_s——直行车道通行能力折减系数，可采用 0.9。

直行或右转车辆混合车流中，大型车与小型车不同比例时平均车头间隔 t_{is} 如表 8-24 所示。

混合车流的平均车头间隔 t_{is}　　表 8-24

大型车:小型车	0:10	1:9	2:8	3:7	4:6	5:5	6:4	7:3	8:2	9:1	10:0
实测 t_{is} 平均值(s)	2.5	2.58	2.65	2.96	3.12	3.26	3.30	3.34	3.42	3.46	3.5

(2)直右车道设计通行能力应按下式计算：

$$N_{sr} = N_s \tag{8-8}$$

式中：N_{sr}——一条直右车道的设计通行能力，pcu/h。

(3)直左车道设计通行能力按下式计算：

$$N_{sl} = N_s(1 - \beta'_l/2) \tag{8-9}$$

式中：N_{sl}——一条直左车道的设计通行能力，pcu/h；

β'_l——直左车道中左转车所占比例。

(4)直左右车道设计通行能力应按下式计算：

$$N_{slr} = N_{sl} \tag{8-10}$$

式中：N_{slr}——一条直左右车道的设计通行能力，pcu/h。

2.进口道设有专用左转车道时,设计通行能力应按照本面车辆左、右转比例计算。先计算本面进口道的设计通行能力,再计算专用左转及专用右转车道的设计通行能力。

(1)进口道设计通行能力:

$$N_{elr} = \sum N_s/(1-\beta_l-\beta_r) \tag{8-11}$$

式中:N_{elr}——设有专用左转与专用右转车道时,本面进口道的设计通行能力,pcu/h;

$\sum N_s$——本面直行车道设计通行能力之和,pcu/h;

β_l——左转车占本面进口道车辆的比例;

β_r——右转车占本面进口道车辆的比例。

(2)专用左转车道设计通行能力:

$$N_l = N_{elr}\cdot\beta_l \tag{8-12}$$

式中:N_l——专用左转车道的设计通行能力,pcu/h。

(3)专用右转车道设计通行能力:

$$N_r = N_{elr}\cdot\beta_r \tag{8-13}$$

式中:N_r——专用右转车道的设计通行能力,pcu/h。

3.进口道设有专用左转车道而未设专用右转车道时,专用左转车道的设计通行能力 N_l 应按本面左转车辆比例 β_l 计算,如下式:

(1)进口道设计通行能力:

$$N_{el} = \sum N_{sr}/(1-\beta_l) \tag{8-14}$$

式中:N_{el}——设有专用左转车道时,本面进口道设计通行能力,pcu/h;

$\sum N_{sr}$——本面直行车道及直右车道设计通行能力之和,pcu/h。

(2)

$$N_l = N_{el}\cdot\beta_l \tag{8-15}$$

4.进口道设有专用右转车道而未设专用左转车道时,专用右转车道的设计通行能力 *Nr* 按本面右转车辆比例 β_r 计算,如下式:

(1)

$$N_{er} = \sum N_{sl}/(1-\beta_r) \tag{8-16}$$

式中:N_{er}——设有专用右转车道时,本面进口道的设计通行能力,pcu/h;

$\sum N_{sl}$——本面直行车道及直左车道设计通行能力之和,pcu/h。

(2)

$$N_r = N_{er}\cdot\beta_r \tag{8-17}$$

5.在一个信号周期内,对面到达左转车超过 3~4pcu 时,应折减本面各种直行车道(包括直行、直左、直右及直左右等车道)的设计通行能力。

当 $N_{le} > N'_{le}$时,本面进口道的设计通行能力按下式折减:

$$N'_e = N_e - n_s(N_{le} - N'_{le}) \tag{8-18}$$

式中:N'_e——折减后本面进口道的设计通行能力,pcu/b;

N_e——折减前本面进口道的设计通行能力,pcu/h;

n_s——本面各种直行车道数;

N_{le}——对面进口道左转车的设计通行能力,pcu/h;

N'_{le}——不折减本面各种直行车道设计通行能力的对面左转车数,pcu/h。当交叉口小时为 $3n$,大时为 $4n$,n 为每小时信号周期数。

【例 8-4】 试求交叉口通行能力。已知：$t_c = 120s$，$t_g = 52s$，$t_1 = 2.3s$，$\psi_s = 0.9$，车种比例：大：小 = 2:8　EW：$\beta_l = 15\%$，$\beta_r = 10\%$，NS：$\beta_l = \beta_r = 15\%$。交叉口流向图如 8-2 所示。

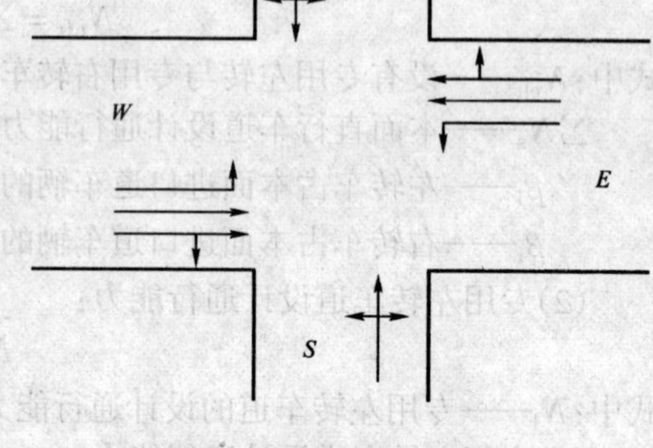

图 8-2　交叉口流向示意图

解：东西方向：

一条直行车道的设计通行能力

$$N_s = \frac{3600}{t_c}\left(\frac{t_g - t_1}{t_{is}} + 1\right) \times \psi_s$$

$$= \frac{3600}{120}\left(\frac{52 - 2.3}{2.65} + 1\right) \times 0.9$$

$$= 533(\text{pcu/h})$$

一条直右车道的设计通行能力

$$N_{sr} = N_s = 533\ (\text{pcu/h})$$

东进口设计通行能力

$$N_e = \frac{N_s + N_{sr}}{1 - \beta_l} = \frac{533 + 533}{1 - 0.15} = 1254\ (\text{pcu/h})$$

一条左转专用车道设计通行能力

$$N_l = 1254 \times 15\% = 188(\text{pcu/h})$$

不折减本面各种直行车道设计通行能力的对面左转车数

$$[N_l] = 4n = 4 \times \frac{3600}{120} = 120(\text{pcu/h})$$

因为，$N_l > [N_l]$　所以需要折减

折减后本面进口道的设计通行能力

$$N'_e = N_e - n_s(N_{le} - N'_{le}) = 1254 - 2 \times (188 - 120) = 1118(\text{pcu/h})$$

因为，东西方向车道组合完全对称　所以东西方向：$N_{EW} = 1118 \times 2 = 2236\ (\text{pcu/h})$

南北方向：

一条直左右车道的设计通行能力

$$N_{slr} = N \times (1 - \beta'_l/2) = 533 \times (1 - 15\%/2) = 493(\text{pcu/h})$$

所以南进口设计通行能力为 $N_e = 493(\text{pcu/h})$

南进口左转车数

$$N_l = 493 \times 0.15 = 72(\text{pcu/h})$$

不折减本面各种直行车道设计通行能力的对面左转车数

$$N'_l = 3n = 3 \times \frac{3600}{120} = 90(\text{pcu/h})$$

因为，$N_l < N'$　所以不需要折减

因为，南北方向车道组合完全对称　所以 $N_{SN} = 493 \times 2 = 968(\text{pcu/h})$

则，交叉口通行能力 = 2236 + 986 = 3222(pcu/h)。

第五节　环行交叉口的通行能力

一、概　　述

环行交叉口是自行调节的交叉口，这种交叉是在中央设置圆岛或带圆弧形状的岛，使进入交叉口的所有车辆均以同一方向绕岛行驶，其运行过程一般为合流、交织、分流，避免了车辆交叉行驶。其优点是不需要设置管理设施车辆可以连续行驶，避免停车，节约燃料，减少噪声和污染。缺点是占地大，绕行距离长。非机动车和行人较多时，不宜采用。

二、分　类

环交按其中心岛直径的大小分为3类。

1.常规环形交叉口

中心岛直径大于25m，交织段比较长，进口道拓宽成喇叭形（图8-3），我国现有的环形交叉口大多属于此类。

2.小型环形交叉口

中心岛直径小于25m，引道入口适当加宽，做成喇叭形，便于车辆进入交叉口。（图8-4）

3.微型环形交叉口

中心岛直径一般小于4m，中心岛不一定做成圆形，也不一定只做一个，可用白漆画成圆圈，不用凸起（图8-5）。这种环交，实际上是渠化交叉。

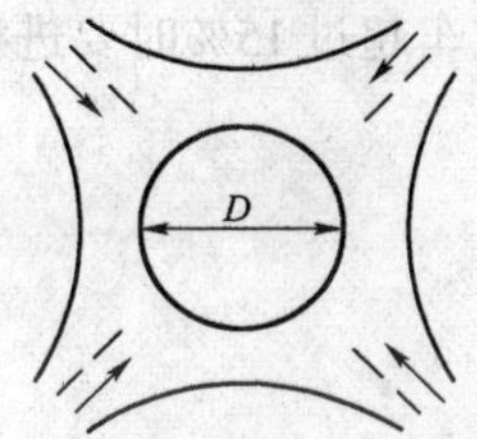

图8-3　常规环形交叉口

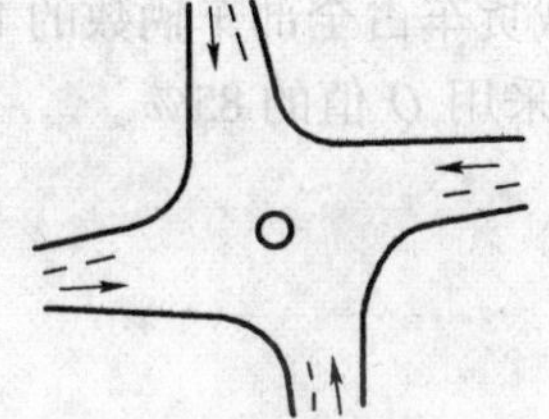

图8-4　小型环形交叉口

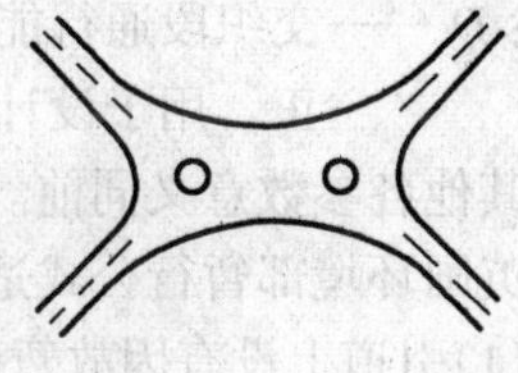

图8-5　剪刀式微型环形交叉口

三、常规环形交叉口的通行能力

常规环交的通行能力计算，如图8-6所示，其通行能力计算公式如下：

1.沃尔卓普公式

$$Q = \frac{354W\left(1 + \frac{e}{W}\right)\left(1 - \frac{P}{3}\right)}{\left(1 + \frac{W}{l}\right)} \tag{8-19}$$

式中：Q——交织段的通行能力，用于设计目的按 Q 值的80%计算，辆/h；

l——交织段长度，m；

W——交织段宽度，m；

e——环交入口引道平均宽度，m；

$$e = \frac{e_1 + e_2}{2}(\text{m})$$

e_1——入口引道宽度，m；

e_2——环道突出部分宽度，m；

P——交织段内进行交织的车辆与全部车

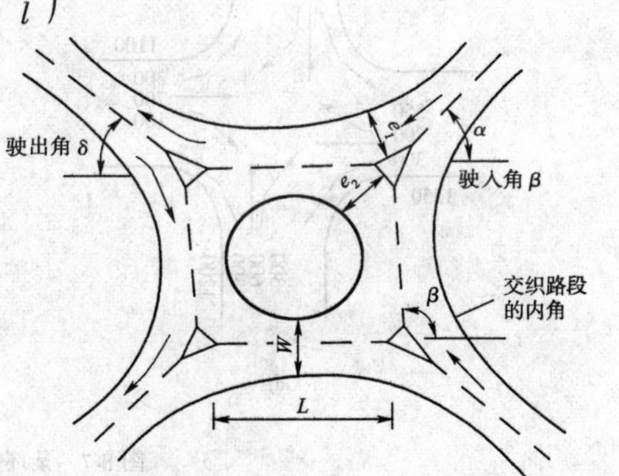

图8-6　常规环交通行能力计算图式

辆之比,%。

沃尔卓普公式的适用条件:

(1)引道上没有因故暂停的车辆;

(2)环交位于平坦地区,纵坡≯4%;

(3)各参数应在下列范围内,如超出,则公式就要失效。其范围为: $W=6.1\sim18.0\text{m}$, $\frac{e}{W}=0.4\sim1.0$, $\frac{W}{l}=0.12\sim0.4$, $\frac{e_1}{e_2}=0.34\sim1.41$, $P=0.4\sim1.0$。一般驶入角 α 宜大于 30°,驶出角 δ 一般应小于 60°,两交织路段内角 β 不应大于 95°。

2.英国环境部暂行公式

由于实行"左侧先行"法规,沃尔卓普公式不能适应,英国为适应新的法规,又重新制定此暂行公式,它适用于采取优先通行的常规环交,其具体形式如下:

$$Q=\frac{160W\left(1+\frac{e}{W}\right)}{\left(1+\frac{W}{l}\right)}\ (\text{pcu/h}) \tag{8-20}$$

式中: Q ——交织段通行能力,其中载货车占全部车辆数的15%,如重车超过15%时要进行修正。用于设计目的应采用 Q 值的85%。

其他各参数意义同前。

英国环境部暂行公式适用条件:

(1)引道上没有因故暂停的车辆;

(2)环交位于平坦地区,纵坡≯4%;

(3)参数选用范围: $w=9\sim18\text{m}$

$$e/w=0.63\sim0.95$$

$$w/l=0.16\sim0.38$$

【例 8-5】 某常规环交为4路交会,其几何图形与车流量、流向如图8-7所示,主要参数为 $W=15\text{m}$, $l=40\text{m}$, $e=10\text{m}$,求其交织段的通行能力,并验算现有车流量是否已超过其通行能力。

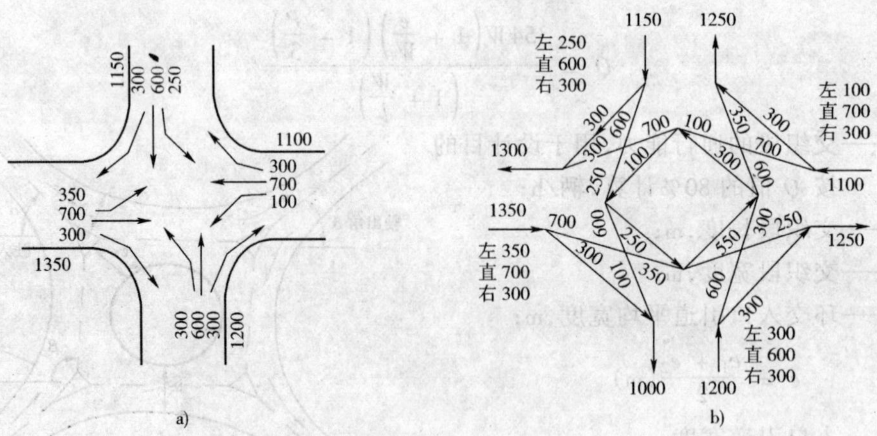

图 8-7 某环交各向车流及网状图

解:"英国公式":

$$Q = \frac{160W\left(1+\frac{e}{W}\right)}{1+\frac{W}{l}} = \frac{160\times 15\left(1+\frac{10}{15}\right)}{\left(1+\frac{15}{40}\right)} = 2909\ (\text{pcu/h})$$

设计通行能力采用最大值的 85%，故

$$Q_p = 2909 \times 0.85 = 2472(\text{pcu/h})$$

流向流量网状图如图 8-7b)所示，然后计算各交织段车流量，参照表 8-25。

各交织路段车流量计算表(pcu/h) 表 8-25

交织段	车流量组成	合计
东北	350 + 300 + 600 + 300 + 700 + 100	2350
西北	300 + 100 + 700 + 300 + 600 + 250	2250
西南	100 + 250 + 600 + 350 + 700 + 300	2300
东南	250 + 700 + 350 + 300 + 600 + 300	2500

由上表可知各交织路段的车流量(除东南交织段外)均小于设计通行能力 2472pcu/h，而东南交织段的车流量虽超过设计通行能力，但超出值较小。

用沃尔卓普公式计算设计通行能力，设 $P = 0.9$

$$Q = \frac{354\times 0.8\times W\left(1+\frac{e}{W}\right)\left(1-\frac{P}{3}\right)}{1+\frac{W}{l}} = \frac{280\times 15\left(1+\frac{10}{15}\right)\left(1-\frac{0.9}{3}\right)}{1+\frac{15}{40}} = 3564\ (\text{pcu/h})$$

故 $Q_p = 3564(\text{pcu/h})$

各交织路段车流量均未超过此值，故可通行。

《城市道路设计规范》(CJJ 37—90)给出的环形交叉口设计通行能力，如表 8-26 所示。

环形交叉口设计通行能力 表 8-26

机动车通行能力 (pcu/h)	2700	2400	2000	1750	1600	1350
自行车通行能力 (辆/h)	2000	5000	10000	13000	15000	17000

注：表列机动车车行道的设计通行能力包括 15%的右转车。当右转车为其他比例时，应另行计算。

第六节 高速公路的通行能力

高速公路是有中央分隔带，上下行每个方向至少有两条车道，全部立体交叉，完全控制出入的公路。高速公路是连续流道路。在正常情况下，高速公路上的车辆可以不停顿地连续行驶。

高速公路一般由 3 部分组成：基本路段、交织区和匝道(包括匝道—主线连接处及匝道—横交公路连接处)。

一、高速公路基本路段通行能力

高速公路基本路段是指主线上不受匝道附近车辆汇合、分离以及交织运行影响的路段。具体讲，是指驶入匝道——主线连接处上游 150m 至 760m 以外、驶出匝道——主线连接处上游 760m 至下游 150m 以外以及表示交织区开始的汇合点上游 150m 至表示交织区终端的分离点下游 150m 以外的主线路段，见图 8-8。

高速公路是多车道公路，和其他多车道公路一样，由于两个方向的交通运行互不依赖，且

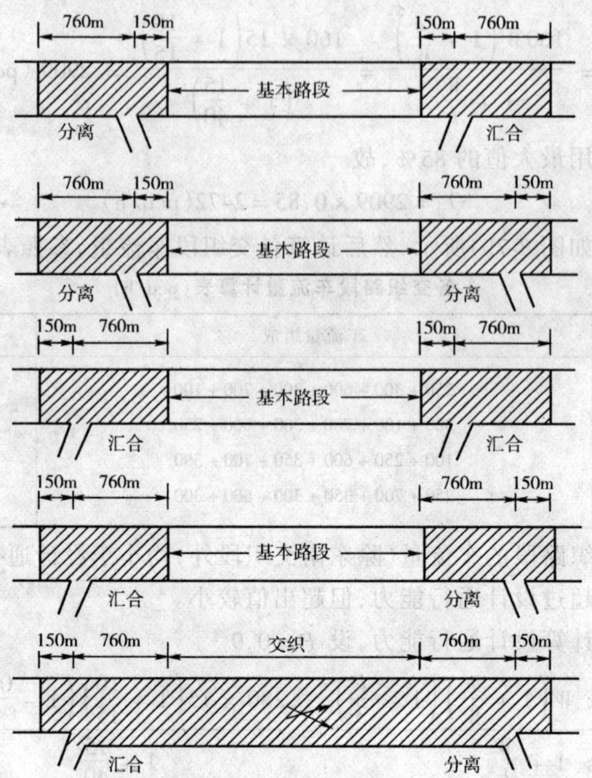

图 8-8 高速公路基本路段示意图

两个方向在其前进方向上的线形(主要是纵断面线形)不同,因此,两个方向车行道的通行能力和服务水平的分析计算是分别进行的。

高速公路基本路段的理想条件包括:

(1)3.75m≤车道宽度≤4.50m;

(2)侧向净宽≥1.75m;

(3)车流中全部为小客车;

(4)驾驶人均为经常行驶高速公路,且技术熟练,遵守交通法规者。

高速公路基本路段通行能力及服务水平具体描述见本章第一、二节

二、交织区通行能力

1.概述

两股或多股交通流在没有交通控制设施的情况下,沿相同的大方向在相当长的公路路段中运行,其中相交而过的交通流称为交织。其运行简况如图 8-9。

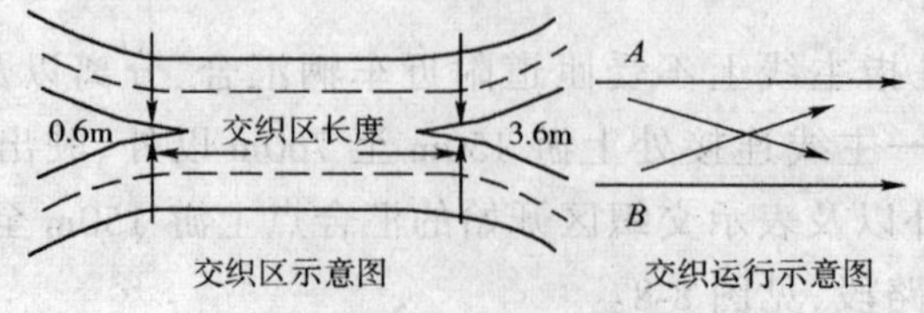

图 8-9 交织区段运行示意图

车辆由道路上一个进口紧接着一个出口或多个出口,以及多个进口紧接着一个出口或多个出口,这在公路上或城市道路上是随处可见。

交织段设计得好坏,关系到道路设施作用的发挥。

1)交织区长度

交织区长度是一个重要的构造参数,是交织区有关设施设计的一个重要项目。它决定了驾驶人完成所需的全部车道变换可利用的时间与空间,它对能否顺利完成和实现车辆交织起着重要作用。根据国外研究认为,从入口段三角端部宽 0.6m 处至出口三角端宽度 3.6m 处之间的一段距离称为交织区长度,见图 8-10 左侧示意图。

经国内外研究认为,交织区长度不应小于 50m 也不应大于 600m。太短则操作困难,速度降低太大;太长则费用太高,且进出口之间的交织运行与操作过分分散,紧迫性不明显,使车流不具交织特点。

2)交织区类型

图 8-10　交织区类型划分

我国高速公路和城市干道上的交织区类型,主要可划分为两类,如图 8-11 所示,其中 I 类交织区进出口之间设一条辅助车道相连接,在出口处不再增加车道,不考虑进出口的车道平衡的问题,此类交织区,在我国现有道路系统中较多。II 类交织区的进出口之间的辅助车道相连,且出口处增设一条车道,实行进出口车道平衡,即出口车道数总和比进口车道数总和多一条,这种类型交织区在现有公路上出现较少。

3)交织运行特性

交织区的车流运行关键在于车辆运行的交织操作,它影响到行驶车速,车头时距以及行车安全等问题。交织长度与交织断面车道数关系是交织运行效率的两个主要参数。另一方面随着交织流量增加,操作困难,速度大降,时距大增,会导致交织区运行效率的下降。

交织区内全部车道断面流量之和为 $Q_{01} + Q_{02} + Q_{w1} + Q_{w2} = Q_{总}$,而交织流量比($V_R$)为交织交通量与总交通量之比,即$(Q_{w1} + Q_{w2})/Q_{总}$,而交织比($r$)为交织交通量中较小的交织交通量与较大的交织交通量之比,即 $Q_{w1}/Q_{w2}(\approx r)$。

2. 通行能力和速度计算

《公路通行能力研究报告》认为,交织区的通行能力和运行速度,同交织区长度、车道数、交织流量比、总交通量及交织区车道构造等因素有关,其计算公式为:

$$C_w = C_0 r_s \times r_N \times r_L \times r_{VR} \tag{8-21}$$

式中:C_w ——交织区通行能力,pcu/h;

C_0 ——单条车道理论通行能力,pcu/h(对于高速公路按表 8-1 选用);

r_s ——交织区类型修正系数,I 类交织区为 0.95,II 类交织区为 1.0;

r_N ——交织区内车道数修正系数,对 2、3、4 和 5 条车道交织区,可分别取 1.8、2.6、3.4 和 4;

r_L ——交织区长度修正系数,由公式 $0.128\ln(L) + 0.181$ 计算,式中 ln 自然对数,L 为交织长度；

r_{VR}——交织流量比修正系数，取值见表 8-27 中间可内插。

交织流量比修正系数表 表 8-27

V_R	0	0.05	0.10	0.15	0.20	0.25	0.30	0.35	0.40	0.50
r_{VR}	1.000	0.980	0.971	0.966	0.959	0.942	0.909	0.853	0.768	0.647

交织区内的车流运行速度公式如下：

$$S_w \text{ 或 } S_{NW} = 20 + \frac{50}{1 + \alpha(1 + V_R)^{\beta}[\exp(V/NL)]^{\gamma}} \tag{8-22}$$

式中：S_w、S_{NW}——交织车流、非交织车流的平均运行速度，km/h；

V——交织区内断面总流率，辆/h；

N——交织区内车道数；

L——交织区长度，m

V_R——交织流量比；

α,β,γ——回归系数，列于表 8-28，中间值可内插。

两类交织公式回归系数标定结果表 表 8-28

类　型	公　式	α	β	r
I类	S_W	0.005	8.001	0.840
	S_{NW}	0.004	5.310	0.761
II类	S_W	0.006	6.527	0.716
	S_{NW}	0.003	4.221	0.754

此式表明交织区内车流的运行速度和交织区长度，车道数具有正相关关系，而和总交通量及交织区流量比具有负相关关系，并与交织区车道构造有关。

(8-22)公式适用的车流速度在 20～75km/h 范围之内，超出范围则为近似值。式中参数通过模型检验，具有良好的可靠性，但此式中各变量有一定的适用范围，任何超出表 8-29 所列的限值都只有近似的。

(8-22)公式中参数的应用范围表 表 8-29

变　量	下　限	上　限
交织断面平均流率 V/h(pcu/h/车道)	—	1353
最大单车道流率(pcu/h/车道)	—	1700
交织流率 V_W(pcu/h)	—	$2340^*_{c_2}$
交织流量比(%)	—	0.45
交织区长度(m)	50	600
交织区内车道数(N)	2	4
交织区车道宽度(m)	3.5	4

注：* 为给定几何条件下，具有两条车道交织区的通行能力值。

3.服务水平

评价交织区运行质量的因素有密度、流速和服务流率，但重点是行车密度和服务流率，按四级标准划分如表 8-30 所示,其中,一级服务水平代表不受限制的行驶,交织车辆对其他车流没有影响,交织时只需略微调整车速即可平稳地实现。

二级服务水平代表交织过程中,合流车辆要插入相邻车流间隙,需调整车速,分流车则可不受干扰,直行车辆也不会受到很大影响,通常行驶时车流稳定畅通。在进口车流密集时,可能会出现排队,分流区也可能出现减速。

三级服务水平,所有交织车辆必须经常调整车速以避免冲突,分流区附近有明显的减速,实现交织是有困难的,有时引起紊乱,甚至影响相邻车道。

四级服务水平,交织运动明显引起混乱,但未造成整个断面排队,进口处排队明显,如有任何微小的突发事件都会引起交织区堵塞,使全部车流只能走走停停,车辆运行很不稳定。

服务水平划分标准　表 8-30

服务水平	密度(辆/车道公里)	V/C	服务水平	密度(辆/车道公里)	V/C
一级	8	0.35	三级	26	0.90
二级	18	0.75	四级	42	1.00

4. 示例

【例 8-6】 某交织区构造与高峰小时各方向流率示于图 8-11,由于地形限制交织区长度约为 300m,由出口主路车道数 3 条,车道宽度为 3.75m,交织类型为一类,试求其通行能力、行程车速与可达到的服务水平等级。

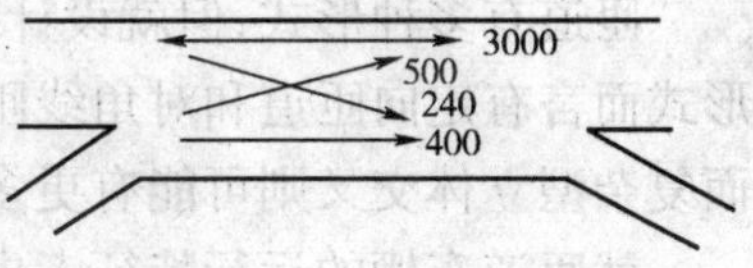

图 8-11　交织区构造示意图

解:先求 $Q_{总} = Q_{01} + Q_{02} + Q_{w1} + Q_{w2} = 3000 + 400 + 500 + 240 = 4140\ (puc/h)$

$$V_R = (Q_{W1} + Q_{W2})/Q_{总} = 740/4140 = 0.179$$

其次求通行能力与 V/C 比。

按式(8-21)计算通行能力

$C_w = C_0\, r_s\, r_N\, r_L\, r_{VR} = 2200 \times 0.95 \times 3.4 \times 0.911 \times 0.962 = 6228 (puu/h)$,

$V/C = 4140/6228 = 66.5\%$

预测行程车速,由式(8-22)计算交织和非交织车流速度

$S_W = 57.35 km/h, S_{NW} = 64.15\ dm/h$

断面平均车流速度(加权)为 62.93km/h

校核服务水平,按表 8-30 计算车流密度,4140/62.93/4 = 16.45 = 17pcu/h/标准车道,将上述计算结果同服务水平划分标准表 8-30 中指标进行比较,得知于此条件下,其运行水平为二级标准。

三、匝道通行能力

1. 概述

为连接与平面公路有高差的高速公路而设置的车道称为匝道。匝道的通行能力由匝道本身和匝道两端连接段的通行能力而决定。其中,匝道本身的通行能力基本上可按一般路段的通行能力求出,但因为与一般路段相比匝道的平面、纵截面线形等较差,所以通行能力也较低。在匝道连接段,通行能力受流入、流出交通量、主道交通量以及邻近路段等的影响,所以难以象一般路段那样单纯地确定其通行能力。

1)匝道组成

高速公路的匝道由 3 个部分组成:匝道与高速公路连接处(或称匝道 – 主线连接处)、匝道车行道、匝道与相连道路的连接处。

2)设计要求

对于匝道的设计要求,通常要将匝道与主线连接处设计成车辆能以高速汇入或分离,并且使汇入或分离的交通流对与匝道相连的高速公路中过境交通流的干扰降至最小。

匝道设计要素包括:匝道车辆数、匝道长度、设计速度、平纵线形参数等。

匝道与相连道路的连接处要设计成使主线驶来的车辆能顺利汇入该连接处,此类连接处一般设计成平面交叉。对于匝道与主线连接处的设计主要强调的是交通安全。

只有当匝道的所有部分,即匝道与主线连接处、匝道车行道及匝道与相连道路连接处都设计恰当,都达到所要求的服务水平或设计通行能力后,匝道上的交通运行效率才能得到保证。如果 3 个组成部分中的任何一部分交通受阻,都将对整个匝道上的运行产生不利影响。

可见匝道与交织区一样,是高速公路上干扰较大,易发生运行问题的组成部分。因此,对其通行能力和服务水平分析要谨慎处理。

3)匝道的形式、类型与基本参数

匝道有多种形式,但就设计目的与功能而言,其基本形式为右转匝道与左转匝道,就特殊形式而言有定向匝道和对角线匝道,有单向单车和单向双车道,亦有采用双向双车道的形式,而复杂型立体交叉则可能有更多种不同形式匝道的组合。

就匝道车辆的运行特征考虑有出入口车辆的运行及在匝道上的运行,包括分流运行、合流运行与交织运行,亦有加速运行与减速运行,上坡、下坡,小曲线甚至反向曲线的运行。所以匝道上车辆行驶状况比较复杂,故单向单车道匝道不允许超车,单向双车道匝道上可以超车,但对于有分隔带的双车道匝道也不准许超车,匝道通行能力计算的主要参数有:

1)自由流速度

实际条件下,自由流速度 FV 的计算:

$$FV = (FV_O + FFV_W + FFV_V + FFV_{SL} + FFV_{UD}) \times FFV_S \tag{8-23}$$

式中:FV_0——按匝道转弯半径计算的行车速度,km/h,参见式(8-24);

FFV_W——行车宽度修正系数,km/h,参见表 8-33;

FFV_V——视距修正系数,km/h,参见表 8-18;

FFV_{SL}——纵坡修正系数,km/h,参见表 8-32;

FFV_S——分隔带修正系数,有分隔带的为 1,无分隔带的采用 0.9;

FFV_{UD}——驶入道路修正系数,对于高速公路 + 5km/h,一级公路 + 3km/h,其他公路为 0。

在计算匝道通行能力时,必须体现不同类型车辆通过匝道运行行为的差异,体现其不同的时间与空间占有率,但另一方面又要简化计算分析工作,故车型分类不能太多,主要分为 3 种类型:

(1)小型车。两轮摩托车,微型面包车,吉普车,小轿车,客货两用车,轻型货车(< 3.5t);

(2)大中型车。载货汽车(载重 3.5 ~ 8t),大客车,半拖挂,全拖挂等;

(3)特大型车。大平板车,集装箱运输车,重型载货汽车(载质量 > 8t)。

根据以上车型划分,其各种车辆换算为标准车(pcu)的换算系数如表 8-31 所示。

2) FV_o 的求算

利用线形设计的基本公式：

$$FV_o = [127R(\mu \pm i)]^{1/2} \text{ (km/h)} \tag{8-24}$$

式中：R——匝道最小曲率半径，m；

i——匝道最大超高横坡度，%；

μ——最大横向力系数，一般采用 0.12。

行驶在匝道上不同车型的车辆换算系数 E_1 表 8-31

匝道类型	交通量(辆/h)	小型车	大中型车	特大型车
单向单车道 双向双车道 （有分隔的）	0	1.0	1.00	1.00
	650	1.0	1.20	1.30
	1300	1.0	1.50	2.00
单向双车道 双向双车道 （无分隔的）	0	1.0	1.05	1.05
	1300	1.0	1.15	1.20
	2600	1.0	1.40	1.80

3) 大车混入率修正值 C_H

大车混入率修正值算式：

$$C_H = 1 + P_2 + P_3 - P_2 \times E_2 - P_3 E_3 \tag{8-25}$$

式中：P_2, P_3——大中型车及特大型车所占比重，%；

E_2、E_3——大中型车与特大型车的换算系数，如表 8-31 所示，将混合车流交通量转换为当量交通量 Q，则：

$$Q = Q_1 + Q_2(1 - E_2) + Q_3(1 - E_3) \tag{8-26}$$

式中：Q——标准小汽车交通量，pcu/h；

Q_1——小汽车交通量，pcu/h；

Q_2——大中型车交通量，pcu/h；

Q_3——特大型车交通量，pcu/h。

纵坡度的速度折减值(km/h) 表 8-32

坡长(m) \ FFV_{SL}	上坡坡度(%)					下坡坡度(%)				
	<3	3	4	5	6	<3	3	4	5	6
≤500	0	0	−2.3	−5.4	−8.5	0	0	0	0	−0.3
500～1000	0	−0.3	−3.7	−7.7	−12.0	0	0	0	−0.3	−3.7
≥1000	0	−0.4	−4.6	−9.1	−13.7	0	0	0	−0.4	−4.6

行车道宽度修正值 FFV_W 表 8-33

匝道宽度(m)	<6.0	6.5	7.0	7.5	<8.0
FFV_W(km/h)	−8	−3	0	2	3

注：只考虑单向匝道宽度或双向匝道的单向部分宽度。

2. 匝道服务水平

服务水平评价的因素很多，一般均选用对本设施影响最大的几项因素作为服务水平等级划分的指标，对匝道通行能力的服务水平国内均选用饱和度与车流密度作为基本依据，并划分为四个等级的服务水准；

一级服务水平，代表不受限制或受限制较小的交通流，车流密度小，车辆在通畅条件下行驶，不存在或只有较小的相互干扰，基本上处于自由流状态，以接近于自由流速度行驶。

二级服务水平，代表车辆成队行驶，但相互间的车头时距较大，车流状态处于部分连续状态，排队车辆密度相对很小。速度较快，匝道上车辆对加减速车道及高速公路主线上的交通运行基本无影响。

三级服务水平，虽基本处于平稳状态，但在接近流量上限时的小变化，将导致运行质量的大变化。车头时距进一步减小，如有慢车出现，后继车辆会受很大影响，车流运行速度将明显下降。匝道上车辆的加减速对车道及高速公路主线上的交通运行也有一定的影响。

四级服务水平，车速进一步降低，排队长度超出匝道范围，交通运行最接近或达到通行能力，即使流量很小的变化，也会严重影响整个匝道的运行质量，车流状态为饱和流，匝道上车辆对加减速车道及高速公路主线上的交通运行有较大的影响。

四级匝道服务水平划分等级如表 8-34 所示。

匝道服务水平划分等级表 表 8-34

服务水平等级	饱和度 $D_S(Q/C)$	通行能力 C(辆/h)
一	<0.20	对于特定匝道可查表 8-35 并乘以饱和度即得
二	0.20~0.50	
三	0.50~0.80	
四	0.80~1.00	

3.匝道通行能力计算

匝道通行能力定义为在一定道路交通状态、环境和良好气候条件下，在单位时间内，匝道的一条行车道上能够通过的最大车辆数，以 pcu/h 计。一般影响通行能力的因素很多，但就匝道而言，其长度较短绝大部分均为单向单车道，其影响的主要因素为车道宽度和车辆组成，至于半径、纵坡的影响已在速度方面考虑，故得出的计算公式为

$$C = C_0 \times C_W \times C_H \tag{8-27}$$

式中：C——匝道一条车道的可能通行能力，辆/h；

C_0——基本通行能力，辆/h，按表 8-35 不同速度与坡度查得；

C_W——匝道断面总宽度修正系数，可按表 8-36 中匝道断面总宽度查得；

C_H——大车混入率修正系数，按表 8-31 选用。

不同速度、坡度下匝道的基本通行能力 C_0 值 表 8-35

速度(km/h)	坡度(%) +9	+6	+3	0	-3	-6	-9
10	720	719	717	716	714	712	710
15	923	920	917	913	908	905	900
20	1059	1054	1048	1041	1034	1027	1018
25	1147	1139	1130	1120	1110	1100	1087
30	1200	1189	1179	1166	1154	1140	1124
35	1230	1217	1203	1188	1165	1156	1138
40	1242	1227	1211	1194	1176	1157	1136
45	1242	1225	1208	1188	1168	1147	1124

注：如速度大于 40km/h，采用 40km/h。

匝道横断面总宽修正系数(C_W)　　表 8-36

匝道横断面类型	匝道横断面总宽(m)	匝道宽度修正系数(C_W)
单向单车道（含有分隔的双向单车道）	5.5	0.79
	6.0	0.88
	6.5	0.95
	7.0	1.00
	7.5	1.03
单向双车道	8.0	0.95
	8.5	1.00
	9.0	1.05
	9.5	1.12
	10.0	1.20

注:对于双向匝道只考虑单方向部分。

【例 8-7】 某平原地区高速公路互通立交的匝道最小半径 $R=150$m,最大超高横坡 2%,行车道宽度 6m,停车视距为 >135m,纵坡度为 1.9% 的下坡,匝道类型属于单向单车道。进入高速公路的匝道长 450m,交通量为小型车 250 辆/h,大中型车 100 辆/h,特大型车为 20 辆/h,求算匝道自由流速度、通行能力与服务水平。

解:先求转弯匝道基本自由流 FV_0。

由式(8-24),$FV_0=[127R(i+\mu)]^{1/2}=[127\times150(0.019+0.12)]^{1/2}$

得 $FV_0=51.5$(km/h)

其次计算自由流速度 FV,由式(8-23),$FV=(FV_O+FFV_W+FFV_V+FFV_{SL}+DDV_{UD})FFV_S$

式中:FFV_W——车道宽度修正值,由表 8-33,可知,当车道宽度为 6m 时,$FFV_W=-8$km/h;

FFV_V——视距修正,参见表 8-18 的规定 $S_{停}>135$m,修正值为 0;

FFV_{SL}——纵坡度修正值,查表 8-32,纵坡为 -1.9%,修正值为 0;

FFV_{UD}——驶入路修正系数,匝道驶入路为高速公路性质 +5km/h;

FFV_S——分隔情况修正值,因本例为单向匝道,修正系数为 1。

上述各修正值代入得 $FV=[51.5+(-8)+0+0+5]=48.5$(km/h)

再计算通行能力,由式(8-27),$C=C_o\times C_w\times C_H$

由纵坡为 -1.9%,自由流速度 >45km/h,查表 8-35 得基本通行能力 $C_0=1183$pcu/h(内插法求得)

匝道横断面总宽修正 C_W 查表 8-36,得知修正系数为 0.88,大车混入率修正,查表 8-31,因交通量小于 650 辆/h 故为 1,代入得 $C=1183\times0.88\times1=1041$(辆/h)

由式(8-26) $Q=250+100\times1+20\times1=370$(辆/h)

计算饱和度 $D_S=Q/C=370/1041=0.355=0.36$

对照服务水平等级表 8-34,饱和度为 0.36 时应为二级服务水平。

第七节　自行车道的通行能力

我国现阶段道路上各非机动车主要是自行车，据大多数城市部门的统计，近年来自行车的出行比重有所下降，但其所占比重仍然很大。在许多城市，自行车仍被视为主要交通工具是城市交通的重要组成部分。随着城市体制改革、经济发展，城市交通将进一步发展，自行车流量还将继续下降，但在一定时期内仍将保持很大的比重。所以，研究道路上自行车的交通特性、运行规律和通行能力，可以为城市规划、街道网规划和设计提供理论数据和计算方法，对自行车专用道系统的规划设计和城市交通管理等方面仍有重要的作用。

我国的《城市道路设计规范》(CJJ37—90)已将自行车交通列入，对于自行车的通行能力也列出专门的条文并做出明确的规定。

一、基本通行能力

1. 基于车头间距的自行车道通行能力

我们可以将自行车道作为具有稳定行车道的车流来进行理论分析。一条自行车道的最大通行能力可由前后车辆之间在运动状态下的安全净空进行计算。

$$L = \frac{V \times t}{3.6} + \frac{V^2}{254(\varphi \pm i)} + l_0 + l_{车} \tag{8-28}$$

令

$$\beta = \frac{1}{254(\varphi + i)}$$

则

$$N_{基本(间)} = \frac{1000V \cdot}{L} = \frac{1000V}{\dfrac{V \times t}{3.6} + \beta V^2 + l_0 + l_{车}} \tag{8-29}$$

式中：V——车速，km/h，大多数自行车在 10～20km/h 之间；

t——反应时间，一般为 0.5～1.0s，平均用 0.7s；

β——制动系数，可按 $\beta = \dfrac{1}{254(\varphi \pm i)}$ 计算；

φ——轮胎与路面间的粘着系数，多在 0.3～0.6 之间，一般取 0.5；

i——道路纵坡度，在平坦道路上可取 0；

l_0——安全间距，可取 1m；

$l_{车}$——自行车的车身长度，常用 1.9m。

将各参数代入上式即得出一条车道的通行能力。现将计算结果列于表 8-37，由表中数字可知其通行能力约为 1300～2000 辆/h。

自行车一条车道的最大通行能力计算值　　表 8-37

自行车车速(km/h)	$\frac{V}{3.6}t$	$\beta = \frac{1}{254(\varphi + i)}$	βV^2	$L = \frac{Vt}{3.6} + \beta V^2 + l_0 + l_{车}$	$N_{自} = \frac{1000V}{L}$	附注
5	0.97	0.0079	0.20	4.07	1229	$t = 0.7$
10	1.94	0.0079	0.79	5.63	1776	$\varphi = 0.5$
15	2.91	0.0079	1.78	7.58	1979	$i = 0$
20	3.88	0.0079	3.16	9.94	2012	$l_0 = 1.0$
25	4.86	0.0079	4.94	12.70	1969	$l_{车} = 1.9$

2.基于车头时距的自行车道通行能力

同样将自行车道作为具有稳定行车道的车流来进行理论分析，只要测得连续行驶的自行车流中前后两车的最小车头时间间隔 t_i 值即可用下式计算

$$N_{基本(时)} = 3600/t_i(辆/h) \tag{8-30}$$

式中：t_i——为自行车连续行驶时纵向最小车头安全时距，s。

根据南京和北京市大量的实际观测资料，t_i 最小值分别为1.24s和1.2s，平均最大值分别为2.41s和2.37s，总的平均值为1.8s，代入上式算得为1500～3000辆/h，平均为2000辆/h。这与上述车头间距原理计算数字相差较大，主要原因是实际测得的车辆间的净距较计算得的净距小。

此外，t_i 值观察时要采用测整个断面的通过量后换算单车道的车头时距，因自行车非常灵活，往往不按车道线成行行驶而是相互穿插或几辆并排行驶，观测时应予以注意。

二、设计通行能力

1.长路段设计通行能力

其计算公式为：

$$N_长 = N_可 \times C_1 \tag{8-31}$$

式中：$N_长$——长路段每米宽度自行车道(一条车道)的设计通行能力，它不考虑交叉口或其他纵横向干扰的影响，辆/h，而长路段通常取5km；

C_1——街道等级系数，与街道的性质、重要性和使用要求有关，根据《城市道路设计规范》，快速干道、主干道的 C_1 定为0.8，次干道和支路的 C_1 定为0.9；

$N_可$——每米宽度内自行车连续行车1h的通过量，辆/h·m。

2.短路段设计通行能力(即城市街道的路段实际通行能力)

根据北京、南京、福州等城市对 N_t 值的测定，先后获得13万多个数据(表8-38)，分为有分隔带和无分隔带两种。无分隔带的路段 $N_可$ 为0.51辆/s·m，有分隔带的路段 $N_可$ 为0.58/辆 s·m。

单位时间通过观测断面的自行车数量 N_t 值 表8-38

城市名称	隔离带情况	自行车道有效宽度 B-0.5(m)	观察数据(辆)	自行车平均行驶速度(km/h)	每5s通过的自行车数量(辆)	每秒每米通过的自行车数量(辆/m·s)
北京	无	3.9	12433	14.23	9.85	0.51
北京	有	5.5	8678	16.28	17.91	0.65
南京	有	3.3	1551	14.28	9.39	0.57
福州	有	6.5	3096	13.44	14.50	0.45
无锡	有	3.2	2975	12.05	10.52	0.66
平均值	无	B 为自行车道宽度	12433	14.23	——	0.51
	有	0.5为路缘带宽度	16300	14.01	——	0.58

故:无分隔带的 $N_{可}=0.51\times3600=1836$ 辆/h·m,可取 1800 辆/ h·m

有分隔带的 $N_{可}=0.58\times3600=2088$ 辆/ h·m,可取 2100 辆/ h·m

考虑到城市街道的路段通行能力与交叉口间距、行人过街及红绿灯周期的关系很大,路口的通行能力往往控制了路段通行能力,故设计城市街道自行车道通行能力时,应考虑路口信号灯等的影响因素。依据北京的观测分析资料认为,路口等综合影响的折减系数 C_2 平均值约为 0.55,故得出有交叉口路段上自行车道设计的通行能力公式:

$$N_{路段设计}=c_1\cdot c_2\cdot N_{可}=c_1\cdot c_2\cdot\frac{N_t}{B-0.5}\cdot\frac{3600}{t} \tag{8-32}$$

式中:t——连续车流通过的时间间隔,s。

将 c_1、c_2 和已知值代入则得:

1)无分隔带的路段设计通行能力

(1)快速干道、主干道为:

$N_{路段设计}=0.8\times0.55\times0.51\times3600=808$(辆/h·m),取 800 辆/h·m

(2)次干道、支路为:

$N_{路段设计}=0.9\times0.55\times0.51\times3600=908$(辆/h·m),取 900 辆/h·m

2)有分隔带的路段设计通行能力

(1)快速干道、主干道为:

$N_{路段设计}=0.58\times0.8\times3600=918$(辆/h·m),取 900 辆/h·m

(2)次干道、支路为:

$N_{路段设计}=0.58\times0.9\times3600=1037$(辆/h·m),取 1000 辆/h·m

3.信号灯交叉口的设计通行能力

信号交叉口停车断面自行车通过量的研究表明,绿灯放行的前一段时间内,车辆比较密集,以后就逐渐减少,根据以 5s 为单位进行的大量观测,Q_1 为全部绿灯时间内的平均交通量,Q_2 为每次放行后前 20s 的平均交通量,Q_3 为绿灯时间内最密集的 5s 的交通量,将此 3 项数值汇总如表 8-39 所示。

采用整个放行时间的平均通过量 Q_1 作为路口设计通行能力似乎偏低,因为有时 20s 以后的车辆很少,甚至没有什么车辆通过。采用最为密集的 5s 的通过量 Q_3,则过于密集、拥挤,可能给行车安全造成不利,且毫无余地,故亦不宜选作设计通行能力。而前 20s 的通过量虽然前半段较密集,但后半段就比较稀,平均来看还属于正常,故以此时段的通过量作为交叉口的设计通行能力,可能较为安全、适中,从表 8-39 已知 8 个路口 Q_2 的数值为 2.78~3.36 之间,平均值为 3.070 辆/5s·m,换算为单条自行车道每小时为 $3.070\times3600/5=2210$ 辆/h·m,可取 2200 辆/h·m 为绿灯小时的通行能力。对于具体路口引道来说必须乘以绿信比,例如信号周期为 60s,而绿灯时间为 30s,则其通行能力为 $2200\times\frac{30}{60}=1100$ 辆/h·m;如绿信比为$\frac{25}{60}$,则可得 $2200\times\frac{25}{60}=917$ 辆/h·m。

对于不受平交路口影响路段、受平交路口影响路段及交叉口路段的自行车道的通行能力建议值如表 8-40 所示,如在具体应用时,有条件可选择典型路段进行实际观测,以确定自行车道通行能力。

交叉口上自行车放行特征交通量统计表 表 8-39

交叉口	观察断面宽度(m)	放行时间平均通过量(辆/5s·m)Q_1	放行前 20s 通过量(辆/5s·m)Q_2	每次放行最大 5s 通过量(辆/5s·m)Q_3
西单	8.00	2.214	3.285	3.630
东单	3.75	2.006	3.210	3.400
崇文门	6.50	2.282	2.880	3.150
东四	5.00	1.907	2.780	3.270
双井	4.50	2.990	3.360	3.730
甘家口	6.00	2.332	2.803	3.330
地安门	4.30	2.264	3.073	3.800
珠市口	3.20	2.796	3.138	3.320
平均值	3.80	2.336	3.066	3.459

各种非机动车道的宽度和可能通行能力 表 8-40

车辆名称		自行车	小板车	三轮车	兽力车	大板车
车身宽度(m)		0.6	0.9	1.1	1.6	2.0
一条车道宽度(m)		1.0	1.7	2.2	2.6	2.8
建议的通行能力(辆/h)	交叉口	1000	400	350	150	200
	路段	1200	500	400	200	250

思考题

1. 道路通行能力的定义、作用与道路交通量的差别和内在关系。
2. 什么是道路服务水平,划分依据是什么?
3. 影响通行能力的主要因素各表现在哪些方面?
4. 路段通行能力可分为哪几类依据是什么?
5. 写出路段通行能力的计算公式、计算步骤。
6. 高速公路各组成部分的服务水平分级指标是什么,为什么各不相同?
7. 环形交叉口的类型有哪些?
8. 简述我国信号交叉口实际通行能力的计算方法。
9. 自行车的理想通行能力如何计算,哪些因素影响自行车通行能力?
10. 匝道与交织段的通行能力是如何定义的,其计算公式是否合理?

第九章 交通规划

DIJIUZHANG

交通规划理论和实施方法的形成是伴随着社会经济的发展和城市化进程速度的加快而产生并不断完善的。随着国民经济的高速发展和城市化进程的加快,汽车已经逐渐进入寻常百姓家庭,并逐渐成为人们生活中的必备工具,它改变了人们的生活方式,提高了生活质量。然而汽车带给人们方便的同时,也带来了交通拥挤、交通事故、能源和资源浪费、环境污染以及公共交通事业退化等诸多交通问题。而缓解这些问题的有效方法就是要制定严格的、科学合理的交通规划方案,并附以相应的、切实可行的交通政策。从区域规划、城市规划和土地利用性质,从分析城市交通结构,从发掘现有的交通网络潜力3个层面入手,根据交通需求和供给关系,采取相关措施寻求其最佳平衡点。

交通规划不应是单纯的路网规划,而是各种交通方式规划方案和所有交通设施规划方案的合理组合的综合交通规划,是城市规划不可缺少的主要内容,其规划方法也已逐渐形成新的相对独立的理论学科,并随着科技的发展内容不断扩充,体系逐渐完善。

本章从介绍交通规划内容和方法入手,首先对交通规划的数据收集及交通预测原理和方法进行阐述,然后对道路交通规划方案及其对策的制定简要讨论,最后介绍规划方案的评价和检验。

第一节 交通规划的定义与程序

一、交通规划的定义

1.交通及其作用

对“交通”的定义按流通媒体来分,有狭义和广义的定义。广义上的是指人、货物的移动、金钱的流通、信息的交换,即“人或物空间上的移动”;而狭义的“交通”是指人或物借助于一定的媒体,按照某种目的所产生的位置上的移动。通常我们所指的交通,是狭义上的交通,即,不是包含所有的移动,只将根据人的意志所产生的空间位移作为规划的对象,也不包括水土、沙石的流动等自然现象。基于人的意志所产生的空间位置变化,又分为其对移动自身有价值(旅行、驾车等)和对移动结果有价值(上班、购物等)两种情形。

在交通经济学中,将人的移动称为本源需求交通,把物的移动称为派生需求的交通,通常以后者为研究对象。然而随着人们生活水平的提高和闲暇时间的增多,作为本源需求交通将会增大,不光是观光交通和娱乐所产生的交通,还必须考虑日常所使用的交通设施所发生的变化。

交通的社会意义体现在通过人或物的空间移动,使人类的社会经济活动成为可能,交通支撑着人类生活,是营造时尚生活的必要条件之一。

2.交通规划的定义及其前提

交通规划是有计划地引导交通的一系列行动的展开,即规划者如何提出各种目标,又如何将提出的目标付诸实施的方法。交通规划有广义和狭义之分,广义的交通运输规划包括交通运输基础设施建设发展的规划、交通运输组织管理的规划、生产经营的规划等。狭义的交通规划是指交通运输基础设施建设发展规划。

通常人们所说的交通规划是狭义上的概念,是指根据历史和现状的交通供需状况与地区的人口、经济和土地利用之间的相互关系的分析研究,根据地区未来不同的人口、土地利用和经济发展趋势,进行交通运输发展需求分析和预测,确定未来交通运输实施发展建设的规模、结构、布局等方案,并对不同方案进行评价比选,确定推荐方案,同时提出建设实施方案(包括建设项目时序、投资估算、配套措施等)一个完整的过程。

交通规划是将交通作为研究对象,是人所进行的意识行为的体现,因此交通规划必须满足以下条件:

(1)规划主体的存在;

(2)对规划对象的期望状态,方向、认识的一致性;

(3)规划主体可以在某种程度上左右规划对象的可能性;

(4)在特定时间、地点,对规划的必要性的认识;

(5)规划作业投入的资源(时间、人力、资金、信息等)的存在,即以规划作业实施的可能性为前提。

3.交通规划的构成要素

交通规划的构成要素分为:需求要素、供给要素和市场要素3部分。

需求要素分为移动意识所决定的主体,如个人、团体(家庭、企业、政府等)和移动的对象,如人、物(原材料、货物、废弃物等)。

供给要素分为交通工具,如汽车、火车、船舶和飞机等;交通设施,如道路和节点(车站、枢纽和停车场等);运行系统,如信号控制系统,信息管制中心等;经营系统,如交通服务的组织化,管理和运营。

市场要素指交通市场的调节系统,即经营主体和市场框架(确定经营主体、收费标准、服务等)的调整。

二、交通规划的分类

交通规划分类方法很多,通常按如下方式进行分类:

(1)按规划性质分为战略交通规划、城市综合交通规划、专项交通规划和交通管理规划。

(2)按规划对象空间范围分为区域交通规划、城市总体交通规划和分区交通规划。

(3)按规划对象的时间范围分为远景或远期战略规划(20~30年)、中长期交通规划10~20年)和近期交通建设规划(3~5年)。

(4)按规划对象设施分为城市道路网规划、公共交通规划、轨道交通规划、停车场规划、站前广场规划和交通枢纽规划。

(5)交通规划阶段通常分为,交通需求预测及交通工具的合理分配、各种交通工具的交通网络规划、交通设施设计、交通设施建设和交通设施的合理运用。

三、交通规划的目的和意义

交通规划是以将人和物移动的方法合理组织为目的,以实现城市生活的方便、出行容易和利于人们游憩为宗旨,包含了交通设施的配置和功能上的规划。确切地说,是以土地规划、区域规划为基础,而进行的适合区域定位发展的交通道路、交通方式和交通工具的合理配置,使其发挥各自的优势。

交通规划的意义主要体现在以下几个方面:

(1)交通规划是建立完善的综合运输体系,获得交通运输最佳效益的重要方式和途径。

(2)交通规划是缓解道路交通问题的根本措施。

(3)交通规划是使有限的交通基础设施充分发挥效益,实现城市交通管理科学化的重要手段。

四、交通规划的基本程序和方法

1.交通规划的基本程序

交通规划是一项复杂的系统工程,涉及的面广,需要考虑的因素繁多。进行交通规划时既要掌握国家和地区的社会经济发展政策、规划制度,又要对地区的经济、人口、土地、资源和交通供需状况等作全面调查研究,从系统工程角度对上述要素做深入细致的分析和预测,对规划方案做周密的设计和评价。根据系统工程的原理,交通规划方案制定的过程如图9-1所示。

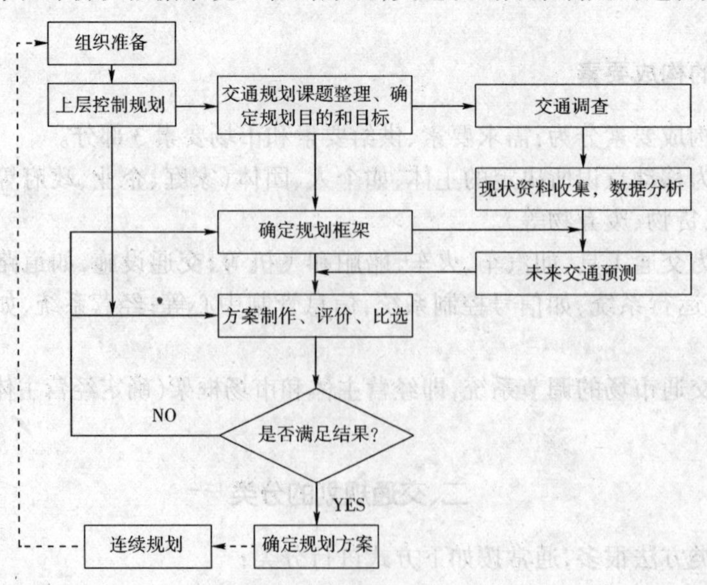

图9-1 交通规划程序

(1)组织准备。明确具有一定权威性的负责单位,制定整个交通规划的工作计划,明确规划任务,建立技术咨询机构,与政府决策人员建立正常的工作关系,与其他有关部门取得联系和协作,必要时吸收社会各阶层人士参加审议。

(2)确定规划目标。为明确交通规划方向,在编制规划之前首先要界定交通规划的工作目标和规划方案需要达到的交通系统发展目标。前者指规划编制最终所应提交的成果内容、要求、形式、数量,包括文本、图表等。后者包括使旅客或货物具有适当的可移动性(出行时间最短、费用最低、能提供充足的系统容量、确保系统的安全性和可信性)和达到环境平衡(提供区域内生产、就业、教育、生活平等的可达性分布,促进土地利用和运输设施按期望的方向组织,减少社会纠纷、促进地区经济和交通的可持续发展以及减少空气污染等)目标。

(3)资料收集分析。收集资料的目的是明确区域内道路交通特性。根据规划目标的不同,调查的深度和广度也有所不同。

(4)未来交通预测。对调查数据进行分析,研究未来交通需求预测技术(模型),并对所研究区域未来预测年内的交通需求进行预测。

(5)方案制作、评价。利用系统分析方法,根据现状分析和交通预测,对未来的交通网络提出若干可行方案。对所提出的可行技术方案进行技术经济评价,找出既优化又现实,并能满足未来交通需求的推荐规划方案。

(6)连续规划。交通规划方案并非是一成不变的,应该是动态的,应根据外界影响因素的变化,逐渐完善。

2.构筑交通预测模型的基本观点

1)集计模型(Aggregate Model)和非集计模型(Disaggregate Model)方法

集计模型是将每个人的交通活动按照交通小区进行统计分析和处理,最后得到以交通小区为分析处理单位的模型。而非集计模型是以实际发生交通活动的个人或家庭为分析处理单位,直接用于建模。显然非集计模型逻辑性更强,更符合实际,更能反映实际的交通情况,更具有说服力,预测结果具有普遍意义,能够满足交通规划的多样化要求,该方法产生于20世纪60年代初期,70年代在美国得到推广应用,并影响到日本等亚洲国家。但是非集计模型方法也存在变量选择困难和计算量大的缺陷。目前我国主要停留在集计模型应用阶段。

2)概率模型和确定模型方法

概率模型是将出行产生的次数、出行目的地、出行方式及路径选择的交通行为用概率现象加以捕捉而建立的模型。确定模型是将交通行为因素的可能性加以确定说明并进行预测。

3)同时型模型和连锁型模型方法

将人的交通行为全体进行预测是同时型模型。将交通行动分成若干阶段,并以前一个阶段的结果作为前提来预测下一个阶段为连锁型模型方法。

目前我国采用集计型模型-概率模型-连锁型模型,进行出行方式选择分析和据此进行交通政策研究的较多。而欧美和日本等交通发达国家常采用非集计模型-概率模型-连锁型模型进行出行方式选择研究分析。

3.城市交通规划的程序和思路

城市交通规划的目的是实现便利的城市生活、工作和游憩。要实现这一目的,就必须满足城市交通需求与交通设施供给的均衡。而这种均衡单单采用对未来需求和供给规划方法,即

"预测-供给"方法难以实现,而应该采用预测和适当控制需求的规划方法,即"预测-预防"方法,缩小供给与需求的差距,缓解由此而带来的交通问题。并付以相应的交通政策,实现合理的需求与适当的供给间的平衡。

城市交通规划根据规划期限分长期规划和中短期规划,有区域范围和大都市圈范围的不同空间对象的规划,其规划目标也不尽相同,规划内容也有差异,但基本规划程序大同小异,如图 9-2 所示。

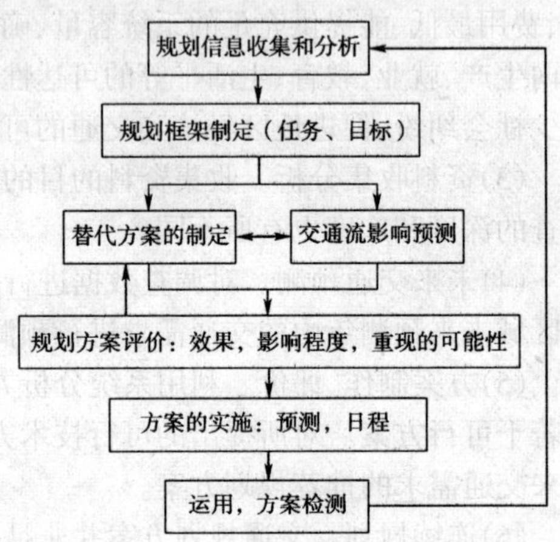

图 9-2 城市交通规划的一般程序

随着汽车社会的到来,为预防其所引起的交通混乱、交通事故、城市环境恶化以及公共交通逐渐衰落的负面影响,在城市交通规划时应考虑以下观点:

1)路网结构合理,道路功能明确

随着汽车交通量的增加,以往的道路网结构将不再满足需求,特别在城市的中心区域,大量的过境交通将会引起交通更为拥堵,因此在规划时就应根据城市的功能定位,合理确定路网结构。

2)从不同角度考虑人车分离和人车共存

实行物理上的人车分离方法在 1950 年得到世界各国的响应,确保了行人的安全,但是受交通用地的限制,特别是在已经成形的老城区,很难实现。在 1970 年之后,出现了人车共存的想法,即在难于实现物理分离的地段,可以考虑限制汽车的行驶速度使其接近于行人速度,赋予将行车线路变得迂回曲折、减小车道宽度或增设车道地面障碍等措施。

3)考虑出行方式分担的交通规划

该方法是在 1950 年美国的 CATS 都市圈规划中开始成功应用,后来应用到美国的所有交通规划中,并影响到欧洲各国和日本。其宗旨是出行方式的选择是多样化的,而不应以小汽车为主,然而如何确定各种交通方式的分担比例,是目前不易解决的难题,目前欧美各国和日本普遍采用的非集计模型方法可以得到解决,这也是我国交通规划模型理论研究的重要课题。

4)改善公共交通系统

该观点是基于对交通的物理空间、环境及出行方式分担方面的考虑。吸引人们乘坐大运量公共交通工具的方法就是出台公交优先的政策,扶持和提高公共交通的服务水平,提供便利的乘用设施和确保其运行的正确。这一点在日本做得相当普遍和完善,并得到政府的大力支持。

5)考虑新交通系统的研发

当城市发展到一定规模,具备一定经济实力的情况下,可考虑开发新的公共交通系统。日本在 20 世纪 70 年代开始研发新交通系统,完善了城市交通系统如图 9-3 所示,以节能、环保,高速、安全为宗旨,现在已逐渐推广和实施,其运量在地铁和巴士之间,对缓解城市汽车交通问题起到了巨大推动作用。

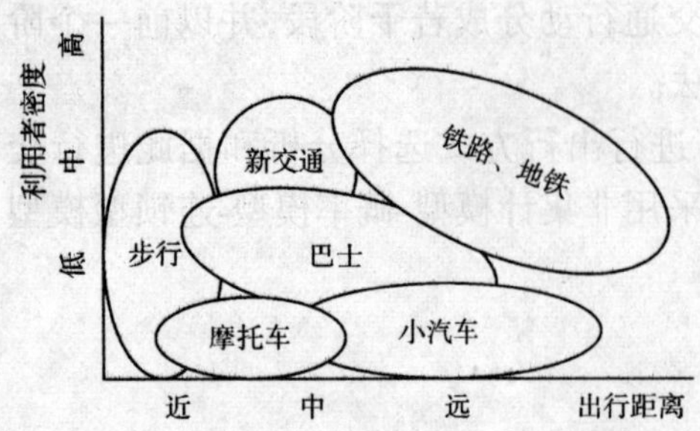

图 9-3 城市交通工具出行特征示意图

6)考虑城市环境与城市交通的协调发展

城市交通规划应确保交通使用的方便和环保的

协调发展,二者是不可逆的关系。应遵循城市规划和相关的环境保护法律制定规划方案。

7)从交通管理规划出发探讨和推进交通需求管理(Transportation or Travel Demand Management,简称 TDM)

从城市发展和缓解城市交通问题进行交通管理规划,制定合理的交通需求管理政策,提高交通的社会效益。

8)交通规划方案应利于创建优美舒适的生活环境

以往的道路规划只考虑交通的顺畅性和安全性,而从生活环境方面考虑,还应该融入与人的生理相关的环境性、与人的视觉相关的景观性和与人的知识相关的场所性 3 个因素。为提高人们生活环境质量水平,在道路空间上应充分考虑如何实现以上 5 种要素间的平衡如图 9-4 所示。

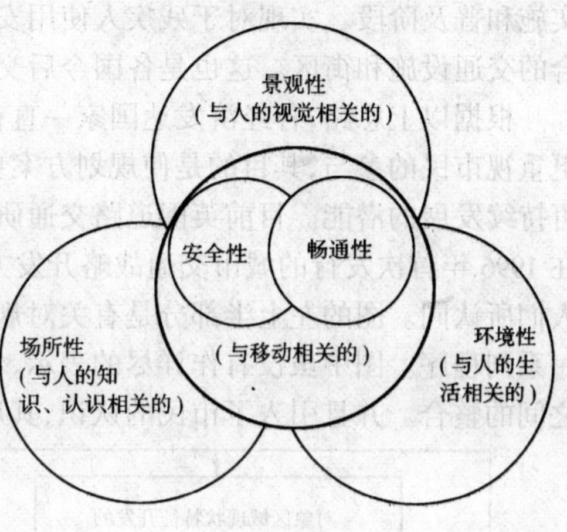

图 9-4　道路舒适性构成要素关系

9)考虑干线交通规划与地区交通规划的平衡

随着机动车数量的增多,地区内部道路将涌现出大量的机动车,地区交通问题明显增多,而以往的交通规划只是对干线交通进行定量化预测计算。如何使地区机动车交通不影响行人安全、舒适,并能够保证良好的居住环境,则必须从不同于干线交通规划的角度,针对地区交通的实际特点进行规划设计,并严格实施。日本在 20 世纪 70 年代曾试行过交通管制形式,从 80 年代开始对干线道路所环绕的地区及铁路站点周围地区实行地区交通规划,并普遍应用到城市的所有地区,取得了明显效果。

10)土地利用规划与交通规划的综合考虑

考虑交通规划问题时,不但要处理目前存在的交通问题,还应寻求从根本上得到改善的良策,因此,应将土地利用规划和原则作为重要的课题考虑。交通与人们的居住、生活、休息等活动密切相关,人们的居住空间、工作空间、游憩空间的配置和人口密度等土地利用规划内容与交通规划直接相关,土地利用与交通的关系见图 9-5。因此应当对应相应的土地利用状态来确定相应的交通需求量。交通规划与土地利用规划综合处理,也是今后交通规划的重要课题。

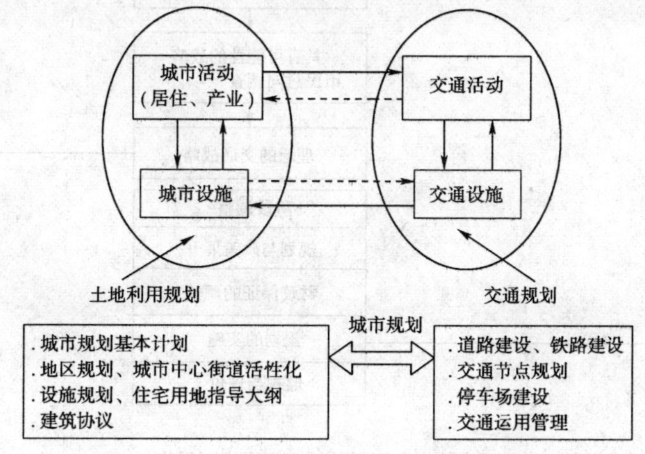

图 9-5　土地利用与交通的关系

11)考虑从无障碍交通向无障碍街区设计过渡

为体现交通平等原则,适应社会逐渐老年人增多的现实,最早在欧美诸国逐步采取了相应的措施,并付以相应的法律,强制实施。日本自 1973 年建设省(现国土交通省)确定了"取消人行道与车道的落差,增设导盲线等方针"和 1974 年制定的"福利环境建设纲要"开始实施道路和建筑物无障碍设计,于 1994 年实行了便于老年人和残疾人使用的建筑物的建设和改建的相关法律,2000 年实行了便于老年人和残疾人使用的公共交通工具相关法律,目前正处于快速实施和普及阶段。实现对于残疾人使用安全、便捷、简单易用、经济妥当和美观 5 个要素相融合的交通设施和街区。这也是各国今后交通规划不容忽视的重要内容。

根据以上思路,各经济发达国家一直在探索最理想的城市交通规划程序,其共同观点就是更重视市民的参与,其目的是使规划方案更适用,体现规划结果的高效、公平和环保性,并具有可持续发展的潜能。目前英国道路交通研究所(Institute of Highways & Transportation,简称 IHT)在 1996 年首次发行的城市交通战略开发方针中提出了如图 9-6 所示的城市交通规划程序,被人们所认同。图的左上半部分是有关对规划区域现状的认识,右上半部分是关于未来预测的一系列程序。图中虽没有作详尽的表示,但充分对应了各种交通方式间的整合及城市和交通之间的整合。并且引入了市民的认识,其反馈系统和公害监视系统也很有新意。因此交通规

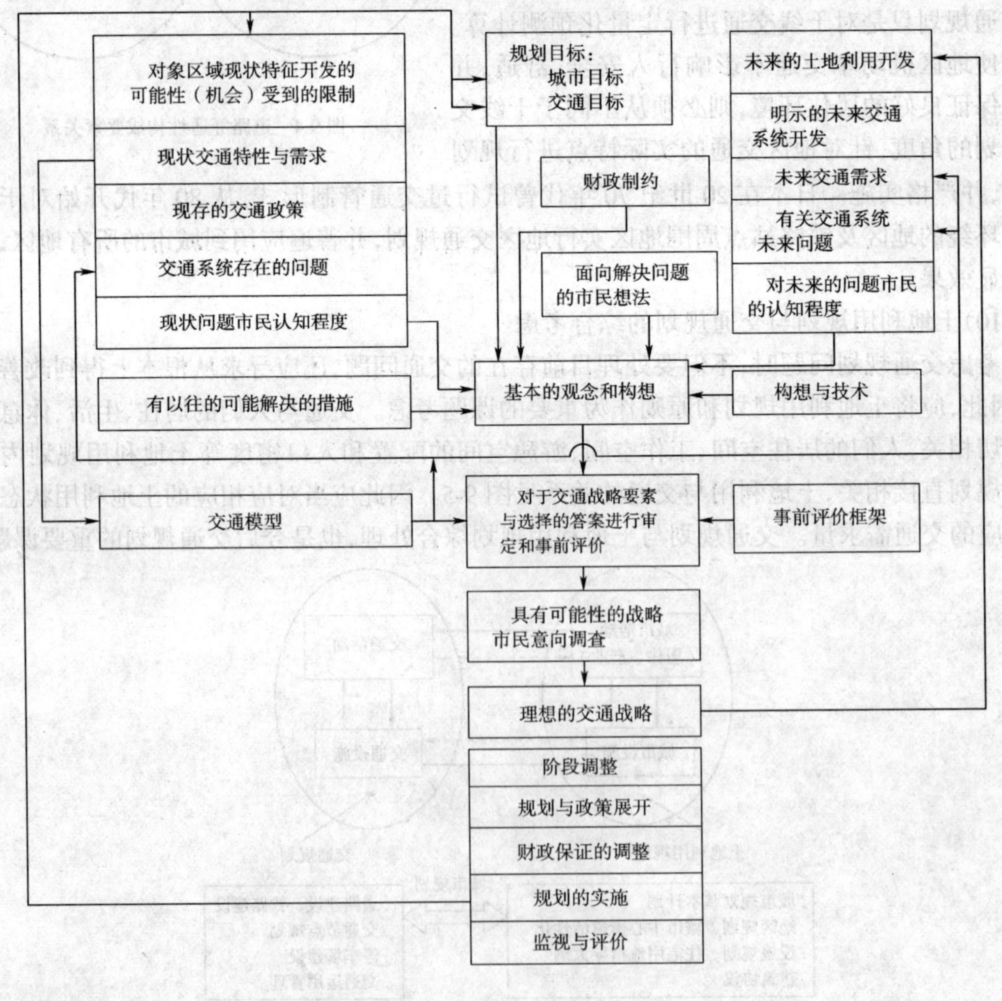

图 9-6 IHT 提倡的城市交通规划程序

划是将多种概念相互组合,具有多样的意义,应更重视市民的参与。该规划程序具有综合性,在进行交通规划时可参考实施。

4.交通规划方法概述

交通规划理论的形成和发展世界各个国家不尽相同,目前发达国家和发展中国家基本上都有针对自己国情的规划方法,我国经过 20 多年的努力,目前初步形成了本国的规划理论。美国在 1962 年发表了“Chicago 都市圈交通规划(Chicago Area Transportation Study,简称 CATS)”的方法,并冠以“Transportation Study”的名称,同时进行了道路规划和相关联的大运量交通工具规划,首次考虑了出行方式,并将其应用到实际规划之中。由于在美国,城市交通规划发展迅速,逐步扩充了以往 Tyaffic Planning 的内容,并改名为 Transportation Planning,逐渐影响到世界各国。

日本昭和 38 年(1963 年)在富山和高岗地区首次进行了综合城市交通规划基础性调查——居民出行调查,并在各地进行了试验性调查研究,依据此经验在昭和 42 年(1967 年)在广岛都市圈首次将包含居民出行调查的大规模调查数据规范化实施,利用这些数据进行了交通发生、交通分布、出行方式分担和交通分配四阶段法的交通需求预测,于昭和 44 年(1969 年)发表了包含道路和铁路的未来交通规划。之后依次实施了以东京、京阪神、名古屋为中心的大约 30 个都市圈的居民出行调查,根据调查数据,使得四阶段法越来越得到普遍应用和扩充。

我国交通规划方法也是在四阶段法基础上得到了扩充,特别是随着我国每年 GDP 指数不断提高,汽车交通得到了迅猛发展,特别是在大城市表现的尤为明显,出现了诸多交通问题,为应对和缓解这些问题,要求制订交通规划时在遵循传统方法的同时要有所突破,以应对如何切实保障公共交通的优势、如何防止汽车交通的污染、如何适量控制小汽车的增长速度等交通问题。我国专家学者也引进了非集计模型分析方法,并进行了深入研究。

四阶段法的原理是交通的产生和吸引主要依据于土地利用和社会经济条件等因素,这样就可以对其资料进行回归生成模型,而所产生的交通又是分布在不同的起讫点之间,可形成如交通出行期望线一样的出行网络,这样即可用模型模拟未来交通增长情况(通常用增长系数法、平均系数法、弗拉塔法及综合分布模型法),然后考虑所产生的交通是以何种方式出行,找出不同出行方式的主要影响因素,进行出行方式划分,最后按照规划的道路网络决定交通在起终点间的合理分配。即交通发生、交通分布、交通方式划分和交通分配预测 4 个阶段。

无论是采用什么样的规划理论进行交通规划,都应该以系统的观点出发,运用系统工程学方法进行分析,而不能单纯地为规划中的子元素去考虑,应从系统的总体和长远最优出发,分析组成系统的各个层次的功能和相互之间的协调关系,确保系统总目标的实现。

5.城市交通规划的发展方向

以往的交通规划由给定框架的交通需求预测并根据预测结果所进行的设施供给计划组成。然而随着汽车拥有量的激增,有限的城市空间难以满足其对交通设施的需求,同时过多的汽车交通也会带来各种城市交通问题,因此研究城市交通规划应逐步扩展到研究交通设施的潜能运用,管理及控制汽车交通需求方面。

(1)从汽车交通管理(Traffic Management)向综合交通管理(Comprehensive Traffic Management,简称 CTM)方向发展。即保护交通弱者,提高公共交通的利用率,采取吸引居民出行利用公共交通工具的具体措施。

(2)从交通系统管理(Transportation System Management,简称 TSM)向交通需求管理(Travel

Demand Managemeent,简称 TDM)发展。即不但要考虑提高交通空间的效率,还要从土地利用、城市的发展角度来考虑,平衡交通需求与供给间的矛盾,改变个人的交通行为。具体的 TDM 措施如图 9-7 所示,将交通行为通过 5 种方式加以改变。图中心部分的措施是具有复合型目的的措施,外侧的措施是单一的措施。

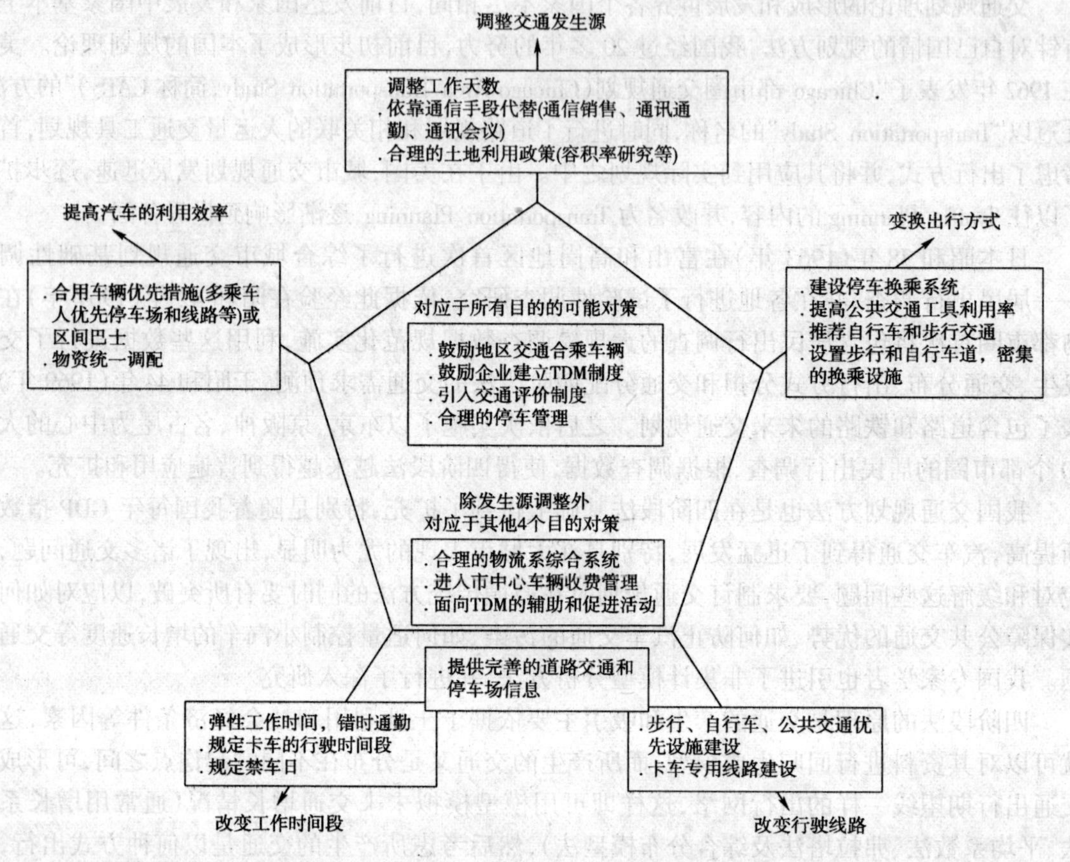

图 9-7　交通需求管理对策

(3)依靠考虑土地利用形态的城市交通战略来诱导城市发展。即从土地利用形态出发,以实现环境负荷最小的交通体系为目的规划方案。国外成功的案例有很多,例如荷兰的 ABC 策略,美国的面向公共交通的城市开发(TOD)等。

第二节　交 通 调 查

交通调查是对与交通相关的现状数据进行调查,是根据交通的不同类别和不同规划内容所进行的调查。无论是什么区域范围何种交通方式的规划,其调查的内容主要包括社会经济调查、交通设施及其服务能力调查和交通现状调查(包括起讫点调查、货流调查等)内容。

一、基本概念和术语

1.出行与出行端点

出行是人们日常生活中的基本行为。出行和出行端点的概念,在美国进行底特律都市圈交通调查时最先得到应用。

(1)出行。人、货物或作为交通方式的汽车为了某种目的,由始点到终点之间的一次移动,称为出行。其中,人的移动称为人的出行(Person Trip)。

(2)出行端点。出行的两端,即起点(Orgin)和终点(Destination)称为出行端点(Trip End)。出行的单位用出行数(Trips)表示。

(3)出行据点(Base)。为某人出行所迈出第一步的地点或设施,即某人某日第一次出行的发生地点或设施。如家庭(home base,HB)、工作地点(office base,OB)、宾馆、饭店和交通枢纽等,如图9-8所示。一次上班出行可以利用若干种交通工具(图9-8中采用了4种出行方式),但因为出行目的是到工作地点工作,所以把它作为一次出行。于是,出行可归纳为具有一个交通目的,在途中即使变换了交通方式,只要交通目的不变,就可以看作是一次出行。

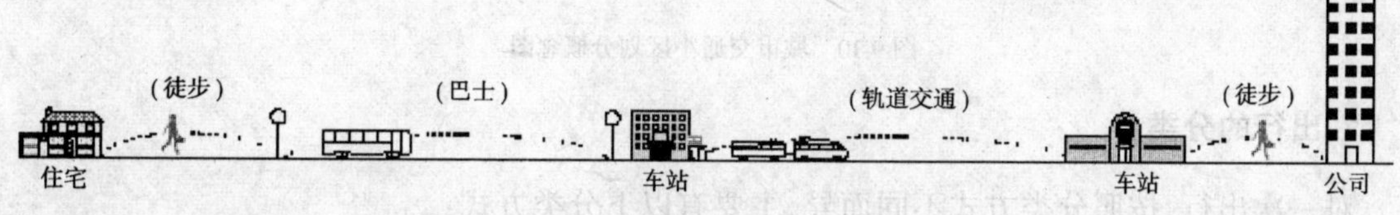

图9-8 上班出行

2.出行链、出行循环及出行形式

(1)出行链。某人一天的全部活动,是由若干个出行相连接的,称之为出行链(Trip Chaining 或 a Chain of Trip)。

(2)出行循环。由一个据点出发到返回该据点的一连串的出行的总称为出行循环。具有代表性的有HB循环和OB循环等。其中包括暂停(Stop)及逗留(Sojourn)。

3.出行目的

出行目的(Trip Purpose)为一次出行将要完成的任务,一般分为:上班(或通勤)、上学、自由(购物、娱乐、观光等)、业务、回家等。

4.境界线

所规定调查区范围的边界线称为境界线。如图9-9所示。

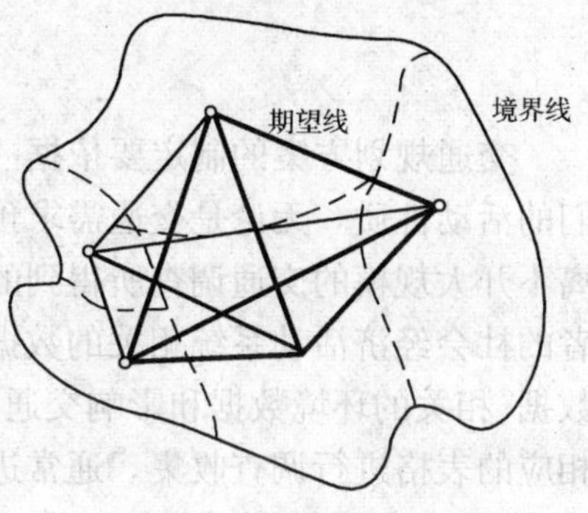

图9-9 期望线示意图

5.期望线

连接各交通小区(交通调查的基本单元)形心的直线,代表了小区间发生的出行,其宽度通常代表了小区间出行数比例。如图9-9所示。

6.核查线

为检查OD调查数据精度在调查区域内设置的分隔线,一般以天然的或人工的障碍(河流、城墙、铁路等)为分隔线。可设置一条或多条,将调查区分隔成几个部分,用以观测穿越该分隔线各个路口的交通量,如图9-10所示。

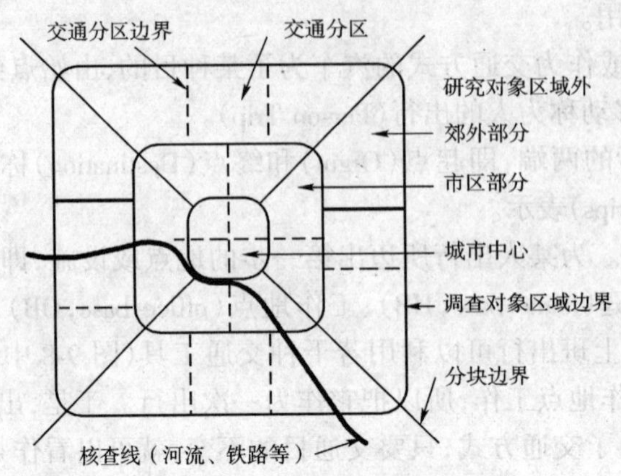

图 9-10　城市交通小区划分概念图

7.出行的分类

对一次出行,按照分类方式不同而异,主要有以下分类方式:

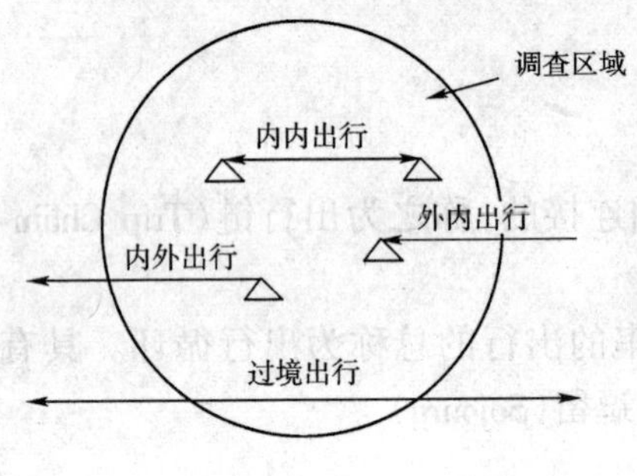

图 9-11　出行范围示意图

(1)按出行范围分为内内出行、内外出行、过境出行。这也是实际最常用的分类方式,如图 9-11 所示。出行端点都在设定区域内的 OD 出行为内内出行;出行端点的一端在设定的区域内,另一端在设定的区域外的 OD 出行为内外(外内)出行;出行端点都在设定的区域外部,且通过设定区域的 OD 出行为过境(通过)出行。

(2)按出行目的分为上班出行、上学出行、自由出行、业务出行和回家出行等。

(3)按出行的时间分为高峰时间出行和非高峰时间出行。前者中的派生需求多;后者中本源需求多。

(4)按出行者属性分类。可以按收入水平、家庭汽车保有量、家庭大小与结构等划分。

二、交通规划的基础调查

交通规划方案的制定要依据一定量的基础资料,目的是掌握交通流的各种现象和明确人们的活动性质。无论是交通需求预测、建立交通需求预测模型还是进行交通供求平衡分析,都离不开大规模的交通调查所得到的基础数据。通常交通规划需以下数据:有关交通设施提供者的社会经济活动系统相关的数据、交通使用者的社会经济活动系统相关数据、交通流的相关数据、相关的环境数据和影响交通产生的社会经济数据等。根据规划的内容和目的需要,采用相应的表格进行调查收集。通常进行交通发生调查(上学、上班、商务、购物、货运等产生的交通调查)、OD 调查(汽车 OD 调查、居民出行调查和货物流动调查等)、交通量及其变化规律调查、交通拥挤情况调查、速度调查和其他调查等。

交通规划的任务就是要建立社会经济系统、运输设施服务系统和交通活动系统分析之间的定量和定性关系,求得它们之间的协调平衡发展。因此在进行定量分析和预测之前,首先必须进行这三方面的调查分析,收集必要的基础数据。

交通调查通常采用直接观测调查和询问调查两种方法,根据规划性质来确定调查时间和调查范围。交通调查时合理划分交通小区是非常重要的，如图9-10给出了城市交通小区划分的概念图，图9-12给出了调查顺序。

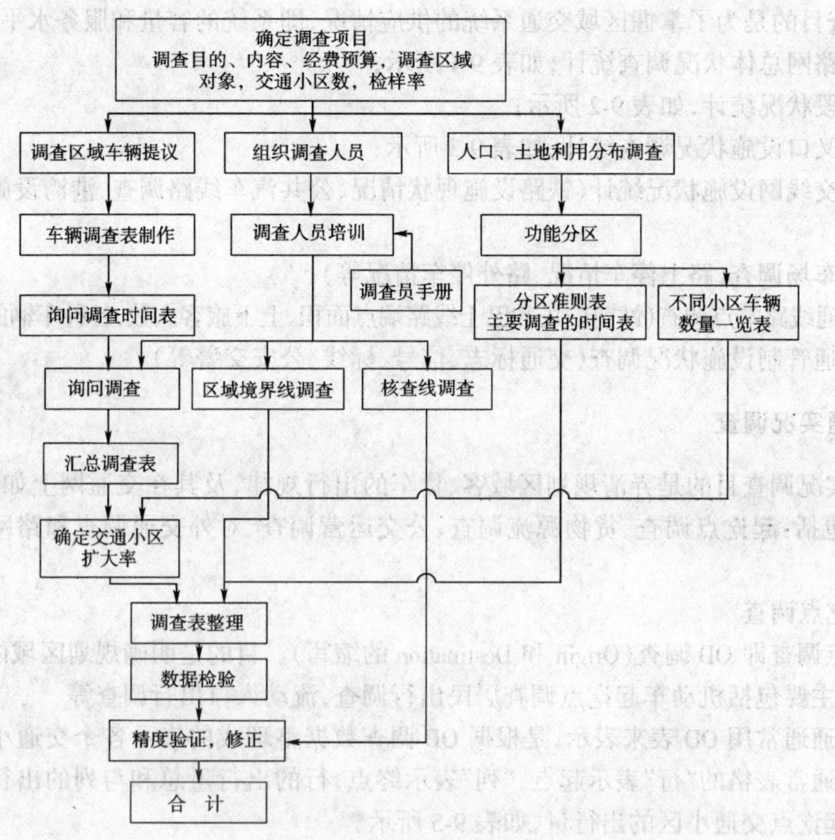

图9-12　交通调查的顺序图

1.社会经济调查

1)调查的目的和意义

根据交通规划的需要，首先要对研究区域的生活经济状况作全面的了解，收集各方面的基础资料。按性质分为综合社会经济调查和对某一固定的道路及大型构造物的个别社会经济调查。前者是对全国的(或地区、城市)主要客货运形成点的直接详细调查，取得对全国的或某一地区、某城市的交通规划所需的基础资料。后者指对拟新建或改建的某一交通线路或构造物的社会经济调查，调查的目的在于确定客货运量大小，从而确定线路的走向、技术等级和标准，确定施工程序以及论证投资效果等。无论是城市交通规划还是区域交通规划，无论是综合交通规划还是单项交通规划都要进行社会经济调查。

2)调查内容

综合社会经济调查主要有：行政区划分、分区规划、隶属关系、管理范围、影响区域；人口(总数、分布、构成、迁移和增长情况)；土地利用情况(一般在城市规划中进行)；国民经济发展情况(人均收入、投资状况和各产业产值等)；产业情况(结构、布局)；客货运输(运输量、各种运输方式比重等)；交通工具(拥有量、构成等)；资金来源和项目的社会价值等。

社会经济调查应包括历史及现状的资料数据，一般可从统计部门、交通部门等政府机构获得。所获得的资料应根据需要进行适当加工。

2.交通设施及其服务能力调查

该调查目的是为了掌握区域交通系统的供应情况,即系统的容量和服务水平。

(1)道路网总体状况调查统计,如表 9-1 所示;

(2)路段状况统计,如表 9-2 所示;

(3)交叉口设施状况调查统计,如表 9-3 所示;

(4)公交线网设施状况统计(铁路设施现状情况、公共汽车线路调查、港湾设施调查),如表 9-4 所示;

(5)停车场调查(路上停车情况、路外停车情况等);

(6)交通线路端点调查(站前广场和巴士线路端点面积、上下旅客人数,各种车辆的泊位数等);

(7)交通管制设施状况调查(交通标志、信号、标线、公安交警等)。

3.交通实况调查

交通实况调查目的是弄清规划区域客、货车的出行规律,及其在交通网上如何分布,调查内容通常包括:起讫点调查、货物源流调查、公交运营调查、对外交通调查和路网交通流调查等。

1)起讫点调查

起讫点调查即 OD 调查(Origin 和 Destination 的缩写)。目的是明确规划区域内人和货物的交通特性,主要包括机动车起讫点调查居民出行调查,流动人口出行调查等。

OD 交通通常用 OD 表来表示,是根据 OD 调查数据整理成的表示各个交通小区之间出行量的表格,通常表格的"行"表示起点,"列"表示终点,行的出行量总和与列的出行量总和分别表示对应起讫点交通小区的出行量,如表 9-5 所示。

道路网总体状况统计表 表 9-1

编号 年份

<table>
<tr><th colspan="2" rowspan="2">项目
分类等级</th><th rowspan="2">道路长度(km)</th><th colspan="2">道路面积(km^2)</th><th rowspan="2">路网密度(km/km^2)</th><th rowspan="2">道路面积率[②](%)</th><th rowspan="2">比重[①](%)</th></tr>
<tr><th>总量</th><th>高级路面比重(%)</th></tr>
<tr><td rowspan="7">公路或城市出入口道路</td><td>合计</td><td></td><td></td><td></td><td></td><td></td><td></td></tr>
<tr><td>高速公路</td><td></td><td></td><td></td><td></td><td></td><td></td></tr>
<tr><td>一级公路</td><td></td><td></td><td></td><td></td><td></td><td></td></tr>
<tr><td>二级公路</td><td></td><td></td><td></td><td></td><td></td><td></td></tr>
<tr><td>三级公路</td><td></td><td></td><td></td><td></td><td></td><td></td></tr>
<tr><td>四级公路</td><td></td><td></td><td></td><td></td><td></td><td></td></tr>
<tr><td>其他(含等外)</td><td></td><td></td><td></td><td></td><td></td><td></td></tr>
<tr><td rowspan="5">城市道路</td><td>合计</td><td></td><td></td><td></td><td></td><td></td><td></td></tr>
<tr><td>快速干道</td><td></td><td></td><td></td><td></td><td></td><td></td></tr>
<tr><td>主干道</td><td></td><td></td><td></td><td></td><td></td><td></td></tr>
<tr><td>次干道</td><td></td><td></td><td></td><td></td><td></td><td></td></tr>
<tr><td>支路</td><td></td><td></td><td></td><td></td><td></td><td></td></tr>
</table>

注:①比重按某级道路长度总长的百分比计。

②道路面积占地区总面积的百分比。

路段设施调查表 表 9-2

地点 日期 调查员

<table>
<tr><td>编 号</td><td colspan="3"></td><td>名 称</td><td colspan="3"></td></tr>
<tr><td>类别</td><td colspan="3">1.主干道;2.次干道;
3.支路;4.专用道路</td><td>所在区域</td><td colspan="3">1.商业区;2.工业区;
3.生活区;4.混合区</td></tr>
<tr><td>起点</td><td></td><td>终点</td><td></td><td></td><td>总长</td><td colspan="2"></td></tr>
<tr><td>最大纵坡</td><td colspan="2"></td><td>平均纵坡</td><td colspan="4"></td></tr>
<tr><td colspan="8">横断面布置图</td></tr>
<tr><td colspan="8">注明:1.用地宽度;2.路面宽度;3.车行道宽度;4.车道宽度;5.人行道宽度;6.隔离形式;7.隔离带宽度</td></tr>
<tr><td colspan="8">纵断面布置图</td></tr>
<tr><td colspan="8">注明:1.道口区间长度;2.交叉道性质、宽度;3.交叉口控制形式;4.交通管制;堆场作业情况</td></tr>
<tr><td rowspan="2">备注</td><td colspan="2">车行道最小宽度</td><td></td><td colspan="2">竖向净空</td><td colspan="2"></td></tr>
<tr><td colspan="2">侧向净空</td><td></td><td colspan="2">其他干扰情况</td><td colspan="2"></td></tr>
</table>

交叉口设施状况调查表 表 9-3

地点 日期 调查员

<table>
<tr><td>编 号</td><td colspan="2"></td><td>名 称</td><td colspan="2"></td></tr>
<tr><td>交叉道口数</td><td colspan="2"></td><td>所在区域</td><td colspan="2">1.商业区;2.工业区;3.生活区;4.混合区</td></tr>
<tr><td>交叉方式</td><td colspan="5">1.信号控制;2.环形交叉;3.立体交叉;4.无控制平面交叉口</td></tr>
<tr><td colspan="6">交叉口布置图</td></tr>
<tr><td colspan="6">注明:1.各进口道宽度;2.各进口道车行道宽;3.车道划分;4.车道分配;5.分隔渠化设施</td></tr>
<tr><td rowspan="2">信号交叉口</td><td>信号周期长</td><td></td><td>相位分配(有无左转相位)</td><td colspan="2"></td></tr>
<tr><td>相位长</td><td></td><td>车道分配(有无左、右转车道)</td><td colspan="2"></td></tr>
<tr><td rowspan="2">环形交叉口</td><td>中心岛半径</td><td></td><td>转弯车道划分</td><td colspan="2"></td></tr>
<tr><td>环形车道宽</td><td></td><td>有无分隔设施</td><td colspan="2"></td></tr>
<tr><td rowspan="2">立体交叉口</td><td>匝道控制方式</td><td></td><td>有无附加车道</td><td colspan="2"></td></tr>
<tr><td>匝道转弯半径</td><td></td><td>纵坡</td><td colspan="2"></td></tr>
<tr><td rowspan="2">备注</td><td>行人干扰情况</td><td></td><td>道路标志</td><td colspan="2"></td></tr>
<tr><td>无控制交叉口有无优先权</td><td></td><td>50m 以内有无公交站台</td><td colspan="2"></td></tr>
</table>

公交线网设施统计表 表 9-4

编号	起讫点	经过区域	线路长度	站台数	平均站台间距	营运车辆数	年车平均额定座位数	服务人员数①
合计								

注:①服务人员指驾驶人、售票员、调度员等。

OD 出 行 量 表　　　　表 9-5

D(终点) / O(起点)	1……j……n	合计(产生交通量)
1 ⋮ i ⋮ n	分布交通量矩阵 $[x_{ij}]$	$P_i = \sum_j x_{ij}$
合计(吸引交通量)	$A_j = \sum_i x_{ij}$	(总交通量) $T = \sum P_i = \sum A_j$

根据 OD 调查可明确交通生成和外出率、交通目的、所采用的交通方式、出行产生和吸引量以及交通分布,并可转化为期望线图。

OD 调查的主要内容。

(1)机动车起讫点调查。根据汽车的起点和终点,按不同区域、不同目的、不同时间等进行的调查,通常采用问卷调查方式。目前我国对这方面还没有形成制度,日本自 1985 年,每 5 年进行一次区域发生、集中交通量以及地区之间交通流量调查,数据非常准确完善。

①调查目的　通过机动车 OD 调查数据,可对土地利用和对应于城市发展诸多指标的机动车交通结构进行分析,从而明确城市结构与交通需求之间的关系。

②调查内容　主要有:机动车种类、牌照管辖地、车辆性质等;运营情况(自家用车、营业性车辆、出租车、包租车辆、公交车、租赁巴士、卡车等);出发和终点(所在地区、交通设施、土地利用和时刻等);运行目的、总的行驶里程等;乘客和载荷情况等。

③调查方法　调查前为统计和处理方便,将调查区域划分成若干交通小区,这些交通小区便是 OD 表的统计单位。交通小区的大小要根据调查目的不同进行划分,通常如果是都市圈 OD 调查,按行政辖区来划分。交通小区的划分必须与调查数据的精度、调查费用及调查目的对应。机动车起讫点调查常采用发收表调查法(见表 9-6)、路边询问调查法(见表 9-6)和标签调查法(见表 9-7)等。

机动车起讫点调查表　　　　表 9-6

牌照:　　　　所属区(县):　　　　单位:

填表人:　　　　出车日期:　　　　调查时段:0:00～24:00

客车(打√)	大	中	小	核定载客(人)	货车(打√)	大	中	小	核定载货(t)	不在调查区(打√)	不出车原因(打√)	在修	无任务	无驾驶人	厂休	其他

次数	发车		到车		主要途经道路	载重情况(打√)			补充说明(打√)			
	时间	地点(最近交叉口)	时间	地点(最近交叉口)		满载	半载	空载	特种车	游览车	非正常耽搁	其他
1												
⋮												

标签调查法的调查表 表 9-7

调查日期： 天气：

进城时间： 时 分，进城地点：

出城时间： 时 分，出城地点：

客车车型（打√）	小（≤12 座）	大（>12 座）	摩托车	货车车型（打√）	小（<2t）	中（2~5t）	大（>5t）
以上内容由调查员填写，以下内容由驾驶人填写							
车辆属性（打√）	个体	单位	运输部门	主要途经道路	其他：		

(2)居民出行调查(Person Trip Survey)。这种调查只在城市交通规划中进行，地区交通规划不进行此项调查。主要采用家访调查法、电话调查法和其他调查方法(明信片调查法、单位职工询问法等)。表 9-8 为可参考的家访调查表。

家庭访问调查表 表 9-8

日期： 天气：

户编号：			户人数：			出行人数：		调查表编号：
户主姓名：			性别：	出生年月：		职业：		职务：
家庭住址： 区 街道 弄 号 室						分区编号：		
上班人数：			上学人数：			无业或离退休人数：		
家庭经济总收入：			补充说明：					
出行次序	出发地点	出发时间	到达地点	到达时间	交通工具	换乘情况	上车前步行时间	下车后步行时间
1								
2								
⋮								

(3)城市流动人口出行调查。流动人口是城市人口的特殊组成部分，其出行规律与城市居民有较大差别。流动人口组成复杂，按停留时间分为：常住、暂住、不住(当日进出)；按来城市目的分为：打工、出差、旅游、探亲、经商、中转等。对不同类型的流动人口采用不同的调查方法。通常对常住人口采用与城市居民相同的调查方法，一户一表，见表 9-8；对暂住人口采用到暂住地点抽样调查方法，一人一表(见表 9-9)；对不住人口采用到交通枢纽站实地采访调查方法，一人一表(见表 9-9)。

流动人口调查表 表 9-9

调查地点： 被调查人： 调查员： 日期： 天气：

拟在本市停留天数			在本市暂住地点				来本市的原因（1.出差 2.旅游 3.探亲 4.经商 5.转车 6.其他）							
出行次序	出发地详细地址	出行原因					出行方式							目的地详细地址
		公务	娱乐	购物	回程	其他	小汽车	出租车	公交车	摩托车	自行车	步行	其他	
1														
2														
3														
⋮														

2)货流调查

货运是交通的一个重要组成部分。货流的货物品种多而杂,运载车辆所有者也多种多样,有些是来自运输公司,有些是货主自备。物流调查主要有两方面内容:某一年度的货源调查和某一天的货物出行调查。见表 9-10 和表 9-11。

货 源 调 查 表 表 9-10

年度:

<table>
<tr><td>单位名称</td><td colspan="3"></td><td>单位性质</td><td></td><td>主管部门</td><td></td></tr>
<tr><td>单位地址</td><td colspan="5"></td><td>电话</td><td></td></tr>
<tr><td>占地面积</td><td></td><td>职工数</td><td></td><td>每年产值</td><td></td><td>联系人</td><td></td></tr>
<tr><td colspan="8">一年货运出行情况</td></tr>
<tr><td colspan="2">货物名称</td><td colspan="2">运入量(万 t)</td><td colspan="2">主要货源地</td><td>运出量(万 t)</td><td>主要到达地</td></tr>
<tr><td colspan="2"></td><td colspan="2"></td><td colspan="2"></td><td></td><td></td></tr>
<tr><td colspan="2"></td><td colspan="2"></td><td colspan="2"></td><td></td><td></td></tr>
<tr><td colspan="2"></td><td colspan="2"></td><td colspan="2"></td><td></td><td></td></tr>
</table>

货物出行调查表 表 9-11

日期: 天气: 调查员:

被调查的单位: 地址:

<table>
<tr><td rowspan="2">次序</td><td rowspan="2">出发时间</td><td rowspan="2">货物名称</td><td colspan="3">车 型</td><td rowspan="2">实载重量</td><td colspan="2">车辆属性</td><td rowspan="2">起点
(最近交叉口)</td><td rowspan="2">终点
(最近交叉口)</td></tr>
<tr><td>小货
< 2t</td><td>中货
2 ~ 5t</td><td>大货
> 5t</td><td>自备</td><td>租用</td></tr>
<tr><td></td><td></td><td></td><td colspan="3"></td><td></td><td></td><td></td><td></td><td></td></tr>
<tr><td></td><td></td><td></td><td colspan="3"></td><td></td><td></td><td></td><td></td><td></td></tr>
<tr><td></td><td></td><td></td><td colspan="3"></td><td></td><td></td><td></td><td></td><td></td></tr>
</table>

3)其他调查

通常还进行城市及区域交通枢纽的客流调查(客运交通枢纽发送、接收的每辆客车的旅客数、时间、起讫点、距离等)及城市交通规划中的自行车起讫点调查(起讫点、行车时间、距离等)。

起讫点调查的数据经人工整理借助计算机进行处理,得出分析结果如各交通小区的出行发生量及其与相关因素的关系、出行分布、出行时间和距离等,最后形成直观的 OD 表。

相关的调查还有:

(1)断面交通量调查。调查道路某断面单位时间所通过的交通实体数(不同类型的汽车、非机动车、行人等)。通常上午 5:00 时到下午 6:30 进行观测。如果用于昼夜比率计算和环境对策制定等方面,要进行 24h 观测。

(2)地区出入交通量调查。是对某特定地区出入的车辆、物资、人等的交通调查。通常围绕该地区确定边界线,根据测定横穿该地区的交通总量的方法进行调查。

交通调查应该是长期性的工作,目前我国还没有制度化,基本上是每次调查都是针对某一规划项目临时进行的,很难反映其规律,因而致使预测精度不高;另外调查标准不统一、表格千差万别的现象也导致了调查数据不易比较和分析,调查数据利用率不高;同时也存在数据资源不能共享,造成大量的人力和财力的浪费。这些方面我们应该借鉴日本的交通规划与管理的程序和交通调查合理有序的管理模式。

第三节　出行发生

出行是人类社会经济活动的产物,也是社会经济系统对交通需求的具体表现。正是因为有了出行,人们才会投资建设交通系统。交通基础设施的建设需要投入大量资金,并且建设周期较长,对社会经济发展有深远的影响,因此如何控制建设规模、如何配置和引导交通结构的发展、如何满足未来社会经济系统对交通的需求,是交通规划者必须考虑的问题。为了应对以上问题,首先要在现状交通调查的基础上准确预测未来规划年交通的出行情况,也是制定交通规划设计方案的基础的第一步。

出行的发生或生成(Trip Generation)有两种量化表达方式,即出行产生量(Trip Production)和出行吸引量(Trip Attraction)。产生交通量与吸引交通量的预测是四阶段交通需求预测法的第一阶段,也是交通需求分析工作中最基本的组成部分。在本阶段,我们必须求出研究对象区域内发生的总出行量,即生成交通量,该阶段也称为交通量的生成。所谓产生(或吸引)交通量是指研究对象区域内由交通小区产生(或吸引)的交通量。

一、概　述

1.出行的度量单位

在公路交通和城市道路交通中,人员出行的度量单位有两个:人、车;货物出行的度量单位也有两个:吨、车。然而车辆形式多种多样,因此应给车辆确定统一的标准。从交通规划者角度来说,所关心的是为适应车辆的出行,需要多少道路资源。因此应根据车辆在道路上行驶时所占用的道路空间进行当量换算,由于小汽车使用比例最高,现在国际上通用的是以小汽车为标准,称为“当量小汽车单位(PCU)”。我国的《城市道路交通规划设计规范》(GB 50220—95)给出的当量小汽车换算系数见表 9-12。

当量小汽车换算系数　　表 9-12

车　种	换算系数	车　种	换算系数
自行车	0.2	旅行车	1.2
两轮摩托	0.4	大客车或小于 9t 的货车	2.0
三轮摩托或微型汽车	0.6	9t～15t 货车	3.0
小客车或小于 3t 的货车	1.0	铰接客车或大平板拖挂货车	4.0

2.影响出行发生量的因素

1)土地利用

住宅区是重要的交通发生源。大部分的出行起点或终点都是出行者的住宅。衡量住宅对交通产生的影响,一般用住宅面积、住宅户数、住宅区总人口、单位面积住户数、单位面积的居民数等指标表示。另外,工厂、机关、商业中心等也是重要的交通发生源和吸引源,通常用单位面积的工作人员数量和占用的土地面积等指标来衡量对交通产生的影响。还有其他的不同性质的土地利用也对交通产生影响,如学校等。

2)家庭

如家庭规模、人口构成，性别，年龄，家庭汽车（自行车）拥有率，家庭成员职业、职务等，这些因素对出行的产生都有一定的内在关系，相关内容可参阅国内各大城市的交通年报。

3.出行发生的表达方式

出行发生（Trip-Generation）的量化表达方式有两种，即出行产生量和出行吸引量。

出行产生量指单位时间（小时、周、月、年或高峰小时）内某一个分区的出行产生量等于家庭端点在这个分区的由家出行数，与起点在这个分区的非由家出行和货物出行的出行数之和。

出行吸引量指单位时间（小时、周、月、年或高峰小时）内某一个分区的出行吸引量等于家庭端点在这个分区的由家出行数，与终点在这个分区的非由家出行和货物出行的出行数之和。

对于一次出行，如果是由家出行，那么家庭端点就是该次出行的产生点，非家庭端点就是它的吸引点；如果是非由家出行或货物出行，那么其起点就是该次出行产生点，讫点就是吸引点。因此，出行的“产生点”不完全等价于“起点”，“吸引点”也不等价于“讫点”。由于一个分区的交通发生量主要由该区的土地利用形态决定，而起讫点的概念与用地形态无关。因此在预测出行发生时应以分区为单位。由于分区的产生量不一定等于其吸引量，所以应分别预测分区的出行产生量和出行吸引量。

【例 9-1】 试分析图 9-13 中分区的出行产生量和吸引量。

图 9-13a）中，出行产生量有 4 个，分别是由家出行的 3 个端点和非由家出行的一个起点。其中 3 个由家出行中有两个是起点，一个终点。出行吸引量有两个，是非由家出行的终点 s 和 o。

图 9-13b）中，出行产生量有一个 f，是非由家出行的起点。出行吸引量有 4 个，其中有由家出行的两个非家庭端点 f 和 s，及一个非由家出行的终点 s 和一个由家出行的起点 s。

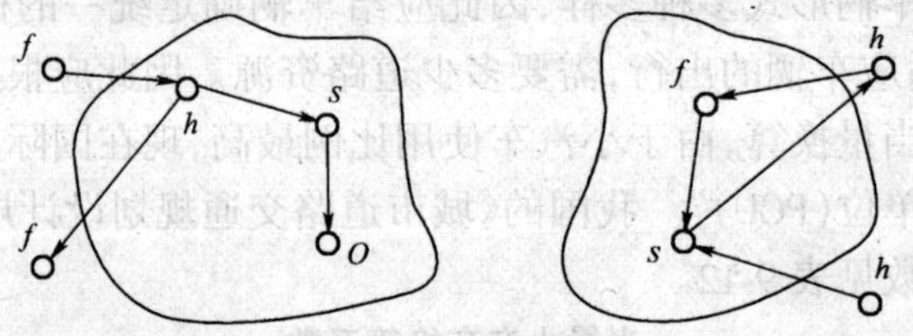

图 9-13 【例 9-1】示意图

h-家庭；f-工厂；s-学校；o-机关

4.四阶段预测法简介

人们在一天的交通行动中会面临多种选择，通常会从一天中出行几次；每次出行的目的地是哪里；采用何种出行方式；选择什么样的路径实现等 4 个方面考虑。将各个阶段的人（非集计）转换到发生的区域（集计）来进行交通需求预测的方法叫四阶段法。即通常所说的交通产生和吸引预测、交通分布预测、交通分担方式预测和交通量分配预测 4 个步骤，其预测顺序如图 9-14 所示。某些情况下交通需求的预测对象被限定在某种出行方式上，例如目前由于小汽

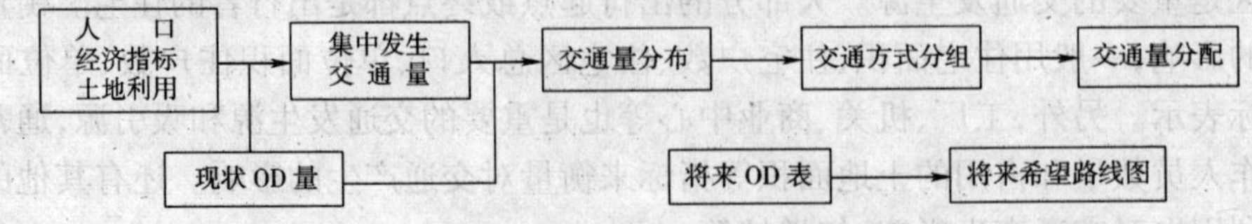

图 9-14 四阶段预测法顺序图

车的社会化，以私人汽车为主的小汽车交通成为人们出行的主要方式(虽然不鼓励，却是现实)，这时交通分担方式可不必预测，因此由原来的四阶段转变为三阶段预测方法。

交通量预测方法中，分个别的预测方法和综合预测方法。前者是以交通量调查资料为基础，连同预测对象道路的一定范围进行推算，根据时间序列计算方法进行简单预测，只能明确道路断面交通量的多少，但不能完成不同方向、不同距离的交通量预测，也不能用于交叉口等设计，只能用于短区间的道路规划。而综合预测方法，是以 OD 调查资料为基础推算规划区域内路网道路交通量，是目前常用的重要道路规划的主要方法。

交通量的产生与人口、各种经济指标、土地利用形态等因素相关，根据 OD 调查结果可以分析目前交通量的发生与人口、各种经济指标及土地利用之间的关系，近而推算将来的人口、相应经济指标和土地利用的值，并由此预测将来交通量生成数据，依据四阶段方法和连锁型模型进行其他各阶段预测。现在也有将交通方式分担和交通量分配预测放在一起，用分担与分配模型-路径模型进行预测。

二、出行发生预测

交通量的产生和吸引预测是四阶段交通需求预测法的第一个阶段，是交通需求分析工作中的基本组成部分。影响交通量发生的因素主要有：土地利用(单位面积的人数、占地面积等)；家庭(家庭规模、人口构成、性别、年龄、车辆拥有率、职业和职务等)等因素，这些因素直接影响出行次数。通常用“原单位”方法来预测交通小区的生成交通量，而对于交通小区的产生、吸引交通量预测，要考虑到交通发生源的空间布局关系，按区域进行产生、吸引交通量预测，预测方法通常有函数法、类型分析法(原单位法)和增长率法 3 类。

1.出行产生量预测

出行产生量预测常用类型分析法、回归分析法和增长率法，由于增长率法过于粗糙，现在很少使用。在此重点介绍类型分析法，回归分析法等。。

1)类型分析法

在某些著作中也被称为原单位法和交叉分类法，但内部细节稍有不同，在此不作详细介绍。原单位法是将交通小区的每个人或每户平均产生的出行量作为原单位，整个研究对象地区的总生成交通量就是此原单位与总人口数或总户数之积。是采用个人为原单位还是以户为原单位，各个国家考虑的角度有所不同，美国常以户为原单位，日本则二者兼有。也可以以交通小区内不同性质的土地利用面积或工作面积上单位面积平均发生的出行量来预测面积的面积原单位法。

原单位法是当利用函数模型法不切合实际的情况下经常采用的一种方法，适用于交通小区面积较小，住宅集中或工业用地集中的区域。将已知的土地利用现状为原单位，来预测其他区域未来土地利用(商业用地、住宅用地、工业用地等)，据此来推算未来的交通量。

类型分析法是在 20 世纪 60 年代伦敦进行交通规划的第二阶段时，在交叉分类法的基础上发展起来的。该方法是以家庭分析为单位，根据对出行起决定作用的一些因素将整个区域的家庭划分成若干类型。在同一类型的家庭中，由于主要出行因素相同，各个家庭出行次数基本相等。将各个家庭单位时间内平均出行次数称为“出行率”，并假定各类家庭的出行率在规划年不变，这样就可以简单地求得预测值。

伦敦在 1963 年进行交通规划时，按照地理条件及家庭属性，将家庭分成 108 个类型。具体类型的划分为：

(1)年收入(英镑)分6级。如表9-13所示。

伦敦家庭年收入分类表　　　　表9-13

收入级别	1	2	3	4	5	6
年收入	<500	500~1000	1000~1500	1500~2000	2000~2500	>2500

(2)家庭构成分6类：

无就业者1人；

无就业者1人以上；

就业者1人,无业成人1人及以下；

就业者1人,无业成人2人及以上；

就业者2人,无业成人1人及以下；

就业者2人,无业成人2人及以上。

(3)家庭汽车拥有量分3类：

0辆；

1辆；

2辆及以上。

具体到我国而言,由于目前城市居民汽车拥有量很低,而自行车、电动车、摩托车拥有量很高,国内学者建议将“汽车拥有量”改为“车辆拥有量”,这在一定时期内是可取的。其他特性的类型划分也可以根据对象城市的实际情况而定,这也是我国交通规划研究的一个课题。

类型分析法的模型是：

$$P_i = \sum_s a_s N_{si} = N_i \sum a_s \gamma_{si} \tag{9-1}$$

式中：P_i——分区 i 规划年每个单位时间出行产生量；

a_s——全市目前第 s 类家庭的出行率；

N_{si}——第 i 分区规划年第 s 类家庭的数目；

N_i——第 i 分区规划年各类家庭的总数目；

γ_{si}——第 i 分区规划年第 s 类家庭的比例。

【例9-2】 我国某城市的交通规划将家庭分作 $3\times3\times3=27$ 类,经调查出行率 a_s 如表9-14所示,表中括号内为各类家庭的比例 γ_{si} 值,该分区未来规划年将有8000户居民,用类型分析法求该分区的出行产生量的预测值 P_i。

例9-2的出行率情况表　　　　表9-14

拥有车辆数	人　口	人均收入水平		
		低	中	高
≤1	≤2	2.5(0.02)	2.9(0.05)	3.1(0.03)
	3	3.4(0.03)	3.7(0.024)	3.9(0.006)
	≥4	4.9(0.028)	5.0(0.012)	5.1(0.00)
2	≤2	4.1(0.00)	4.8(0.075)	5.4(0.0755)
	3	5.5(0.10)	6.1(0.25)	6.5(0.13)
	≥4	6.9(0.05)	7.3(0.04)	8.0(0.01)

续上表

拥有车辆数	人　口	人均收入水平		
		低	中	高
≥3	≤2	5.8(0.00)	6.8(0.025)	7.5(0.025)
	3	6.9(0.05)	7.7(0.03)	8.1(0.02)
	≥4	7.8(0.09)	8.4(0.03)	9.0(0.03)

解:由已知条件 $N_i = 8000$,由式(9-1)得

$$P_i = 8000(2.5 \times 0.02 + 2.9 \times 0.05 + \cdots + 9.0 \times 0.03) = 34678$$

2)函数模型法(多元回归分析法)

由于一个分区的出行产生量与多个因素有密切的因果关系。主要有城市的经济发展水平、分区的居民数量、平均收入、平均车辆拥有量、各类职业的人口数量、分区距离市中心的距离、非住宅用地面积等。这些因素与出行产生量的关系一般都很复杂,不可能用精确的数学函数来表示,对于这种情况,比较好的方法就是回归分析方法。

函数模型法是交通小区产生、吸引交通量最常用的方法,由于研究大多采用多元回归分析模型,因此有时也叫多元回归分析法(Progression Analysis),常用模型为:

$$T_i = a_0 + \sum_k a_k x_{ik} \tag{9-2}$$

$$T_i = a_0 \prod_k a_k x_{ik} \tag{9-3}$$

$$T_i = a_0 \exp\sum_k a_k x_{ik} \tag{9-4}$$

式中:T_i——第 i 交通小区的交通产生量;

x_{ik}——表示交通小区 i 的交通发生量同人口和各种经济指标有关,如居住人口、就业人口、不同职业人口、工业制品出库额、生产所得、商店数量、商店零售额、汽车保有数量、建筑面积等;

a_0, a_k——为回归系数。

预测步骤为:收集整理现状经济指标值-确定交通发生模型-推算各项经济指标的未来值-推算未来交通发生量。

国外研究表明,公式(9-2)通常用于小汽车逐渐普及时期;公式(9-3)通常用于小汽车飞速增长时期,日本过去曾常用该模型进行预测,目前常用公式(9-2)进行预测。

回归分析是寻求对象区域的因变量与相关的说明变量 x_{ik}之间的关系,而表示这一关系的关系式中的回归系数 $a_0, a_1, \cdots, a_k$ 通常用最小二乘法可以求得。这样就可以建立回归方程,将规划年的自变量值 x_{ik}代入回归方程,可得到规划年分区的出行生成量。

检验回归模型与统计数据拟合良好性的标准统计量是相关系数。

为方便理解,现以一元回归为例介绍其应用。

【例 9-3】 某城市经调查,总结出各个分区产生的出行主要与该分区所拥有的小汽车数量相关,统计数据如表 9-15 所示。

某城市分区小汽车拥有量与分区出行产生相关数据表 表 9-15

分区代号	1	2	3	4	5	6	7	8
分区小汽车拥有数量	200	50	500	100	100	400	300	400
分区出行生成	500	300	1300	200	400	1200	900	1000

试建立分区出行产生与小汽车拥有量之间的定量关系。

解:经散点图分析,分区出行生成 T 与小汽车拥有量 X 之间趋于线性相关,定义函数为:

$$T = \alpha + \beta X$$

由最小二乘法得到:

$$\beta = \frac{n\sum XT - \sum X\sum T}{n\sum X^2 - (\sum X)^2} \approx 2.48$$

$$\alpha = (\sum T)/n - \beta(\sum X)/n \approx 89.8$$

因此得到回归方程:

$$\hat{T} = 89.8 + 2.48\hat{X}$$

假设规划年的小汽车拥有量为 1000 辆,则代入回归方程得到规划年该分区的出行生成量为 2570 辆。

回归方程检验:

$$\gamma = \frac{n\sum XT - \sum X\sum T}{\sqrt{[n\sum X^2 - (\sum X)^2][n\sum T^2 - (\sum T)^2]}} = 0.97$$

通常认为:当 $\gamma = 1$,则 T 与 X 是理想的正相关;

当 $\gamma = -1$,则 T 与 X 是理想的负相关;

当 $\gamma = 0$,则 T 与 X 不相关。

3)增长率法

增长率法也叫时间序列法。其原理是用最小二乘法从现状和过去的数据中求出过去的增长率,假定未来也是按照整个增长率增长而求得未来的交通量,其模型为:

$$T_i(t) = F_i \cdot T_i(0) \tag{9-5}$$

$$F_i = \alpha \cdot \beta \cdot \gamma_i \tag{9-6}$$

式中:$T_i(t)$——t 交通小区第 i 年后产生的量;

$T_i(0)$——起始年的产生出行量;

F_i——t 交通小区 i 年后的交通增长率;

α_i——t 交通小区 i 年后的人口增长率;

β_i——t 交通小区 i 年后的人均小汽车保有数量的增长率;

γ_i——t 交通小区 i 年后每台小汽车的利用率。

利用现状和过去的调查数据求出 F_i 值,并用相同的两个时间点算出的 $\alpha_i, \beta_i, \gamma_i$ 值,与求得的 F_i 比较,相差不大可以把 F_i 作为未来交通增长率来推算未来交通发生量。也可以将 α_i,β_i, γ_i 的预测值之积作为未来交通增长率来推算未来交通产生量。

增长率法最大的优点是可以处理用函数法和原单位法都很难解决的问题,例如预测研究区域以外的区域与对象区域之间的交通发生量。

2.出行吸引量预测

出行吸引量的预测方法主要有类型分析法和模型法(回归分析法)两种。前者主要用于人员出行的吸引量预测,而后者主要用于货物出行吸引量预测。另外还有增长率法,主要用于短期交通规划。

类型分析法根据交通出行吸引量的定义,在对出行吸引量类型分析时,不是用“家庭”作为分析单位(原单位),而是以“工作岗位”或用地面积为分析单位。在城市交通规划中多采用前者,地区交通规划中多采用后者。

类型分析法的预测模型为:

$$B_i = \sum_k d_{ik}\omega_{ik} \tag{9-7}$$

式中:B_i——分区 i 的理论吸引量;

d_{ik}——分区 i 的第 k 类岗位;

ω_{ik}——分区 i 每个第 k 类岗位的单位时间平均出行吸引量,简称“吸引率”。

式(9-7)是理论吸引量,式中的 ω_{ik}是经统计得出的,可能会导致 B_i 出现误差,使得总吸引量与总产生量不相等,因此需要进行修正。修正后的实际吸引量(A_i)模型为:

$$A_i = \frac{B_i}{\sum_i B_i}\sum_j P_j \tag{9-8}$$

式中:P_j——分区 j 的实际产生量。

其他方法与出行产生量预测类同。

第四节　出 行 分 布

交通分布是预测由交通发生预测的出行从哪个交通小区来到哪个交通小区去,即推算出各个交通小区间的出行分布量。即预测未来规划年各个分区之间的出行交换量。其步骤为:给定产生和吸引出行量-制作出 OD 表-推算未来出行量分布-绘制未来交通小区出行期望线图。由将来 OD 表描述的未来期望线图,如图 9-15 所示。

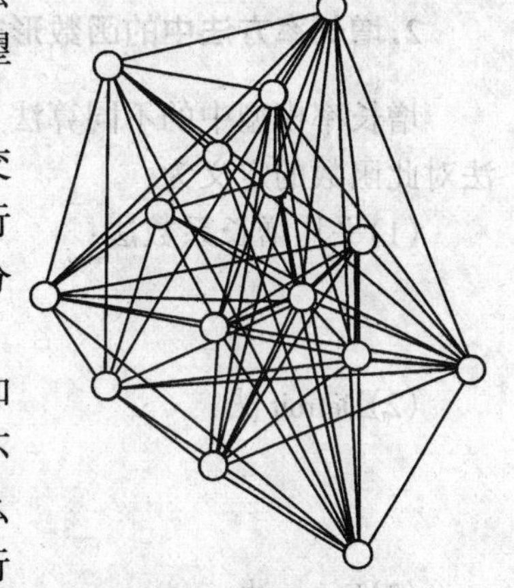

图 9-15　期望线示意图

出行量分布由出行端点的两个交通小区性质及小区间的交通阻抗决定,根据这些关系可以推算未来出行分布。分布出行量预测是四阶段预测法的重要步骤之一。分布出行量是交通分配的基础数据。

分布出行量预测方法主要分现状交通模式法(增长率法)和区域间流动模型法(综合模型法)。前者是以现状和未来变化不大为前提建立的模型,存有如果对象区域包含新开发区域,那么推算的未来交通量值会偏小,交通小区内部出行比小区间出行量预测值偏大的缺陷。通常有平均增长系数法、塚原法、Detroit 法和 Frator 法等。后者是将小区之间的距离和出行量的关系模型化,不利用现状 OD 而进行预测的方法,尽管现状交通模式有某种程度的变化,也可进行预测。通常有重力模型法(Gravity Model)、机会模型法(Intervening Opportunity Model)、相互作用模型法和变迁概率模型法等。

一、增长率法

1.预测步骤

增长率法常用的有平均增长率法、Detroit 法和 Frator 法。基本思路大致相同,不同的是各自采用不同的增长函数。其分析方法和计算步骤如下:

(1)用 t_{ij}表示现状 OD 表中的交通小区 i、j 间的出行量。$P_i^{(0)}$,$A_j^{(0)}$ 分别表示现状产生的出行量和吸引出行量;

(2)用 P_i,A_j 分别表示各交通小区将来的产生出行量和吸引出行量;

(3)用下式来计算各个交通小区的产生、吸引出行量的增长系数 F_{gi},F_{aj}:

$$F_{gi}^{(0)} = \frac{P_i}{P_i^{(0)}},\ F_{aj}^{(0)} = \frac{A_j}{A_j^{(0)}} \tag{9-9}$$

(4)$t_{ij}^{(1)}$为要推算的出行量的第一次近似值,可以由 $F_{gi}{}^{(0)}$,$F_{aj}^{(0)}$的函数按下式计算:

$$t_{ij}^{(1)} = t_{ij} f(F_{gi}^{(0)}, F_{aj}^{(0)}) \tag{9-10}$$

(5)通常来说,对分布量求和得到的产生出行量和吸引量:

$$P_i^{(1)} = \sum_j t_{ij}^{(1)},\ A_j^{(1)} = \sum_i t_{ij}^{(1)}$$

与 P_i,A_j 并不一致,这时用 $P_i{}^{(1)}$,$A_j{}^{(1)}$代替式(9-9)中的 $P_i{}^{(0)}$,$A_j{}^{(0)}$,算出增长系数,求解第 2 次迭代的近似值:

$$t_{ij}^{(2)} = t_{ij}^{(1)} f(F_{gi}^{(1)}, F_{aj}^{(1)}) \tag{9-11}$$

(6)重复以上步骤,直至:

$$F_{gi}^{(k)} = \frac{P_i}{P_i^{(k)}},\ F_{aj}^{(k)} = \frac{A_j}{A_j^{(k)}}$$

都近似于 1 时,相应的 $t_{ij}{}^{(k)}$即为所求的 OD 分布量。

2.增长率方法中的函数形式

增长率模型中的不同算法,区别就在于式(9-10)中的函数形式 $f(F_{gi}, F_{aj})$的定义不同。各法对此函数的定义为:

(1)平均增长系数法:

$$f = \frac{1}{2}\left(\frac{P_i}{P_i^{(0)}} + \frac{A_j}{A_j^{(0)}}\right) \tag{9-12}$$

(2)Detroit 法:

$$f = \frac{P_i}{P_i^{(0)}}\left(\frac{A_j}{A_j^{(0)}} \Big/ \frac{\sum_j A_j}{\sum_j A_j^{(0)}}\right) \tag{9-13}$$

(3)Frator 法:

$$f = \frac{P_i}{P_i^{(0)}} \cdot \frac{A_j}{A_j^{(0)}} \cdot \frac{L_i + L_j}{2} \tag{9-14}$$

其中,L_i 和 L_j 为小区 i 和j 的位置系数或 L 系数,分别为:

$$L_i = P_i^{(0)} / \sum_j \left(t_{ij}^{(0)} \cdot \frac{A_j}{A_j^{(0)}} \right)$$

$$L_j = A_j^{(0)} / \sum_i \left(t_{ij}^{(0)} \cdot \frac{P_i}{P_i^{(0)}} \right)$$

式中：P_i, A_j——分别表示各交通小区将来的产生出行量和吸引出行量；

$P_i^{(0)}, A_j^{(0)}$——分别表示现状产生的出行量和吸引出行量；

L_i, L_j——分别为交通小区 i，j 的位置系数；

$t_{ij}^{(0)}$——表示现状 OD 表中交通小区 i，j 间的出行分布量。

二、重力模型法

重力模型法考虑了区间之间的交通分布受到地区间距离、运行时间、费用等所有交通阻抗的影响。分为原来的重力模型（简称重力模型）和修正的重力模型两种。由于这种模型类似于牛顿提出的万有引力公式，即分区之间的出行分布同各区对出行的吸引成正比，而同区之间的交通阻抗成反比，因此称作重力模型。

重力模型是假设 i，j 之间的分布量 t_{ij} 与小区 i 的产生量（P_i）和小区 j 的吸引量（A_j）成正比，与两个小区间的距离（R_{ij}）或广义费用（Generalised Cost）成反比。

$$t_{ij} = k \frac{P_i^{\alpha} \cdot A_j^{\beta}}{R_{ij}^{\gamma}} \tag{9-15}$$

式中：α, β, k——为模型系数，在已知 t_{ij}、$P_i^{(0)}$、A_j（如现状 OD 表）、R_{ij} 情况下，对上式两边求对数，利用最小二乘法求出。为简化计算也可取相应经验值 α、β（通常称为潜能系数）一般取 0.5～1.0；

R_{ij}——分布阻抗；

γ——称作分布阻抗系数。

【例 9-4】 如表 9-16 所示的现状 OD 表，已知未来交通的产生和吸引出行量如表 9-17 所示，假定小区间分布阻抗以时间距离来衡量，其值见表 9-18，用重力模型法求解目标年的 OD 出行量。

现状 OD 表　　表 9-16

O \ D	1	2	3	P_i
1	4	2	2	8
2	3	5	4	12
3	2	3	3	8
A_j	9	10	9	28

将来的发生和吸引交通量　表 9-17

O \ D	1	2	3	P_i
1				20
2				20
3				25
A_j	25	18	22	65

解：取 $\alpha = \beta = 1.0$，在此情况下对式（9-15）两边求对数，则：

$$\log t_{ij} - \log P_i A_j = \log k - \gamma \log R_{ij}$$

因此，对全部的 OD 要素（$3 \times 3 = 9$）算出（$\log t_{ij} - \log P_i A_j$）和 $\log R_{ij}$ 的值，然后采用 $Y = a + bX$ 来进行回归分析。分析的结果为 $a = 0.741$，$b = 0.524$，相关系数为 -0.89。

这里，由于 $a = \log k$，$b = -\gamma$，进行逆转换后，可求得如下的重力模型：

$$t_{ij} = 0.182 \frac{P_i A_j}{R_{ij}^{0.52}}$$

将表 9-17 和表 9-18 分别代入该模型，则得出表 9-19 目标年的 OD 出行量。

小区间的时间距离表(单位:min)　　表 9-18

O \ D	1	2	3
1	14	32	40
2	32	16	22
3	40	22	12

小区间的时间距离表(单位:min)　　表 9-19

O \ D	1	2	3	P_i
1	23.1	10.8	11.8	45.7
2	15.0	15.5	16.0	46.5
3	16.7	16.4	27.5	60.6
A_j	54.8	42.7	55.3	152.8

重力模型具有原理简单明了、通用性强的优点，但是也存在分布阻抗 R_{ij}考虑过于简单，只考虑了产生、吸引出行量和分布阻抗，并不能完全反映交通分布的特性，也不能保证由其预测的 t_{ij}在求和之后与产生、吸引出行量一致等缺点。为增强其通用性，A. M. Voorhees 提出了修正重力模型如下：

$$t_{ij} = P_i \frac{A_i f(R_{ij})}{\sum_{j=1}^{n} A_j f(R_{ij})} \tag{9-16}$$

之后美国公路局模型(BPR)在上述模型基础上导入了反映小区 i 和小区 j 间固有的关系调整系数 K_{ij}(又称地域间结合度)，得到如下模型：

$$t_{ij} = P_i \frac{A_i f(R_{ij}) K_{ij}}{\sum_{j=1}^{n} A_j f(R_{ij}) K_{ij}} \tag{9-17}$$

R_{ij}为分布阻抗函数，相关详细内容可参阅本章所列参考书。

三、机会模型法简介

机会模型基本思想是把从某一小区发出的出行选择某一小区作为目的地的概率模型化，属概率模型，主要有：

1.介入机会模型(Intervening Opportunities Model)

是考虑到所有的出行都受到距离更近的吸引点所吸引，假定所有出行都在尽量短的距离内找到理想的目的地。其特点是不受分区界限的影响，计算简单，但概率常数的缺点是需要大量的 OD 调查资料。

$$t_{ij} = P_i(e^{-lV} - e^{-l(V+V_j)}) \tag{9-18}$$

式中：P_i——表示 i 区的总发量；

l——为概率常数，表示出行终止于所选交通小区的概率，可通过 OD 调查求得或根据经验假定；

V——为 i 区和 j 区的全部吸引点数，不包括 j 区内吸引点数 V_j。

2.竞争机会模型(Competing Opportunities Model)

竞争机会模型同介入机会模型的主要区别在于对出行概率的不同确定方法。

$$t_{ij} = P_i \frac{A_j / A_x}{\sum_{j=1}^{n} A_j / A_x} \tag{9-19}$$

式中：A_x——表示包括 j 区在内的所有比 j 区更靠近 i 区所吸引去的吸引能力之和。

第五节 交通方式划分

交通方式划分就是将总的交通量分配给各种交通方式。建立交通方式划分模型的依据是根据观测到的交通方式划分、居民出行特征和各种交通方式的运营特征。

交通方式分担是指出行所采用的某种交通方式的出行占一个地区全部出行数的比例，把每种交通方式所分担的交通量称作该交通方式的分担交通量。将某种交通方式承担的分担交通量占全部交通量的比率称作分担率（或选择率）。

交通方式的选择模型是交通规划中的经典模型之一。公共交通方式的分担如果合理，能够使得城市优先的交通空间得到合理利用，能够缓解城市交通拥挤。据测算，公共汽车占用道路和停车用地是最经济的，以每 m^2 每小时通行人数的多少为标准衡量道路的使用效率，公共汽车是小汽车的 10~15 倍。有关测算还表明，运送同样数量的乘客，公共交通（包括公共电汽车、地铁、轻轨等）与私人小汽车相比，分别节省土地资源 3/4、建筑材料 4/5、投资 5/6；私人小汽车产生的空气污染是公共汽车的 10 倍；交通事故比公交高 100 倍。因此如果能够引导部分私人小汽车使用者去利用公共交通，那么其余的小汽车使用者将会从交通服务水平的改善中受益。

因此，交通方式选择问题，是交通规划和政策制定中的重要组成部分。它影响着在城市中的出行效率，影响到城市交通用地数量，影响到能否向出行者提供更多的选择的可能性。对这一问题的研究在世界各个城市异常活跃，提出了各种有针对性的方法和措施。而研究交通方式分担的目的就在于对现状和未来进行分析，从而建立起一个合理的分担关系。由于建模者从不同的角度来考虑交通方式选择问题，因此建立了各种各样的交通方式划分模型。

交通方式分担率模型，根据在交通需求预测过程中考虑交通方式分担的阶段不同，可划分为出行末端模型（Trip End Model）和地区间模型（Trip Interchange Model）两类。前者由于无法考虑地区间交通服务水平和交通方式间的竞争关系等因素的影响，而被逐渐少用。后者被广泛应用，常用的预测模型有分担率曲线法和函数法。

一、影响交通方式选择的主要因素

影响城市居民选择出行方式的因素众多，如居民经济生活水平、居民出行目的、出行距离、出行时间，公共交通的发达程度、服务水平、票价，道路交通状况，城市的结构布局，城市地形、天气、季节，自行车、机动车拥有量，居民生活习惯等等。通常在城市布局合理、公共交通方便情况下，居民选择出行方式主要考虑的是出行时间。

1. 出行主体的特性

（1）拥有和使用小汽车情况。这一点与社会经济发展有密切关系。在欧美和日本等发达国家，汽车已经是人们生活中不可缺少的交通工具，几乎每个家庭都拥有 1 辆以上小汽车。我国近年来随着国民经济水平的迅速提高，小汽车已经开始进入家庭，虽然总量不大，但对于原有的交通设施的冲击是前所未有的。

(2)汽车驾驶执照的拥有情况。在日本等早已进入汽车社会的国家,驾照的拥有率很高,也很容易取得驾照,18岁以上身体健康的人通过驾驶学校学习和较严格训练即可获得,执照的拥有率在适龄人口中高达90%以上。据统计,日本1.2亿人口中有6721万人拥有驾驶执照,占人口的65.5%。

(3)家庭结构。家庭人员组成、年龄结构、工作性质的不同也影响交通方式的选择。在国外,年轻夫妇似乎更喜欢使用私人小汽车,而大多数老年人则更倾向使用公共交通工具。这一点,在我国也是如此。

(4)收入水平。收入在很大程度上影响人们对交通方式的选择,这一点在小汽车还没有完全普及的时期,更为突出。使用小汽车,除购买汽车的费用,还需缴纳税金、保险金,另外使用中的可变成本也很高,因此收入少的人倾向于使用公共交通工具。

(5)工作性质。不同性质的工作对小汽车使用程度不同。

2.出行特征

(1)出行目的。由于先进的公共交通能够保证准时,因此在国外大多数以上班、上学为目的的人,多选用公共交通工具,而购物多采用小汽车。

(2)出行距离。一般距离远的出行,选择小汽车出行的可能性较大。

(3)出行时间。当出行时间与公共交通运行时间有冲突时,选择小汽车出行。

3.交通设施的特点

(1)相关的货币费用(票价、燃料等直接费用)。

(2)交通设施的完善程度。

(3)停车场所使用的方便性及费用。

(4)公共交通服务水平。

(5)舒适度和便利性。

(6)可靠性和准时、定时性。

(7)防护物及安全性。

二、交通方式分担预测模型

1.分担率曲线法

是依据个人出行调查结果与考虑影响交通方式的主要因素(地区间距离、行走时间)所需的出行时间比,绘制使用者交通方式选择曲线,从该曲线求出该地区间交通方式分担率。该方法经常应用到实际预测中。下式为日本所采用的由利用小汽车和公共交通工具出行的时间比求解公共交通利用率的公式:

$$\text{时间比}=\frac{\text{利用公共交通的出行时间}}{\text{利用小汽车的出行时间}}=\frac{M_t}{V_t}$$

$\text{公共交通利用率}=\dfrac{\text{利用公共交通出行数}}{\text{利用公共交通出行数}+\text{小汽车出行数}}\times100\%$,公共交通分担率和小汽车的有无,不同目的的 M_t/V_t 属一次相关,得到如图9-16所示的曲线。利用该曲线可求算现状公共交通使用出行和小汽车出行，并同实测值比较，重新确定分担率，即可进行将来推测。该方法简单明了，在实际中被广泛应用。

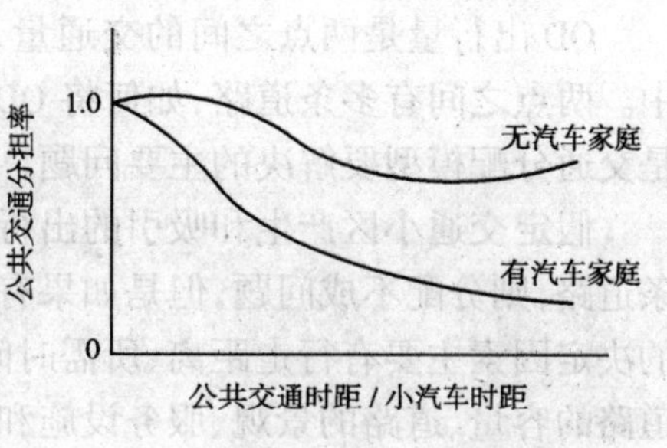

图 9-16 时间比与公共交通分担率关系

2. 函数模型法

函数模型法是将交通方式的分担率用函数形式表示，依此计算各个交通方式分担的交通量。常用的有线性模型、Logit 模型和 Probit 模型等。

(1)线性模型

是最早开发出的函数模型，属线性函数。它把影响交通方式分担的各种要素用线性函数形式表示，从而推求交通方式分担率。但由于用这种方法求得的交通方式分担率无法保证在 0～1 之间这一条件，而得到进一步改善，开发了 Logit 模型和 Probit 模型。

(2)Logit 模型

为克服线性模型的缺陷，开发了此集计模型如式(9-20)，目前应用广泛。

$$P_{\mathrm{i}} = \frac{\exp(U_{\mathrm{i}})}{\sum_{j=1}^{n}\exp(U_{\mathrm{j}})}, \quad U_{\mathrm{i}} = \sum_{k} a_{\mathrm{k}} X_{\mathrm{ik}} \tag{9-20}$$

式中：P_{i}——分担率；

X_{ik}——交通方式 i 的第 k 个说明要素(时间、费用等)；

a_{k}——待定参数，可通过个人出行调查结果标定；

j——交通方式的个数；

U_{i}——交通方式 i 的效用函数。

(3)Probit 模型

适用于只存在两种交通方式选择的时候，应用广泛。

$$P_{\mathrm{i}} = \frac{1}{\sqrt{2\pi}}\int_{-\infty}^{Y_{\mathrm{i}}} \exp(-t^2/2)\mathrm{d}t \tag{9-21}$$

式中：P_{i}——交通方式被选择的概论；

Y_{i}——两种交通方式特性的线性函数值之差。

这种方法对两种交通方式之间的选择是适用的，而应用于多方式选择则很困难。但也具有两种交通方式特性即便不独立也可以使用的优点。

经实际应用，在地区间模型中，从预测精度、计算作业即模型构思的合理性来看，Logit 模型较好。

另外，还有许多其他模型，如直接需求模型等。但都存在不成熟或假设条件过于牵强等缺点，还有待于改善。

第六节 交通量分配

是将预测出的 OD 出行量按照一定的规则分配到道路网上，并求出各条道路的交通流量。道路网包括现存的道路和规划的道路，被分配的交通量称为交通量分配。交通量分配是四阶段方法的最后一个阶段，根据前面的步骤继续进行确定将来的道路网，推算将来交通量分配。

OD 出行量是两点之间的交通量，即从出发地到目的地之间的交通量。一般在实际路网中。两点之间有多条道路，如何将 OD 交通量正确合理地分配到 O 与 D 之间的各条道路上就是交通分配模型要解决的主要问题。

假定交通小区产生和吸引的出行量都集中于一点(称作小区形心)，如果两点之间只有一条道路，则分配不成问题，但是如果有两条以上道路时，则存在分配问题。决定选择哪条路径的决定因素主要有行走距离、所需时间、是否收费、行走费用、交通拥挤程度、道路的良好程度、道路的容量、道路的景观、服务设施和驾驶员的操作疲劳状况等。如果驾驶人员都能准确知道这些因素的影响，并能准确选择路径，则最终两点之间被利用的各条道路的走行时间会趋于相等，并且最小，而没有被利用的道路的走行时间大于或等于最小走行时间，即网络达到平衡状态，这就是著名的 Wardrop 对交通网络平衡的定义。

一、交通分配考虑的主要因素

(1)交通方式。即出行者采用什么样的交通方式，如公共交通、小汽车、自行车等。

(2)行程时间。即在某一起讫点之间采用某种交通方式所需的时间。它直接影响交通方式的选择和交通分配。在交通规划中进行交通分配时，应本着交通网络上总行驶时间最短的原则。

(3)路段上的速度与流量之间的变化关系。

(4)应该对交通网络进行抽象和适当简化。交通分配中使用的网络是图论中抽象的网络图，由节点和连线组成。节点通常代表道路网中的道路交叉口、交通小区的形心或交通枢纽等，连线代表两点之间存在的一条道路。但这种连线不代表道路形状也不代表道路的长度。由于实际路网中的路段和交叉点的数目非常之多，为收集整理和处理方便，通常对窄而容量小的道路、小的交叉口不考虑，也可将几条平行的道路修改容量后合并为一条考虑。另外，在实际应用中路网构成应采取网络分级制。

二、交通量分配方法

进行交通量分配的前提是已知 OD 量、网络图和网络图中各路段的走行时间函数。

常用的交通量分配方法主要有 0-1 分配法(全有全无分配法)、增量分配法、二次加权平均法和平衡分配法等。

1.0-1 分配法

该分配法主要是寻找最短路径(距离、时间或费用)，而不考虑交通状况。显然如果所有的道路使用者都选择了最短路径，则产生拥挤，使得出行时间增长，而被选择的道路将不再是最短路径。该方法不适于城市路网，但可用于交通量和道路稀少的偏远地区进行交通量分配。

这种方法的关键是寻找网络的最短路，属运筹学问题，即计算网络中每个起点到终点的最短路，然后将 O、D 之间的 OD 交通量全部分配到相应的最短路上去。解决的方法也有多种，如线性规划法、距离矩阵法、动态规划法等。目前最常用的方法是狄克斯特拉算法和福劳德算法。

2.增量分配法

该方法是一种近似的平衡分配方法。其原理是将 OD 交通量平均分成若干等分，每次循环地分配到路网最短路上一等分,每次循环更新各个路段的走行时间,再寻求最短路并分配下一等分的OD交通量,如此循环。该方法计算简单,精度高于0-1分配法,经常被采用,目前有许多比较成熟的商业软件可使用。但由于是一种近似的方法,一般情况下该方法得不到平衡解。

3.二次加权平均法

该方法是一种介于增量分配法和平衡分配之间的一种循环分配方法。基本思路是不断调整已分配到路网上的交通流量而逐渐接近或达到近似平衡分配。在每次循环中,根据已分配到各路段上的交通流量进行一次0-1分配,得到一组各路段的附加交通量,然后用该循环中各路段的分配交通流量和该循环中得到的附加交通量进行加权平均,得到下一循环中的分配交通流量。当相邻两个循环中的分配交通流量十分接近时,停止计算。最后一个循环中得到的分配交通量就是最终的交通量。该方法简单适用,精度高于增量分配法。

平衡分配法是根据Wardrop交通网络平衡原理,满足交通流守恒原则建立的平衡分配模型,相关模型和算法参阅相关书籍,在此不作介绍。

总之交通量分配是在考虑影响路径选择因素的条件下进行理想交通量分配,以实际交通量分配达到最佳交通量分配为目的。

第七节　交通规划的评价

交通规划方案评价是指通过对备选方案进行交通流预测、效益分析,阐明其达到预期规划目标的可能性,为决策者选择最佳方案提供依据。从若干个规划方案中用数学方法去定量地评价这些方案的优劣,从中选择最优的方案。同时,通过方案评价还能发现方案中存在的问题,从而有助于及时解决或重新选择方案。因此,方案评价是合理的交通系统规划过程中的重要环节。

一、交通规划方案制定原则

(1)充分性。规划方案必须在适当的原则下能为将来的运输需求提供充分的设施和服务。从多个方案中找出在交通服务方面最佳的方案。

(2)与总体规划一致。交通规划要与区域和城市发展的总体规划相适应。并能够通过交通规划方案的实施保证区域和城市总体规划所确定的社会经济发展、土地使用开发、文化古迹保护等方面的目标顺利实现。

(3)与环境相协调。交通规划方案必须与环境发展的目标相一致。

(4)可操作性。交通规划方案必须能够在现有的条件下可以实施。

(5)适当的超前性。规划方案的制定是能够满足未来交通需求,应根据社会经济发展指标适度超前。

二、交通规划评价的主要内容

交通规划的方案评价主要包括技术评价、经济评价和社会环境评价。

交通规划的技术评价是从交通网络建设水平和技术性能方面,分析建设规模与社会经济发展的适应性以及交通网络的内部结构和功能。

交通规划的经济评价是指以交通网络为整体的经济效益分析。满足以最小的投资，获得交通系统的最佳经济效益。交通网络的经济评价是通过比较各个方案的建设、运营成本和效益，结合规划期的未来投资预测，对方案的经济合理性进行分析论证。

交通规划社会环境评价是分析交通网络系统建设对规划区域社会环境方面的作用和影响。包括促进国土和自然资源的开发利用、水土保持和环境保护条件的改善以及对区域政治、经济、文化古迹及风景名胜等方面的影响。该方面的评价很难从定量的角度出发，也是难度较大的内容。

以上3种评价各为一个子系统，各自有不同的评价指标，从不同角度对交通网络系统的性能和价值做出定量和定性分析。最后还要对交通规划方案的整体进行综合评价，即总目标评价。

交通规划综合评价主要从方案的整体合理性、规划的适应性、规划的协调性和规划效果评价4方面进行。其中规划方案的整体合理性评价主要指规划目标是否明确合理，规划机构和组织计划是否匹配，规划范围是否适当，规划年限是否正确，规划过程是否完整连续等。规划的适应性评价主要指交通规划是否与区域或城市的土地利用规划相适应，与区域或城市总体规划相适应，与社会经济发展计划相适应，远近期交通规划是否适应，专项交通规划与综合交通规划是否相适应等。规划的协调性包括交通用地的协调性，路网功能的协调性，配套设施的协调性等。规划的效果评价指实施之前估计充分与否，实施之后效果如何，主要包括交通规划方案实施后的服务效果、安全效果、经济效果以及它的社会效益、环境效益等。

三、交通规划的评价主体与评价指标

1.交通设施评价

1)交通设施评价概述

在交通设施规划阶段，对于多个比选方案进行某些评价是必要的。通常的评价主要有交通设施服务水准评价、经济评价和环境评价。

(1)服务水准评价。根据规划方案的实施情况，以交通服务改善程度为中心进行讨论。

(2)经济评价。从国民经济评价角度来讨论规划方案是否妥当，从规划方案付诸于实际运营的角度加以讨论，另外，还应根据交通设施的建设和供应来讨论经济的波动和经济效果评价。

(3)环境评价。交通设施建设对设施周边环境的影响进行评价，也叫环境影响评价。特别是从设施规划阶段到建设、使用、维护管理及设施的拆除期间对环境的影响，也被称作为环境影响评价周期(Life Cycle Assessment，LCTA)。

2)交通设施评价主体项目及评价指标

交通设施评价必须是从服务水平、经济效果及环境评价方面综合评价，但是这些评价结果是依存于评价主体和评价项目，通常交通设施的评价主体主要有设施利用者、经营者、周边居民、地域社会及国家等。各主体的特征如下：

(1)设施使用者。是交通设施的直接利用主体，主要有旅客、货主、运输业主、驾驶员和步行者。

(2)经营者。关于交通设施建设和经营的公共机构和民营企业等。

(3)周边居民。居住在铁路或道路沿线的居民，由于交通设施建设和运营而受到直接影响的人群。

(4)地域社会。由于交通设施的建设,间接受到经济、社会和环境影响的地域居民,但不包括周边居民。

(5)国家。综合(1)~(4)的内容,主要从行政方面(经济发展、地区差异、税收等角度)加以评价。

由于交通设施建设对设施利用者、经营者和周边居民产生直接影响,而对地域社会和国家产生间接影响。表 9-20 给出了经济评价的各项主体、评价项目和评价指标,其中直接影响评价(利用者和经营者的影响)的主体,个别的可以进行量化,而对于地域社会和国家等主体,绝大部分是相互关联,因此通常采用计量经济模型的综合预测方法进行评价。

交通设施建设评价主体、评价项目和评价指标 表 9-20

评价主体	评价项目	评价指标
设施利用者	经济性,迅速性,确定性,安全性,方便性,舒适性	所需时间,票价,所需时间变动量,事故率,拥挤程度
设施经营者	收益性,施工的难易程度,经营的灵活性	建设经营费用,票价
周边居民	收入环境影响项目,资产价值,灾害和事故	噪声,振动,大气污染,景观,地价
地域社会	企业布局条件的变化,生成所得,土地利用变化	雇佣者数量,收入所得,布局可能的企业数量
国家	经济发展,缩小地区差别,税收	国民收入,收入差别,税收

3)使用者角度的评价

是用客观的指标来推测交通设施建设对利用者服务水准的提高程度。客观指标是使用者对交通服务的需求指标,应分别计算。

(1)经济性。运价和燃料费用的低廉。

(2)迅速性。移动时间最少。

(3)确定性。无延误和运行停止。

(4)安全性。对事故、自然灾害、犯罪现象等确保安全。

(5)方便性。使用方便和随时可以使用。

(6)舒适性。清洁不拥挤。

4)经营者角度的评价

从经营者角度出发,探讨交通设施规划方案的妥当性。特别是对交通设施的收益性讨论是最为重要的课题,具体方法是寻求交通设施使用的总收入(票价和运价收入等)减去总支出(建设费、劳动费用和管理维护费用等)所得到的纯收入最大。通常采用财务分析和收益性分析方法。如果某些交通上的投资属公益性投资的部分,未必能用基于费用分析和财务分析来处理,通常采用便利费用分析(Cost-Benefit Analysis)和费用效果分析(Cost-Effective Analysis)等方法评价。

5)周边居民角度的评价

从交通设施建设到使用阶段,周边居民会受到噪声、振动、废气等各种影响,使得环境恶化,并伴有灾害和事故的发生,同时也会引起地价的变化。这些项目中除地价的变动比较容易计量外,对景观和环境等的影响并不容易评价,通常对环境影响的测算采用以下方法:

(1)旅行费用法(Travel Cost Method)。例如评价公园的价值时,从支付去公园的费用(交通费和时间价值)是否有价值的观点出发,将公园的价值加以定量化的方法。

(2)防止支出法(Avertive Expenditure Method)。是为将环境要素(噪声和振动等)维持在某一水准所需的必要开支的评价方法。

(3)再生费用法(Replacement Cost Method)。是为将已经恶化的环境(水质和噪声等)恢复到原来的水平所必需的费用的评价方法。

(4)假想的市场评价方法(Contingent Valuation Method)。是直接询问假设环境恶化时,为改善其质量而应支付的费用(意向支付额度:Willingness to Pay,WTP),或在环境恶化之后,为补偿到原来的水准而支付的必要赔偿金额(收取补偿额:Willingness to Accept,WTA)的方法。

6)从间接效果进行评价

交通设施建设,对地域社会、国家产生间接效益,但难于计量。通常的方法除产业关联分析(Input Output Analysis)方法外,有计量经济模型(Econometric Model)等方法和根据交通设施建设的特征所开发的其他模型。

2.道路的直接经济效益评价

1)直接经济效益

(1)行走费用的节约(行走效益)。汽车的行驶费用主要有燃料费、油脂费、轮胎费、车辆维修费、人工费、管理费用等,比较道路修建前后行走费用,以货币单位计入减少的量即为最直接的便利效益。

$$行驶效益费 = 平均行驶距离 \times 总的交通量 \times 平均节约的费用$$

(2)时间费用的节约(时间效益)。由于新开道路或改建道路使得行驶速度提高,行驶时间缩短,对于使用者将发生时间节约的效益。

$$时间效益费 = 平均节约时间 \times 总的交通量 \times 平均时间价值$$

平均时间价值的算法有收益接近法(Income Approach)和费用接近法(Cost Approach)。前者是将节约使用时间的所得额作为时间效益,其时间价值相当于利用者团体的单位时间平均所得金额;后者是求出作为时间和费用之间损失量的替代关系,来计算时间价值,也就是用两种或3种交通工具间的时间差或费用差,求出他们之间的差额或相互关系,即可求得各种交通工具的时间价值。

(3)安全性等其他效益。道路建设提高了行驶的安全性、可信度、便利性和舒适性等,将这些全部进行量化并以货币单位评价也不是易事。安全性的评价方法通常用交通事故所连带的经济损失计算,其中的损失,应该包括对直接被害人(使用者)、货物损失等的赔偿金额、车辆本身的损害金额、受牵连的第三者受到时间损失以及对其他交通所产生的影响所造成的损失。

2)效益费用分析

不仅是道路建设,许多公共事业要经过长时间的施工,伴随着建设、管理的各种费用和行驶效益及时间效益长时间产生,期间由于货币价值的变动,不能够将现在的效益及费用与将来的效益和费用进行单纯的比较,而应进行各个时间点的折现,考虑利率和社会贴现。通常采用以下算法:

(1)效益费用比(Benefit-Cost Ratio,BCR)。将发生效益的总折现除以发生费用的现值的比率称为效益费用比。该指标,不表示道路建设效果的大小,而是相对于投资费用而得到效益的比例,是评价规划效率性的基准。计算式为:

$$BCR = \frac{\sum_{t=0}^{n} B_t/(1+i)^t}{\sum_{t=0}^{n} C_t/(1+i)^t} \tag{9-22}$$

式中：B_t——t 期的效益；

C_t——t 期的费用；

i——社会贴现率。

(2)纯现值(Net Present Value,NPV)。把从发生效益的纯折现值所吸引费用的总折现值叫做纯现值。该指标表示能够获得纯效益的大小，而不是规划的效率性，是规模评价的基准。计算式为：

$$NPV = \sum_{t=0}^{n} \frac{B_t}{(1+i)^t} - \sum_{t=0}^{n} \frac{C_t}{(1+i)^t} \tag{9-23}$$

(3)内部收益率(Internal Rate of Return,IRR)。表示效益和费用相等时的利率，当式(9-24)成立时的利率叫做内部收益率。该值表示规划成立时可能容许的最高利率。是评价可实施的各项事业规划方案或对社会经济起作用的规划方案的基准，用于方案选优。

$$IRR = \sum \frac{B_t - C_t}{(1+i)^t} = 0 \tag{9-24}$$

3.道路的间接经济效益评价

1)间接经济效益

伴随着道路建设所产生的间接经济效益将长期普遍存在，由于其效益的产生不仅使道路投资发生变化，也关联到产业基础所进行的公共投资和民间投资，因此也将间接经济效益称为复合效益，主要表现为：

(1)缓和了靠近道路的交通拥挤。新建道路吸引了原来道路拥挤的交通流，缓解了交通堵塞，提高了运行速度，使得行驶费用降低，增大了时间效益。

(2)使生成和运送计划更加合理。

(3)流通过程更为合理化。

(4)扩大了市场范围。

(5)促进了工业产业布局的分散布置，扩大了沿线旧产业机构的生产能力。

(6)利于资源开发。

(7)吸引城市人口分散居住。

2)负面经济效益

道路建设不仅产生好的经济效益，也会带来如下的负面的影响：

(1)占用耕地，使得农作物减少。

(2)造成老工业企业减产，甚至倒闭。

(3)引起道路公害。

4.影响调查

影响调查(Impact Study)是对道路建设所引起的沿线地域社会的社会经济影响进行测算，将间接经济效益作为调查对象，也叫开发效益调查。经济效益测算的主要指标有不同产业的就业人口、各不同规模产业数量、各产业的生产效益、汽车保有量、道路交通量、运输费用、运送时间、土地价格、土地利用情况、观光旅客数量等。影响调查不仅用于道路上评价，也可用于其他的交通方式的评价。常用方法有：

前后对比法：是通过对选定的各项经济指标进行道路建设前后对比来计量道路建设的经济效益。为提高其适用性，有必要对比较年限进一步细化，最好在道路建设公布年度；道路建设开工年度；道路建设期限；竣工年度；道路开始使用后 2～3 年各期间进行。

地域比较法：将选定的经济指标进行受道路建设影响的地域与相近条件（交通条件和经济结构）下而没有受到影响的区域比较，来计量道路经济建设效益。

道路建设所带来周边土地价格的上涨。

土地价格的上涨主要是住宅用地和工业用地，但对于以农业为主的耕地，新的道路建设并不一定带来明显的效益。其效益分析方法通常采用类似于地域比较法的方法，剔除其他比较因素，将土地价格上涨作为间接经济效益评价的货币单位。

交通规划方案评价是一个综合评价的过程，需要对以上各个指标分别定量和定性分析，最后来综合评价方案的优劣。

思考题

1. 交通规划的目的和意义是什么，基本程序和主要内容有哪些？
2. 城市交通规划发展趋势有哪些，城市交通规划主要考虑的内容有哪些？
3. 试述交通方式分担的重要性，今后的发展趋势。
4. 交通分配预测应考虑哪些因素。常用的分配方法有哪几种。基本思路是怎样的？
5. 理解“产生点和吸引点”与“起点和终点”的区别。

第十章 停车设施规划与设计
DISHIZHANG

车辆停放设施是交通过程不可分割的组成部分。机动车的状态有“行”与“停”两种状态。机动车辆的“行”需要有道路设施及交通管理的支持;同样,机动车辆的“停”需要有停车场地及停车管理的支持。两种状态互相关联,互相影响。

当今世界上许多大、中城市的停车难已经成为一个突出的交通问题,也可以说是城市现代化过程中必然出现的问题。城市停车问题主要表现为停车需求与停车空间不足的矛盾和停车空间扩展与城市用地不足的矛盾。具体表现为停车设施的缺乏、停车车辆占用人行道和车行道的现象比较严重,不仅影响道路交通功能的正常发挥、妨碍市容美观,而且不规范的停车行为也容易引发交通事故,给居民工作、生活带来不利影响。

我国长期以来,缺乏对停车问题系统的分析研究,停车场规划、建设和管理通道不畅,造成停车规划布局不合理,停车场规划不能落实,停车场建设的积极性不高,管理经营存在困难。因此解决我国城市的停车问题,首先必须提高对停车场作用的认识,加强停车场规划的科学性,落实停车设施用地,通过各种手段积极推动停车场建设,并且借助交通需求管理以及停车场管理等手段来解决停车供需矛盾;其次必须重视停车场的交通组织设计,减少车辆进出停车场时对道路上交通的影响。

第一节 停车设施的分类

不同类型的停车场,其停放车辆类型、服务对象、场地使用、场地位置和管理方式也不同。一般可以从以下方面对停车设施进行分类。

1.按停放车辆的类型分

(1)机动车停车场。主要为各类汽车和摩托车停放服务。

(2)非机动车停车场。在城市中主要是自行车停车场,包括各种类型的自行车停放处。

2.按停车场服务对象分

(1)专用停车场。是指只供特定对象(本单位车辆或私人车辆)停放的停车场,包括车辆专用及住宅楼配建的停车场(库)。

(2)公共停车场。是指供公众从事各种活动出行时停放机动车的停车设施,包括社会停车场(库)和公共建筑配建的停车场(库)。其中,社会停车场(库)大多设置在城市商业区、城市中心、分区中心、交通枢纽点及城市出入口干道过境车辆停车需求集中的地段,一般占城市停车场的10%左右。

3.按停车场地的使用分

(1)临时停车场。根据一些临时需要,就近划定一些停车场地,场地的使用性质随时可能发生变化。

(2)固定停车场。根据确定需要而固定设置的停车场地,场地的使用性质一般不易发生变化。

4.按停车场地位置分

(1)路边停车场。是指在路面上靠路缘石划定的供车辆停放的场地。这种停车场一般设在街道较宽、交通量较小的支路或次干道上,但应基本上不妨碍交通;其规模视城市交通发展水平和道路建设条件而定,一般在城市停车场中占5%~10%。路边停车场设置简易、使用方便、用地紧凑、投资少,多做临时性短时间车辆停放。

(2)路外停车场。是指设置于道路红线之外的停放设施,包括地面停车场、停车楼、地下停车库等。这种停车场由出入口通道、停车坪及其他附属设施组成。附属设施一般包括服务部、休息室、给排水与防火设备、修理站、电话、报警装置、绿化、厕所、收费设施等。

地面停车场具有布局灵活,不拘形式,泊车方便,管理简单,成本低廉等优点,适用于城市各个地方,是最为常见的一类停车场。但其占城市用地很大。

为节省城市用地,充分利用空间,可修建停车楼,或利用大型建筑物设立屋顶停车场。停车楼的形式有坡道式(图10-1)和机械式(图10-2)两类。前者是驾驶员驾驶车辆由坡道上进出停车楼,车辆出入便利且迅捷,建筑费用与维修费用较少。后者是用升降机和传送带等机械运送车辆到停放位置,占地较少,有效停车面积大。

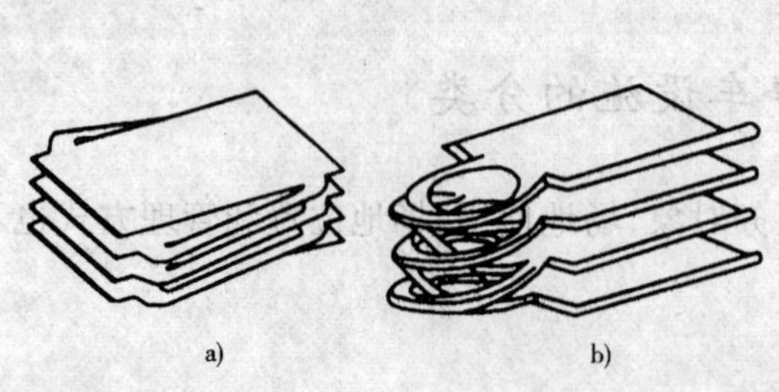

图10-1 坡道式停车楼示意图

a)曲线式匝道;b)螺旋式匝道

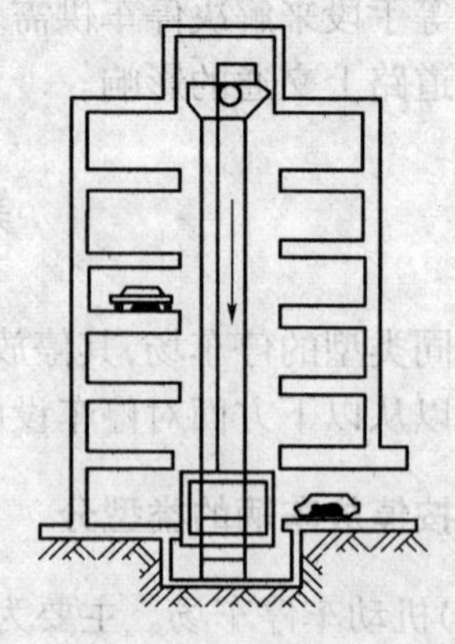

图10-2 机械式停车楼示意图

地下停车库是将停车场建在地下,是节省城市用地的有效措施。结合城市规划和人防工程建设,在公园、绿地、道路、广场及建筑物下面等不同的地区修建各种地下停车库。修建地下停车库的费用大,但容量也大,改善停车状况的效果也很显著。

停车场的规划设计除包括停车场的内容外，还应特别重视周围道路的疏解能力和进出通道、上下通道、安全紧急通道及驾驶人员通道，以及通风、照明、机械设备、防灾及管理设施等问题。

第二节　停 车 调 查

一、停车的有关术语

(1)停车供应。指一定的停车设施区域内按规范提供的车位数。

(2)停车需求。指给定停车区域内特定时间间隔的停放吸引量，一般用代表日的高峰期间停放数表示。

(3)停车目的。指车主(驾驶人员、骑车人员)在出行中停放车辆后的活动目的，例如上班、上学、购物、业务、娱乐、回家等。

(4)停车设施容量。停车区域或停车场有效面积上可用于停放车辆的最大泊位数。

(5)累积停车数。指在一定时间(时段)实际停放车数量。

(6)延停车数。指一定时间间隔，调查点或区域内累积停放次数(辆次)。

(7)停车时间。指车辆在停放设施实际停放时间。平均停车时间($\bar{t}$)是指在某一停车设施上，全部实际停放车辆的停放时间的平均值，它是衡量停车场(点)处的交通负荷与周转效率的基本指标之一。计算平均停车时间的公式如下：

$$\bar{t} = \frac{\sum_{i=1}^{N} t_i}{N} \tag{10-1}$$

式中：t_i——第 i 辆车的停车时间，min；

N——停车数，辆。

(8)停放车指数(饱和度、占有率)。指某一时刻(时段)实际累积停放量与停车供应设施容量之比，它反映停车场地拥挤程度。高峰停放指数(W_n)是指某一停车设施在高峰时段内累积停放量与该停车设施容量之比，它反映了高峰时间停车的拥挤程度。

$$W_n = \frac{n}{c} \tag{10-2}$$

式中：W_n——高峰停放指数；

n——高峰时段停车数量；

c——停车场的车位数。

(9)停放周转率 f_n。表示一定时间段内(一日或几个小时等)每个停车车位平均停放车辆次数。即总停放累积次数除以停车设施泊位容量的比值。

$$f_n = \frac{N}{c} \tag{10-3}$$

式中：N，c 含义同前。

(10)利用率 g_n。反映了单位停车泊位在一定时间段内的使用效率。

$$g_n = \frac{\sum_{i=1}^{N} t_i}{c \times T} \tag{10-4}$$

式中：g_n——停车场(点)利用率，%；

T——时间段的时长，min；

t_i, N, c 含义同前。

(11)步行距离 L_n。指从停车存放后到出行目的地的实际步行距离，可反映停放设施布局的合理程度。对于泊车者来说，能承受的步行距离有一定的限制。

二、停车调查与分析

1.停车调查分析的目的

停车场调查是城市停车场规划的基础工作，其目的是查明城市停车场规模、形式、分布、经营状况、停车规律、停车水平及城市停车存在的问题，为停车需求预测、合理确定停车场规模、优化停车场的选址、制定停车场建设与管理对策提供可靠的科学依据。

2.停车调查的内容

按照资料分类，停车场规划调查分为停车设施调查、停车特征调查、相关资料调查。

1)停车设施调查

停车设施基础资料调查在全市或规划区域进行，一般由规划局或公安交通管理部门提供，主要内容包括：现有停车场的规模(泊位数、占地面积)和地点位置、现状停车状况及存在问题、现有停车场的形式及构成、停车场的收费、停车场统计资料(建设规模、投资及效益)、配建停车场指标及使用情况、停车场建设方式及管理体制、停车场附近的交通状况、停车场附近的环境条件等。

2)停车特征调查

停车特征调查主要掌握城市停车规律，为停车需求预测及规划做准备。停车特征调查通过停车专项调查完成，主要调查内容包括：停车场饱和状态、停车场服务对象及范围、停车时间分布、停车空间分布、停放周转率、停车目的、停放方式、停车地点到目的地步行距离等。

3)相关资料调查

收集与停车场资料相关的规划、基础资料，主要包括：城市社会经济发展规划、城市总体规划、分区规划、详细规划、城市交通规划、现状和规划用地规模及分布、现状和规划城市道路统计资料、城市车辆统计资料等。

3.停车调查方法

停车设施基础资料调查和相关资料调查可采用直接访问有关部门或发放调查提纲得到，调查简单，工作量小。停车场专项特征调查工作量大、数据多、时间长，一般采用抽样调查、选择典型示范调查，一种停车方式至少调查一个停车场。调查方法主要有以下 3 种：

1)连续式调查

指从开始存车起到结束存车为止连续记录停车情况。为了了解按时间存放车辆数、最多存放车辆数、车辆停放最长时间等情况，可用此方法。

2)间歇式调查

指每隔一定的时间间隔(5,10,15 min 等)记录调查范围内的停车情况，根据调查的目的，可分为记车号与不记车号两种，重点是了解停车场一天中停放需求(吸引)量与时段的变化关系。

3)询问式调查

指直接找驾驶人或发给驾驶人调查卡片等，向驾驶人了解车辆停放目的、停放点到目的地的距离、步行时间等。

具体选择调查方法时应综合考虑以下因素。

(1)调查目标要求。目标单一的可以选择相应简单的方法；调查要求内容多而广时，宜采用多种方法的组合。

(2)调查范围。确定为一条路、一个集散中心或是一个区域。

(3)调查时间。包含车辆停放高峰时段在内8h以上或是由于调查目的不同仅调查高峰时段停车情况。

(4)调查过程人力、物力及设备条件，完成调查的时间要求。

(5)调查对象。机动车、非机动车或者两者都作调查。

(6)调查要求的精度。

4.停车调查统计

停车调查统计包括停车设施总量统计和车辆停放特征统计。

1)停车设施总量统计

停车设施总量统计主要为停车场规模、面积、形式、构成与分布，一般用表、图表示，可分地区、分性质、分方式统计。

2)车辆停放特征统计

车辆停放特征统计主要包括周转率、利用率、车辆停放时间、停放目的、从停放地点到目的地步行距离等方面内容。

5.车辆停放特性分析

根据对各种类型停车场的停车供需实况进行调查与分析，可以掌握一个城市或城市不同区域的停车供需状况、停车时空分布特征以及人们出行过程中停放车行为决策等特性。

1)停车设施的分类特点

国外城市中心区有关停车统计资料表明，城市人口规模越大，路内停车车位比例和实际停放的比例越低；人口超过50万的城市，路外车库的车位比重骤增，而路外地面停车场车位比重下降；从上午10点到下午6点，8小时的每个车位平均停车数(周转率)看，路内计时收费的车位周转率最高。表10-1、表10-2为美国市中心区的统计结果。

中心商业区各类停车设施的比例与接纳的停车者比例(单位:%)　　表10-1

城区人口(万人)	车位位置					
	路侧(内)		路外地面停车场		路外停车库	
	车位比例	停车比例	车位比例	停车比例	车位比例	停车比例
1~2.5	43	79	57	21	0	0
2.5~5	38	74	59	24	3	2
5~10	35	68	60	31	5	1
10~25	27	52	62	42	11	6
25~50	20	54	64	34	16	12
50~100	14	33	56	39	30	28
>100	14	30	55	54	31	16

中心商业区各类停车设施的周转率(单位:辆次/泊位)　　表 10-2

城区人口(万人)	停车设施类型						
	路侧(内)				路外		
	计时收费	允许停车区	专用	平均	地面停车场	车库	平均
1~2.5	—	—	—	6.7	1.8	0.3	1.8
2.5~5	—	—	—	6.4	1.5	0.6	1.5
5~10	7.8	2.8	3.7	6.1	1.7	0.8	1.6
10~25	8.1	3.1	4.4	5.7	1.6	1.0	1.5
25~50	7.1	2.5	3.3	5.2	1.4	1.1	1.4
50~100	6.6	1.1	3.9	4.5	1.2	1.4	1.2
>100	5.5	3.6	2.9	3.8	1.1	1.0	1.1

2)停放时间

车辆停放时间与各个城市的生活节奏、土地使用、人口规模和出行目的等因素有关。城市规模大,则车辆平均停放时间长,尤为工作出行停车时间最长。表 10-3 给出了美国的调查统计值。

按出行目的分类的停放时间(单位:h)　　表 10-3

城区人口(万人)	出行目的			各类停放时间的平均值
	购物	个人私事	工作	
1~2.5	0.5	0.4	3.5	1.3
2.5~5	0.6	0.5	3.7	1.2
5~10	0.6	0.8	3.3	1.2
10~25	1.3	0.9	4.3	2.1
25~50	1.3	1.0	5.0	2.7
50~100	1.5	1.7	5.9	3.0
>100	1.1	1.1	5.6	3.0

3)步行距离(或步行时间)

步行距离随城市规模增大而增加,工作出行步行距离最长,而路内停车比路外停车场(库)步行距离短。一般来说,停车时间长,所能忍受的步行距离也较长。表 10-4、表 10-5 为美国几个城市的调查结果。

按出行目的分类的从停车点至出行终点的平均步行距离(单位:m)　　表 10-4

城区人口(万人)	出行目的			
	购物	个人私事	工作	其他
1~2.5	60	60	82	60
2.5~5	85	73	120	64
5~10	107	88	121	79
10~25	143	119	152	104
25~50	174	137	204	116
50~100	171	180	198	152

按设施类型分类的从停车点至出行终点的平均步行距离(单位:m)　表 10-5

城区人口(万人)	停车设施类型			
	路内	路外		平均
		地面停车场	车库	
1~2.5	64	64	—	64
2.5~5	76	107	30	85
5~10	85	116	73	85
10~25	113	165	101	128
25~50	119	232	213	168

4)停车行为决策

据上海、台北进行的询问调查,对路边违章停车、路外停车场以及自行车停放都有一定代表性的决策行为特征见表 10-6、表 10-7。

路外停车场使用者特征反应表(台北)　表 10-6

反应 / 人数 / 点数 / 项目	非常重要	重 要	一 般	不重要	加 权	
	4	3	2	1	点数	比例
等待及找车位时间	38	26	29	5	2.99	19.0%
高峰拥挤现象	61	25	11	1	3.49	22.5%
停车方便性	30	34	25	9	2.87	18.5%
停车舒适性	31	25	33	9	2.80	18.0%
停车安全性	59	22	12	5	2.38	22.0%

自行车停车行为决策排序表(上海)　表 10-7

排序 / 分配次数及比例 / 决策属性	排名顺序				排序加权均值
	1	2	3	4	
步行距离合适	634 80.25%	128 16.20%	21 2.66%	7 0.89%	1.24
安全性	104 13.16%	378 47.85%	208 26.33%	100 21.90%	2.39
收费合适	25 3.16%	265 33.54%	327 41.40%	173 21.90%	2.82
寻找其他地点难	27 3.42%	124 15.70%	208 26.33%	431 54.55%	3.32

第三节　停车设施规划

一、停车需求分析与预测

1.停车需求分析考虑因素

需求分析的关键在于正确估计在实际交通运行中能够影响交通出行和停放特征的因素对

产生停车需求的影响，主要从4个方面考虑，即停车政策、停车特征、城市特性、泊车者情况。

城市停车政策方面主要包括：对城市交通发展模式的引导政策、城市交通需求管理政策、对交通设施使用政策、停车场收费政策。

停车特征方面主要包括：停车场的容量、停车服务半径、停车时间分布、停车空间分布、停车方式、停车场利用率。

城市特性方面主要包括：城市规模和性质、城市布局结构（不仅包括土地使用功能布局，还包括人口分布、就业水平等）、城市车辆发展水平、城市交通结构。

泊车者特性方面主要包括：泊车者年龄和性别、泊车者的经济收入、泊车者爱好。

在停车需求分析时，不仅要考虑以上因素的现状水平，同时还应该考虑未来发展趋势。

2.停车需求分析和停车规划阶段划分

停车需求分析技术方法是根据各种规划目标的要求，在对不同规划阶段数据输入进行综合分析的基础上确定的。停车需求分析模型建立主要受需求分析的目标和数据资料的限制，对于不同的分析目标和数据资料情况可以有不同的分析方法，建立不同的分析模型。对于停车分析目标，停车供应和政策规划的要求是停车需求分析的根本出发点。按照停车规划的不同要求，不同停车规划阶段停车需求分析的内容也不同。

1)总体规划阶段

如果仅仅考虑停车用地在总用地分配中的比例，停车的需求分析就相对较简单，因停车的具体管理政策无从考虑，停车的需求分析仅根据车辆出行分布，估计各交通分区的停车需求。

2)分区规划阶段

如果在停车规划中要对停车设施的详细用地分配和停车管理政策进行规划（如确定停车用地的详细规模），在规划中就应当考虑用地的利用率（停车场形式），相应地，停车需求分析就要对车辆的不同停放方式进行估计。

3)详细规划阶段

如果在停车规划中要求对不同停车用地形式内部的用地和停车管理的具体措施进行规划（不同泊位的数量），在停车分析中就相应地要求对不同车型的停车需求进行比较精确的估计。

3.停车需求分析预测模型

根据停车需求预测的出发点以及所需求的基本数据不同，停车需求预测模型主要有3大类。

1)以土地利用与停车设施供需之间关系为基础的模型

该类模型基于一个最基本的假设，即停车供需与土地利用之间存在某种关系。这种方法应用简便，对于城市土地利用和车辆拥有变化不大、停车和交通出行管理的政策基本一致时，当交通出行的资料不完全，难以利用出行的需求进行停车需求分析时，可以采用这一类简化的方法进行停车需求分析。但由于此类方法无法预知出行的情况，只能作为交通变化不大的短时期的停车需求分析，难以应用于交通政策的评价和长期分析。

采用本方法不但要进行停车调查，还要进行土地利用的调查。用地调查应根据建立回归模型的目的和数据要求设计调查方案，调查用地类型的划分应与可能获得的用地资料一致，避免数据处理和建立模型时出现不必要的误差；由于建模的样本要求足够多，所以用地调查的数据量较大，相应的数据处理工作量也较大，成功的处理调查数据是直接影响本方法计算精度的最重要的环节。

根据分析原理以及考虑的土地利用因素的不同，目前该类模型有以下3类。

(1)停车产生率模型。该模型是将各种具有不同土地利用性质的地块看作停车吸引源，通过确定规划区域内的不同土地利用性质的单位指标所吸引的停车需求量指标(即停车吸引率)，然后将区域内的总停车需求量看作各单个地块的停车需求量的总和。其数学表达式如下：

$$P_{di} = \sum_{j=1}^{n}(P_{dij} \times L_{dij}) \quad (j = 1,2,\cdots,n) \tag{10-5}$$

式中：P_{di}——第 d 年 i 区高峰时间停车需求量(车位)；

P_{dij}——第 d 年 i 区 j 类性质用地单位停车需求数量，即停车产生率；

L_{dij}——第 d 年 i 区 j 类性质用地的数量(土地面积、建筑面积、就业岗位或营业额)。

由于该模型需要确定 R_{dij}，必须依靠广泛的调查资料才能够确定；同时，由于将各地块看作简单的单一用地性质，并将总停车需求看作各地块停车需求的简单相加，不考虑各区域之间的影响，这些基本假设脱离实际太大，因此，尽管它的计算相对简单，但在应用上存在很大的局限性。

(2)用地与交通影响分析模型。该模型根据现有机动车拥有水平和现行交通政策下所产生的停车需求与不同性质的建筑面积之间的关系，未来的用地发展规模，确定土地利用影响函数所产生的停车需求；同时考虑未来城市机动车拥有水平和道路交通量的增长情况，确定高峰停车需求的交通影响函数；综合土地利用影响函数和交通影响函数，推算机动车高峰停车需求量。其基本的预测过程可用图10-3表示。

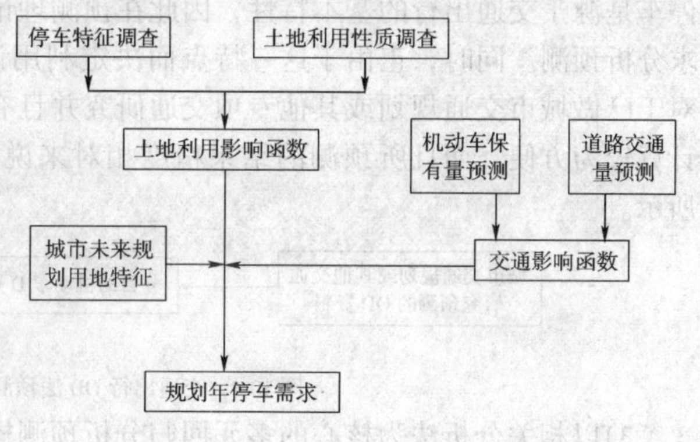

图10-3 用地与交通影响分析模型的预测过程

模型可以用下列表达式表示：

$$P_i = f(x_i) \cdot f(\gamma_q) \tag{10-6}$$

式中：P_i——规划 i 小区全日的停车需求；

$f(x_i)$——停车需求的土地利用影响函数；

x_i——第 i 种类型土地利用的规模，可用相应类型用地的建筑面积来表示；

$f(\gamma_q)$——停车需求的交通影响函数；

γ_q——区域内交通量的增长率。

该模型是停车产生率模型的扩展，虽然较好的兼顾了停车与土地利用、交通发展之间的关系，在分析与预测的结果上要比停车产生率模型更为合理；但是具有与停车产生率模型的一些缺陷，因此在使用上也存在很大的局限性。

(3)土地利用模型。该模型主要是基于停车需求与用地特性、雇员数量之间的关系来进行未来规划年的停车需求预测。其最基本假设是：一个以商业为主的地区的长时间停车需求是由雇员上班出行引起的，而短时间停车需求是由在该地区进行的商业活动引起的。该模型是1984年由美国的H.S.Levinson提出并在New Haven城区的综合交通规划研究中的停车需求预测上进行了应用。

其数学表达式如下：

$$d_i = A_L \cdot (e_i / \sum_i e_i) + A_S \cdot (F_i / \sum_i F_i) \tag{10-7}$$

式中：d_i——第 i 区的停车需求；

A_L——规划区域内长时间停车的停车总数；

A_S——规划区域内短时间停车的停车总数；

e_i——第 i 区雇员数；

F_i——第 i 区零售与服务业的建筑面积。

该模型对数据的要求简单，预测的成本较低；但模型所需的建筑面积和雇员数的准确性对模型的精度影响较大。通过模型的假设以及模型的公式可以看出，该模型比较适用于用地比较单一、以商业服务为主的城区。对用地十分复杂的大城区的停车需求分析精度比较差。

2）以停车需求与机动车出行关系为核心的出行吸引模型

该类模型认为，停车需求的生成与地区的经济活动强度有关，而经济活动的强度又可用该地区吸引的机动车出行次数多少来代表。其预测的基本原理是确定停车需求泊位数与区域机动车出行吸引量之间的关系。由于该类模型以机动车的出行作为停车生成的基础，考虑了停车是源于交通出行的基本特性，因此在预测理论上比较合理，可用于近期和远期的停车需求分析预测。同时，正由于这一特点而决定利用该类模型时必须拥有较为完全的 OD 资料。对于已做城市交通规划或其他专项交通研究并且有较完整的 OD 资料的城市，使用该类方法计算较为方便，而且所预测的结果精度相对来说比较高。其总体的预测技术框图如图 10-4 所示。

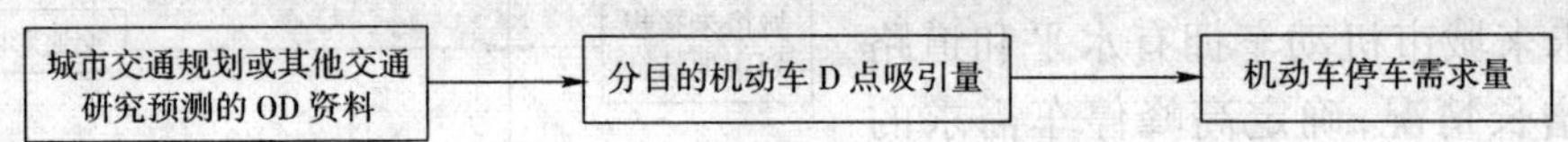

图 10-4　交通出行 OD 法预测停车需求技术框图

3）以相关分析法为核心的多元回归分析预测模型

该类模型主要认为，停车需求与城市经济活动、土地利用等许多因素之间存在某种关系，通过采用回归分析的方法，从历史资料（停车资料以及经济、人口、用地和交通等资料）中找寻存在的关系。该类模型的最大特点是利用的许多数据都是社会经济数据，能够比较容易获得。该模型分析方法简单，适用于较大范围的宏观停车需求预测，用于分析停车需求总量及其构成。在美国道路研究委员会（HRB）提交的一份研究报告中，曾提出一个用于停车需求预测的数学模型。该数学模型如下：

$$P_{di} = K_0 + K_1(Ep_{di}) + K_2(PO_{di}) + K_3(FA_{di}) + K_4(DU_{di}) + K_5(RS_{di}) + K_6(AO_{di}) + \cdots \tag{10-8}$$

式中：P_{di}——第 d 年 i 区的高峰时间停车需求量（车位）；

Ep_{di}——第 d 年 i 区的就业岗位数；

PO_{di}——第 d 年 i 区的人口数；

FA_{di}——第 d 年 i 区的建筑面积；

DU_{di}——第 d 年 i 区的单位（企业）数；

RS_{di}——第 d 年 i 区的零售服务业数；

AO_{di}——第 d 年 i 区的小汽车保有量；

$K_j(j=0,1,2,3,\cdots\theta)$——回归系数。

上述模型是根据若干年所有变量的资料，用回归分析方法计算出其回归系数值，并需要经过统计检验。值得注意的是，在对未来进行预测时，须对模型中的参数 K 做适当的修正，才能符合未来情况的变化。

此外，如果分析过程中缺乏停车调查等资料，可以采用类比分析法，参照同类地区或城市的停车调查参数或者停车分析结论来分析预测所在地区或城市的停车需求。该分析方法简单，但仅能求得需求总量，而且准确率较低。

根据以上各种模型的介绍，各种停车需求分析模型都有其适用范围。如果基于已有的数据资料和规划目标，采用单一预测方法进行预测其结果与实际都将有一定偏差。为了消除单一预测方法的不足之处，提高预测的精度，一般采用两种以上的预测方法同时进行分析，并对它们的预测分析结果进行综合对比分析，得到最终的停车需求预测结果。

二、停车场规划

1.城市总体规划和分区规划阶段的停车场规划

停车场规划是城市规划的组成部分之一，在城市总体规划和分区规划过程中，停车场规划的范围主要是公交公司、运输公司、出租汽车公司等运输部门的专用停车场以及城市出入口、外围道路、市中心区、商业区、体育场(馆)、机场、车站、码头等处的公共停车场(也称社会停车场)，这些停车场一般都较大，总体规划就是对这些停车场的定点位置、规划容量、占地面积等进行科学论证、合理布设，以便城市规划管理部门对这些停车场的规划用地进行控制，使规划得以实施。

1)规划停车场总容量

一个城市所需的公共停车场总停车面积可通过该城市拥有的人口数量或机动车数进行估算，并参考城市社会经济发展水平等因素进行修正。

(1)按城市人口数量估算：

$$F = Pb \tag{10-9}$$

式中：F——规划期末城市所需的公共停车场总停车面积，m^2；

P——规划期末城市的人口数量，人；

b——每个城市人均所需的公共停车场停车面积，m^2/人。

根据《城市道路交通规划设计规范》(GB 50220—95)规定，城市公共停车场(包括自行车停车场)的规划总面积按照规划人口每人 0.8～1.0m^2，其中机动车停车场用地所占比例为80%～90%。

(2)按城市机动车拥有量估算：

$$F = mna \tag{10-10}$$

式中：F——规划期末城市所需的公共停车场总停车面积，m^2；

m——规划期末城市的机动车拥有量，辆，估算时可以参照表 10-8 中的车辆换算系数将所有机动车换算成计算当量车型(小型汽车)；

n——使用停车场的车辆数占总数 m 的百分比，一般为 5%～15%；

a——小型汽车的单位停车面积，m^2，估算时可以根据停车方式从表 10-9 中选取。

车辆换算关系表　　表 10-8

车辆类型		各类车辆外廓尺寸(m)			换算关系	
		总长	总宽	总高	按小型汽车	按自行车
机动车	微型车	3.5	1.6	1.8	0.75	
	小型车	4.8	1.8	2.0	1.00	
	轻型车	7.0	2.1	2.6	1.70	
	中型车	9.0	2.5	3.2	2.50	
	大货车	10.0	2.5	4.0	2.70	
	大客车	12.0	2.5	3.2	3.30	
	铰接货车	16.5	2.5	4.0	4.5	
	铰接客车	18.0	2.5	3.2	5.0	
	二轮摩托车	1.9	0.7	1.1	0.12	1.5
非机动车	自行车	1.9	0.6	1.1	0.075	1.0
	人力三轮车	2.4	1.2	1.1	0.2	3.0

注:①资料来源:根据《汽车库建筑设计规范》(JGJ 100—98)及《停车场规划设计规则(试行)》(1998 年)整理;

②换算关系是按各车型的停车车位面积确定的;

③外廓尺寸可区别车型,以选择换算系数;

④三轮摩托车可按微型车尺寸计算;

⑤二轮摩托车可按自行车尺寸计算。

小型车的单位停车面积　　表 10-9

停车方式	平行式	斜列式				垂直式	
		30°	45°	60°	60°		
	前进停车	前进停车	前进停车	前进停车	后退停车	前进停车	后退停车
单位停车面积(m^2)	25.8	26.4	21.4	20.3	19.9	23.5	19.3

注:①资料来源:《汽车库建筑设计规范》(JGJ 100—98);

②此面积只包括停车和紧邻车位的通车道面积,不是每停车位的建筑面积。

2)停车场用地布局原则

城市总体规划和分区规划阶段的停车场规划布局,关系到城市道路系统的全局以及整个城市的未来发展,直接影响到车流的控制和客流的调整,影响较大。在考虑停车场用地布局时应考虑几方面原则:

(1)停车场的设置应符合城市总体规划的用地布置、规划期的停车数和道路交通组织的要求,做到大中小型停车场结构合理、布局相互匹配,路外停车场(地面停车场、停车楼、地下停车库)和路边停车场相结合,形成一个合理的停车场系统。

(2)为对外交通服务的停车场,应设置在城市的外环路和城市出入口道路附近,并考虑到换乘交通的方便性。

(3)市内公共停车场应靠近主要服务对象,其场址选择应符合城市环境和车辆出入不妨碍道路畅通的要求。城市中心区的公共停车场应尽量均衡分布,其服务半径(100 ~ 300m)应能覆盖大部分地区。

(4)市内机动车公共停车场车位数的分布:在市中心和分区中心地区,应为全部停车位数的 50%～70%；在城市对外道路的出入口地区应为全部停车位数的 5%～10%；在城市其他地区应为全部停车位数的 25%～40%。

(5)各个停车场的规划规模，应根据城市的总停车需求量，并考虑各个停车场的服务对象、性质和用地条件等因素合理确定。

2.城市详细规划阶段的停车场规划

城市详细规划(包括控制性详细规划和修建性详细规划)过程中，停车场规划的任务是：对城市总体规划和分区规划中所规划的停车场进行深化和具体化，提出更具体的布置要求和技术经济指标，确定用地的控制性指标，为工程设计提供依据；对上一层次不能做出规划而按有关要求需设的、规模较小的停车场进行具体规划。

1)停车场规划容量

停车场的容量与其服务对象、性质、车辆到达和离去特征、高峰日吸引车次总量、停车场地的周转次数、平均停放时间、停车不均衡系数、城市性质、规模、公共建筑布局以及周围停车场的情况等因素有关。近年来，我国很多城市或地区对“停车”进行了相关研究，提出了各类建筑配建的停车场车位指标；国家也于 1998 年在《停车场规划设计规则(试行)》中对停车配建做出了要求。但是我国正处于城市机动化迅速提高的时期，城市规模以及发展程度不相同，这些标准或指标不具有普遍的适用性，应当根据城市的具体情况，制定适合于本城市的各类标准和指标。当然，对于具有相同或相近状况的城市，可以相互参考。表 10-10 给出了上海市各类建筑配建停车场的车位指标，可供参考。

上海市各类建筑配建停车场的车位指标 表 10-10

建筑类别		车位指标单位	机动车	非机动车	
				内部	外来
旅馆		每客房	0.25	0.75	0.25
饮食、娱乐		每 100m² 建筑面积	0.75	1.0	1.0
办公楼		每 100m² 建筑面积	0.5	1.5	1.0
商业场所		每 100m² 建筑面积	0.25	1.0	2.0
体育馆(场)①	Ⅰ类	每百座位	3.5	*	25
	Ⅱ类	每百座位	2.0	*	25
	Ⅲ类	每百座位	10.0		20
影剧院		每百座位	2.5	5.0	25
展览馆		每 100m² 建筑面积	0.4	1.0	1.5
医院		每 100m² 建筑面积	0.2	1.0	1.5
游览场所	市区	每 100m² 建筑面积	0.07	*	0.5
	郊区	每 100m² 建筑面积	0.15	*	0.2
火车站		高峰日每百名旅客	2.0	*	4.0
客运码头		高峰日每百名旅客	2.0	*	4.0
客运机场		高峰日每百名旅客	4.0	**	—

续上表

建筑类别		车位指标单位	机动车	非机动车	
				内部	外来
住宅②	Ⅰ类	每户	1.0	/	
	Ⅱ类	每户	0.5	1.0	
	Ⅲ类	每户	0.25	1.0	
	Ⅳ类	每户	0.1	1.2	
	Ⅴ类	每户	0.05	1.5	

注：* 内部非机动车停车位按职工人数的 30%计算；

* * 内部非机动车停车位按职工人数的 15%计算；

①体育场馆分类：Ⅰ类——体育馆座位≥4000 座、体育场座位≥15000 座；Ⅱ类——体育馆座位 < 4000 座、体育场座位 < 15000 座；Ⅲ类——娱乐性体育设施；

②住宅分类：Ⅰ类——平均每户建筑面积≥150m² 或别墅；Ⅱ类——平均每户建筑面积 120～150m²；Ⅲ类——平均每户建筑面积 100～120m²；Ⅳ类——平均每户建筑面积 80～100m²；Ⅴ类——平均每户建筑面积 < 80m²。

资料来源：上海市标准《建筑工程交通设计及停车库(场)设置标准》(DBJ 08—7—96)，其中，机动车以小型车为计算当量，非机动车以自行车为计算当量。

对于城市外围的公路停车场所需的停车泊位数，可以参照日本的做法，即根据公路交通量与停车场利用率按公式(10-11)估算：

$$N = \frac{Q_{B}AB}{C} \tag{10-11}$$

式中：N——所需的停车泊位数，个；

Q_B——规划期末一侧公路的交通量，辆/天；

A——中途停车率，%；

B——高峰小时系数，以高峰小时交通量占日交通量的百分比计；

C——停车场周转率，等于 1h 除以平均停车时间。

我国对于高速公路沿线服务区和停车区确定的停车泊位数规模如表 10-11 所示。

我国高速公路服务区和停车区的停车泊位数规模(一侧) 表 10-11

用地类型	最大	标准	最小
服务区	250(小型 200、大型 50)	100(小型 70、大型 30) 200(小型 150、大型 50)	70(小型 50、大型 20)
停车区	60(小型 40、大型 20)	25(小型 20、大型 5) 40(小型 30、大型 10)	15(小型 10、大型 5)

2)停车场的用地布局原则

城市详细规划阶段的停车场用地布局除应遵守城市总体规划阶段停车场用地布局规划的原则外，还应做到：

停车场应设在需要停车最多的地方，中型以上汽车库应临近城市道路。

从方便停车场使用者的角度出发，专用和公共建筑配建的停车场原则上应在主体建筑用地范围之内；如不能满足，必须紧靠使用单位布置并与使用单位在道路的同一侧，步行距离应控制在 300m 以内，最长不得超过 500m。

地下汽车库宜结合城市人防工程设施选择，并与城市地下空间开发相结合。

大型集会场所的停车场布置宜按分区就近布置，以利于车辆在短时间内迅速疏散。

应结合城市公共交通场站规划，布设不同交通方式之间的换乘停车场，以方便乘客换乘，形成合理的交通结构。

风景区的停车场应布设在主要入口附近，与旅游道路在同一侧，距入口不宜太近，最小相距 50m，以避免人车混杂及噪声干扰，也不宜太远，最好不超过 300m。

第四节　停车场设计

停车场设计主要是指路外停车场设计，停车坪是停车场的主要组成部分，而停车坪又由停车带和通道组成，因此，设计路外停车场就归结为设计停车带和通道的尺寸。

此外，还应特别重视周围道路的疏解能力和进出通道、上下通道、安全紧急通道及驾驶人员通道，以及通风、照明、机械设备、防火及管理设施等问题。

一、确定设计车型

不同性质的停车场，停放不同类型的车辆，其尺寸也不一样。《汽车库建筑设计规范》(JGJ 100—98)中根据外廓尺寸将车型划分为 8 种，各种车型的外廓尺寸如表 10-8 中所示。

设计停车场时，选哪种车型为设计车型应通过调查分析确定，城市(特别是大中城市)中的停车场，一般可选用小型汽车作为设计车型，对于为公路服务的停车场，因路上主要是中型客车和货车，故可选用中型汽车作为设计车型。特别需要说明的是，《汽车库建筑设计规范》(JGJ 100—98)中另外规定了针对机械式汽车库设计的车型外廓尺寸，如表 10-12 所示。

机械式汽车库设计车型外廓尺寸　　表 10-12

车　型		外廓尺寸(m)			重量(t)
		长	宽	高	
小轿车	小	4.80	1.70	1.60	1.50
	中	5.05	1.85	1.60	1.60
	大	5.60	2.05	1.65	2.20
轻型车		5.05	1.85	2.00	2.00

二、车辆进出车位方式和停放方式

1.车辆进出车位方式(简称进出方式)

由于车辆进出车位的方式不同，其所需回转面积和通道的宽度也不相同。通常车辆进出车位有下列 3 种方式：

前进式进车位、后退式离车位，如图 10-5a)所示；

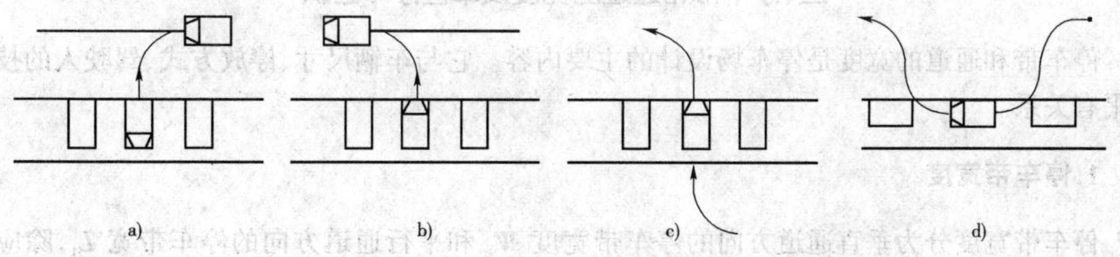

图 10-5　车辆进出车位方式示意图

后退式进车位、前进式离车位，如图 10-5b)所示；

前进式进车位、前进式离车位，如图 10-5c)、图 10-5d)所示。

后退式进车位、前进式离车位的方式，由于发车迅速、占地不多，故多被采用；图 10-5c)所示的前进式进车位、前进式离车位的方式，虽更方便，但占地大，很少被采用。

2.车辆停放方式

车辆停放方式相对于行车通道来说有下面 3 种：

1)平行式(图 10-6a)

车辆平行于通道方向停放，这种方式占用的停车带较窄，车辆进出方便、迅速，但单位长度内停放的车辆最少。在停车种类很多、未以标准车位设计或沿周边布置停车位时，可采用这种方式。

2)垂直式(图 10-6b)

车辆垂直于通道方向停放。这种方式的特点是单位长度内停放的车辆数最多，用地比较紧凑，但所需通道较宽。布置时可两边停车，合用中间一条通道。这种方式一般在用地整齐规则的情况下采用。

3)斜列式(图 10-6c)

车辆与通道成一夹角 $\theta(0^\circ < \theta < 90^\circ)$停放，$\theta$ 一般为 30°、45°、60° 3 种。其特点是停车带宽度随车身长和停车角度 θ 而异；车辆停放比较灵活，对其他车辆影响较少。车辆驶进驶出方便、迅速，但单位停车面积比垂直式多，尤其是 30°停放，用地最不经济，适宜于停车场地的用地宽度和地形条件受限制时使用。

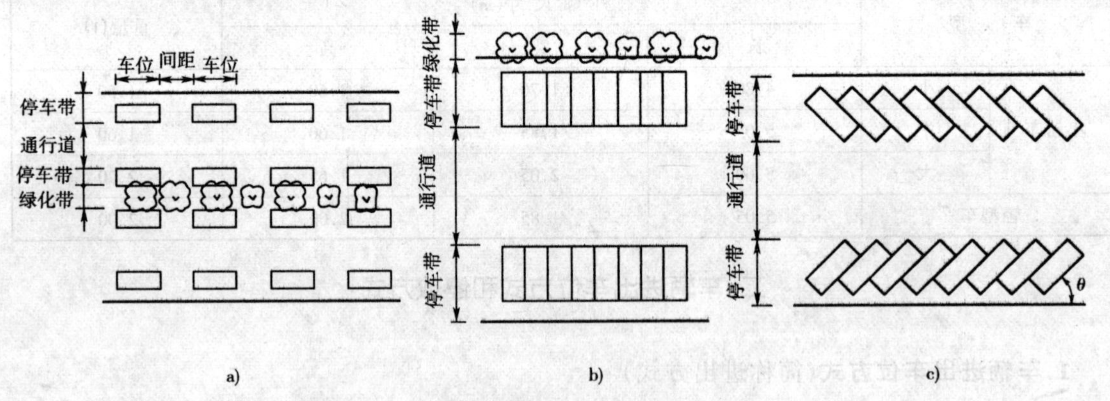

图 10-6 车辆停放方式

a)平行式；b)垂直式；c)斜列式

三、停车带和通道的宽度及单位停车面积

停车带和通道的宽度是停车场设计的主要内容。它与车辆尺寸、停放方式、驾驶人的技术水平有关系。

1.停车带宽度

停车带宽度分为垂直通道方向的停车带宽度 W_e 和平行通道方向的停车带宽 L_t，除应能保证后面车辆安全出入停车位置外，还应保证车门能够安全开启。表 10-13 中列出了汽车与汽车、墙、柱、护栏之间的最小净距要求。

汽车与汽车、墙、柱、护栏之间最小净距 表 10-13

项　目		微型车、小型车 (m)	轻型车 (m)	大、中、铰接车 (m)
平行式停车时汽车间纵向净距		1.20	1.20	2.40
垂直式、斜列式停车时汽车间纵向净距		0.50	0.70	0.80
汽车间横向净距		0.60	0.80	1.00
汽车与柱间净距		0.30	0.30	0.40
汽车与汽车、墙、柱、护栏及其他构筑物间净距	纵向	0.50	0.50	0.50
	横向	0.60	0.80	1.00

注：①资料来源：《汽车库建筑设计规范》(JGJ 100—98)；

②纵向指汽车长度方向、横向指汽车宽度方向，净距是指最近距离，当墙、柱外有突出物时，应从其突出部分外缘算起。

停车带宽度的计算公式如下：

1)垂直于通道方向的停车带宽度 W_e

(1)平行式停放方式：

$$W_e = L_1 + a_1 \tag{10-12}$$

式中：L_1——车辆的宽度，m，可查表 10-8；

a_1——为保证车辆安全出入，左右车厢之间所需的停入净距，m，左右车厢至停车场的缘石之间安全距离取$\frac{1}{2}a_1$，a_1 取值可查表 10-13。

(2)垂直式停放方式：

$$W_e = L_2 + 2a_2 \tag{10-13}$$

式中：L_2——车辆的长度，m，可查表 10-8；

a_2——车头或车尾至停车场的缘石之间的安全距离，车头或车尾至其他车辆的车厢之间的安全距离取 $2a_2$，a_2 取值可查表 10-13。

(3)斜列式停放方式：

$$W_e = (L_2 + 2a_2)\sin\theta + \frac{1}{2}(L_1 + a_1)\cos\theta \quad (0° < \theta < 90°) \tag{10-14}$$

式中：θ——停车角度。

2)平行于通道方向的停车带宽度 L_t

(1)平行式停放方式：

$$L_t = L_2 + a_3 \tag{10-15}$$

式中：a_3——为保证车辆安全出入，前后车之间所需的停放净距，m，a_3 取值可查表 10-13。

(2)垂直式停放方式：

$$L_t = L_1 + a_1 \tag{10-16}$$

(3)斜列式停放方式：

$$L_t = \frac{L_1 + a_1}{\sin\theta} \tag{10-17}$$

根据式(10-12)~(10-17)计算的 W_e、L_t 列于表 10-14 中。

2.通道的宽度

通道是停车场平面设计的重要内容,其形式和有关参数(宽度、最长纵坡、最小转弯半径等)宜结合实际情况正确选用。《汽车库建筑设计规范》(JGJ 100—98)中规定通道宽度应等于或大于 3.0m。通道的最小宽度见表 10-14 中的 W_d。

机动车停车场最小停车带、停车位、通道宽度 表 10-14

停车方式 \ 参数值	车型 \ 项目 \ 分类	垂直通道方向的最小停车带宽度 W_e(m)						平行通道方向的最小停车带宽度 L_t(m)						通道最小宽度 W_d(m)					
		I	II	III	IV	V	VI	I	II	III	IV	V	VI	I	II	III	IV	V	VI
平行式	前进停车	2.2	2.4	3.0	3.5	3.5	3.5	4.7	6.0	8.2	11.4	12.4	14.4	3.0	3.8	4.1	4.5	5.0	5.0
斜列式 30°	前进停车	3.0	3.6	5.0	6.2	6.7	7.7	4.4	4.8	5.8	7.0	7.0	7.0	3.0	3.8	4.1	4.5	5.0	5.0
斜列式 45°	前进停车	3.8	4.4	6.2	7.8	8.5	9.9	3.1	3.4	4.1	5.0	5.0	5.0	3.0	3.8	4.6	5.6	6.6	8.0
斜列式 60°	前进停车	4.3	5.0	7.1	9.1	9.9	12	2.6	2.8	3.4	4.0	4.0	4.0	4.0	4.5	7.0	8.5	10.0	12.0
斜列式 60°	后退停车	4.3	5.0	7.1	9.1	9.9	12	2.6	2.8	3.4	4.0	4.0	4.0	3.6	4.2	5.5	6.3	7.3	8.2
垂直式	前进停车	4.0	5.3	7.7	9.4	10.4	12.4	2.1	2.4	2.9	3.5	3.5	3.5	7.0	9.0	13.5	15.0	17.0	19.0
垂直式	后退停车	4.0	5.3	7.7	9.4	10.4	12.4	2.1	2.4	2.9	3.5	3.5	3.5	4.5	5.5	8.0	9.0	10.0	11.0

注:①资料来源:《汽车库建筑设计规范》(JGJ 100—98);

②I 为微型车;II 为小型车;III 为轻型车;IV 为中型车;V 为大货车;VI 为大客车。

汽车库内坡道可采用直线型、曲线型。可以采用单车道或双车道,其最小净宽应符合表 10-15 中的规定。严禁将宽的单车道兼作双车道。

坡 道 最 小 宽 度 表 10-15

坡道形式	计算宽度(m)	最小宽度(m)	
		微型、小型车	中型、大型、铰接车
直线单行	单车宽 +0.8	3.0	3.5
直线双行	双车宽 +2.0	5.5	7.0
曲线单行	单车宽 +1.0	3.8	5.0
曲线双行	双车宽 +2.2	7.0	10.0

注:①资料来源:《汽车库建筑设计规范》(JGJ 100—98);

②此宽度不包括道牙及其他分隔带宽度。

汽车库内通车道的最大纵向坡度和汽车的最小转弯半径应符合表 10-16 中的规定。

汽车库内通车道的最小转弯半径及最大纵坡 表 10-16

车辆类型	最小转弯半径(m)	最大纵坡(%)	
		直线坡道	曲线坡道
微型车	4.5	15	12
小型车	6.00		
轻型车	6.50~8.00	13.3	10
中型车	8.00~10.00	12	
大型客车 大型货车	10.50~12.00	10	8
铰接客车 铰接货车	10.50~12.50	8	6

注:①资料来源:《汽车库建筑设计规范》(JGJ 100—98);

②曲线坡道坡度以车道中心线计。

3.单位停车面积

停放一辆汽车所需要的用地面积大小与车型(车辆尺寸)、停放方式、通道条数等有关。设计停车场时,按使用和管理要求,预估停车数量、车型、停放方式,确定停车面积。单位停放面积应包括停车车位面积,应均摊的通道面积、绿化面积、辅助设施面积。停车车位面积可以根据车型大小以及安全间距等来计算。表10-17中列出了最小每停车位面积。

最小每停车位面积 表10-17

停车方式			最小每停车位面积(m^2/辆)					
			微型车	小型车	轻型车	中型车	大货车	大客车
平行式		前进停车	17.4	25.8	41.6	65.6	74.4	86.4
斜列式	30°	前进停车	19.8	26.4	40.9	59.2	64.4	71.4
	45°	前进停车	16.4	21.4	34.9	53	59	69.5
	60°	前进停车	16.4	20.3	40.3	53.4	59.6	72
	60°	后退停车	15.9	19.9	33.5	49	54.2	64.4
垂直式		前进停车	16.5	23.5	41.9	59.2	59.2	76.7
		后退停车	13.8	19.3	33.9	48.7	53.9	62.7

注:资料来源:《汽车库建筑设计规范》(JGJ 100—98)。

四、停车场的出入口设计

停车场的出入口设计时一般应符合以下要求:

(1)机动车停车场泊位指标大于50个小型汽车车位时,其出入口应不少于2个;大于500个时,出入口不得小于3个。出入口之间的净距须大于15m,出入口的宽度双向行驶时不应小于7m,单向行驶时不应小于5m;出入口的转弯半径一般不宜小于13m,出入口的纵坡一般不宜大于8%。

(2)停车场出入口宜分开设置,最好布置在宽度大于6m、纵坡小于10%的次干道上,若必须设在主干道旁时,应尽量远离交叉口并限制左转车辆进口,避免造成交叉口处交通组织的混乱,由停车场驶出的车辆不宜直接驶入主干道和快速道路,以免干扰主干道和快速道路上的交通。

(3)机动车停车场的出入口应有良好的视野,保证出入口的安全视角,出入口距离人行过街天桥、地道和桥梁、隧道引道须大于50m,距离交叉口须大于80m。

(4)地下公用汽车库基地出入口前的地面上应设候车道,宽度不小于3m,长度不小于2辆车的长度。当车辆进出特别集中时,在出入口前地面上应设足够大小的候车场。

五、停车场内的交通组织

停车场是车流和人流混杂的场所,停车场的设置对附近道路交通又有直接影响,因此,必须对停车场的交通组织进行详尽的设计。具体设计时应在遵循以下原则的同时,视停车场的规模、车流量、人流量、用地条件、地形等来确定。

(1)停车场必须按不同的车型分别设置停车区,至少应将微型和小型汽车与其他车型分开,以利场地的充分使用和出入方便,也利于交通组织和管理。

(2)停车场内原则上实行人车分隔,不允许乘客进入停车场。

(3)停车场内交通路线宜实行单向交通,车辆右转驶入并右转驶出,避免或尽量减少车辆的交叉冲突。

(4)车库基地的车辆出入口的进出车方向,应与所在道路的交通管理体制相协调。应禁止车辆左转弯后跨越右侧行车线进出地下汽车库基地。为使基地车辆出入口有良好的视野,地下车库基地出入口应退后城市道路规划红线(一般为人行道边缘)不小于 7.5m,并保持 120°的视角。

(5)为了便于组织车辆右行,应在停车场周边开辟辅路,由停车场出来的车,通过辅路,绕到交叉口,减少交叉,便于管理。旅馆的汽车库、停车场的出入口,最好布置在次干道上,避免车辆直接驶入城市干道或快速道路。

(6)入口处以及停车场内应设置明显的行驶方向标志和停车位置指示牌。

(7)进出停车场的最高行驶车速不得超过 15km/h,匝道上的最高行驶车速不得超过 10km/h,视线限制较大时最高行驶车速不得超过 5km/h。

六、路内停车的规划

由于道路的正常功能是为车辆出行行驶提供服务的,而路内停车是占用道路资源的一种行为,其设置对道路的通行能力有很大的影响。因此,为了有效地对路内停车进行管理,有必要对路内停车做出科学、合理的规划。在规划的时候,一般应考虑以下因素:道路条件以及道路交通状况;路外停车设施的状况;路外、路边停车特征;道路交通管理政策与管理水平等。一般应遵循以下原则:

(1)路边停车规划必须符合城市交通发展战略、城市交通规划及停车管理政策的要求,路边停车规划应与城市风貌、历史、文化传统相适宜。

(2)应根据城市路网状况、交通状况、路外停车规划及路外停车设施建设状况,按路边停车的功能确定设置路边停车泊位的控制总量。

(3)路边停车位设置应满足交通管理要求,并保证车流和人流的安全与畅通。

(4)路边停车应与路外停车相协调,随着路外停车设施的建设与完善,路边停车应做相应的调整,路边停车规划年限以 3 年为宜。

(5)城市主、次干道及交通量较大的支路,不宜设置路边停车位。

(6)对居民生活影响较大的道路上不宜设置路边停车位。对社会开放的大型路外停车场服务半径范围内,一般不能设置允许长时间停车的路边停车位。

(7)当道路车行道宽度小于表 10-18 中禁止停放的最小宽度时,不得在路边设置停车位。

设置路边停车场与道路宽度关系表　　表 10-18

道路类别		道路宽度 B(m)	停车状况
街道	双向道路	$B \geqslant 12$m	允许双侧停车
		12m $> B \geqslant$ 8m	允许单侧停车
		$B <$ 8m	禁止停车
	单向道路	$B \geqslant 9$m	允许双侧停车
		9m $> B \geqslant$ 6m	允许单侧停车
		$B <$ 6m	禁止停车
巷弄		$B \geqslant 9$m	允许双侧停车
		9m $> B \geqslant$ 6m	允许单侧停车
		$B <$ 6m	禁止停车

(8)路边停车位主要设置在支路、交通负荷度较小的次干道以及有隔离带的非机动车道上。

(9)路边停车位与交叉口的距离以不妨碍行车视距为设置原则,建议与相交的城市主、次干道缘石延长线的距离不小于20m,与相交的支路缘石延长线的距离不小于10m;单向交通出口方向,可根据具体情况适当缩短与交叉口的距离。

(10)路边停车位与有行车需求的巷弄出口之间,应留有不小于2m的安全距离。

(11)路边停车位的设置不得侵占消防通道,消防栓前后4m内不得设置停车泊位。

(12)路边停车位的设置应给重要建筑物、停车库等的出入口留出足够的空间;人行横道、停车标志、让路标志、公交车站、信号灯等前后一定距离内不应设置路边停车位。

第五节 自行车停车场设计

自行车具有体积小、机动灵活、使用方便等特点,因此被广泛用作短途交通工具。目前在我国很多城市中,自行车停车场地非常缺乏,特别是在繁华的商业街、大型公共建筑、影剧院、体育场馆等附近,自行车乱停乱放,侵占人行道、挤占车行道,既妨碍交通、威胁行人安全,又影响市容。因此,在进行城市交通规划时,在设计公共建筑等一些公共活动场所时,应同时对自行车停车场进行合理设计。

一、自行车停车场的种类

1.固定的停车场

这类自行车停车场盖有车棚、设有车架,派有专人管理。工厂、机关、学校、医院、住宅、车站、码头等处修建的自行车停车场一般都属于这一类。在公园、体育场馆、影剧院、商业场所、交通枢纽等附近设立的自行车停车场,虽然是在露天,没有什么设施,但经常停放自行车,故也应归入这一类。

2.临时性停车场

根据集会活动的临时需要,用绳子圈划场地作停车使用。场内无什么设施。

3.胡同内街道旁停车场

利用人行道或隔离带较宽路段,或人车流较少的街坊小路、小胡同停放自行车,这类停车场可随时变更地点,其场地大小视具体情况而定,数量最多,分散布置在城市各个角落,是目前解决城市自行车停车场缺乏的主要方式。

4.驻停换乘的停车场

居民作远距离出行时,先骑自行车至地铁车站或其他公交车站,然后将自行车停放在车站附近,换乘公交车辆或地铁。

二、自行车种类

我国自行车型号繁多,按自行车轮圈直径大小主要可划分为:711.2mm(28in)、660.4mm

(26in)、609.6mm(24in)和508mm(20in)4种,其中城市以26in居多,农村以28in为主。国产自行车的尺寸见表10-19 。自行车设计车型的尺寸见表10-8。

国产自行车尺寸表

表10-19

种　　类	车长(mm)	车高(mm)	车宽(mm)
711.2mm(28in)	1940	1150	520~600
660.4mm(26in)	1820	1000	520~600
609.6mm(24in)	1710	1000	520~600
508.0mm(20in)	1470	1000	520~600

三、自行车停放方式

应以出入方便为原则。主要停放方式有垂直式、斜列式两种,如图10-7。

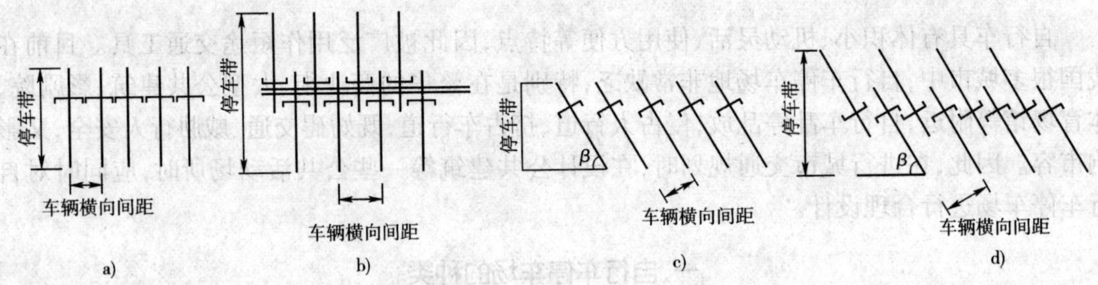

图10-7　自行车停放方式

a)单排垂直式;b)双排垂直式;c)单排斜列式;d)双排斜列式

四、自行车停车场的主要设计指标

根据公安部、建设部1988年颁布的停车场规划设计规则(试行)中规定,自行车停车场的主要设计指标如表10-20所示。

自行车停车场主要设计指标

表10-20

停放方式		停车带宽(m)		车辆横向间距(m)	通道宽度(m)		单位停车面积(m^2)			
		单排	双排		单排	双排	单排一侧停车	单排两侧停车	双排一侧停车	双排两侧停车
斜列式	30°	1.00	1.60	0.50	1.20	2.00	2.20	2.00	2.00	1.80
	45°	1.40	2.26	0.50	1.20	2.00	1.84	1.70	1.65	1.51
	60°	1.70	2.77	0.50	1.50	2.60	1.85	1.73	1.67	1.55
垂直式		2.00	3.20	0.60	1.50	2.60	2.10	1.98	1.86	1.74

五、自行车停车场的规划设计要求和交通组织

(1)自行车停车场地在城市里应尽可能分散多处布置,以方便停放。一般应充分利用车辆、人流稀少的支路、街巷或空闲地面,尽量不占、少占人行道。

(2)公共建筑配建的自行车停车场应根据服务对象性质及用地条件,采用适当分散与集中相结合的原则进行布设,一般宜布设在建筑物的出入口两侧或前后左右的场地内。

(3)停车场应在公共建筑附近就近布置。大型集会场所的停车场应在其四周设置,使各方

向的来车均能就近停放，避免穿越干道，也不影响集会场所的出入口，与人流不发生干扰，集中疏散的自行车流不得任意左转、切断干道上的车流。

(4)有周期性表演活动的公共建筑(如影剧院等)的自行车停车场，宜分成两个场地，设置两套出入口，轮流交替使用。

(5)沿道路红线外侧拓宽2~6m或沿人车流较少的街巷设置的长条形停车场，应分成15~20m一段，利用人行道出入，并以不干扰正常交通为原则。

(6)在独立场地上设置的自行车停车场，应分行分段，使短时间内集中存车或取车的人流和车流能顺利出入，停车位大于500辆自行车时其出入口不得少于2个，停车位超过15000辆时应分成1000~1500辆一组，每组有一对出入口。

(7)自行车停车场的出入口宽度，一般应不小于2.5~3.5m，以保证满足一对相向车辆同时推行进出的需要。自行车停车场的通道宽度应不小于表10-20所列数值。出入口和通道的纵坡应保证自行车推行上下的安全，一般应小于10%。自行车停车场的停车坪坡度，考虑到排水和自行车不滑倒的要求，一般在0.2%~3%之间。

(8)固定停车场应尽可能设置车棚(防雨、防晒)，内设车架，以便于存放和管理。

(9)场内交通线路应明确，尽量单向行驶，使线路不发生交叉冲突，根据用地形状来设计交通线路，近似长方形的用地可布置成主线通道式(图10-8)，近似正方形的用地可布置成主、支线通道式(图10-9)。

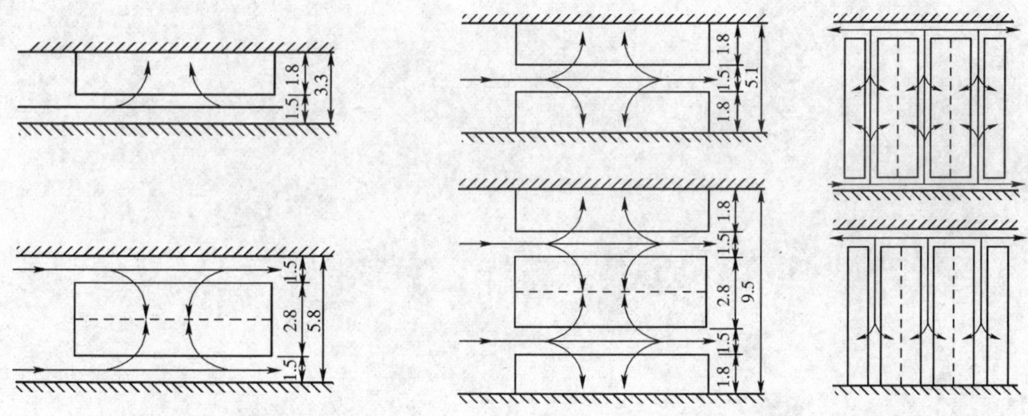

图10-8 停车场布置形式图(单位:m)
(用地近似长方形)

图10-9 停车场布置形式图(单位:m)
(用地近似正方形)

(10)为方便车辆存取和出入，自行车停车场停车带和通道应有显著的标志(如用油漆或用混凝土色块划线并设编号牌等)；车辆宜分区停放，每区停放的车辆数一般控制在40~50辆。

思考题

1.解决我国城市停车问题的主要途径有哪些?

2.停车场的形式主要有哪些，各自有什么特点?

3.什么是停放周转率，什么是停放饱和度(停放车指数)?

4.停车调查包括哪些内容,停车调查数据的应用包括什么?

5.停车需求量与哪些因素有关,如何预测这些因素与停车需求量的关系?

6.停车总量的影响因素有哪些?

7.机动车停放方式有哪些?各自有什么特点?

8.简述自行车停车场地规划的原则与布置方式。

习题

1.试规划200辆汽车的停车场所,其中微型、小型、中型和大型车的比重各占25%,停车方式采用45°斜式与垂直式方案,请分别做出规划布置图并进行评价。

2.某市中心辟出开发用地一块,经测算将有800辆自行车高峰时停放,其中有50%是集中时间停放(分散到达集中离去),试采用60°与30°斜式停放方式,计算各部分用地面积,提出交通集散功能好、用地最省的方案布置图。

第十一章 交通管理与控制

DISHIYIZHANG

交通管理与控制(也可叫交通管制)在一定情况下可以提高道路的通行能力,防止交通事故的发生,更好地发挥道路的功能,所以交通管制是交通工程学的重要内容。

第一节 概 述

现代交通管理与控制,包括交通管理和交通控制两大部分内容。

交通控制即采用人工或电子技术如信号灯、监视器、检测器、通信系统等科学方法与手段,对动态交通流实行控制。

交通管理即执行交通法规按有关规则和要求合理地引导、限制与组织交通流。

通过交通管理与控制使交通中的人、车、货物能在安全、迅速、畅通条件下运行,从而获得最好的安全率、最少的交通延误、最高的运输效率、最大的通行能力、最低的运营费用,以取得良好的运输经济效益和社会效益。

现代交通管理与控制,应具有指导性与协调性,即根据现有的道路网及其设施和出行分布状况,对各种出行加以指导性管理,使整个系统从时间上和空间上分布,尽可能地协调,以减少时间、空间上的冲突,从而保证交通的安全与畅通,充分发挥道路网的作用。

一、交通管制的指导性

交通管制的指导性是对交通需求加以指导性管理。从国内外一些城市道路交通所出现的车辆拥塞、事故多和污染严重的情况分析,并非都由于道路面积不够所产生,实际上与管理不善有很大关系。由于道路交通系统的发展规模与水平受到社会经济发展的限制,且城市的发展又导致土地利用功能与运输网之间产生协调或矛盾。而道路通行能力的大小又取决于现有交通结构及其数量与管理水平。因此,相同的道路交通系统,由于管理的良莠而使通行能力出入很大。例如1971年伦敦会议的一份报告曾指出:“尽管我们花费巨款兴建道路使之改善,但它的交通质量和环境质量却面临着日益衰退的局面……除非采取有效措施,控制交通,否则,新建的道路会很快被堵塞……”。在20世纪60年代,日本为配合经济起飞,实施了大规模的道路兴建计划,但到70年代初,交通事故创历史最高记录,25%的道路和40%的时间都发生交通拥挤。美国洛杉矶的城市道路用地尽管超过城市面积的1/3,但仍有1/3的时间交通拥挤不堪。我国近年来不少大中城市曾用巨额投资兴建与改建道路,不断增加道路网密度,但仍出现交通拥塞,事故增加的局面。上述诸例证明,单纯地兴建与改、扩建道路不仅不能完全解决交通拥塞的问题,在有些情况下,反而会刺激、吸引交通流,加剧交通量的增长。交通流重新分配的结果,产生新的交通拥挤和事故。因此需通过交通管制,从根本上对交通的需求加以引导和指导。

二、道路交通管制的协调性

道路交通管制的协调性旨在通过各种方法,协调道路交通系统中人、车、路、环境各个要素、使某些矛盾着的方面达到一致,以充分发挥路网及其设施的作用。为此,可通过控制出行量以协调供需总量间的矛盾;通过控制出行时间以协调供需方面在时间上的矛盾;控制信号的联动以协调绿灯显示与车辆到达之间的矛盾;设置各种标志、标线以协调道路和环境实际状况与交通使用者之间的识别、判断之间的矛盾等。

当前,我国许多大、中城市道路及其出入口干道和高等级公路正处于不断地新建和改、扩建中,在某些道路上,由于种种原因,由于交通要素的不协调,产生的拥塞和事故多发已影响到人们的生产、生活与生命安全,正为人们所瞩目。而众多原因中,管制不善则是一重要的不可忽视的问题。为适应道路交通发展的需要,不少事实说明加强管制,是一种花钱少、效率高的办法,所以必须深入地对道路交通管制内容与途径进行研究。

第二节　道路交通法规

一、道路交通法规的含义

道路交通法规是国家在道路交通管理方面制定的文件、章程、条例、法律、规则、规定和技术标准等的总称,是国家行政法规的一部分,其目的在于维护交通秩序,保障交通畅通和车辆行人安全,协调人、车、路与环境相互之间关系,也是实行交通管理控制,进行交通宣传和安全教育的依据,一切参与道路交通活动的部门、单位、车辆、机器和个人都必须切实遵守。违反交通法规、造成交通事故者应视情节轻重,损失大小依法给予处分,甚至追究刑事责任。

道路交通法规是经调查研究反复讨论并由立法机关正式颁布的一种带强制性的行政法规,是人们长期在行车、道路、车辆管理、驾驶人管理的实践中,不断积累的交通安全经验总结,它不仅具有严肃的法律性质,而且具有科学依据。

二、交通法规的演变

道路交通法规不是固定不变的,是随着社会的发展、科技的进步及交通建设水平、交通管理的需要而产生和发展的,它来源于社会的交通实践,又指导社会的交通实践。

在远古社会,由于生产力落后,无所谓交通,以后很长一段时间,交通不发达,鸡犬之声相闻,老死不相往来,人们在交通上不发生矛盾,因此,也就不需要什么管理交通的法规。

随着社会生产的发展,交换增多,路程增远,交通工具和道路也发展起来。在交通中,有时就会产生一些矛盾,由此而形成一些约定俗成的交通习惯,久而久之,变成了公认的交通行为规则。

随着生产力的进一步发展，交往范围也不断扩大，本地的一些交通习惯需要告诉外地来的车辆、行人遵守，于是，就将本地的交通习惯用文字记载下来，通告周知，逐步发展，体现统治者的意识，并凭借国家的强制力保证交通行为实施的特殊行为规则。

我国的道路交通法规，随着各种车辆日益增多，特别是现代交通工具的发展，有了较快的发展。

三、道路交通法规的内容

我国的道路交通法规，主要有以下4个方面内容：

(1)各种车辆与驾乘人员的管理；

(2)道路交通秩序的管理；

(3)对交通违章和肇事人员的处理；

(4)重要交通设施的维护与管理。

四、道路交通法规的特性

道路交通法规是国家行政机关依照立法程序制定和公布实施的，是关于人们交通行为的一种法律性的社会规范。由于道路交通的复杂情况，道路交通法规具有这样一些特征：

社会性

道路交通法规与社会的部门和单位都有密切的联系，它还涉及到社会的每个公民和每个家庭。

普遍性

凡是使用道路的人，在任何时间、任何路段、任何人都必须遵守它、服从它，它的效力不限于某一个人、某一次或某一时间、某一地点。也不受使用道路人的地位、性别、文化等条件的限制，它是普遍地反复使用的。

规范性

通行过程中的车、路关系是交通实践经验教训的总结，是科学的运用法律形式固定下来的人们使用道路的行为准则。为了保障交通安全畅通，在道路上进行一切活动都必须遵守它，即不能改变，也不能违反。

可预测性

由于法规的明确规定，人们就可以预见到自己使用道路和行为是否符合规范。照章办事，自己和他人的交通安全就可以得到保障，交通的目的就可以顺利地达到。反之，不仅目的不能达到，还会受到自然的或法律的惩罚。

适应性

作为道路交通管理的依据，应该随着道路交通的迅速发展，不断充实、丰富、完善。只有这样，才能使道路交通法规与道路交通发展相适应。

第三节　交通标志与标线

一、道路交通标志制定的依据

道路交通标志是用图案、符号或文字对交通进行指示、导向、警告、控制和限定的一种道路交通管理的设施，一般设在路旁或悬挂在道路的上方，使交通参与者获得确切的道路交通情报，从而达到交通的安全、迅速、低公害与节约能源的目的。交通标志还要使交通参与者在很短的时间内就能看到、认识并完全明白它的含义，而采取正确的措施。因此，交通标志必须具有较高的显示性，清晰易见、良好的易读性（能很快的视认并完全理解）和广泛的公认性（各方面人士都能看懂），为了要获得这样的效果，很多国家进行了大量研究和实践，认为应作三方面选择，或称标志的三要素：

1.颜色

从光学角度讲，不同的颜色有不同的光学特性（对比、前进、后退、视认），从心理学角度讲会产生不同心理感受和不同的联想，因此不同的颜色会产生不同的心理反应，如：

红色，为前进色，视认性好，使人有产生血与火的联想，有兴奋、刺激和危险之感，在交通标志上常用以表示约束、禁令、停止和紧急之意。

黄色，亦为前进色，较红色的明度更高，能引起人们注意，有警告警戒之意，标志上多用以表达警告、禁令、注意之意。

绿色，是"后退"色，视认性不高，有恬静、和平、安全之感，在交通标志上常用于表示安全、静适、可以通行之意。

蓝色，为后退色，注目性与视认性均不高，但有沉静、安宁之意，适于用作指示导向标志。

白色，明度与反射率较高，对比性强，适宜用作交通标志的底色。

2.形状

对交通标志的形状在国外已有深入的研究，视认性与显示性是否良好与标志的形状有重要关系。面积相同时不同形状标志的易识别程度大小的顺序为：三角形、菱形、正方形、正五边形、圆形等。

3.符号

用于表示标志的具体含义，应简单明了、一看就懂，并易为公众理解，避免文字、叙述、意思繁杂，而力求明白肯定，扼要易认、直观确切。

二、道路交通标志的意义和种类

1.交通标志的意义

道路交通标志，是用图形、符号、文字、特定的颜色和几何形状，向交通参与者预示前方道路的情况，表示交通管理的指令与交通设施的状况，是道路交通法规的组成部分与交通管理的重要手段。在公路与城市道路交通管理工作中占有重要的地位，被人们称之为不下岗的"交警"。

2.道路交通标志种类

我国从1999年6月1日起实施新的道路交通管理条例，规定道路交通标志（GB 5768—1999）分为主标志和辅助标志两大类，主标志就其含义不同分为下列6类：

(1)警告标志。是警告车辆、行人注意危险地点的标志。计有30种，42个图式，其形状为顶角朝上的等边三角形，颜色为黄底、黑边、黑色图案。图 11-1 为警告标志示例。

图 11-1　警告标志示例

(2)禁令标志。是禁止或限制车辆、行人某种交通行为的标志，计有 36 种，42 个图式，其形状分为圆形或顶角朝下的等边三角形，其颜色多为白底、红圈、红杠、黑图案。图 11-2 为禁令标志示例。

图 11-2　禁令标志示例

(3)指示标志。是指示车辆、行人前进方向或停止鸣喇叭以及转向的标志，计有 17 种，29 个图式，其形状分为圆形、长方形和正方形，其颜色为蓝底白色图案。图 11-3 为指示标志示例。

图 11-3　指示标志示例

(4)指路标志。是传递道路前进方向、地点、距离信息的标志，按用途的不同又分为地名标志，著名地名标志，分界标志，方向、地点、距离标志等，计 59 个图式，其形状多为正方形、长方形，一般多为蓝色底、白色图案，高速公路则为绿色底、白色图案。图 11-4 为指路标志示例。

直行

人行天桥

图 11-4　指路标志示例

(5)旅游区标志。为吸引和指示人们从高速公路或其他道路上前往邻近的旅游区，应在通往旅游景点的交叉路口设置一系列旅游标志，使旅游者能方便的识别通往旅游区的方向和距离，了解旅游项目的类别。旅游区标志又分为：指引标志，旅游符号两大类。旅游区标志共 17 个图式，示例见图 11-5。

(6)道路施工安全标志。主要用于道路施工地段或移动施工作业时起到对过往车辆及行人的指示改道与警示等作用。包括：路栏、锥形交通路标、施工警告灯号、道口标柱、施工区标志、移动性施工标志等 6 类 26 个图式，示例见图 11-6。

辅助标志是附设在主标志下起辅助作用的标志。凡主标志无法完全表达或指示其规定时，为维护行车安全与交通畅通之需要，应设置辅助标志。它不能单独设置与使用，按用途不同分为表示时间、车辆种类、区域与距离、警告与禁令理由及组合辅助等 5 种。其形状为长方形，颜色为白底、黑字黑边框。

旅游区方向　　游戏场

图 11-5　旅游区标志示例

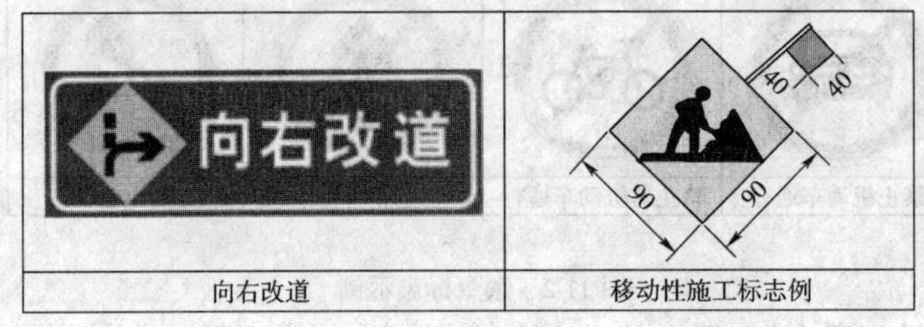

向右改道　　移动性施工标志例

图 11-6　道路施工安全标志示例

此外还有可变信息标志，它是一种因交通、道路、气候等状况的变化而改变显示内容的标志。一般可用作速度限制、车道控制、道路状况、交通状况、气象状况及其他内容的显示。主要用于高速公路、城市快速路的信息提示。可变信息标志的显示方式有多种，如：高亮度发光二极管、灯泡矩阵、磁翻版、字幕式、光纤式等。可根据标志的功能要求、显示内容、控制方式等进行选择。

三、道路交通标志的尺寸和视认距离

标志牌的大小尺寸，应以能保证驾驶员在一定视距内能方便、清晰地识别标志上的图案、符号与文字，故符号、文字的大小必须满足认视距离的要求。认读一般有 5 个阶段，即：一发现，在视野内觉察有交通标志，但看不清楚标志的形状；二识别，只能认识标志外形轮廓，看不清牌上的内容；三认读，除看清标志外形还能看清牌上内容；四理解，在认读的基础上，理解标志含义并做出判断；五行动，根据判断采取行动，如加速、减速、转弯或停车等。在此五个阶段的全过程中汽车行驶的距离称之为视认距离或视距。

视认距离同行车速度与标志大小有关，根据实际试验，车速越高则视认距离越短，不同行车速度或不同等级的道路所要求的视认距离不同，为了能在较远的距离能视认清标志的内容，就必需相应的加大标志尺寸。同时因字体的不同、笔画的多少或粗细也会影响视认的距离。

在我国，指示、警告、禁令 3 种标志的外廓尺寸按计算行车速度分两种情况计算。计算行车速度大于等于 80km/h 的道路（高速公路、一级公路及平原微丘的二级公路），外形尺寸取：圆形直径 100cm，正方形边长 100cm，矩形长宽 120 × 100cm。计算行车速度小于 80km/h 的道路（一般性公路、城市道路），外形尺寸取：圆形直径 70cm，正方形边长 70cm，矩形高度 70cm、宽度 100cm。

四、道路交通标线

道路交通标线是用不同颜色、线条、符号、箭头、文字、立面标记、突起路标和路边轮廓标线等所组成,常敷设或漆画于路面及构造物上,作为一种交通管理设施,起引导交通与保障交通安全的作用,可同标志配合使用亦可单独使用,是道路交通法规的组成部分之一,具有强制性、服务性和诱导性。在道路交通管理中占有重要地位,对高速、快速、城市干道及一、二级公路均须按国家规定设置交通标线。

1.道路交通标线的分类

1999 年 6 月 1 日实施的《道路交通标志和标线》(GB 5768—1999)把道路交通标线按其功能分为 3 类:

(1)指示标线。指示车行道、行车方向、路面边缘、人行道等设施的标线。

(2)禁止标线。告示道路交通的遵行、禁止、限制等特殊规定,车辆驾驶人及行人需严格遵守的标线。

(3)警告标线。促使车辆驾驶人及行人了解道路上的特殊情况,提高警觉,准备防范或采取应变措施的标线。

道路交通标线按形态又可分为 4 类:线条、字符标记、突起路标、路边线轮廓标线。

2.道路交通标线的标画

道路交通标线的标画区分如下:

(1)白色虚线。画于路段时,用以分隔同向行驶的交通流或作为行车安全距离识别线;画于路段时,用作引导车辆行进。

(2)白色实线。画于路段时,用以分隔同向行驶的机动车和非机动车,或指示车行道的边缘;设于路口时,可用作导向车道线或停止线。

(3)黄色虚线。画于路段时,用以分隔对向行驶的交通流;画于路侧或缘石上时,用于禁止车辆长时间在路边停放。

(4)黄色实线。画于路段时,用以分隔对向行驶的交通流;画于路侧或缘石上时,用以禁止车辆长时间或临时在路边停放。

(5)双白虚线。画于路口时,作为减速让行线;画于路段时,作为行车方向随时间改变的可变车道线。

(6)双黄实线。画于路段时,用以分隔对向行驶的交通流。

(7)黄色虚实线。画于路段时,用以分隔对向行驶的交通流。黄色实线一侧禁止车辆超车、跨越或回转,黄色虚线一侧在保证安全的情况下准许车辆超车、跨越或回转。

(8)双白实线。画于路口时,作为停车让行线。

第四节　平面交叉口的交通控制

一、平面交叉口控制的原则

城市道路平面交叉口控制是城市交通系统控制管理中最基本、最简单的形式。平面交叉口管理的主要目的。

1. 减少冲突点

为了平交路口的交通安全，减少在交叉口的冲突点是根本。其方法可采用单行线、禁止左转弯、在交通拥挤的交叉口排除左右转弯等。

2. 控制相对速度

依照道路交通管理条例，严格控制车辆进入交叉口的速度。如果发现车速过高，可考虑在交叉路口前设限速标志。对于右转弯应严格控制其合流角，以小于 30°为佳；必要时要设置一些隔离墩或者导流岛使合流角减少。

3. 分离冲突点和减少冲突区

当交叉口交通流的交叉运行时，有的路径太接近或者重叠，有的偏离过大，导致交叉口上冲突点增多和冲突区扩大，安全性大大降低，此时，运用分离冲突点和减小冲突区的原则能收到较好效果。

4. 重交通流和公共交通优先

重交通流是指在此方向上交通流量较大(干道或主干道)。遇到这样的交叉路口应采用重交通流优先的原则。其方法可采用在轻交通流方向(支路)上设置让路标志，或延长在重交通流方向上的绿灯时间。对公共交通也可采取类似优先控制的方式。

5. 实现交通信号控制

采用最佳信号周期，提高绿灯利用率。在设有固定周期自动交通信号机的交叉口，应对各方向的交通流常做调查，根据流量的大小求出最佳信号周期和绿信比，以提高绿灯利用率，减少车辆在交叉口的阻滞。

二、交叉口控制方式

1. 让路控制

让路控制即不用交通信号而用让路交通标志和标示来控制。相交的两条道路中，常将交通量大的道路称为主路或干路，小的称次路或支路(包括胡同和弄里)。对于交通量不太大的主次路相交的次路路口，在进入交叉口的次路车辆，不一定需要停车等候，但必须放慢车速，让主路车辆优先通行，寻找可穿越或汇入主路车流的安全“空隙”的机会通过交叉口。

环形交叉口的进口处，实质上就是采用的让路控制。

2. 停车标志控制

规定主路车辆通过交叉口有优先通行权，次路车辆必须让主路车辆先行，这种控制方式称为优先控制。停车标志控制按相交道路条件的不同分有单向停车控制和多向停车控制：

1)单向停车控制

单向停车控制简称单向停车或两路停车，是指进入交叉口的次路车辆必须在停止线以外停车瞭望，确认安全后，才准许通行。这种控制在次路进口处画有明显的停车交通标志，相应地在次路进口右侧设有停车交通标志，同时次路进口处的路面上写有非常醒目的“停”字。

2）多向停车控制

多向停车又称多路停车。各路车辆进入交叉口均需先停车后再通过，其中四路停车较多。其标志设在交叉口所有入口右侧。

让路控制与停车控制差别在于后者对停车有强制性。

3.交通信号控制

它适用于交通量大的两条相交道路的交叉口。平面孤立的交叉口的交通信号控制可分为3类：第一类是定周期控制，第二类是车辆感应式控制，第三类是人工控制（即交通民警手动控制信号灯）。

三、平面交叉口控制方式的选择

平面交叉口的设置必须满足道路功能、适应交通流量及交通安全3方面要求，因此，平面交叉口控制方式选择也必须从这3个方面考虑。

按照道路分类选择

道路一般分为3类：主干路、次干路和支路，根据相交道路的情况，可按表11-1选择交叉口及其管制方式。

按交叉道路类型选择交通管制方式 表11-1

交叉口类型	建议设管制方式	交叉口类型	建议管制方式
主干路与主干路	信号灯	次干路与次干路	信号灯，多向停车，单向停车或让路
主干路与次干路	信号灯，多向停车或单向停车	次干路与支路	单向停车或让路
主干路与支路	单向停车	支路与支路	单向停车，让路或不设管制

按照交通流和交通事故选择

根据调查交叉口各相交道路车流量、发生交通事故次数、行人稠密程度以及今后的发展趋势等资料，按表11-2选择。

按车流量和交通事故次数选择交通管制方式 表11-2

项目			管制方式				
			不设管制	让路	单向停车	全向停车	信号灯
车流量	主要道路	辆/h	—	—	—	300	600
	次要道路	辆/h	—	—	—	200	200
	合计	辆/h	100	100~300	300	500	800
		辆/d	≤1000	<3000	≥3000	5000	8000
每年直角碰撞事故次数			<3	≥3	≥3	≥5	≥5
其他因素			—	—	—	—	行人，间隙，信号灯联动等

四、单点交叉口交通信号控制

单点交叉口交通信号控制简称“点控制”，它以单个交叉口为控制对象，它是交通信号灯控制的最基本形式。点控制可分为两类:固定周期信号控制和感应式信号控制。

1.固定周期信号控制

固定周期信号控制是最基本的交叉口信号控制方式,这种控制方式设备简单、投资最省、维护方便,同时,这种信号控制机还可以升级,与邻近信号灯联机后上升为干线控制或区域控制。

1)控制原理

按事先设计好的控制程序,在每个方向上通过红、绿、黄三色灯循环显示,指挥交通流,在时间上实施隔离。交通规则规定:红灯——停止通行,绿灯——放行,黄灯——清尾,即允许已过停车线的车辆继续通行。

2)信号相位方案

信号相位方案即信号灯轮流给某些方向的车辆或行人分配通行权的一种顺序安排。把每一种控制(即对各进口道不同方向所显示的不同色灯的组合)称为一个信号相位。

一般情况下,信号控制灯多采用两个相位,即二相制,如东西放行,显绿灯,则南北方向禁行,显红灯,这为第一相。第二相时,南北向放行,显绿灯,东西方向禁行,显红灯。信号配时方案一般用信号配时图表示,如图 11-7 所示。当左转交通量比较大时,可设置左转专用相位,此时,信号控制灯采用三相制,如图 11-8 所示。

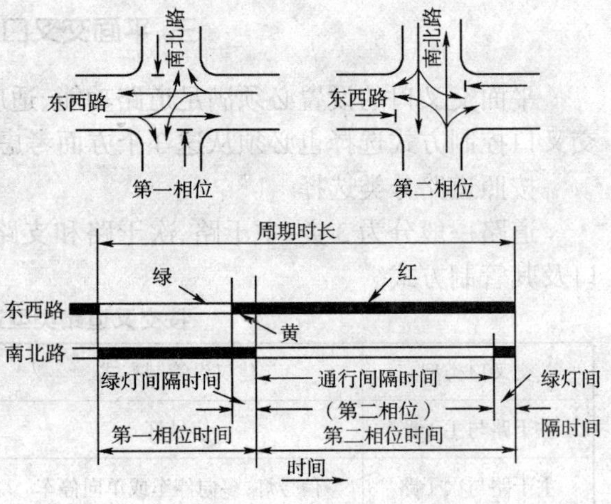

图 11-7 两相位信号及配时图

3)固定周期信号灯基本控制参数

(1)周期长度:

各个行车方向完成一组色灯变换所需的总时间,它等于红灯时间 + 绿灯时间 + 黄灯时间。

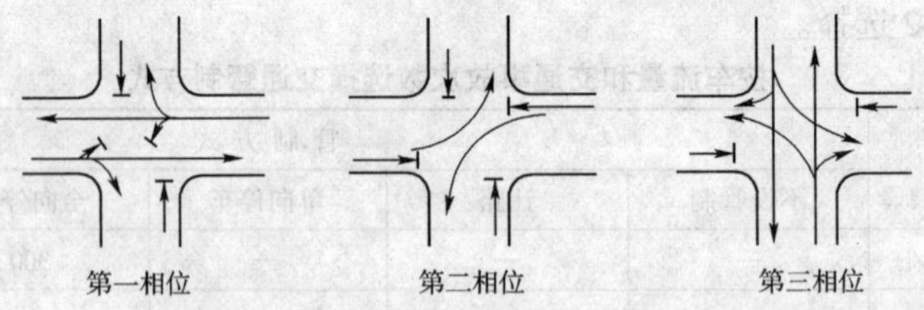

图 11-8 有左转专用相位的三相位方案

周期长度及红灯、绿灯时间根据交叉口总交通量、两相交道路交通量确定。黄灯时间根据交叉口大小确定,一般为 3 ~ 4s。在一个较小的时间段内(比如 1h),周期长度及各色灯时间是固定的,但在一天中,周期长度及各色灯时间是可变的。

(2)等效交通量:

$$T = \frac{13330P}{1333 - V_e} \tag{11-1}$$

式中:T——周期时间,s;

P——相位数；

V_e——等效交通量。

在根据交通量确定信号灯周期长度时，需将交叉口交通量转换成等效交通量，换算公式为：

$$V_e = \frac{V + 0.5H + 0.6L}{n} \tag{11-2}$$

式中：V_e——等效交通量，辆/h，直行；

V——交叉口进口实际交通量，辆/h；

H——公交车、货车车辆数，辆/h；

L——左转车车辆数，辆/h；

n——进口有效车道数。

周期长度、相位数、等效交通量之间有以下关系：

图 11-9 给出了周期长度、相位数及等效交通量之间的曲线关系。

当同一相位中有多股车流通过交叉口时，应取该相位中等效交通量较大的那股车流作为计算依据。

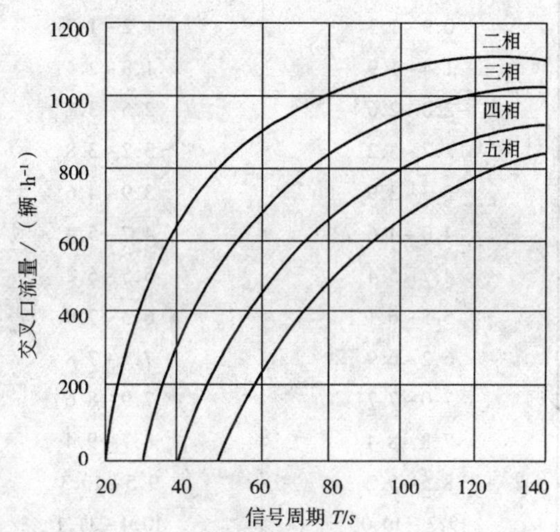

图 11-9 交叉口流量、相位数、周期长度关系图

【例 11-1】 在十字信号交叉口，采用二相相位，南北向等效交通量为 400 辆/h，北南向等效交通量为 350 辆/h，东西向等效交通量为 370 辆/h，西东向等效交通量为 450 辆/h，则用于周期长度计算的等效交通量应为：

$$\begin{aligned} V_e &= \max(\text{南北流量}) + \max(\text{东西流量}) \\ &= \max(400,350) + \max(370,450) \\ &= 400 + 450 = 850\ \text{辆/h} \end{aligned}$$

周期长度为

$$T = \frac{13330 \times 2}{1333 - 850} = 55\text{s}$$

(3)绿灯时间：

当周期长度确定后，便可按相交车流的等效交通量分配给各相位绿灯通行时间。如前例中，周期长度 55s，黄灯时间 3s，总绿灯时间为：

$$G = T - 2 \times \text{黄灯时间} = 55 - 6 = 49\text{s}$$

则南北相位的绿灯时间为：

$$G_{1-2} = \frac{400}{850} \times G = 23\text{s}$$

东西相位的绿灯时间为：

$$G_{3-4} = \frac{450}{850} \times G = 26\text{s}$$

按以上方法分配的绿灯时间是否能满足车辆放行要求，可用公式(11-3)来检验：

$$G_0 = 2.1x + 3.7\text{s} \tag{11-3}$$

式中：G_0——某一相位车辆放行所需绿灯时间，s；

x——周期内的来车数，可通过查表 11-3 得到。

泊松流平均到达率 m、置信度、周期内来车数 x 关系表 表 11-3

m			x/辆
置信度 95%	置信度 90%	置信度 75%	
	0.0～0.1	0.0～0.2	0
0.0～0.3	0.2～0.5	0.3～0.9	1
0.4～0.8	0.6～1.1	1.0～1.7	2
0.9～1.3	1.2～1.7	1.8～2.5	3
1.4～1.9	1.8～2.4	2.6～3.3	4
2.0～2.6	2.5～3.1	3.4～4.2	5
2.7～3.2	3.2～3.8	4.3～5.0	6
3.3～3.9	3.9～4.6	5.1～5.9	7
4.0～4.6	4.7～5.4	6.0～6.8	8
4.7～5.4	5.5～6.2	6.9～7.7	9
5.5～6.1	6.3～7.0	7.8～8.6	10
6.2～6.9	7.1～7.8	8.7～9.5	11
7.0～7.7	7.9～8.6	9.6～10.4	12
7.8～8.4	8.7～9.4	10.5～11.3	13
8.5～9.2	9.5～10.3	11.4～12.2	14
9.3～10.0	10.4～11.1	12.3～13.1	15
10.1～10.8	11.2～11.9	13.2～14.0	16
10.9～11.5	12.0～12.8	14.1～14.9	17
11.7～12.4	12.9～13.6	15.0～15.9	18
12.5～13.2	13.7～14.5	16.0～16.9	19
13.3～14.0	14.6～15.3	17.0～17.8	20
14.1～14.9	15.4～16.2	17.9～18.7	21
15.0～15.7	16.3～17.0	18.8～19.5	22
15.8～16.5	17.1～17.9	19.7～20.5	23
16.6～17.4	18.0～18.8	20.6～21.5	24
17.5～18.2	18.9～19.7	21.6～22.4	25
18.3～19.0	19.8～20.6	22.5～23.3	26
19.1～19.9	20.7～21.5	23.4～24.3	27
20.0～20.7	21.6～22.3	24.4～25.2	28

(4)绿信比。绿信比是某一方向通行效率的指标，它等于一个相位内某一方向有效通行时间与周期长度之比。

2.感应式信号控制

1)控制原理

感应式信号控制没有固定的周期长度，它的工作原理是在感应式信号控制的进口，均设有车辆到达检测器，一相位起始绿灯，感应信号控制器内设有一个“初始绿灯时间”，到初始绿灯时间结束时，如果在一个预先设置的时间间隔内没有后续车辆到达，则变换相位；如果有车辆到达,则绿灯延长一个预设的“单位绿色延长时间”,只要不断有车到达,绿灯时间可继续延长,直到预设的“最长绿灯时间”时变换相位。

2)感应式信号灯的基本控制参数

(1)初始绿灯时间。给每个相位预先设置的最短绿灯时间,在此时间内,不管有否来车本相位必须绿灯。初始绿灯时间的长短,取决于检测器的位置及检测器到停车线可停放的车辆数。

(2)单位绿灯延长时间。它是初始绿灯时间结束后,在一定时间间隔内侧得后续车辆时所延长得绿灯时间

(3)最长绿灯时间。它是为了保持交叉口信号灯具有较佳的绿信比而设置,一般为 30~60s,当某相位的初始绿灯时间加上后来增加的多个单位绿灯延长时间达到最长绿灯时间时,信号机会强行改变相位,让另一方向的车辆通行。

【例 11-2】 有一股 602 辆/h 的交通量与另一股 210 辆/h 的交通量相交,每股车流有 15% 左转车和 10% 的货车,均为单车道进口,用二相位控制,计算其周期长度?

解: $V_{e602}=\dfrac{602+0.6\times90+0.5\times60}{1}=684$ 辆/h

$V_{e210}=\dfrac{210+0.6\times31+0.5\times21}{1}=238$ 辆/h

$V_e=684+238=922$ 辆/h

查图 11-9 得 $T=63$s,取 $T=60$s (取 5s 的整倍数);

1h 的周期数 = 3600/60 = 60 次/h

对于 602 辆/h 的交通量而言,平均到达车数 $m=602/60=10$ 辆/次

查表 11-3,按置信度 95%,$m=10$,查得 $X=15$,

则 $G_{602}=2.1\times15+3.7=35.2$s

对于 210 辆/h 的交通量而言,$m=210/60=3.5$,查表 11-3 得 $X=7$(置信度 95%)

则 $G_{210}=2.1\times7+3.7=18.4$s

所以 $T=35.2+3.0+18.4+3.0=59.6$s

其中,3.0 为黄灯时间。

计算得到 $T=59.6$s,与查图 11-9 的 60s 基本符合,所以 $T=60$s 可以采用。

第五节 线控与面控简介

在城市道路网中，交叉口相距很近，各交叉口分别设置单点信号控制时，车辆经常遇到红灯，时停时开，行车不畅，也因而使环境污染加重。为使车辆减少在各个交叉口的停车时间，特别是使干道上的车辆能够畅通，人们首先研究把一条干道上一批相邻的交通信号连接起来，加以协调控制，就出现了干线交叉口交通信号的协调控制系统（简称线控制，也称绿波系统）。随着计算机、计算方法、自动控制、车辆检测技术等的发展，人们又研究把整个区域内所有交通信号联动起来加以控制，就形成了区域交通信号控制系统（简称面控制）。干线交通控制系统往往是区域交通控制系统的一个单元。也可以说，线控制是面控制系统的一种组成部分，或从另一角度说，线控制是面控制系统的一种简化的特殊形式。所以，凡是可以用在面控系统上的技术、方法、程序、设施等，都可以用在线控系统上。信号控制系统的控制参数也基本一致。

一、干道信号控制系统的基本参数

1.周期时长

单个交叉口的信号周期长度是根据交叉口交通量来确定的,由于控制系统中有多个交叉口,为了达到系统协调,各交叉口必须采用相同的周期长度。为此,必须先按单个交叉口的信号配时方法,确定每个交叉口的周期长度,然后取最长的作为本系统的公共周期长度,其他交叉口也必须采用这个周期长度。

2.绿信比

在信号控制系统中,各个信号的绿信比是根据各个交叉口各向交通量的流量比来确定的,因此,控制系统中,各个交叉口信号的绿信比不一定相同。

3.相位差

相位差是干道交通信号控制的关键参数。通常相位差有两种:

(1)绝对相位差。指各个交叉口信号的绿灯或红灯的起点相对于控制系统中参照交叉口的绿灯或红灯的起点时间差。

(2)相对相位差。指相邻两交叉口信号的绿灯或红灯起点的时间差。

二、单向交通干道的信号协调控制

所谓“绿波交通”,就是指车流沿某条主干道行进过程中,连续得到一个接一个的绿灯信号,畅通无阻地通过沿途所有交叉口。这种连续绿灯信号“波”是经过沿线各交叉口信号配时,精心协调来实现的。完全意义的“绿波交通”只有在单向交通干线上才能实现,实现“绿波”的关键是精确设计相邻交叉口之间的相位差。如图 11-10 所示的干道交通控制系统中,如果取交叉口 A 为系统参照交叉口,周期长度为 120s,那么按以下方式各交叉口的绝对相位差,便可获得完全的“绿波交通”。

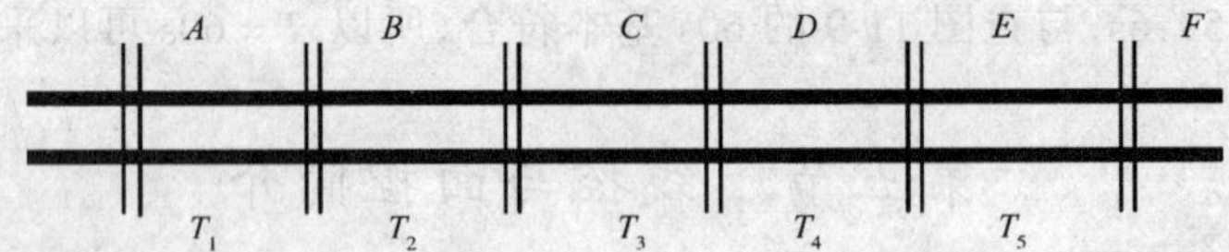

图 11-10 单向交通干线信号控制相位差计算示意图

实测得各相邻交叉口车辆平均行驶时间为:

$$T_1 = 160\text{s}, T_2 = 158\text{s}, T_3 = 254\text{s}, T_4 = 201\text{s}, T_5 = 192\text{s}$$

则:

B 交叉口的绝对相位差 $= T_1 - 120\text{s}$(1 个周期长)$= 40\text{s}$

C 交叉口的绝对相位差 $= T_1 + T_2 - 240\text{s}$(2 个周期长)$= 78\text{s}$

D 交叉口的绝对相位差 $= T_1 + T_2 + T_3 - 480\text{s}$(4 个周期长)$= 92\text{s}$

E 交叉口的绝对相位差 $= T_1 + T_2 + T_3 + T_4 - 720\text{s}$(6 个周期长)$= 53\text{s}$

F 交叉口的绝对相位差 $= T_1 + T_2 + T_3 + T_4 + T_5 - 960\text{s}$(8 个周期长)$= 5\text{s}$

按照上述的绝对相位差进行该干线的信号协调控制,便能得到非常理想的“绿波带”。图

11-11 为单向干线的绿波时距示意图。

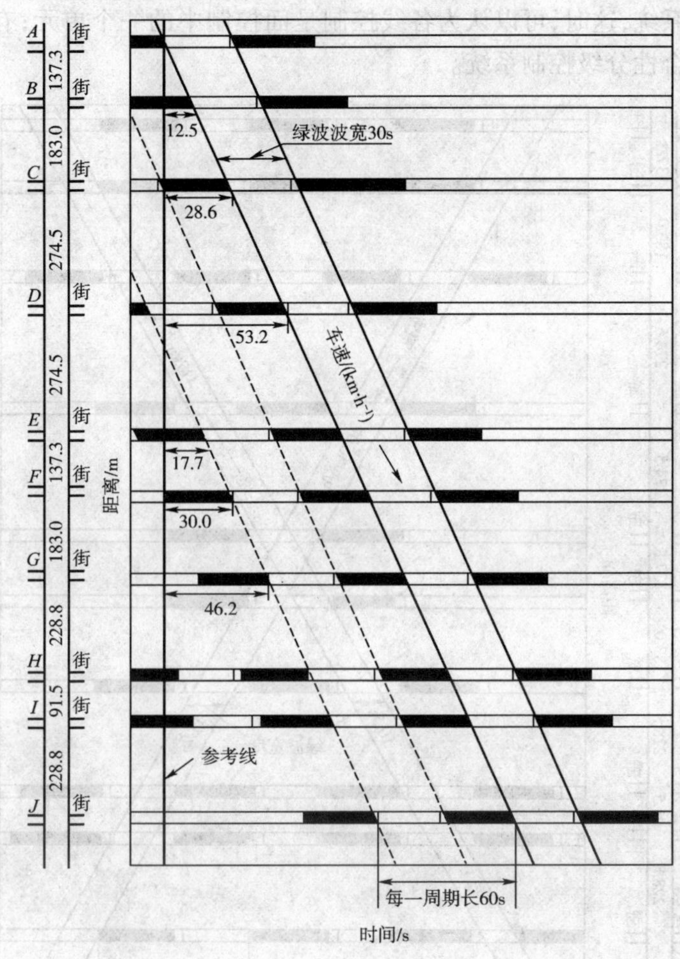

图 11-11 单向交通干线绿波时距图

三、双向交通干道的信号协调控制

双向交通干道的交通情况远比单向交通干道复杂,一般较难得到理想的"绿波带",在各交叉口间距相等时,比较容易实现"绿波",且当交叉口间车辆行驶时间正好等于周期长度一半的倍数时,可获得理想的"绿波带",各交叉口间距不等时,就较难实现"绿波"。图 11-12 为双向干线绿波时距图,从图中可以看出,双向干线的绿波宽带远远小于单向干线的绿波宽带。

尽管双向交通干道较难实现"绿波",但线控仍能大大提高干线的通行能力。双向交通干道定时式信号控制系统一般有 3 种协调方式:

(1)同步式协调控制;

(2)交互式协调控制;

(3)连续通告式协调控制。

四、区域交通信号控制系统

区域交通信号控制系统也简称"面控制",它把整个区域中所有信号交叉口作为协调控制的对象。控制区内各受控交通信号都受中心控制室的集中控制。对范围较小的区域,可以整区集中控制;范围较大的区域,可以分区分级控制。分区的结果往往成为一个由几条线控制组成的分级集中控制系统,这时,可以认为各线控制是面控制中的一个单元;有时分区成为一个点、线、面控制的综合性分级控制系统。

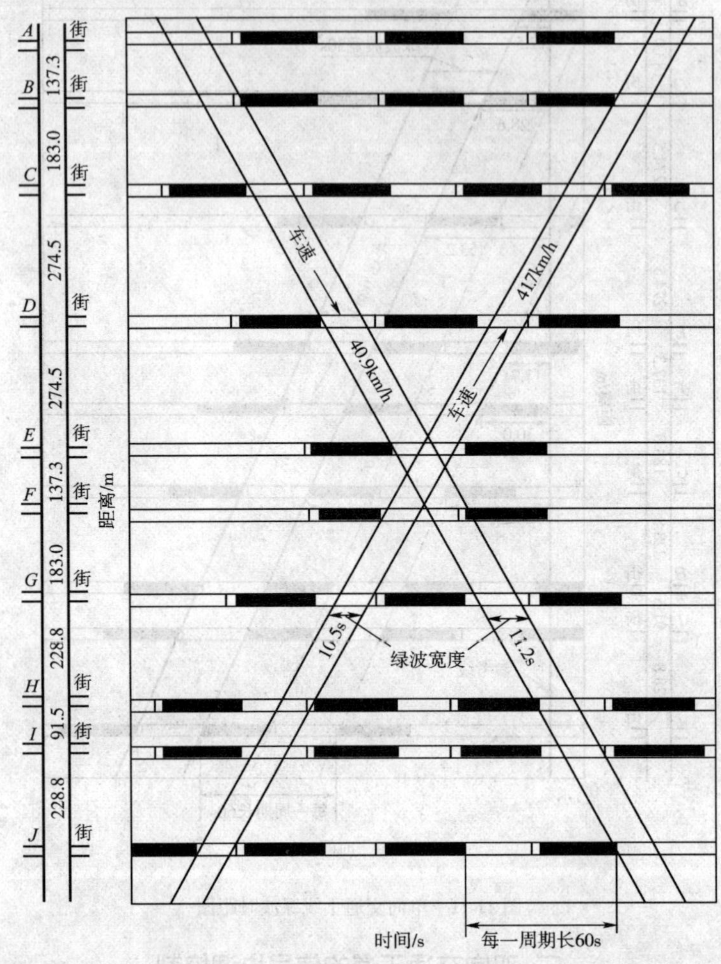

图 11-12 双向交通干线绿波时距图

区域控制系统按控制策略可分为定时脱机式控制系统及感应式联机控制系统两种。

1.定时脱机式区域交通控制系统

定时式脱机操作控制系统,利用交通流历史及现状统计数据,进行脱机优化处理,得出多时段的最优信号配时方案,存入控制器或控制计算机内,对整区交通实施多时段定时控制。

定时控制简单、可靠、效益费用比高,但不能适应交通流的随机变化,特别是当交通流量数据过时后,控制效果明显下降,重新制定优化配时方案将消耗大量的人力作交通调查。

TRANSYT(Traffic Network Study Tool)"交通网络研究工具"是定时脱机式区域控制系统的代表,是英国道路与交通研究所(TRL)于 1976 年提出的脱机优化网络信号配时的一套程序。

TRANSYT 是一种脱机操作的定时控制系统,系统主要由两部分组成。

1)交通仿真模型

建立交通仿真模型,其目的是用数学方法模拟车流在交通网上的运行状况,研究交通网配时参数的改变对车流运行的影响，以便客观地评价任意一组配时方案的优劣。为此，交通仿真模型应当能够对不同配时方案控制下的车流运行参数——延误时间、停车率、燃油消耗量等做出可靠的估算。

2)优化

将仿真所得的性能指标送入优化程序部分，作为优化的目标函数，TRANSYT以网络内的总行车油耗或延误时间及停车次数的加权和作性能指标；用"爬山法"优化，产生较之初始配时更为优越的新的信号配时；把新信号配时再送入仿真部分，反复迭代，最后取得性能指标达最佳的系统最佳配时。TRANSYT优化过程的主要环节包括：绿时差的优选、绿灯时间的优选、控制子区的划分及信号周期时间的选择4部分。

2.联机感应式区域交通控制系统

由于定时式脱机操作系统具有不能适应交通流随机变化的不足，人们进一步研究能随交通流变化自动优选配时方案的控制系统。随着计算机自动控制技术的发展，交通信号网络的自适应控制系统就应运而生。英国、美国、澳大利亚、日本等国家作了大量的研究和实践，用不同方式各自建立了各有特色的自适应控制系统。归纳起来有方案选择式与方案形成式两类。方案选择式以SCATS为代表，方案形成式以SCOOT为代表。

1)SCATS

SCATS(Sydney Co-Ordinated Adaptive Traffic System)控制系统是一种实时自适应控制系统，在20世纪70年代开始研究，80年代初投入使用。

SCATS的控制结构用的是分层式三级控制，即分成：中央监控中心-地区控制中心-信号控制机。在地区控制中心对信号控制机实行控制时，通常将每1～10个信号控制机组合为一个"子系统"，若干子系统组合为一个相对独立的系统。系统之间基本上互不相干，而系统内部各子系统之间，存在一定的协调关系。随交通状况的实时变化，子系统既可以合并，也可以重新分开。三项基本配时参数的选择，都以子系统为核算单位。

中央监控中心，除了对整个控制系统运行状况及各项设备工作状态作集中监视以外，还有专门用于系统数据管理库的计算机，对各地区控制中心的各项数据以及每一台信号控制机的运行参数作动态贮存(不断更新的动态数据库形式)。

SCATS在实行对若干子系统的整体协调控制的同时，也允许每个交叉口"各自为政"地实行车辆感应控制，前者称为"战略控制"，后者称为"战术控制"。战略控制与战术控制的有机结合，大大提高了系统本身的控制效率。SCATS正是利用了设置在停车线附近的车辆检测装置，才能提供这样一种有效的灵活性。所以SCATS实际上是一种用感应控制对配时方案作局部调整的方案选择系统。

SCATS优选配时方案的主要环节为：子系统的划分与合并、配时参数优化、信号周期长度选择、绿信比方案选择、绿时差方案选择5部分。

2)SCOOT

SCOOT(Split-Cycle-Offset Optimization Technique)，即"绿信比-信号周期-绿时差优化技术"，是一种对交通信号网实行实时协调控制的自适应控制系统。由英国TRL研制开发，1979年正式投入应用。

SCOOT是在TRANSYT的基础上发展起来的，其模型及优化原理均与TRANSYT相仿。不同的是，SCOOT是方案形成方式的控制系统，通过安装在各交叉口的每条进口道上游的车辆检测器所采集的车辆到达信息，联机处理.形成控制方案，连续地实时调整绿信比、周期长度及绿时差三参数，使之同变化的交通流相适应。

SCOOT 优选配时方案的主要环节包括：

(1)交通检测。含交通量、车辆占用时间、道路占用率和拥挤程度等的参数检测。

(2)小区划分。SCOOT 中的小区划分应事先判定，系统运行以小区为依据，运行中小区不能合并、拆分。

(3)模型预测。包括车队预测、排队预测、拥挤预测和效能预测等。

(4)系统优化。包括控制策略优化、绿时长—绿信比优选、绿时差优选和周期长度优选等。

第六节　高速公路控制系统

随着我国高速公路的迅猛发展以及车流量的不断增加，高速公路控制系统越来越显示其在公路管理中不可取代的地位。目前已通的沈大、合宁、沪嘉、京津塘以及首都机场高速公路等，均采用了现代化管理系统，有的正在实施之中。现代化管理系统是采用先进的现代化的电子设备，对交通、收费、路况等进行监控和管理的总称。它涉及到系统工程、交通工程、电子通信、计算机、电视摄像、录像广播等专业技术，因而是一个多学科的技术密集的系统工程。该工程投资大，是高速公路管理指挥中心和中枢，其管理的好坏直接影响高速公路安全、快速、舒适和高效功能发挥。下面将分别对道路现代化管理系统的组成及其各组成部分的情况加以介绍。

一、系统组成

高速公路现代化管理系统按功能划分，可分为通信系统、监控系统、收费系统和电源系统 4 大部分。每个系统又包括若干个功能单元。每个功能单元完成一些特定的功能。

通信系统包括干线通信(微波、光纤等)、移动通信、程控交换、紧急指令等系统设备，完成的主要任务是:根据规定的技术要求确保全系统数据、命令、图像及语音信息传输的及时性和准确性。

监控系统包括数据采集(主干线和匝道)、中心控制、情报显示、电视监视等系统设备。主要完成实时采集、记录和显示交通流数据、事故信息、气象信息，并据此判断各路段的交通状况，发布交通控制信息，对全线交通状况进行控制和调度。

收费系统包括出、入口检测和收费控制等系统设备。实现的主要功能为收费口交通量统计和车辆分型，按标准收取通行费并发放收据，汇总、整理收费的有关数据和交通流数据，传送到上一级计算机和监控中心进行处理，并根据监控中心发布的命令，对出入高速公路的车辆进行控制和调节。

电源系统包括交流供电、直流供电、接地系统及路面供电系统等设备，主要功能按照规定的技术要求，不间断地对机房内部设备和外场终端安全供电。

下面将各部分逐一进行介绍。

二、通信系统

1.通信系统的基本构成

高速公路的通信系统应在经济适用、因地制宜的前提下，力求达到技术先进、运行可靠、操作灵活、维护方便,确保通信系统内部的话音、数据以及图像信息能够及时地传输。从技术角度看,高速公路通信系统由综合业务变换、通信传输、移动通信3部分组成。

1)综合业务交换

综合业务交换网络支持以下业务:调度电话、紧急电话、业务电话和其他电话。

(1)调度电话:

①特征和作用　调度电话是高速公路综合业务交换网中的各子系统,它无需与市话公用有任何联系。调度电话的所有终端用户都直接受控于调度总台,用户间不进行自动交换,因而不可能出现占线示忙现象,总台按下相应的按钮即可同时调度数个或全部终端用户,用户也无需拨号即可与总台通信。

调度电话的作用主要有:重要指令或信息的迅速传达或发布下行信息;重大事件或信息的及时报告或反馈上行信息;业务调度;会议电话。

②构成方式　基本上有两种。一种是开发数字程控交换机的会议调度功能;另一种是设置专用会议调度总机。当利用调度总机来组建调度电话网络时,建议考虑调度网与内部业务电话网之间的联系。

③主要功能　调度员调度直通用户并通话;调度员完成某直通用户请求与另一直通用户通话的话路连接;召开电话会议。

(2)紧急电话:

①紧急电话的作用:

a.高速公路的宗旨之一是"快速",这种快速不仅表现在车辆行驶速度的提高。同时还表现在服务水平的提高,快速地为司乘人员排忧解难便是内容之一。紧急电话便是司乘人员在紧急情况下进行呼救的最方便、快捷的通信手段,控制中心接到呼救信号后通过调度电话系统向有关部门转达信息,以便采取相应的救助措施。

b.有助于道路管理部门对道路上所发生的重要事件的及时了解和恶性交通事故的及时处理与排障,为减少财产损失、抢救人民生命争取宝贵时间。

c.为道路养护人员、路政人员、通信人员、救援人员及其他道路管理者提供辅助通信工具。

②网络总体要求　高速公路通信系统应按照国家标准《公路通信技术一切及设备配备设备 配备和组网技术要求》(GB 7262.2~7262.3—91)中的规定,对高速公路专用网的设备配备原则、各级网络的设备配备及有线电话、移动电话、公路紧急电话进行配备。

紧急电话是道路使用者在紧急情况下向管理控制中心报告情况、请求救援的一种特殊通信手段。因此对使用者来说,要求简单、方便、可靠。作为接收控制中心,必须具备声光警告与呼救位置显示,应答及时,并与交通警察、路政管理、施救支援等部门建立热线联系。紧急电话的话机在室外,其工作环境比室内要复杂、恶劣,因而对其应有些特殊要求,如对外界环境温度和相对湿度的要求;对防雨、防腐、防尘措施的要求;抗干扰能力的要求;结构强度与抗破坏能力的要求;夜间照明或反光标志要求等。

③构成方式　紧急电话的构成为:

a.电话机为直立式;

b.电话机采用免提式,使用应简便可靠;

c.电话机宜用分体式;

d.电话机外壳的上部,应有紧急电话的定向反光标志,标志的图案和颜色参照GB 5768;

e.电话机话音频带为300~3400Hz。

(3)业务交换：

①业务交换网络的构成及主要任务　专用交换网络的核心设备是专用程控用户交换机及外围设备、用户线路、用户终端设备。其中心任务是完成网内用户之间的话务交换、网内用户与市话用户之间的话务交换、网内有线用户与本系统无线网的双向自动接续。同时也为市话网承担了大量的内部用户间的交换业务，起到话务集中的作用，这在我国公用网还不是太发达的现阶段尤其明显。新的数字交换设备一般都具有 ISDN(综合服务数字网)功能，因而可对网内用户开放图像、数据、文本、传真等非话音交换业务；允许网内用户访问公用数据网。

②程控用户交换机及选型　程控用户交换机由于在控制方式上的存储程序化和交换自动化，因而持续速度、交换质量等方面都较人工交换机有了质的飞跃。而且，由于采用了脉冲编码和时分复用技术，使得数字程控交换机在交换速度、交换质量、容量能力、组网能力、系统维护管理诸方面比模拟程控交换机也更具优越性。因此，今后的应用趋势必然采用数字程控机。

另外，在专用网与公用网的中继方式和用户线路的敷设方式上，也要注意与实际情况相结合。

2)通信传输

通信传输系统的基本任务，就是保证“信息流”在特定的传媒中畅通，并做到及时、快速、准确。目前在我国高速公路通信传输系统中，一般以市话电缆(或长途电缆)、数字微波、数字光纤 3 种传输手段混合适用。

(1)市话电缆传输。无论是公用网还是专用网，电缆传输在整个通信传输系统中占有相当大的比重。电缆有很多种，比如市话电缆、同轴电缆、高频对称电缆等。

市话电缆是由许多对二线对构成的，通常应用于市话中继线路、用户线路和部分长途线路。在高速公路中可作为业务电话的用户线缆、调度电话、紧急电话以及道路情报板、可变限速标志、车辆检测器、收费口、匝道口与控制中心进行低速数据通信的传输媒介来使用。

(2)数字微波中继传输。数字微波中继传输采用 TDM(时分调制)技术，被公认为是地面传输的一种有效通信手段。其特点是：基建投资少、建设周期短、上下话路方便、抗自然灾害能力较强，既适于长途通信也适于短途通信。

微波通信是利用无线电波在空中视距传输进行通信，由于受地形和天线高度的限制，其中继间距一般在 30～50km；另外，微波通信受雨雪天气和不利地形条件影响较大。因此，在系统设计时应预先充分考虑雨雪吸收损耗和衰落，使系统接收电瓶有较大的储备。

(3)数字光纤传输。用数字式的电信号来调制光源、以光波为信息载体、以光纤维作为传输媒介的通信称作数字光纤通信，其最大特点是传输容量大、中继距离远、抗干扰能力强，因而在高速公路中也广泛应用于中长距离数字通信及图像传输。

(4)PCM(脉冲编码调制)数字基群设备。可对各类信号源送来的电信号进行处理，使它们适合微波信道机或光端机的接口要求。发送信号时，将各种电话、传真、计算机数据、电视图像等信号经电平扩张、取样编码、多路复接、码型变换处理后送往微波信道机或光端机的接收口；接收信号时，将微波信道机或光端机送来的数字信号经码型反变换、码流分路、解码、电平压缩处理。还原成接收终端可以接收的电信号。

3)移动通信

包括常规的无线通信系统和新兴的蜂窝无线系统、集群无线系统、无线寻呼系统、无绳电话系统等。

(1)移动通信的功能。移动通信的显著特点是通信双方或一方在通信服务区内地址的可移动性。在高速公路的运营管理中,移动通信特别适宜于道路养护、路政管理、交通安全管理、收费稽查、救援等具有流动特征的通信。移动通信网一般都具有如下功能:

①实现控制中心对网内移动用户的指挥调度功能。包括选呼、组呼和全呼。

②建立网内移动用户之间的呼叫,包括选呼、组呼和全呼。

③自动完成网内有线用户与网内无线用户之间的双向接续和通信。

④完成网内无线用户与市网用户之间的人工或自动接续。

⑤实现人工越区通信或越区自动漫游。

(2)组建高速公路无线通信组网的一般方式:

①一呼百应方式　这是无线对无线的通信方式。网内任一对用户通信,其他用户均可收听。这种组网方式投资少、建网快,但干扰大、保密性差,通话质量难以保证。

②选呼方式　这种方式的明显特点是可以有选择地进行呼叫,也可以全呼。通过有线、无线转接设备。以专用用户交换机用户线方式,实现服务区内有线用户和无线用户之间的双向拨号呼叫通信。

③集群方式　集群无线通信方式的基本特征是:多个无线信道动态地、自动地、最佳地分配给网内用户,并把有线通信中的交换技术运用到无线通信中来,在最大程度上利用有限的无线频率资源。集群系统可以通过专用信道建立网内任意两个移动用户间的拨号呼叫;通过交换机和任一话音信道建立任意两个或多个移动用户间以及移动用户与有线用户间的通话;如果增设市话用户线接口或中继线接口,则系统内的所有用户均可与市话用户通信,网内用户可实现越区漫游通信。

2.通信系统的基本管理

1)通信管理的基本任务和要求

通信管理的基本任务是:

(1)保障通信线路或空中通道的畅通无阻、通信设备的良好运作,这是首要任务;

(2)建立通信管理的规章制度、原则和执行程序,并不断完善;

(3)建立横向联系与协作。促进交流,及时掌握通信技术的发展动向和科技信息。

通信管理的要求做到程序化、标准化、数据完整化、计算机化。同时还要接受经济规律和技术条件的约束。

2)通信管理的主要内容

(1)工作计划。为了保证通信管理工作顺利进行,应当安排的计划有:设备维护计划;设备检测维护计划;设备更新与系统改造计划;人员培训与学习计划;物资和仪器购置、调用计划;经费预算、申报、使用额度安排。

(2)技能培训。系统的运行离不开人的参与,因此必须重视培养和管理一支通信队伍。要做到这一点,就必须要选派专业人员参与通信系统的方案设计、设备选型、工程实施、工程验收等全过程,使之了解系统的各个环节;然后再遵循走出去、请进来的原则,加强行业间的联系。另外,还要加强对话务员和机务人员进行培训和锻炼。

(3)工作制度的研究和制订。一套完善的、行之有效的规章制度是规范通信工作者行为的依据和准则,是强化管理职能必不可少的重要步骤。为此,要明确各通信科(所)的职权范围。对通信值班人员和设施的管理要严格各项守则和制度,制定奖惩规定。

(4)设备管理是指对通信主体设备、辅助设施的管理。其目的在于让有限的通信资源发挥最大作用。因此在设备的管理工作当中,应当注意设备使用的正确性,开发利用其所有功能,同时注意对设备的维护。在可能的条件下,还要对设备进行更新与改造,从而维持设备运行的良好状态。

(5)通信器材、工具与仪表管理要存储一定数量的备用器材,从而保障通信系统的正常运转。同时,还要配备通信测试仪表,以备检测之用。通信设备的备用器材、工具和测试仪表的管理是一项繁杂的工作。保管人员应具有一定的专业知识和高度的工作责任心,对所管理的物品要分门别类地登记入册,存放整齐,出入清楚,账务相符。

(6)无线电频率管理无线电频率是一种宝贵的自然资源。专用网所占用的无线电频率都是经当地无线电管理部门批准并缴纳无线电管理费用,因而是合法占用者和有偿使用者。

但由于无线通信的广泛使用,空中电波十分拥挤,往往容易发生与其他无线通信网相互干扰、网外用户的非法盗用现象。因此,必要时应在当地无线电管理部门的指导下加强无线通信的监听和监测工作,摸清干扰的性质和来源,采取措施避免干扰,排除网外用户盗用。

三、监控系统

监控系统是利用电子技术和电子计算机系统,从事高速公路管理业务,对道路安全、交通状况等进行实时的监视和控制,从而达到“安全、高速、舒适、方便”的目的。这里所谓的监视,就是利用路面、路旁的数据采集、监测设备和人工观察,对道路交通状况、路面、天气状况和设备运作状况等参数进行实时观察和测量,并通过传输系统送至中心控制室。所谓控制就是指利用监控中心控制计算机或监控员实时处理系统的各种数据,按照一定的模式进行分析、判断和决策,并将最终决策结果和控制命令通过传输系统送至路上驾驶人信息系统、收费口控制设备或匝道控制设备,将路况及各种控制信息提供给驾驶人。使驾驶人能采取相应的措施和做好心理准备,以促进行车安全,提高行车效率;对于引起延误的事件,迅速反应,提供紧急服务,快速排除事件,把事件引起的延误控制到最小值,从而达到调节和控制道路交通状况的目的。

由上述可知,高速公路监控系统是为了解决高速公路运营中存在的两个主要问题——拥挤与安全而建立起来的。通过建立完善的监控系统,可以减少高速公路常发性和偶发性拥挤的影响,获得最大的运行安全,并提供必要的信息,帮助使用者有效地利用高速公路的各种设施,减小他在脑力和体力方面的紧张程度。同时,如果在高速公路上遇到困难,还可以向道路使用者提供及时的援助。

1.监控系统的组成

为完成系统的监视控制功能,高速公路监控系统由交通信息采集子系统、中央控制设施子系统、监控输出子系统和通信传输子系统组成一个闭环控制系统。

1)交通信息采集子系统

高速公路监控系统的信息采集的方式有人工的,也有自动的,主要有下面几种。

(1)车辆检测装置。在高速公路主线上以及入口匝道和出口匝道等处设置车辆检测装置。用以测量通过车辆数目和存在的时间,由这些参数就可以计算出在某时间间隔处交通参数以及堵塞程度,作为控制中心分析判断、做出控制方案的主要依据。常用的车辆检测器有电感环式、超声波式、电光式等。一般在主线上每隔一定距离设置一只或一对。或者根据需要在指定的区域设置。通过适当的组织和配置,还可以测出车型、车高等参数。

(2)气象检测装置。高速公路的高速、安全、舒适等功能与气候条件密切相关,而其中最重要的是风力、降雪、降雨、冰冻和雾。因此,作为控制方案制定的依据必须考虑公路沿线的气候条件和有关参数。根据路段具体情况,高速公路监控系统可以设置专用的气象检测装置,也可以取用当地气象站的数据。

(3)测速雷达。在高速公路上一些主要路段,或在入口匝道和出口匝道附近,可以装备若干部测速雷达,专门用于检测不符合规定行车速度的违章车辆。一旦发现车辆违章,要及时发出警告信号,同时要拍摄违章车辆的车号和车型,以便事后处理和统计。

(4)闭路电视(CCTV)。在车流量比较大,车辆密度比较高的区域,或者出口、入口附近以及事故易发区安装一些电视摄像机,以通过视觉的方法掌握有关区段的交通情况。一旦出现故障或发生交通事故,控制中心可以及时地掌握事故发生地点、时间和严重程度,以便迅速地做出反应,采取相应措施,排除故障或妥善地处理事故。

(5)紧急电话。在高速公路上下行线上每隔一定距离(一般为 500~2000m)安装一部紧急电话,当车辆发生故障或出现交通事故时,驾驶人可及时向控制中心通报。同时在控制中心的图形显示板上可显示出发出信号电话所在地点和编号,以便采取相应的应急措施。这些电话与中央控制室的接收台直通,不用拨号。

(6)无线电设备。在高速公路入口处有巡逻车巡视,车上载有无线电台,供巡逻车与控制中心联络,无线电台通过设置在沿线的无线基地站转发。

2)通信传输子系统

该系统主要负责交通数据、气象数据、电视信号、电话信号、道路信息板和摄像机的控制等信号传输。以往的传输手段是一般的电话线、电缆线、双纽线和无线等方式。

20 世纪 80 年代以后,主要采用光缆来传输上述信号。由于光缆具有损耗低、频带宽、无感应、高绝缘等优点,可实现大容量远距离的无中断传输,大大节省了设备,提高了电视信号及其他信号的传输质量。同时,由于光缆传输的无感应特点,可以用多芯光缆实现多路信号同时传输,简化了设备,便于安装和维修。高速公路监控系统中的通信传输部分,根据传输距离远近可以采用基带传输或载波传输方式。半双工或全双工通信,传输速率一般要求不高,而传输的误码率要求较严格。

3)中央控制设施子系统

中央系统是监控系统的核心,它主要具备以下功能。

(1)由中心计算机对外场终端设备送来的各种数据进行实时的运算、处理和分析,并根据要求进行显示、打印、纪录或制表;

(2)根据测得的数据进行事件判断,决定控制方案,由控制台发出指令,控制道路信息板,指挥事件处理;

(3)通过闭路电视摄像机监视公路沿线和隧道内的交通流状况;

(4)负责管辖区域内的通信联络。包括紧急电话、无线电话和业务电话的接收和转送;

(5)隧道内火灾、公路上交通事故的监视、记录和警报;

(6)沿线电力系统发电、配电、照明等。有关设备的控制和调度;全系统组成设备工作状态的监测。

中央控制设施子系统的主要组成设备有:

(1)计算机及其外部设备。主要负责各种数据的运算处理、分析判断,并根据预定的方案做出控制决策。同时具有显示、打印或纪录等功能。通常以微型机或小型机按功能分散原则进行配置,关键部分双机备份,以提高工作可靠性。

(2)大屏幕图形显示板。通常采用3种图形显示板。

①模拟式图形显示板　以地图为背景,图上用各种符号、标记字母等表明沿线各设施,如立交桥、停车场、服务区、隧道以及各种终端设备(如车辆检测器、紧急电话、道路信息板、摄像机等)的位置,并用各色指示灯标出上述设备的工作状态是正常还是故障等。使操作人员可通过模拟图形显示板了解公路全线上的交通情况,也可用计算机与大屏幕投影屏组成电子地图板。

②交通参数显示屏　用表格显示格式,列出规定时间间隔内主要地点段的交通参数、气象参数,用以判断交通情况,堵塞和检测事件。

③交通限制监视屏　当发生交通事故或由于某种气象原因或路面施工情况下。要对有关路段实施交通限制。中心控制室就要通过相应的监视屏显示限制区间、限制原因、限制时间、限制内容等,以便掌握限制区间的全貌,统调限制区间上下游的交通情况。

(3)中心控制台。主要功能是实施系统的手动指令,并进行操作人员与系统之间的信息交换。

监控内容包括:公路上的各种道路信息板显示内容的变更,闭路电视摄像机遥控,闭路电视监控器的切换和编辑,图形显示板的显示和操作,交通限制的实施操作,隧道防灾设备的控制与操作,对外场终端设备的统一启动信号。

(4)电话总机台。接收紧急电话、无线电话、业务电话等并在地图板上显示出发信电话的地址编号。

(5)不停电电源(UPS)设备。在电源发生故障情况下,能及时切换到其他电源(电池、油机、其他备用电源),以保证系统能不间断地正常工作。

4)监控输出子系统

为了向高速公路使用者提供信息,对交通实施指挥调度,在入口匝道附近及主线上设置道路信息板,信息板上显示有阻塞的发生地、长度、原因,入口的封闭或收费口开放数的限制和原因,主线及出口的禁止通行和原因,工程施工、车辆故障等的注意事项;另外还有显示主要地点间行驶时间的"行驶时间显示板",提供语言信息的交通广播。路侧广播系统,实施匝道控制、主线控制的交通信号灯、可变标志等;为快速消除交通事件对交通的影响以及为驾驶人服务的事故勘察车、拯救车、巡逻车、救护车、消防车、工程车等设施、人员和相关的机构。

2.监控系统的管理

目前,无论监控系统的建设还是管理都还处于探索阶段。特别是系统的管理,国内尚未见到完善的范例,而国外的经验不完全符合我国的实际情况,然而,这又确实是高速公路管理部门不可回避的现实问题。

1)监控系统管理的目的

监控系统管理的目的就是要发挥现有设备的作用,在此基础上改进和提高系统的功能。要发挥现有设备的作用,就必须保证系统的正常运行,努力排除故障隐患,因此必须做好系统的日常维护和故障排除;要改进和提高系统的功能,必须首先吃透原设计的指导思想,找到技术手段上的薄弱环节,再根据系统运行的实际情况进行改进和提高。

2)监控系统管理的任务

由于监控系统的设备通常在线运行,因此,做好系统设备的日常维护是保证系统正常运行的重要措施。可以通过以下工作对设备进行日常维护:保持控制中心良好的工作环境;定期维护设备;定期检查测试设备的运行状况;妥善管理技术资料;建立设备档案;做好设备维修纪录及外场设备的保护。

在系统人员的管理方面,应设置专门机构,配备专人负责监控系统的维修与管理。还要建立健全岗位责任制,严格各项规章制度。对于技术人员,应要求多钻研业务,遇到问题尽量自己解决。同时还要培训操作人员,逐步培养他们发现问题和解决问题的能力。

四、收费系统

收费系统涉及到机械工程、电子工程、通信工程、自动控制工程、计算机应用工程、交通工程和系统管理工程等多学科知识。在现实的通行费征收过程中,不同的收费制式和收费方法对交通流产生的影响是不同的。下面将简单介绍它们各自的特征。

1.收费制式和收费方法

1)收费制式

国内外的收费制式通常有以下3种:

(1)均一式。是最简单的一种收费制式,收费站设在每个入口,而主线和出口都不再设站。它的优点是不会漏收。车辆只需一次停车交费,手续简便,投资省,效益高。它适合于距离短、道路出入口多而密。交通量大的城市高速公路和短途城市间高速公路。

(2)开放式。开放式收费系统的收费站建在高速公路的主线上,距离较长的高速公路可以建多个收费站,各个出入口不再设站,高速公路对外界呈“开放”状态。每个收费站的收费标准仅根据车型不同而变化,但各站的标准因控制距离不等有区别。这种收费制式具有均一制的某些优势。但长途车辆需多次交费而造成时间延误。这种收费制式适用于较短距离或互通式立交比较稀少的道路或收费的桥梁、隧道等。

(3)封闭式。封闭式收费系统的收费站建在高速公路的所有出入口处,车辆在高速公路内部则可以自由行驶。这是目前应用最多的一种收费制式。这种收费制式的优点是能够严格按车型和行驶里程收费,公平合理,没有漏收问题,道路使用者易于接受。但收费站的建设投资较大,营运管理人员多,通行计费复杂。

2)收费方法

收费方法一般分为:

(1)人工收费。由人工将车辆分类,套用收费标准计算应收取费用,收钱、开票、找零。目前我国绝大多数采用这种收费方法,其优点是设备简单、人工便宜,缺点是停车交费时间长,差错率高、服务水平低,难以杜绝收费人员的徇私舞弊,甚至出现大量流失应收费用的现象。

(2)半自动收费。指在车辆分类、计算费用、交费、收费、核准放行几个收费环节中有一个或几个环节采用自动装置。但仍需驾驶人停车交费的收费系统。

①计费自动化　一般采用电子货币如磁卡等收费。其收费过程是在入口处将车牌号、车型、入口时间、地点等各种数据纪录在磁卡上,出口处由读卡机验卡并计算费用,交卡缴费。若碰到意外情况,再由人工加以校核。

②核费自动化　即由人工计费、收费,电子设备监视,以减少差错和作弊,提高工作效率的收费系统。

(3)全自动收费。全部收费过程都由自动化装置完成。汽车可实现不停车收费,完全达到无人操作。此部分的详述见“不停车收费系统”。

2.收费系统的组成

鉴于半自动收费避免了人工收费系统的管理麻烦、少收、漏收、作弊等缺陷,也避免了全自动收费设备复杂、不易解决,对维护人员要求太高等不足,同时又具有抑制收费作弊能力强、管理水平高、运营成本较低等优点,是一种很好的收费系统。尤其适合中国国情,因此下面着重介绍半自动收费系统的组成。

这种典型的分布式四级计算机数据采集和管理模式,是半自动收费系统设计时经常采用的结构模式,适合于不同方式的半自动收费系统。

(1)中心计算机。负责所有分中心计算机的数据通信,统计、处理、打印所有统计数据和报表。中心计算机应考虑选用存贮量大、可靠性高的微型计算机(或小型计算机)。

(2)分中心计算机。负责管辖范围内所有收费站的数据通信,统计、处理、打印有关数据和统计报表。

(3)收费站控制机。是收费系统的一个独立中心,应选用一台实时性能好的微型计算机。它负责本站各收费道口设备的管理和监督,用于采集、统计、分析、处理本站所有收费道口的收费数据和交通量数据,建立、存贮、打印相关的统计报表,完成与管理计算机的通信。

(4)收费车道机。收费系统最基本单元。由入口设备和出口设备组成。它的功能是完成每条收费道口现场的有关收费数据和交通量数据采集、初步加工、处理。实现对出入口车辆控制,收取通行费,并完成与收费站控制机的数据通信。

3.不停车收费系统

该系统最大的特点是“不停车收费”,即车辆可以以相当高的速度通过收费口,无需在收费站前减速并停车缴费。一切均由电子设备完成。这样,从根本上避免了为收取道路通行费所造成的交通堵塞现象,极大地改善了交通条件。

不停车收费系统是当今世界上最先进的收费系统,它是靠装在汽车上的电子标识卡(存贮与车辆收费有关的大量信息,如预缴金额、车型、车主等)与安装在收费车道旁的读写收发器,通过无线电进行快速的数据交换。实现车辆的不停车收费。具体的付费方式有信用卡预付账、银行转账、定期按账单交费和现金预付等。

目前,不停车收费系统已发展到第三代,第一代为只读型,第二代为读写型。第三代为车载标识卡的读写头与信息纪录计算单元分离型。只读型就是不能像读写型那样在通过收费站时,路边系统通过读写器对标识卡进行双向通信,它只能读到卡上的信息。不能将新的信息及时写到卡上,因而只能将纪录写于收费站计算机内,进行事后处理。第三代和第二代的差别仅是车载标识卡的读写头与信息存贮计算单元(IC 卡)分离。因而第三代系统的标识卡不仅可用于不停车收费,而且还可用于其他目的。可真正实现一卡多用,它将是使用最广泛最灵活的一种不停车收费系统。

一般不停车收费系统主要包括以下几个子系统:车载系统(含用户标识卡);路边系统:车载系统与路边系统的通信;中心电脑;路边系统与中心电脑的通信;账户系统:监测系统。

一旦不停车收费系统投入运营以后,可以大大降低收费站的拥挤度,节省行车时间。简化财务手续。防止收费人员作弊贪污,使审计、管理等费用得以降低;同时,行车的安全性也可大大提高。并减少能耗,有利环保。另外,通过读取车载电子标识卡的信息,还可完成实时的 OD

调查以及交通监视等。

纵然不停车收费系统代表了今后高速公路收费系统的发展方向,但要在我国发展这种系统。仍有以下问题等待解决。

(1)车型的自动识别。为了计算通行费用,防止大车用小汽车的标识卡进行逃费,必须解决车辆实时自动分类。

(2)防逃费的有效办法。国内外都未找到有效的防逃费方法,一般是采用电视监视系统记录不缴费车辆,然后交通运营单位查出逃费者,邮寄罚款单。

(3)众多的用户和系统兼容问题。不停车收费系统要想带来较好的效益,就要有较多的用户,这就要求有较多的不停车收费道路且不同道路桥梁收费系统的标识卡互相兼容,做到一卡"走遍中国"或"一个省"、"一个地区",否则用户将很难接受这种系统。

(4)过境车的处理。由于我国高速公路尚未联成网络,交通量普遍较小,又存在上述问题,不宜在全国范围内实现不停车收费,而应在特大城市首先采用不停车收费技术,等条件成熟再推广。

4.收费系统的管理

主要从收费系统的设备和人员两方面来加强管理。

(1)设备管理。设备是整个系统的物质基础,应重视这部分的管理。设备应分类存放,便于随时存取,准确无误。设备管理包括:

①按设备、种类登记造册;

②设备的情况纪录;

③专人负责设备管理;

④相应的设备管理规章制度;

⑤加强线缆的保护。

(2)人员管理,包括技术人员管理和收费人员管理。

技术人员管理,在工程开始实施时,应选派一些有较强的工作责任心和工作能力,热爱本职工作的专业技术人员,参与系统的方案设计、设备研制、安装、调试和工程验收。这些技术人员就是管理中的主要技术力量。技术人员管理关键要分工明确,责任到人。各司其职,各负其责。

收费人员管理,在需要收费人员的收费系统中。收费员上岗前应进行岗前培训和考核,使他们成为一名训练有素的称职的收费人员。应当在以下方面对收费人员进行培训:

①职业道德;

②设备操作方法;

③安全注意事项;

④出现故障时的应急处理。

五、电源系统

电源系统是高速公路现代化管理系统的重要组成部分。随着电子技术的迅猛发展,各种设备不断改进和更新,尤其像高速公路现代化管理系统这样大型、综合的电子系统工程,对电源系统的要求越来越高。如果电源系统不能提供规定指标的电压。现代化管理系统就无法正常工作。因此,交通管理系统就要求电源系统可靠、稳定、小型和高效率。

1.电源系统的组成主要由交流供电系统、直流供电系统和接地系统组成

交流供电系统主要包括变电站提供的交流市电、柴油发电机供给的自备交流电源以及由整流器、蓄电池和逆变器组成的交流不停电电源。为了长时间不间断交流供电。当市电中断时,应能在规定的时间里起动柴油发电机组供电。目前国内已开始采用无人自起动柴油发电机组,在市电中断时,发电机能自动起动。为了确保系统电源不间断、无瞬变。在某些重要的设备中还应以采用静止型交流不停电电源。

在直流供电系统中。对于设备容量较大、比较集中的系统可以采用集中直流供电,这样可以减少电源设备数量,便于电源设备的维护。当系统设备分散布置且电容量小时,应采用分散直流供电系统,使各设备的电源系统相互独立,互不干扰。一旦出问题,不会影响其他设备的正常运行。

为了保证各管理系统的安全与人身安全。系统电源的交流和直流供电系统都必须有良好的接地装置。

2.路面设备供电在高速公路的现代化管理中的作用

路面设备供电在高速公路的现代化管理系统中,除了有大量的设备集中于机房,另外还有许多设备分散布置在道路沿线。主要有:摄像机、可变情报板、可变标志、车辆检测器、气象检测系统、路侧广播以及通信中继等设备。由于设备分散,供电距离较长,因此必须根据管理机构设置采取分段供电,否则,必然提高电源输送电压或加大传输线的线径,这都将提高工程造价。为简化路面供电段电力电缆线路,降低工程造价,可采用交流供电与直流供电相结合的办法给外场设备供电。

第七节　道路交通组织

一、道路交通组织的意义

由于城市用地空间的发展限制,道路建设规模不可能完全根据交通需求扩张,因此,必须加强对现有道路使用和交通需求的管理,即用现代化的管理方法和手段,按照道路的功能,合理地组织道路交通,疏导交通、调节流量,使道路的交通量与道路通行能力基本协调,充分发挥路网的效能,以缓解交通矛盾。

道路路网的通行能力既与道路空间有关,又与交通控制软件和硬件、使用道路的方法、车辆运行组织和管理水平有关。因为不同的车流构成、不同方向车流比例,以及不同的管理方式都会产生截然不同的服务效果。因此同等数量的交通量,按不同的分布模式会产生不同的交通状况。因此,对道路就有一个最佳使用问题。

对交通管理部门来说,为了道路的最佳使用,就必须通过多种管理措施和手段,对已有道路规定其使用方式,对各种车辆的运行进行优化组织。

道路交通组织管理是交通需求管理(TDM)策略、交通系统管理(TSM)策略中诸多管理措施的综合运用。

二、城市道路交通组织原则

道路交通组织优化是对交通工程技术的具体运用。除了交通工程中提到的技术原则外,还应有与之配套的思想方法原则，具体讲是由交通工程技术和交通组织思想方法这两大层面来组成。

1.交通工程技术原则

1)交通分离原则

不同流向、不同种类的交通流应在交通空间、时间上分离，避免发生交通冲突。

从形式上讲有法规分离和物体分离两类。从内涵上讲，有时间分离和空间分离两种形式，空间分离靠交通标志、标线来实现，时间分离靠信号相位来完成。

2)交通连续原则

交通连续原则即保证大多数人在交通活动过程中，在时间、空间、交通方式上不产生间断。例如在交通渠化方面，路段上的行车道要对应着路口直行导向车道，以保证直行车流不变换方向；路口进口导向车道要对应出口车道，以保证车流通过整条道路时间上连续；公交站与地铁站建在一起，以保证换乘连续等。连续搞得好，行人流量可以减少，车流行驶可以有序，这是搞好秩序管理的基本保证。

3)交通负荷均分原则

交通负荷均分指通过对交通流进行科学的调节、疏导，达到路网各点交通压力逐步趋于大体一致，不至于由于某一点压力过于集中而造成交通拥堵，这也是交通优化所追求的目标。交通优化过程实质上也是交通压力转移的过程。把路网中拥堵路口的交通压力转移一部分给非拥堵路口，即为交通负荷均分，关键在于转移多少交通压力(即程度)和转移到哪里去合适(即作用点)，这是优化工作的重点。

4)交通总量削减

也叫交通总量控制。当一个路网总体交通负荷接近于饱和时，已没有交通压力转移的余地，可以采取总体禁限部分车种行驶，来削减该路网的总流量，也可以采取供需互动关系来调整路网总体负荷，如停车与行车以静制动的关系。或采用道路划分功能(即过境路、集散路等)、交通流划分性质，分别分配道路流量。

5)置右原则

按照车道分布，从左至右交通流速度依次降低来分配车道，按照交通流层流动态规律分配车道，层间行驶阻力最小，发生冲突的机会最小，而且层间速度差也最小。反之则易产生大量的并线变道，频繁的合流分流冲突引起交通紊流，造成拥堵和事故。

6)优先原则

优先是指对某一种车给予特殊待遇，有车种优先及流量优先，如小汽车专用道、公交专用道，直行车流优先，主路车流优先等等。

2.交通组织思想方法原则

1)换位思想原则

交通组织调整，特别是单行、禁左、禁限措施的调整，在方案实施前，首先要站在禁限对象的角度查找是否有时空出路，你能找到的出路，禁限对象也能找到。大家都找到相同的时空出路、交通压力就会向该时间段或空间点转移。

2)以人为本，方便出行原则

交通组织不应以方便管理为出发点，而应以方便大多数人出行为准则。

在交通供需倒置的条件下，不同种类交通流在使用同一路面时都对通行条件提出需求，而这些需求又都是相互矛盾的，要求我们按行人、非机动车、机动车通行时的规律特点进行交通组织，即混合交通组织，而不应只考虑机动车交通组织，忽略行人及非机动车交通组织。

3)通行能力资源配置原则

这是道路交通组织的基础，源于管理学中的"木桶原理"，即长短不齐的木片箍成木桶，桶内盛水的多少取决于最短木片。长短木片代表道路不同路口的通行能力、桶内盛水表示道路所能通过的最大车流量。通行能力资源配置的核心是上下游相同流向通行能力匹配问题，也就是上游路口最大通行能力应取决于下游路口所能提供的最大通行调控能力。整条道路的车道配置，不应出现"瓶颈"。

4)路权分配原则

没有一个完善的路权分配方案和路权表现方式，群众的交通素质就不可能有大的提高。设施是路权的表现形式，法规是路权的划分手段。

5)动静态交通组织相结合原则

在路网静态通行能力资源配置基础上，根据路网各节点流量负荷，进行流量流向的动态调整，即通过不同节点的交通压力转移来达到路网交通压力均分的目的，减少交通拥堵发生的机会。

6)渐变原则

交通组织调整应按照调整作用力度大小循序渐进。选取调整方式的顺序依次为调信号配时，调渠化车道，调禁限流向，调禁限车种。调整的标准应为"通而不畅"。

三、城市道路交通组织方案的内容和方法

城市道路交通组织方案制定的方法是，首先对城市交通进行系统调查，掌握大量的城市交通基础资料和信息，并对城市交通路网系统的现状进行分析，根据路网道路条件，道路功能的分工和交通流分布状况，以安全、畅通为目标，通过对现有交通流的合理汇集与再分配以及交通模拟分析，制定出能够对车流运动状态产生控制作用的、由多种的交通管理措施组成的实施方案，其中包括硬件、软件方面的多种手段。

城市道路交通组织方案的编制应包括以下几个组成部分。

1.现有道路状况和交通管理的分析评价

通过对现状路网结构、道路条件、交通流量及其分布状况、交通安全状况以及现有交通组织管理措施和管理设施现状等调查分析，全面评价路网道路负荷、交通运行安全和管理的现有水平及其存在的主要问题。

2.规划目标的拟定

在以上分析评价的基础上，拟定规划方案要求达到的目标。主要是道路负荷水平、交通安全水平和交通管理水平的定性、定量目标，以求为交通参与者提供一个良好的交通环境和较高的服务水平。

3.路网道路功能划分

城市道路有各种类型，为了使各类道路在城市路网中充分发挥其功能作用，必须将各类道

路的使用功能和系统分清，明确道路是交通性的，还是生活性的；是以客运交通为主，还是以货运交通为主。道路使用功能的划分，是实现交通定性控制和路网交通流量合理分配的基础。

4.宏观的路网交通组织优化

通过上述三部分的工作后，对路网上的交通管理措施进行规划调整，进行路网上交通流量重分配，并评价重分配后的道路服务水平。如果评价结果满足目标要求或比现状有明显改善，则规划调整的交通组织措施是可行的。否则再作调整和重新评价，直到满足要求为止。

宏观的交通组织多数是从需求控制出发，按照路网压力时间空间均分的要求，在政策、策略、措施层面上进行交通组织。而在区域、微观方面，多在方法层面上进行交通组织。

宏观的交通组织方法主要有：

1)对机动车保有量增长速度的控制

机动车保有量的控制，重点是车辆发展速度的控制。此时道路建设的含义是：每年都应改造部分旧路，建设一些新路。改造建设的重点应放在路网的加密上。但是如果车辆发展速度远大于道路建设速度，两者关系矛盾突出时，则需要进行宏观交通组织调整，机动车保有量的控制便是其中内容之一。

2)"以静制动"的控制战略

在宏观交通组织方面从两个方面进行交通组织，提倡的出行方式努力做到顺畅、低成本、方便，而不提倡的出行方式则向相反的方向进行组织，促使人们在出行时，把出行方式转移到大容量、高效率、低能耗和低污染的交通方式上来，以此最大限度挖掘道路潜力，缓解交通拥堵。这是解决车多路少供需倒置型交通拥堵的根本出路。

3)公交优先

在宏观交通组织里面，公交车与私家车在出行延误、出行成本、出行方便等方面仅是相对性的。一般适当给予公交车照顾，其优势就可以体现出来。如公交车道比社会车道通畅时公交车的出行延误就会相对减少，但此时社会车辆想走公交车道节省时间，可以规定其满载率，即满载时可以走公交道，即可提高社会车辆的承载率，减少路面流量。这方面新加坡等国有很好的例子。

4)错峰上下班

宏观交通组织的主要内容是通过时间上的削峰填谷、空间上的挖密补稀，对路网进行时空交通压力均分，以缓解交通供需矛盾。错峰上下班是实现时间上削峰填谷的有效手段。

5)净化车种

对某些事故隐患多、安全性能差的车种在出行上采取某些限制措施，可以加速其报废更新。

5.微观交通组织的优化

微观的交通组织是整体交通组织的基础，它包括路口交通组织、路段交通组织。路口路段一体化交通组织。按事物发展先后顺序来看，微观交通组织的内容有：路口禁限流向与车种的确定、路口放行方法的确定、路口渠化、信号相位设置、信号相序与配时方案、路口管理方案、路段行人过街组织与渠化、路段公交站点及公交车道设计与渠化以及导向车道、行车道、掉头、过街、公交站点一体化匹配设计，车道组织等。其组织的重点是冲突分离，通行能力分配和路权分配。

6. 交通管理设施的设置计划

根据上述宏观和微观的交通组织方案的要求，以及从交通引导和交通安全需要考虑，拟定出路网中完善的交通管理设施的计划方案。这些设施包括：交通标志、标线、信号控制装置，车道隔离设施和人行护栏、人行天桥等。详细确定这些设施设置地点位置的分布、设施类别、形式、数量和经费概算等。

第八节　智能交通系统

一、概　述

智能运输系统（Intelligent Transportation System，ITS）是目前世界交通运输领域研究的前沿课题，它是在当代科学技术充分发展的背景下产生的，旨在将先进的信息技术、数据通信技术、电子控制技术及计算机处理技术等有效地综合运用于地面交通管理体系，从而建立起一种大范围、全方位发挥作用的，实时、准确、高效的交通运输管理系统。智能运输系统研究的目标是使汽车与道路的功能智能化，提高运输效率，保障交通安全，缓解交通拥挤，减少环境污染。

1. 智能运输系统的发展过程

交通运输业的发展，促进物资的流通和人员的往来，大大地提高了社会的发展进程。然而，随着交通运输业的发展，也带来了很多弊端，尤其是地面汽车交通运输，不论是发达国家还是发展中国家都存在着不同程度的问题。近半个世纪以来，交通拥挤、道路阻塞、交通事故频繁、环境污染等问题正威胁着人们的生活和社会的进步，如何有效地解决交通运输问题已成为迫切的课题。

修建道路是解决交通问题的一个最直接途径。美国、英国、日本等发达国家曾大力开发建设交通基础设施，但在大量土地、燃油等资源被占用和消耗的同时，不但交通需求没有完全得到满足，而且由于汽车的增加，道路拥挤而造成汽车尾气排放量剧增。不仅在经济上造成巨大损失，而且给环境带来恶劣影响。20 世纪 60 ~ 70 年代，由于石油危机及环境恶化，工业化国家开始采用以提高效率和节约能源为目的的交通系统管理和交通需求管理对策，同时大力发展大运量轨道交通及实施公交优先政策。随着科学技术的发展，尤其是计算机技术以及全球定位系统（GPS）、信息技术的普及和应用，交通监视控制系统、交通诱导系统、信息采集及传输系统等在交通管理中发挥了很大作用。但这些技术仅单纯对车辆或道路实施科学化管理，功能单一，范围不大，系统性不强。80 年代后，由于世界范围的冷战结束，大量军事高科技转向民用，加快了信息时代的到来，信息技术得到飞速发展，信息产业应运而生。这为解决交通问题带来了一个新的思路。一个旨在将先进的信息技术、数据通信技术、电子控制技术及计算机处理技术等有效地综合应用于地面交通管理体系，从而建立起一个大范围、能全方位发挥作用的，实时、准确、高效的智能运输系统的概念便产生了。

由于智能运输系统是以信息技术为先导，并融入了很多相关的产业，具有很大的市场潜力，工业化国家和民营企业纷纷投入这一新兴产业。美国政府于 1991 年开始投资对 ITS 的开发研究，仅 1994 ~ 1995 年度，就确定了 104 项 ITS 研究开发项目。欧盟 19 个国家投资 50 亿美元开展名为 EUREKA 项目研究。日本从 1973 年就开展了名为汽车交通综合控制系统（CACS）

的智能运输系统项目的研究,80 年代后期,日本运输省、建设省、通产省等上百个汽车和电子业公司,会同大学和研究所进行了近 10 个项目的联合开发研究。至此,大规模的智能运输系统研究开发在世界发达国家中兴起。

2.智能运输系统的研究内容

目前国际上的 ITS 研究形成了美国、日本和欧洲三大阵营,在 ITS 这个名称出现之前,美国的 IVHS(Intelligent Vehicle-Highway System)、欧洲的 RTI(Road Transportation Information),DRIVE 二期工程都是和 ITS 意义等同的称谓。美国的 ITS 研究开发体系最为完善,已受到国际 ITS 研究领域的广泛认可。

智能运输系统的研究内容分为 7 大部分:

1)先进的交通管理系统 ATMS(Advanced Traffic Management System)

ATMS 用于监测控制和管理公路交通,在道路、车辆和驾驶人之间提供通信联系。它依靠先进的交通监测技术和计算机信息处理技术,获得有关交通状况的信息,并进行处理,及时地向道路使用者发出诱导信号,从而达到有效管理交通的目的。具体研究内容分为以下几个子系统。

(1)城市区域的中央化交通信号控制系统;

(2)高速公路管理系统;

(3)交通事故管理系统;

(4)电子收费及交通管理系统。

2) 先进的出行者信息系统 ATIS(Advanced Traffic Information System)

ATIS 是以个体驾驶人为服务对象,驾驶人员可以通过其车载路径诱导系统,在与信息系统的双向信息传递中,使自己始终行驶在最短的路上。在信息类型以及信息接收者方面,ATIS 与 ATMS 有本质的差别。虽然 ATMS 中同样具有许多向驾驶人提供信息的设备,如可变信号板、公路咨询广播等,但它们传递的信息量是有限的,一个可变信息板一般只能显示 14 个字符,公路广播的信息也不能超过几分钟,而且上述设备是为整个交通流总体而服务的,其信息具有普遍性。ATIS 和 ATMS 的功能十分相似,可以压缩旅行时间,降低燃油消耗和减少废气排放,使交通拥挤状况得到缓解。

它包含有以下几个子系统:

(1)出行者信息系统;

(2)车载路径诱导系统;

(3)停车场停车引导系统;

(4)数字地图数据库。

3)先进的公共交通系统 APTS(Advanced Public Transportation System)

它采用各种智能技术促进运输业,特别是公共运输业的发展,如通过个人计算机、闭路电视等向公众就出行时间和方式、路线以及车次选择等提供咨询,在公共汽车站通过显示器向乘客提供车辆的实时运行时间信息等。

它包括以下子系统:

(1)车队管理系统;

(2)乘客出行信息系统;

(3)电子支付系统(例如采用智能卡);

(4)运输需求管理系统；

(5)公交优先系统。

4)运营车辆调度管理系统 CVO(Commercial Vehicle Operation)

CVO 实质上是运输企业应用 ITS 技术来谋求最大效益的一种调度系统。它的目的是利用 ITS 技术，例如车辆自动识别技术、车辆自动定位技术、车辆自动分类技术等，提高企业内部劳动生产率，增加安全度，改进对突发事件的反应能力，改善车队管理和交通状况。

该系统由以下几个子系统组成：

(1)商业车辆的电子通关系统；

(2)车载安全监控系统；

(3)路边安全检查的自动化系统；

(4)商业车队管理系统；

(5)商业车辆的行政管理程序；

(6)危险品的应急响应系统。

5)先进的乡村运输系统 ARTS(Advanced Rural Transportation System)

ARTS 是 ITS 技术在幅员广阔的乡村区域的选择性应用，研究内容有：

(1)出行者的安全与保护；

(2)紧急情况管理系统；

(3)旅游和出行者信息服务系统；

(4)基础设施的运营和维护；

(5)车队运营与管理系统；

(6)商业车辆运营；

(7)公共性的出行者服务系统。

6)先进的车辆控制系统 AVCS(Advanced Vehicle Control System)

AVCS 的目的是开发帮助驾驶人实行车辆控制的各种技术，从而使汽车行驶安全、高效。AVCS 领域包括对驾驶人的警告和帮助、障碍物避让等自动驾驶技术。实际上，AVCS 具有最长期的潜在效益，同时也对汽车行业、电子行业提出了最大的挑战。其包括的研究内容有：

(1)防碰撞系统；

(2)智能化行车控制系统；

(3)Mayday 系统：旨在利用全球定位系统 GPS、蜂窝无线通信、车载计算机和传感器技术自动地将交通事故的位置、严重程度等信息通知给管理部门；

(4)驾驶视野加强系统；

(5)车辆防抱死系统 ABS(Anti-Lock Braking System)；

(6)驾驶人安全监控系统；

(7)车辆安全监控系统；

(8)车载路线诱导系统；

(9)协作驾驶。

7)自动公路系统 AHS(Automated Highway System)

AHS 有三种研究理念：一种是基于车辆智能化的匿名自动驾驶；另一种基于公路基础设施智能化的公路控制自动驾驶；再一种是前两者的综合。日本在这方面的研究最为先进，研究内容有：

(1)公路与车辆、车辆与车辆之间的通信系统；

(2)事故监测与警告；

(3)用视频、雷达监测器的车辆间距控制；

(4)最大速度控制；

(5)自动停车控制。

从 ITS 的研究内容可以知道：ITS 是现代科学技术支持下的运输系统，是若干技术开发项目的集中体现，这些技术开发项目加强道路、车辆和驾驶人三者之间的联系，因此提高了公路的安全性、系统的效率和环境质量等。可以预料"智能运输系统"将成为 21 世纪现代化地面交通运输体系的模式和发展方向，是交通运输业进入信息时代的重要标志。

二、国外智能运输系统的研究进展

在 20 世纪 80 年代，智能运输系统研究在不少发达国家已得到普遍开展，发达国家争先恐后地进行智能运输系统的研究和开发，出现激烈的竞争局面，并形成美国、欧洲和日本三大体系。

1.日本的 ITS 研究进展

日本是最早开始进行 ITS 研究的国家。1973 年日本国际贸易和工业省发起了全面的车辆交通控制系统的研究，从而拉开了国际 ITS 的研究序幕。

日本的 ITS 研究具有如下特点：

(1)日本的运输咨询公司很少，由于 ITS 科研项目与工业紧密挂钩，大多数的 ITS 项目由实力雄厚的汽车、电子业的大公司或由政府机构承担；

(2)政府和工业部门对 ITS 研究长期的支持使得其 ITS 研究具有连贯性；

(3)ITS 的研究成果直接面向市场，这种研究动力促进了诸如车辆导航系统等产品的快速开发与应用；

(4)成立于 1994 年的 VERTIS(Vehicle, Road and Traffic Intelligence Society)是一个在制定日本的 ITS 发展策略、协调工业和公用部门方面产生国际影响的跨政府部门的组织，政府通过 VERTIS 影响国内的 ITS 研究走向；

(5)目前日本在 ATMS 和 ATIS 的实际部署方面处于国际领先地位。例如：日本的城市交通控制系统(UTCS)非常先进，车载导航和诱导系统已经安装在新款汽车上，廉价高效的车辆信息和通信系统(V1CS)已经开始市场运营……

日本早在 1973 年就开展一个名为 CACS(Comprehensive Automobile Traffic Control System)项目的研究，首先进行了基于 RF 射频通信的车载动态路径诱导系统的开发实验，并得到了可以减少 13%行程时间的结论。但由于在当时该研究没有市场前景而没能继续。进入 20 世纪 80 年代后，日本意识到交通系统是一个复杂的综合性系统，单纯从道路或车辆的角度来考虑，很难解决交通问题。1991 年日本政府组织了警察厅、通产省、运输省、邮政省和建设省，分别负责交通安全、电子、产业政策、汽车、通信和系统监督以及道路运输，集中了建设省主持开发的"路车间信息系统"(RACS)和警察厅主持开发的"先进的车辆交通信息与通信系统"(AMTICS)的成果。同时，警察厅也于 1991 年，在 AMTICS 的基础上，独自开发了"新交通管理系统"(UTMS)。

1994 年 1 月日本成立了由 5 个部门支持的"道路、交通、车辆智能化推进协会"(VERTIS)，目的是促进日本在ITS领域中的技术、产品的研究开发及推广应用工作的开展。1996年7月制定了《日本ITS框架体系》。该框架体系由9个系统构成。9个系统下设21个项目、56个专题、172个子专题。9个系统是:先进的车辆导航系统、自动收费、安全驾驶、交通组织优化、高效的道路路政管理、公共交通信息系统、专业运输车辆的管理、行人辅助系统、紧急车辆运行系统。

目前日本的ITS研究与应用开发工作主要围绕3个方面:交通信息系统、不停车收费系统(ETC)、先进道路支援系统(AHS)。

1)交通信息系统

交通信息系统是交通管理系统中重要的组成部分,也是ITS的关键和基础,其目的是使道路管理者和使用者方便地获得所需的交通信息,帮助驾驶人选择行动路线,疏散交通流量,将整个交通状况向理想的状态引导,使交通顺畅和安全。日本发布交通信息的系统主要有两个,一个是交通控制中心(路面信息发布),另一个是VICS中心(车内信息提供)。

(1)交通控制中心的信息采集与发布。日本的道路分为高速公路和一般城市道路。高速公路是由财团法人投资建设的,属于收费道路。一般城市道路是由政府投资建设的,不收费。因此,日本的道路交通控制中心也分为两类,即由警察部门管理的一般城市道路的交通控制中心和由道路公团管理的高速公路交通控制中心。

(2)道路交通信息通信系统(VICS)中心的信息采集与发布。VICS中心将由警察部门和高速公路管理部门提供的交通堵塞、驾驶所需时间、交通事故、道路施工、车速及路线限制以及停车场空位等信息编辑处理后及时传输给交通参与者,特别是在汽车导航车载机上以文字、图形显示交通信息。VICS是由4个方面进行信息的应用的,即信息的收集;信息的处理、编辑;信息的提供;信息的利用。

①信息收集　VICS系统收集信息的来源是日本都、道、府、县警察部门和高速公路管理部门。来自警察部门的交通信息主要是交通管制信息、一般城市道路的交通信息等;来自高速公路管理部门的信息主要是城市高速公路的交通信息。

②信息的处理、编辑　信息中心将从上述部门收集到的交通信息编辑、处理成为调频广播、电波信标、光信标能够发布、并便于车载设备接收和驾驶人使用的信息。

③信息提供　将信息中心编辑、处理过的信息通过调频多重广播、电波信标、光信标提供给车载设备,供驾驶人使用。

④信息利用(车载机信息的显示方式)　VICS根据不同的车载机,以3种不同的形式:文字显示形;简易图形显示形;地图显示形实时提供道路交通信息。

1996年10月,日本的VICS系统投入使用,规模逐年扩大。VICS的直接管理者是日本道路交通信息通信系统中心。该中心是财团法人,所需运行经费一部分来自官方,另一部分来自于车载导航设备的销售,车载导航设备生产厂家每销售一台车载导航设备,需向道路交通信息通信系统中心交纳2000日元。而目前日本平均每年销售车载导航设备约80万台,中心可以获得约16亿日元的收入,支持中心的正常运转。截止2000年10月,日本车载导航设备累积售出635万台,其中228万台用于VICS系统服务;在全国范围内已安装光信标3万多个(计划发展到6万多个),在日本有28个地区可以提供VICS服务。

2)不停车收费系统(ETC)

ETC作为ITS系统的重要组成部分,它的研究与开发工作受到了广泛的关注。1995年6月,日本建设省开始组织ETC的试验并于1996年3月完成。1997年春季,一些收费道路开始进行不停车收费的试运行。日本 ETC 采用的是微波技术,当装有 ETC 卡的车辆进入收费站时,车内通信装置与收费站的检测装置进行双向无线通信,收费站控制系统自动从 IC 卡账户中扣除有关费用,这样既减少了收费站的交接手续,又减少了停车时间,并且消除了车辆由于在收费站减速、怠速、加速所产生的环境污染。根据试验数据的统计,收费站的通行能力提高为原来的 4 倍以上。

3)先进道路支援系统(AHS)

从 1994 年开始,建设省组织了以丰田公司为首的 25 家公司进行了自动高速公路 AHS(无人驾驶系统)的研究与开发。无人驾驶系统除了对车辆的加速、减速、制动和转向等一系列操作进行自动驾驶外,还考虑到临近车辆和行人,做到既能够超车又不会导致交通事故的发生。1996 年 9 月在正式投入使用的高速公路上进行了往返 11km 的 AHS 系统试验,试验内容包括连续自动驾驶和防撞、防脱线等安全行驶系统,取得了令人满意的效果。

为推广应用 ITS 的研究成果,引进先进技术,实现 ITS 的多元化,发挥先进技术的优越性,日本还先后制定了智能道路(Smartway)计划和先进安全型汽车(Smart car ASV)计划。计划的目的是创造综合 ITS 技术的高效、安全的通行环境。在设想中,这条道路将会有先进的通信设施不断向车辆发送各种交通信息,所有的收费站都不需停车交费,能以较快的速度通行。道路与车辆可高度协调,道路提供必要信息以便车辆进行自动驾驶。日本 Smartway 的计划实施方案如下:1999 年产、学、官结合的"推进委员会"开始运作,2000 年为正式引进先进道路支援系统 AHS 进行试验验证,2001 年完成有关智能道路标准,2002 年将智能道路在全国主要道路上引进。Smart car ASV 计划是在机车上装备电子导航系统、车辆间通信设备、自动驾驶装置等先进的电子仪器,使之能了解行车路途上的交通状况、不断选择最佳行车路线,依靠车道白线、车辆间通信等信息进行自动或半自动驾驶。如:在转弯时可测出普通汽车侧后方的视觉死角位置的车辆、行人,进行自动制动或自动驾驶。日本为推行 Smartcar 计划,专门组织了 ASV(先进安全型汽车)的研究开发项目推进研讨会。预计通过推广 Smartway 及 Smartcar 计划,日本将大大提高道路的安全性、畅通性,扩大安全舒适的活动空间。

目前,与交通有关的日本政府部都有计划中的 ITS 项目,这些项目有:以提高安全性和运输效率,快速舒适为目的和以新的交通控制系统为中心的项目 UTMS(Universal Traffic Management System);以提高道路运输现代化水平的项目 ARTS(Advanced Road Transportation System);以制造先进的安全车辆为目的的 ASV(Advanced Safety Vehicle);广泛覆盖 ITS 技术领域的 SSVS(Super Smart Vehicle System)。

2.欧洲的 ITS 研究进展

欧洲从 1986 年开始涉足 ITS 领域的研究。由欧洲主要汽车公司发起的 PROMETHEUS(Program for an European Traffic with Highest Efficiency and Unprecedented Safety)计划旨在以汽车为主体,利用先进的信息、通信、自动化技术来改善运输系统,减轻交通问题;由欧洲共同体委员会发起的 DRIVE 计划主要涉及公路和交通控制技术的研究。在 1991 年末成立的 ERTICO 作为民办的公共组织,负责监督欧洲的 ITS 研究、发展和实施。欧洲的 ITS 研究特点是:

(1)在广泛的 ITS 领域都进行着研究与开发;

(2)CEC 发起组织的 ITS 研究立项缜密技术的部署与评价,具有高度的研究连贯性,但是与实际的应用部署尚存在差距;

(3)欧洲在公路上广泛部署车辆专用电台,可以向用户提供声音或编码信息(由多种语言

广播,可接收实时交通状况报告);

(4)欧洲的城市一般都已存在几百年,城里的道路相对狭窄,交通很拥挤。所以欧洲从一开始从事 ITS 研究时就把公共交通视为重要的研究内容.公交优先和公交乘客信息系统已投入使用。

DRIVE 计划是通过改善运输效率和安全、减少车辆的环境污染来推动欧洲实现一个统一的道路运输环境(Integrated Road Transport Environment, IRTE)。DRIVE 的初始阶段 DRIVE I 开始于 1989 年,它被看作是可行性的研究,随着可行性的明朗化,导致了 DRIVE II 的研究。该项目的研究领域包括:

(1)需求管理;

(2)交通和出行信息;

(3)统一的城市交通管理;

(4)统一的城市间交通管理;

(5)驾驶人员辅助系统;

(6)车队管理;

(7)公共交通管理。

PROMETHEUS 计划是作为 EUREKA 计划的一部分提出来的,它历时 7 年耗资 8 亿美元。EUREKA 计划是欧洲联合研究开发计划,目的是通过发展诸如信息技术、通信、机器人技术和运输技术来提高欧洲的竞争能力。PROMETHEUS 的目的在于以下 4 个方面:

(1)改善驾驶人员信息获得手段,为驾驶人员提供新的信息源技术;

(2)主动型支持系统,在驾驶不当时,为驾驶人员提供信息或进行驾驶干预;

(3)协助驾驶,为驾驶人员提供途中和目的地信息而建立通信网络;

(4)交通和车队管理,建立一个从交通流量控制到车队管理系统,以提高路网的效能。

在进行上述两大计划的同时,欧洲各国还进行着各自的 ITS 项目研究。德国和英国分别在 20 世纪 80 年代末期开发了用于示范的基于红外信标进行通信的动态路径诱导系统:LISB 系统和 Autoguide 系统,两者都利用历史数据进行诱导,其中 Autoguide 还要基于环形检测线圈的交通数据。尔后,英国推出了世界上第一个商用车载路径诱导系统 TraffieMaster(目前已发展成为具有提供语音信息功能的 Trafficmate)。进入 90 年代,德国西门子公司基于 LISB 开发的 Ali-Scout 系统(在欧洲称为 Euro-Scout)具有一定的国际影响,它不但安装于德国柏林等欧洲城市,亦应用到了美国 Michigan 的 Oakland Country,该系统是基于红外信标通信方式的中心决定式的路径诱导系统,因此需要大量投资用于安装路边的红外信标,柏林交通部门因为这套系统需要大量投资且在短期内无法获利而不得不停止安装该系统。目前德国斯图的 STORM 项目致力于开发双模式路径诱导系统:即在安装红外信标的区域开发基于红外信标进行中心决定式的路径诱导,同时在广域内开发基于 RDS-TMC(Radio Data System-Traffic Message Channel)交通广播的路径诱导。RDS 系统是在 FM 广播中使用多重传递技术来报告交通信息,这些交通信息包括有交通事故、拥挤、道路施工等信息,报告的形式有声音方式和文本方式。在文本方式中。可通过显示终端选择目的地城市获取该城市交通信息,该系统在 1993 年进行了现场实验,1995 年在德国、荷兰和法国的部分地区进行了商务服务,现已或即将在英国、德国、意大利等 11 个欧洲国家开通。瑞典进行着 TSWS 项目的研究,该项目建立了评价道路系统和车队管理、交通管理等系统的综合实验场,实验主要包括以下内容:出行计划的决定,在地图上表示出不同出行方式的到达时间和收费信息;交通信息的提供,如交通状况和天气情况信息等;路径诱导,为出行者提供到达目的地所需的车道变更、高速公路的出入口位置、限速信息、停车场信息等。荷兰的ITS计划是建立动态交通管理系统,通过信息的收集和分析,控制交通和实现交通需求管理。通过行程时间信息、收费道路信息和出行需求信息为出行者提供出行前的出行方式和路径选择,通过交通控制、车载系统和道路优先信息,影响出行者出行途中的出行方式和路径选择,从而达到提高交通运输系统的运作效率。

3.美国的ITS研究进展

作为经济最发达、技术最先进的超级大国的美国,虽在智能运输系统的研究开发上曾一度落后,但凭借其先进的技术优势,已后来居上,目前在试验研究和实践应用上都处于领先地位。在智能运输系统发展规划中,美国非常重视ITS将形成的巨大市场,对ITS的服务领域进行了广泛而又深远的研究。根据1991年综合地面运输效率法案(ISTEA),1995年3月,美国运输部正式出版公布了"国家智能运输系统项目规划",明确规定了智能运输系统的7大领域(即基本系统)和29个用户服务功能(即子系统)。其构成如下:

1)出行及运输系统管理

该系统包括了城市道路信号控制、高速公路交通监控、交通事故处理等公路交通管理的各种功能,以及用来研究和评价交通控制系统运行功能与效果的三维交通模拟系统。系统能够对路网中交通流的实时变化做出及时、准确的反应,帮助交通管理部门对车辆进行有效的实时疏导、控制和事故处理,减少交通阻塞和延误,从而最大限度地发挥路网的通行能力,减少环境污染,节约旅行时间和运输费用,提高运输系统的效率和效益。该系统有6个子系统:

(1)在途驾驶人信息。指通过驾驶人顾问信息及车内标志显示为驾驶人提供方便,并提高交通安全性能。

(2)行车路线导航。路线导航服务可提供抵达某目的地所建议采用的行驶路线。早期的导航系统是以静态的路网信息和公交行车信息为基础。如果能全面实施动态导航,路线导航将根据运输系统的实时信息直接为驾驶人指示抵达某目的地的行驶路线及方向。

(3)出行者服务信息。可提供与出行有关的服务及设施的信息指南。此类信息可以是餐馆、停车场、汽车修理厂、医院、警察局等的地址、电话号码、营业或办公时间等。

(4)交通控制。交通控制服务将对高速公路及道路网进行综合的自适应地控制,优先考虑公众的安全、公共交通或其他高乘载率的车辆,从而最大限度地减少交通拥挤,最大限度地发挥路网的运输能力。

(5)突发事件管理。帮助公共和民间机构迅速确定突发事件并做出响应,以最大限度地减少突发事件对交通造成的影响。

(6)车辆排放物的测试与控制。提供空气质量的监控、研究和改善措施,同时采用先进的车辆排放物实验设备,提供信号使人们认识周围环境,并采取措施控制污染。并在空气质量敏感地区采取道路改进、改线或对进入该敏感地区的交通流量加以控制等措施。

2)出行需求管理

该系统向用户提供有关出行信息,改善交通需求管理。若将该系统和出行与运输管理系统结合起来,驾驶人就可以通过车载或处所计算机和无线通信获得各种交通信息(道路条件、交通状况、服务设施位置以及导游信息等),合理选择出行方式、时间和路线。驾驶人还可利用车载定位导航仪,在车载计算机上给出出发地点和目的地,计算机便可根据实时交通信息自动选择出最佳行驶路线,避开交通拥挤和阻塞,并促进高乘载率车辆的使用,从而提高运输效率。

这个系统包括3个子系统：

(1)出行前的出行信息。出行前的出行信息服务可使出行人员在家里、单位或其他作为旅行出发地的大型公共场所处获取一整套综合运输信息。

(2)搭乘及预约。搭乘及预约服务可为身处家中、办公室或其他场所的用户提供有关搭乘和预约的实时信息，该信息还有利于运力供方和搭乘方安排车辆及行程计划。

(3)需求管理和运营。本服务将通过制定并实施有关的运输需求管理和控制政策，以减少个人独自驱车上下班出行的数量，使人们更多地采用高乘载率车辆和公共交通，也为那些希望提高出行效率的人员提供更多可供选择的出行方式。

3)公共交通运输管理

该系统用以提高公共交通的可靠性、安全性及其生产效率，使公共交通对潜在的用户更具有吸引力。系统包括有交通标志占先权(高乘载率车辆专用车道的设置)、车辆定位和跟踪系统、语音和数据传输系统。该系统将公共交通管理部门同驾驶人直接联结起来，进行实时调度和行驶路线的调整，帮助运输部门增加客运率，降低运营成本，提高运输效益。该系统有4个子系统：

(1)公共运输管理。为改善公交的运营及管理，公共运输管理服务将利用计算机技术对车辆及设施的技术状况和服务水平进行实时分析，实现公交系统运营、规划及管理功能的自动化。

(2)途中换乘信息。该服务可为使用公共交通运输方式的出行者提供实时准确的车载中转换乘服务信息，帮助出行人员在途中根据需要做出及时的换乘决定并调整行程计划。

(3)满足个人需要的非定线或准定线公共运输。公营或民营的小型车辆可根据用户的需要接送乘客。另一种改善服务的方案是车辆可驶离固定线路一定的距离，以方便乘客上下车。

(4)公共运输的安全性。本服务是为客运站、停车场、公共汽车站及行驶途中的公共汽车提供环境安全监控系统，并在必要时自动或人工发出警报，此举提高了公交系统司乘人员的安全系数。

4)电子收费

电子收费服务是为用户支付通行费、车票费用、存车费等所有交通出行活动所发生的费用提供一种通用的电子支付手段，实现收费/支付的自动化，从而推动多式联运的发展。该服务利用智能卡或其他技术形成一种通用的服务费支付体系。它可以是真正允许个人在同一媒体上进行财务结算的多功能系统。在条件成熟时，电子收费系统以其电子支付的灵活性为出行需求管理提供便利，提高出行需求管理部门采用有关运价政策影响人们对出行时间及出行方式选择的能力。

5)商用车辆运营

该系统能在州际运输管理中自动询问和接受各种交通信息，进行合理调度，包括为驾驶人提供一些特殊的公路信息，如桥梁净高、急弯陡坡路段的限速等，对运送危险品等特种车辆的跟踪以及车辆和驾驶人的状况进行安全监视与自动报警。在特种车辆自动报警系统中，还装有探测靠近障碍物的电子装置，可保证在道路可见度很低情况下的行车安全。通过这一系统，可使营运车辆的运行管理更加合理化，车辆的安全性和生产效率得到提高，使公路系统的所有用户都能获益于一个更为安全可靠的公路环境。该系统有六个子系统。

(1)商用车辆电子通关系统。该服务将使得装有脉冲应答器的载货汽车和公共汽车可以在高速行驶的状态下接受对其安全状况、注册情况及重量等的检查。

(2)自动化的路侧安全检测。自动化的路侧安全检测服务可在路侧实时获取运行中的车辆及驾驶人之安全行驶记录,有助于纠正业已发现的问题。

(3)商用车辆管理程序。利用电子手段办理有关注册手续的服务可使运输公司能通过计算机联网办理其年度或临时的注册手续。

(4)车载安全监控系统。该车载系统将对高速行驶的车辆货物及驾驶人的安全情况进行监控。

(5)货物的机动性。提高商用车辆的实时信息及车辆位置信息,可帮助调动人员更好地进行车辆的运营和管理,帮助驾驶人避开发生交通阻塞的路段或地区,提高集散作业的可靠性及效率。

(6)危险品应急响应。该服务将为执法和应急人员提供及时、准确的危险品种类的信息,使其能在紧急情况下做出适当处理,从而提高危险品运输的安全性。

6)应急管理

该系统用以提高对突发交通事件的报警和反应能力,改善应急反应的资源配置。该系统有两个子系统。

(1)紧急通告和人员安全。本服务包括两项功能:驾驶人和乘客安全;碰撞情况自动报告。驾驶人和乘客安全功能可为用户提供突发事件的初步信息,如机械故障或汽车抛锚。一旦发生交通事故,通告功能可报告事故的地点、性质和车辆碰撞受损的程度。

(2)应急车辆管理。应急车辆管理系统将为公共安全机构提供车队管理、路线导航、信号优先信息。车队管理将提高确定事故车辆方位的能力,帮助救援人员以最快的速度达到事故现场。路线导航将以信号优先技术确定最佳的行车路线,以引导应急车辆到达事故现场。

7)先进的车辆控制和安全

该系统应用先进的传感、通信和自动控制技术,给驾驶人提供各种形式的避撞和安全保障措施。系统具有对障碍物的自动识别和报警,自动转向、制动、保持安全间距等避撞功能。系统的这些功能在很大程度上改善和代替了驾驶人对行车环境的感应和控制能力,从而可以提高行车安全性,减少交通阻塞,进一步提高了道路的通行能力和运输效益。该系统包括 7 个子系统。

(1)纵向避撞系统;

(2)侧向避撞系统;

(3)交叉口避撞系统;

(4)视觉强化避撞系统;

(5)事故前乘员安全保护系统;

(6)危险预警系统;

(7)自动公路系统。

除此以外,美国的智能运输系统正在开发一个新的领域,即先进的乡村运输系统。该系统是把为城市地区开发的交通管理技术和系统功能推广应用到乡村道路网络中去,主要是应用先进的电子通信技术,提高行车的安全性,方便外国游客出行,促进乡村地区的经济发展。系统包括为驾驶人和事故受害者提供援助的无线紧急呼救系统,恶劣道路和交通环境的实时警告系统,以及有关服务设施和旅游路线、景点等信息系统。

美国开展 ITS 研究之后,先后在全国进行了 20 余项大规模实验,其中包括交通预测、交通信息系统、载重车电子牌照识别称重等等。目前美国投入使用的 MAYDAY 系统可以使用户通过连续保持与服务中心的无线通信联系自动测量自身的位置，在必要时可以获得紧急帮助。该系统的扩充功能包括提供：出行者信息、路径帮助和诱导等服务；另外美国各地广泛布置了区域性的多方式出行者信息系统（Multimodal Traveler Information Systems），包括在互联网上进行实时交通信息的发布，这些交通信息资源在美国已十分丰富。

三、我国智能运输系统的研究情况

我国政府十分重视ITS在国内的发展，随着科学技术的发展和社会的进步，我国开展智能运输系统研究已具备了技术基础、国家政策倾斜和一定的市场需求。

有关部门从1996年开始组织了ITS领域的一系列国际交流和合作，支持在国内开展研究和开发。交通部提出在"九五"期间："建立智能公路运输的工程研究中心"，同时指出："结合我国实际情况，分阶段地开展交通控制系统、驾驶人信息系统等5个领域的研究开发、工程化和系统集成。在此基础上，使成熟的科技成果转化为可供实用的技术和产品，该工程研究中心也将逐步发展成为我国智能公路运输系统产业化基地"。为了便于协调，国家科技部组织交通部、铁道部、公安部、建设部、国家技术监督局等有关部门，组建了中国ITS政府协调指导小组，总体规划包括道路、铁路、水运、民航在内的中国ITS发展战略、标准制定和人才培训，组织ITS关键技术的攻关和示范工程。

在国家"九五"科技攻关项目中科技部安排了"中国智能运输系统体系框架的研究"，该项目由国家智能交通系统工程技术研究中心牵头，来自院校、研究院所、企业和各部门的100多位专家参加了这个项目的研究。该项目于2001年9月通过了国家鉴定和验收。这是我国第一次就一个应用系统开展跨部门和跨学科的框架研究，在该研究中将分布在不同行业和部门的信息按照服务功能分类，按照信息共享的原则建立数据流图，使智能运输系统体系框架是一个整体，在完成以上工作的同时，充分考虑了中国现行的行政管理体制，使智能运输系统能够在中国实施。该研究成果从整体上勾画了智能运输系统的构成，将指导中国今后ITS的发展。

标准化是全国范围内兼容性的保证，是实施ITS项目的基础。标准化有利于建立局部和全国范围内可靠和稳定的系统。开放式的标准鼓励为提供更好的ITS服务功能而竞争，从而使用户最终获益。标准化开辟出更大的规范化产品市场，使生产者易于规模经营，从而降低成本和经营风险。在科技部和国家质量技术监督局的统一安排下，国家智能交通系统工程技术研究中心和ISO/TC204中国秘书处承担了"中国智能运输系统标准体系的研究"，目前该研究的主要内容已经完成，提出的标准体系表按不同层次覆盖了信息定义和编码、专用短程通信、数字地图及定位、电子收费、交通管理与紧急事件管理、综合运输与运输管理、信息服务、自动公路与车辆辅助驾驶系统等领域，有300多项标准。

公安部在"九五"期间安排了交通管理指挥系统的开发和应用，主要包括：交通信号控制系统、交通管理动态静态信息系统、交通监视系统、GPS警车定位、122交通事故快速处理诱导系统。在"九五"期间，许多大中城市按照智能交通系统倡导的系统思想，开始智能化的交通管理系统的试验。

"九五"期间各城市大力发展高效率公共交通系统并应用通信、GPS等技术开发新型管理系统，用电子信息技术改进公交系统的指挥调度和信息服务，这是智能运输系统的主要服务领域之一。"九五"期间，北京、上海、杭州和青岛等城市开始小规模地在公交车上安装GPS装置，试验有车辆定位功能的调度系统。相当一批城市在公交车上实施了IC卡付费系统。

在高速公路通信、监控和收费系统的建设中大力引入ITS的有关思想，特别是在收费系统的建设中,交通部紧紧抓住公路收费这个政府和老百姓都关心的问题,以联网收费为突破口,出台了联网收费暂行技术要求,保证大范围内的统一和兼容。鉴于ETC在我国的需求,交通部联合多个省厅开始网络环境下不停车收费系统的联合攻关和示范工程建设,通过交通部组织的联合攻关,提出符合中国标准的组合式ETC技术方案。“九五”期间,为配合智能交通系统的开发,交通部还安排了智能交通系统发展战略研究、GPS定位与导驶系统研究,基于GPS的路政车辆管理系统等一系列项目的研究,为今后的开发和应用打下了坚实的基础。

为了更好地开发和应用智能运输系统,经国家科技部的批准,依托交通部公路科学研究所建设“国家智能交通系统工程技术研究中心”,批准依托铁道部科学研究院建设国家铁路智能运输系统工程技术研究中心。为支持国家中心的建设,交通部批准建设智能运输系统研究中心试验室,该试验室依托交通部公路交通综合试验场,“九五”、“十五”总投资超过3200万元。

为加快我国的交通网路建设,交通部制定了我国交通系统“十五”发展目标,大力推进智能交通系统的发展,计划在本世纪中叶达到中等发达国家水平,完全实现我国公路、水路交通现代化。科技部也制定了“十五”国家科技攻关计划“智能交通系统关键技术开发和示范工程。”确立智能交通系统10个示范城市,北京、济南、广州、中山、深圳、重庆、杭州、上海、天津和青岛,已开始各自城市的ITS规划和实施方案。北京市启动了北京“科技奥运”智能交通系统技术开发与应用项目。北京市交通综合信息平台是“十五”国家科技攻关计划“智能交通系统关键技术开发和示范工程”课题——《北京“科技奥运”智能交通系统技术开发与应用》包括的5个示范工程项目之一,同时也是北京市科委攻关项目《北京市ITS系统规划和实施方案》的子课题之一。

2005年11月,第九届多国城市交通学术会议——“智能交通的应用与发展”在北京召开,会上全国10个ITS示范城市就各自城市“十五”期间科技项目的角度总结了智能交通方面的近期发展和未来规划,其代表了目前我国城市智能交通发展和应用的基本水平。展望“十一五”发展规划,中国综合交通体系发展的阶段目标是:通过大力发展与深化改革,使综合交通网络规模大幅扩展,结构进一步调整,公平与效率充分兼顾;管理体制获得创新,运输服务水平明显提高,交通安全得到有效保障;初步形成布局更合理、结构更完善、能力更充分、质量更可靠的综合交通体系;有效缓解运输紧张状况,基本适应经济社会发展要求。按照这一阶段目标要求,中国综合交通运输建设在一方面加强基础设施建设的同时,重点要加强交通枢纽和综合交通信息网络建设,构建一个现代化的智能交通系统。

思考题

1. 什么叫交通管理和交通控制?
2. 设置道路交通标志需要考虑哪些因素?
3. 如何选择交通管制方式?
4. 如何设计相位、周期?
5. 高速公路有哪些监控系统?

第十二章 交通安全
DISHIERZHANG

第一节 概 述

道路交通事故是涉及千家万户且人人关注的问题。无论是工作、生活、出行,还是出差、探亲、访友、旅游,人们都希望平平安安,但愿不发生交通事故,然而道路交通事故仍时有发生。据有关报道表明,自从有机动车道路交通事故死亡记录以来,全世界死于道路交通事故的人数已超过 3200 万。到 2000 年,因道路交通事故受重伤而住院的人数每年达 500 万人,受伤总人数达 3000 万人。也就是说,百年来累计死于汽车轮下的人数已超过两次世界大战中的浩劫人数。人们已把道路交通事故称之为"交通地狱",把导致道路交通事故的汽车称之为"行驶的棺材"。日本人把汽车惊呼为"飞跑的凶器";美国人称其为"飞奔的棺材";中国昔日有谚语:"马路如老虎,吃人不计数","马路如虎口,当中不可走"。

100 多年来,由于汽车工业的高速发展,车辆急剧增加,交通流量增大,造成车辆与道路比例的严重失调,加之交通管理不善等诸多原因,造成交通事故频繁,伤亡人数增多,已成为世界性的一大公害。美国是世界汽车最为普及的国家,因道路交通事故造成的经济损失也相当惊人,例如:美国火灾经济损失只有道路交通事故经济损失的 13%。日本因道路交通事故造成的经济损失相当于年道路建设投资的一半。许多发展中国家因道路交通事故造成的经济损失约为国民经济总产值的 1%,高收入国家更高,约占 2%。

我国的交通事故也是相当严重的,表 12-1 列出了我国 1990 ~ 2004 年逐年的交通事故次数、死亡人数、受伤人数和直接经济损失。

我国历年道路交通事故统计(1990 ~ 2004) 表 12-1

年 份	交通事故		死亡人数		受伤人数		经济损失	
	起	递增(%)	人	递增(%)	人	递增(%)	亿元	递增(%)
1990	250297		49271		155072		3.64	
1991	264817	5.80	53292	8.16	162019	4.48	4.28	17.58
1992	228278	－13.80	58792	10.20	144264	－10.96	6.45	50.70
1993	242343	6.16	63508	8.14	142251	－1.40	9.99	54.88
1994	253537	4.62	66362	4.49	148817	4.62	13.34	33.53

续上表

年 份	交通事故		死亡人数		受伤人数		经济损失	
	起	递增(%)	人	递增(%)	人	递增(%)	亿元	递增(%)
1995	271843	7.22	71494	7.73	159308	7.05	15.23	14.17
1996	287685	5.83	73655	3.02	174447	9.50	17.18	12.80
1997	304217	5.75	73861	0.28	190128	8.99	18.46	7.45
1998	346129	13.78	78067	5.69	222721	17.14	19.30	4.55
1999	412860	19.28	83529	7.00	286080	28.45	21.24	10.05
2000	616971	49.44	93853	12.36	418721	46.37	26.69	25.66
2001	754919	22.24	105930	12.87	546485	30.51	30.88	15.7
2002	773137	2.41	109831	3.26	562074	2.85	33.24	7.64
2003	667507	-13.7	104372	-4.6	494174	-12.1	33.7	1.4
2004	567753	-14.9	99217	-4.9	451810	-8.6	27.7	-17.6

由表12-1可以看出，1990~2002年的12年期间，我国的道路交通事故呈明显的增长趋势，2002年与1990年相比，增长了两倍多，由250,297起上升至773,137起，其中尤其以1998~2001年的增长速度最快，而2002年的增速已明显下降。2004年，全国道路交通事故4项指标全面下降。

另外，交通事故涉及面广，事故隐患频发和极强的社会性特点，它已经发展成一个社会性的大问题。因此，人们称道路交通事故是“现代文明病”和“无休止的交通战争”。

一、交通事故的定义与分类

1.交通事故的定义

世界各国由于国情不同，道路交通状况不同，交通规则和交通管理规定不同，对交通事故的定义也不尽相同。

美国国家安全委员会对交通事故下的定义为：交通事故是在道路上所发生的意料不到的有害的或危险的事件。

日本的定义：由于车辆在交通中所引起的人的死伤或物的损坏，在道路交通中称为交通事故。

加拿大的定义：发生在公共道路上交通事故冲突，涉及至少一辆机动车，并且导致一人或一人以上受伤或死亡，或者财产损失超过一定数额时，称交通事故。

2004年5月1日开始执行的《中华人民共和国道路交通安全法》对交通事故的定义为：车辆在道路上因过错或者意外造成的人身伤亡或者财产损失的事件。

从以上定义中可以看出，构成交通事故应具备5个要素。

1)车辆

交通事故各方当事人中，至少有一方使用车辆，包括机动车与非机动车。车辆是构成交通事故的前提条件，无车辆参与则不认为是交通事故。例如：行人在行走过程中，发生意外碰撞或自行摔倒，造成伤亡均不属于交通事故。

2)行为的特定性

交通事故是发生在道路上。道路是指在公用的道路上。《中华人民共和国道路交通安全法》规定的道路是指,"公路、城市道路和虽在单位管辖范围但允许社会机动车通行的地方,包括广场、公共停车场等用于公众通行的场所。"道路有其形态性、客观性、公开性。形态性是指与道路毗连的供公众通行的地方;客观性是指道路为公众通行所建;公开性是指交通管理部门认为是公众通行的地方,都可视之为道路。仅供本单位车辆和行人通行的,如厂矿、企业、机关、学校、住宅区内不具有公共使用性质的道路不在此列。此外,还应以事故发生时车辆所在的位置,而不是事故发生后车辆所在的位置,来判断是否在道路上。

3)行为人主观上常常存在着过失

过失是当事人因疏忽大意而未预见到应该预见的后果或已经预见而轻率地自信可以避免,以致发生损害后果,即造成事故的原因是人为的。而因人力无法抗拒的自然原因,如地震、台风、山崩、流石、泥石流、雪崩等造成的事故,不属于交通事故。

4)行为的违法性

当事人违反《中华人民共和国道路交通安全法》和其他道路交通管理条例、规范、规定、办法,即过错的行为,应依法追究其肇事责任,以责论处。没有过错行为而出现意外损害后果的事故也属于交通事故;有过错行为,但过错与损害后果无因果关系的不属于交通事故。

5)造成损害后果

交通事故必定有损害后果,即要有人、畜伤亡或车辆、财物、道路及其附属设施的损坏,这是构成交通事故的本质特征。因当事人违章行为造成了损害后果,才能称为交通事故;如果只违章而没有损害后果,则不能视为交通事故。

以上5类,可以作为鉴别道路交通事故的必要条件和依据,在实际工作中加以运用。

2.交通事故的分类

道路交通事故的分类,根据不同的需要有各种不同的分类方法。我国的"法定分类"是由公安部制定的、全国统一的交通事故严重程度等级分类标准。

1)轻微事故:是指一次造成轻伤1至2人,或财产损失机动车事故不足1000元,非机动车不足200元的事故。

2)一般事故:是指一次造成重伤1至2人,或轻伤3人以上,或财产损失不足3万元的事故。

3)重大事故:是指一次造成死亡1至2人,或重伤3人以上10人以下,或财产损失3万元以上不足6万元的事故。

4)特大事故:是指一次造成死亡3人以上,或重伤11人以上,或者死亡1人、同时重伤8人以上,或者死亡2人、同时重伤5人以上,或者财产损失6万元以上的事故。

二、交通事故的发展趋势

一般认为,我国国民经济的高速发展时期始于以改革开放为标志的1978年,若以此计算,至今已走过了25年。根据西方发达国家的规律,我国交通事故的死亡人数似乎应当已达到顶峰,之后应开始逐渐减少。然而,种种迹象表明,情况并不乐观。一方面,西方发达国家情况的改观是一系列防治交通事故的措施开始奏效的结果,而近几年来,我国在这方面并未见大的举措;另一方面,我国道路交通的高速发展滞后于国民经济的发展,若以此算起,我国交通事故死亡数的增长还将持续10~15年。然而,如果我国从现在开始,将减少交通事故、提高道路交通安全水平的工作置于十分重要的地位,动员社会各界力量,下大力气进行研究,同时借鉴发达国家的先进经验，制定出一系列切实可行的对策与设施，并坚决贯彻执行，完全可能少走西方发达国家走过的弯路，早日实现我国道路交通安全状况的根本好转。

第二节　交通事故调查

交通事故调查是事故发生后，由交警或交通监理对现场测量、拍照、填写调查表格，它是分析事故原因和鉴定事故责任的基本依据。

一、交通事故调查的目的意义、要求与内容

交通事故调查是为了查清事故原因，确定违规责任必不可少的政策性很强的工作。因此必须认真负责、公正严明，以法律和事实为依据，以科学分析为手段，仔细查看、弄清事实、明辨原因、分清责任，提出处理建议，并为今后减少和防止交通事故而采取措施提供有实际经验的依据；为优化道路线形设计指标、视距及环境条件的改善、为交叉口规划、设计、管理方法的改进、为鉴别与确认交通事故多发路段以及如何改善与防护提供依据；为总结各类安全防护措施、标志、标线、信号配时、法规执行等的效果及其改进提出措施和办法，以达到预防和降低交通事故率。

现场调查是指对事故发生的地点及事故相关的空间场所，事故现场当事人、知情人、车辆、道路交通环境等进行细致严密查看，包括查看痕迹，收取物证，查询事故前后的车辆运行情况，听取证词，摄影测量等工作，并应详细完整地记录。具体内容如下：

(1)人：对当事人、驾驶人、相关乘客、行人、受害人及可以作证人的性别、年龄、生理、心理情绪、精神状态、体质、家庭情况等。

(2)车：有关车辆的车号、牌照、驾驶人执照、转向操作性、稳定性、制动系统、运行方向、速度、线路、相互位置、印痕长度、碰撞点等。

(3)路：道路等级、性质、交叉角度、线形、直、曲、宽度、路面状况、纵坡视距等情况。

(4)环境：事故周围房屋、树木、标志、标线、照明、天气、湿度、温度、风雪等。

(5)时空区位：事故发生的准确时间、前后状况、空间场所、车辆运行、碰撞的相互位置、散落物等。

(6)后果：事故状况、严重程度、人员伤亡、致伤致残的部位器官与主要原因、车物损失及破坏情况并按有关标准进行划分。在交叉口还应绘事故类型示意图。

二、交通事故现场勘察工作

现场勘察是一项获取证据，查明原因，明确责任，政策性很强的敏感性工作。首先，应特别注意是否为原始现场(未作任何变动或破坏的事故发生过程的原始现场)，还是变动现场(由人为或自然原因，部分或大部分改变的现场)，或者根本是伪造的现场(为逃避责任，销毁证据或嫁祸他人而伪造的现场)，然后按事故发展的先后顺序进行勘察或测绘工作，此项工作主要包括收取物证、摄影、绘图、车辆检测、道路鉴定收验证书等，一般应通过摄影、测绘或询问等手段，主要是查清下列情况：

(1)车与车(或车碰人撞物)互撞的接触点、痕迹的部位、高低、深浅，是摩擦还是撞击，并仔细查看有无血迹、头发、指纹等物证，车与车(或人、物)从开始接触到停车的总距离，制动距离，车辆停止时的位置、方向、死者(伤者)所处的位置、形态、状况以及车辆之间的距离方位等。

(2)车辆与印迹检测，车辆的轮廓、轴距、前后轮距、转向系、制动系、档位、轮胎、灯光、后视镜、雨刮器的变形情况。对刹车痕迹测量，重刹印痕与轻刹印痕长度和前后轮胎与左右轮胎痕迹的变异。

(3)道路设施的勘察，包括几何线形、视线、障碍、视距、路面状况、桥涵质量、道路坡度、弯道超高、平整度、摩擦系数等。

(4)如现场有伤亡人员，应对碰撞、滚碾、挤压、刮擦的部位、严重性等致伤致死的原因，要写出可信的鉴定材料或照片，并让有关人员签字证明。

(5)对路面标线、标志、安全设施、地形、地物、天气也应如实地记录说明。

(6)如系事故多发地，则应收集较长时间事故发生资料，包括事故性质、原因、时间、情况等。同时应绘出该路段的平面图，纵面图，若在交叉口则应绘事故类型示意图。

三、交通事故调查报告

交通事故统计报告是指用书面文字记录，汇总交通事故情况的报告，各项数据应具有客观、系统、全面和科学性。

交通事故报告的范围为：凡违反道路交通规则造成人员伤亡、牲畜伤亡、车辆财物损失的都应列入统计报告范围。具体要求是：

(1)统计报告的项目与标准必须真实、准确并具有严密的统一性，范围、项目、指标、表示期限等内容均按国家统一规定表格进行填写。

(2)统计报表要数据准确、反映真实、全面并逐级上报。

(3)交通事故的一般统计报告制度是向上级报送统计表分为月报、季报、和年报3种。

(4)交通事故报告内容：

①交通事故发生和发现的时间、地点，当时的气候，当事人的性别、年龄、住址、职业、出行目的、事故发生的状态；

②交通事故发生的位置及周围环境情况；

③记录现场所属种类，特别记明现场变动情况，变动原因或现场上所见的反常现象；

④受害的程度、形态、种类、原因(违法)等；

⑤记录现场丈量情况，伤、亡、车辆和其他物资损失情况，痕迹的详细情况，提取的痕迹，物证的名称与数量；

⑥现场摄影或录像的内容；

⑦现场技术鉴定材料情况，包括车辆技术鉴定，道路鉴定，尸体检验情况。

第三节　交通事故分析

交通事故分析主要是分析事故发生的原因，利用统计学的方法对交通事故进行分类，找出事故的重点或典型类型和形态，提出改进交通安全管理、汽车安全设计、道路交通安全设施等措施。交通事故分析结果具有统计特性，是对一个地区或整个国家交通安全状况的总体评价，又称为交通安全评价。

一、事故分析方法

事故分析的任务是对导致相似伤害和损失的事故原因进行研究。事故分析常采用以下几种方法。

1.统计分析法

统计分析法就是用能够客观、全面反映交通事故本来面目的数据资料,如通过交通事故的次数、死亡、受伤、财产损失、原因、地点、时间、道路、车辆、驾驶人、骑自行车人、行人等数据资料,来准确全面地反映事故的原始状态,据此做出科学的推理和判断,揭示交通事故总体的内在规律,进而采取解决问题的对策。统计分析方法的全过程,可分为3个基本步骤,即调查、整理和分析。

2.分类法

分类法又叫分层法,是把数据资料按照不同的目的、要求、需要、性质区分的方法。它既是加工数据处理的一种重要方法,又是分析交通事故或其他问题原因的基本方法。其目的是经过分类,搞清楚性质不同的数据资料及错综复杂的交通事故原因,给出一种明确、直观、规律性的概念。

按时间、当事人、车辆、道路、交通事故、事故现象、人体受伤部位、死亡时间情况、车辆隶属关系等分类,是分析交通事故常用的数据分析法。分类也可以根据实际情况和分析的项目进行。但是,不论如何分类,在原始统计报告资料中必须包含这些内容。

3.统计表格法

统计表格法是交通事故统计分析中常用的一种方法。根据不同的分析目的,将统计分析的结果编制成各种表格。表格内可以包括各种必要的绝对指标和相对指标的具体数值,例如《交通事故月报表》就采用这种方法。

4.直方图法

直方图由一系列高度不等的矩形组成。其横坐标可以是性质不相同,但互相有联系的各种因素,也可以是同一因素的数值分段。各矩形的高度代表对应横坐标的某个指标值。直方图的特点是形象直观。用直方图进行交通事故统计分析,不仅可以反映出交通事故的变化和趋势,还可以比较出各种因素对交通事故的影响程度。例如,某年各大区交通事故死亡人数比较图就是这种分析方法,见图12-1。

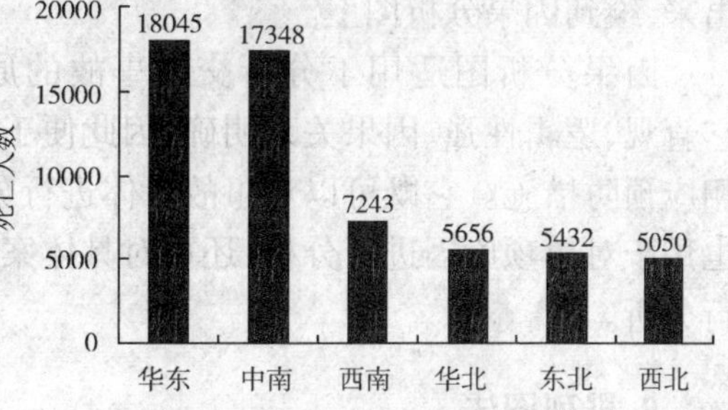

图12-1 某年全国各大区交通事故人数比较

5.坐标图法

简单的坐标图由一个横坐标和一个纵坐标构成。横坐标一般是连续数列,例如时间、年龄等。纵坐标可以是某一绝对指标或相对指标。用坐标图进行分析比较,有很强的直观性,一般用来表示交通事故中某一特征指标的发展变化过程趋势。例如,某地区逐月交通事故死亡人数,坐标图一般如图12-2所示。

6.圆图法

圆图是将要分析的项目按比例画在同一个圆内。整个圆周360°被看作是100%,半圆周

180°相当于 50%,90°扇形相当于 25%,用圆图法可以直观地看出各个分析项目所占比例大小。图 12-3 所示为某地交通事故发生地点的统计圆图。

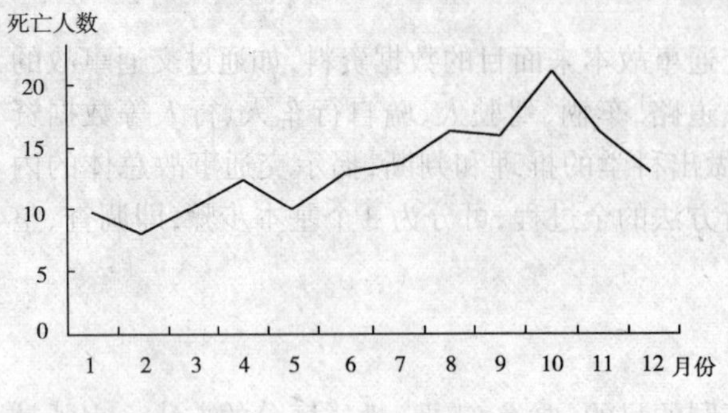

图 12-2 某地区逐月的交通事故死亡人数

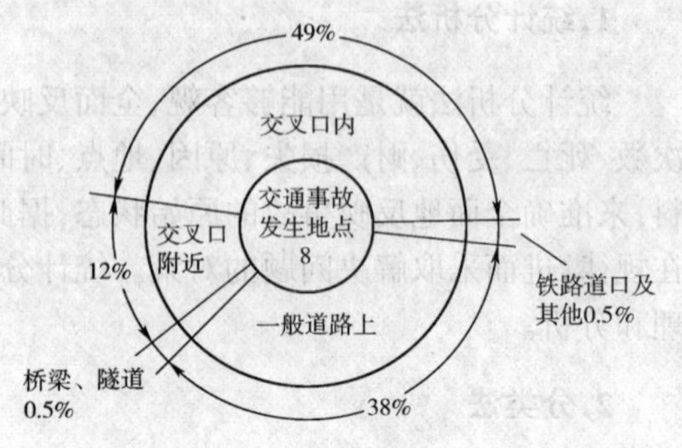

图 12-3 某地交通事故发生地点的统计圆图

7.事故分析图

事故分析图用来分析交通事故在道路上的分布情况和事故多发地点。其做法是在道路图上,用规定的简明符号将实际发生的交通事故时间、事故形态、事故发生前肇事车的行驶状态和方向、行人或自行车的前进方向、事故后果等标注在相应的位置上,即得到事故分析图。图 12-4 为事故分析图事例。

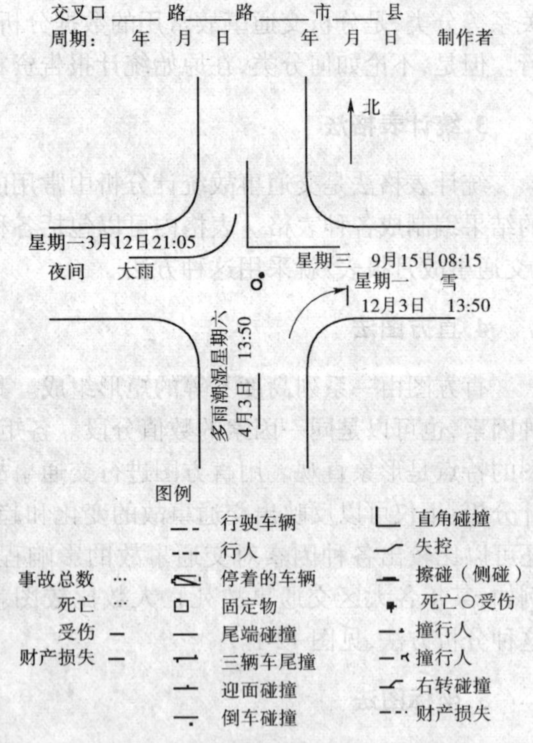

图 12-4 事故分析图示例

8.因果分析图

因果分析图也叫特性因素图,因其形状特殊,也称树枝图或鱼刺图,其形式如图 12-5 所示。制作因果分析图时,应集思广益,尽可能地把交通事故的各种大小原因,客观地、全面地找出来,绘到因果分析图上。

因果分析图适用于分析交通事故的原因。它直观、逻辑性强、因果关系明确,因此便于采取相应预防措施。它既可以对事故总体进行分析,也用于对单项原因进行分析,还可对具体案例进行分析。

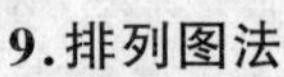

9.排列图法

排列图法也叫巴雷特图法。它是找出影响交通事故主要原因的一种有效方法。这种方法有两个纵坐标,一个横坐标,几个矩形及一条曲线。左侧纵坐标表示事故次数或死亡人数、受伤人数等;右侧纵坐标表示事故发生频率(以百分比表示);横坐标表示要分析的各个因素,按影响程度的大小从左至右依次排列;矩形高度表示某个因素影响效果的大小;曲线表示各因素作用大小的累计百分数,常称为巴雷特曲线。采用排列图来反映交通事故的主要原因时,通常把累计百分数分为 3 类:将 0% ~ 80%频率的影响因素作为 A 类因素(关键因素),80% ~ 90%

频率的影响因素作为B类因素(次要因素),90%~100%频率的作用因素作为C类因素。如果全力解决A、B两类因素,就能解决90%的交通事故问题。这种方法的形式如图12-6所示。

排列图的制作过程如下:

第一步,将发生事故的原因进行分组,并计算各组的频率数。

第二步,将左纵坐标作为次数(频率);将右纵坐标作为出现该类问题的次数占总次数的比重(频率);将横坐标表示为事故分组,按各类因素出现的频数多少依次自左向右排列。

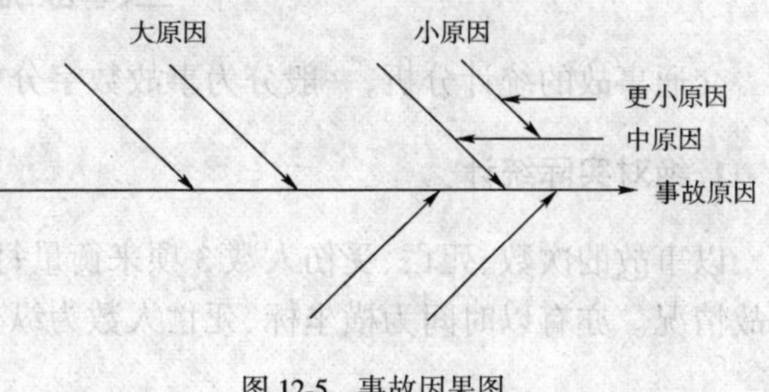

图12-5 事故因果图

第三步,将各因素的累计频数值以曲线连接,得出用坐标图表述的巴雷特曲线。

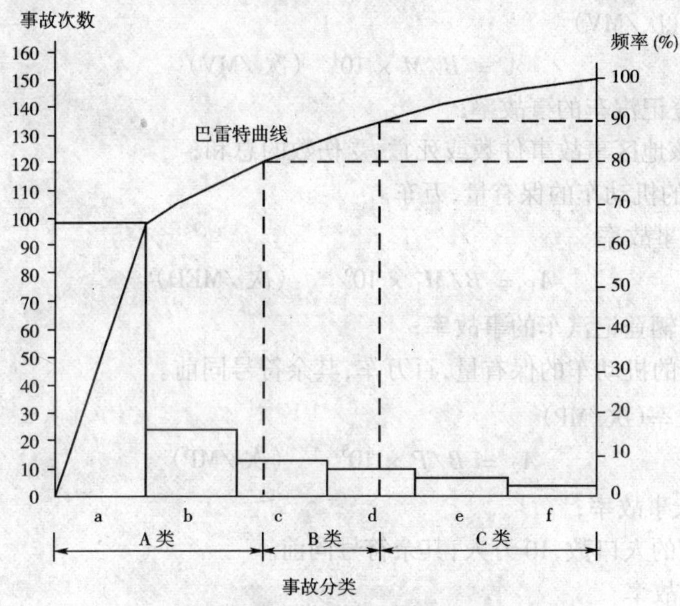

图12-6 交通事故排列图

10.故障树分析法

故障树又称为FTA(Fault Tree Analysis)图。故障树是工程上分析故障的一种方法。它应用在交通事故的分析上,可定性的分析引起事故的直接和间接原因。

交通事故是非常复杂的现象。一起交通事故的发生经常是许多因素相互影响、相互作用的结果。如果不遵循一定的方法,盲目地分析事故原因,既费时间,又难免发生遗漏。利用FTA的方法可使分析逐步深入,从而全面地找出与事故有关的各种影响因素。

FTA图分析事故的步骤如下:

第1步,找出与事故有直接联系的若干原因;

第2步,把每一直接原因分解成若干个第2层原因;

第3步,继续分解第2层原因;

第4步,直到认为不能或不必继续分解为止。

将上述步骤的关系用约定的符号绘制成图形的形式,就得到FTA图。FTA图层原因都与上层原因有直接联系，并且认为上、下层原因之间存在着逻辑“与/或”关系。

二、事故统计分析

交通事故的统计分析，一般分为事故数字分析和相对事故率分析。

1.绝对实际统计

以事故的次数、死亡、受伤人数3项来衡量每年或每月、每周不同地区、范围或不同路段的事故情况。亦有以时间为横坐标、死亡人数为纵坐标，以反映事故发展的总趋势。

2.以相对指标事故率计算

常用的事故率表示法有以下几种：

(1)万车事故率(次/MV)

$$A = B/M \times 10^4 \quad (\text{次}/\text{MV})$$

式中：A——1万辆登记汽车的事故率；

B——1年内该地区事故事件数或死亡、受伤数的总和；

M——该地区的机动车的保有量，万车。

(2)百万辆汽车事故率

$$A_1 = B/M_1 \times 10^6 \quad (\text{次}/\text{MED})$$

式中：A_1——一百万辆登记汽车的事故率；

M_1——该地区的机动车的保有量，百万车；其余符号同前。

(3)10万人事故率(次/MP)

$$A_2 = B/P \times 10^5 \quad (\text{次}/\text{MP})$$

式中：A_2——10万人事故率；

P——该地区的人口数，10万人；其余符号同前。

(4)亿车公里事故率

$$A_3 = C/V \times 10^8 \quad (\text{次}/\text{HMVK})$$

式中：A_3——亿车公里事故率；

C——该地区1年内死、伤人数；

V——该地区1年间车公里数即车平均交通量×365×该地区或路段的里程数。

(5)交叉口的事故率(次/百万辆)。

按百万或万车流入交通量，计算交叉口的交通事故率，即以汽车进入交叉口的流量为基数，除以交通事故数，就是交叉口事故率。

$$\text{交叉口的事故率} = 1\text{年间交通事故件数} \times 10^6 / 24\text{H 流入交通量} \times 365$$

3.严重性计算

交通事故中死亡、受伤和财产损失的严重程度是不相等的，对不同地区不同的死、伤、财产损失的统计量很难进行统一比较，故实际分析时，一般以财产损失为参考标准，对一个死亡或受伤人员所造成的损失换算为相当的经济损失费用数，然后将死亡、受伤换算成财产损失，这样不同类型、不同性质的各类交通事故可以统一换算成经济损失费用。

第四节　影响交通事故的主要因素

一、道路交通系统

道路交通指的是人、车在道路上的移动，它是一个由人、车、路、环境等要素构成的复杂的动态系统。其中"人"包括驾驶人、骑车人、行人等；"车"包括机动车和非机动车；"路"包括公路和城市道路；"环境"包括自然环境和人工环境等。人、车、路、环境等几个互不相同的要素，在构成具有特定功能的道路交通系统整体时，他们之间就产生了互相依赖、互相作用的特定而不可分离的联系，因而具有系统性。系统中任何一个的行为或性质的变化都不具有独立性，它们中的每一个要素对道路交通整体都会产生影响。

道路交通系统要素间的关系如图 12-7 所示。在人、车、路、环境这 4 个变量中，"人"是惟一的自主型变量，与其他 3 个变量相比，只有人是主动的、有意识的，他接受来自道路、车辆、环境以及交通流当前状态的信息，经过判断和加工后做出决策，对车辆实施控制和操作；"车"是惟一的可控变量，是可以通过人的控制来改变其状态的；而"路"和"环境"是不可控的客观参量。当然，这里所说的不可控并非绝对的不可控，只是相对于车辆而言，在道路交通运行过程中其状态不依人的意志而改变。

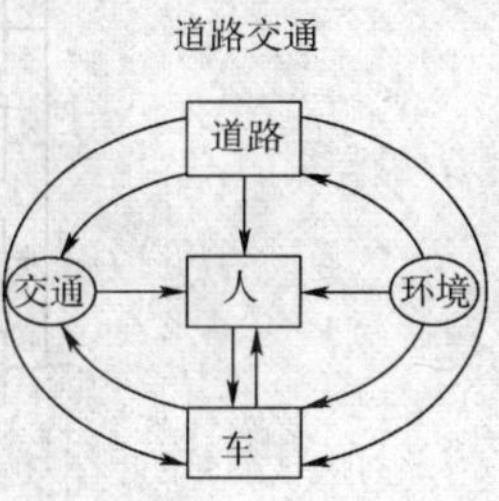

图 12-7　道路交通系统

由此可见，道路交通是一个涉及人的行为和自然环境的复杂系统，在道路交通的运行过程中，系统状态随时间的推移和外界交通环境的改变而改变。例如，行人和驾驶人随时会产生心理和生理状态的变化；交通流的流量、速度、密度也随着时间发生着变化；人、车、路、环境之间的协调配合关系也有所改变。这些变化都是时间的函数，因此，道路交通系统是一个复杂的动态系统。正是由于这种动态性和复杂性，增加了道路交通管理的难度，使保障道路交通安全的工作变得十分艰巨。

二、4 大要素与交通事故

1.影响驾驶人行为的主要因素

交通事故是道路交通系统中，由于人、车、路、环境诸要素的配合失调而偶然突发的事件。如前所述，在道路交通系统中，人是 4 大要素中惟一的自主型变量，因此，人是交通事故的核心。国内外的交通事故表明，有 80% ~ 90% 的交通事故是由人的因素造成的，包括驾驶人的操作失误、麻痹大意或违章行驶等，还包括行人和骑车人不遵守交通法规等。

我国 2002 年道路交通事故主要原因的统计分析结果表明，由于人的原因造成的死亡人数占当年交通事故死亡总人数的 88.98%，其中机动车驾驶人为主要原因的占 78.56%，非机动车驾驶人占 4.20%，行人和乘车人占 6.22%。可见，从总体上看，交通事故的关键在于机动车驾驶人，因为相对于行人和骑车人来说，机动车驾驶人是交通强者。因此，在讨论交通事故时，研究人的因素主要是研究机动车驾驶人的行为。

影响驾驶人行为的因素包括生理和心理两个方面，按延续时间的长短，又分为短时因素和持续因素两种情况，如图 12-8 所示。需要说明的是，这里主要指驾驶人本身的心理因素和生理因素。当然,车辆、道路以及交通条件、气象状况等对驾驶人行为也有影响,有时甚至影响巨大,但它毕竟是外部因素,是要通过驾驶人自身而起作用的。

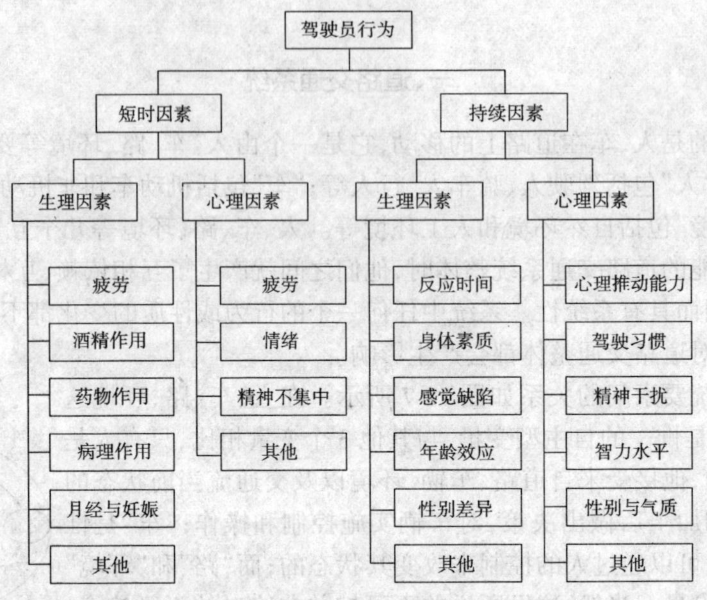

图 12-8 影响驾驶人行为的主要因素

2.影响机动车安全性能的主要因素

造成交通事故的第 2 大要素是车辆。在道路上行驶的车辆,既有机动车,又有自行车和其他非机动车,其中机动车是一种快速的交通工具,能量最大,防护性也好。但这种防护性只保护驾驶人和车内的人员,因此,相对于自行车和其他非机动车,机动车是交通强者。于是,在讨论交通事故时,研究车的因素主要是研究机动车的特性。然而这并不意味着研究车辆的所有性能及其结构,而只是研究对于交通安全构成威胁的性能。

如图 12-9 所示,影响机动车安全性能的因素主要有转向系统、制动系统、行驶系统和电气系统。

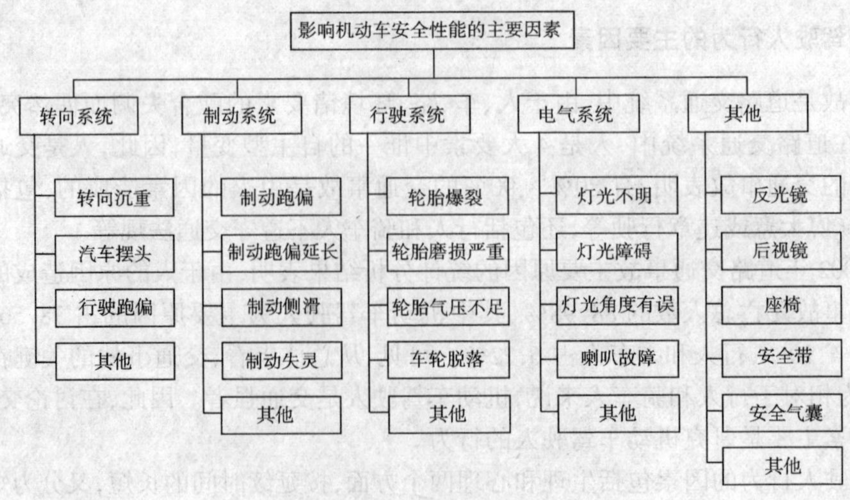

图 12-9 影响机动车安全性能的主要因素

机动车的转向系统是直接关系到车辆操作性能的关键机构，对交通安全的影响最大。转向系统的零部件若有异常现象发生，便有可能使车辆不能保持在正常车道内行驶，或者造成翻车事故。

机动车的制动系统是降低车速或停止行驶的控制机构，是行车安全的核心部件之一。统计表明，车辆因制动失灵或因制动力不足致使制动距离延长、跑偏、侧滑而引起的事故占车辆事故总数的15%左右，而其中的一半以上是由制动侧滑引起的。

机动车行驶系统中对交通安全影响最大的是车轮和轮胎，在车辆的行驶过程中，若轮胎爆炸、磨损严重、充气不足或轮胎脱落都可能直接或间接地引发交通事故。

对于交通安全来说，在机动车电气系统中主要关心灯光和喇叭，其主要功能一是为夜间或雾天行车照明，二是作为与其他交通参与者进行联络的信号和标志。一旦车辆的电气系统出现故障，可能会不知不觉地危及行车安全，从而引发交通事故。

3.影响安全的道路条件

如图12-10所示，研究表明影响交通安全的道路条件几乎包括了所有的道路要素。

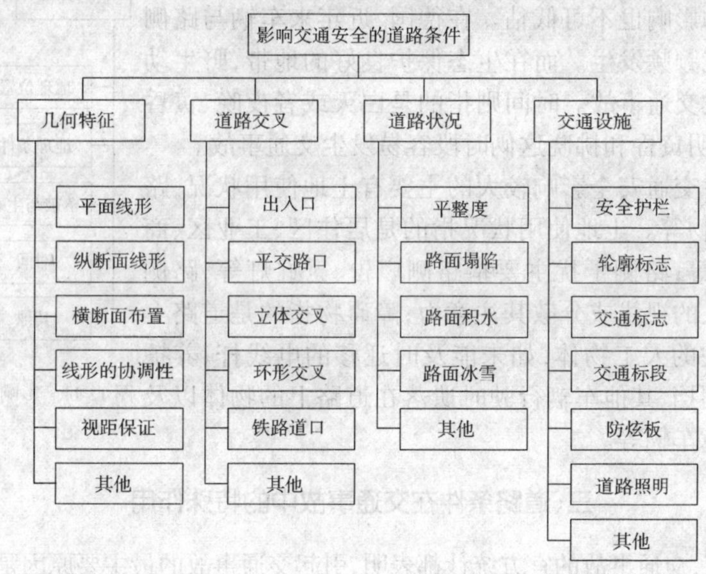

图12-10 影响交通安全的道路条件

道路的几何要素或线形组合不合理，都可能导致交通事故的发生，道路的几何要素包括平、纵、横及其相互间的协调，还包括视距保证。讨论道路的几何特征对交通安全的影响时，在平面线形中应当考虑曲线半径、曲线偏角、曲线长度、缓和曲线、直线段长度、线形的连续性以及平面线形与地形的适应等；在纵断面线形中应当考虑纵坡度、纵坡长度、竖曲线半径等；在横断面布置中应当考虑横断面形式、行车道宽度、路肩、路缘带、路拱、中央分隔带、车道加宽、超高，以及边坡和边沟等；线形的协调性主要指的是平纵曲线的配合；在视距保证中应当分清停车视距、错车视距、会车视距和超车视距。

道路交叉口是道路交通的枢纽。对于高速公路和城市快速路出入口应当考虑的因素有出入口形式，出入口间距，加减速车道和辅助车道的设置等；平面交叉口通常是事故高发点，因此除考虑其交通控制方式外，还要有足够的视距保证；对于立体交叉应当着重考虑匝道的线形及其与主线相衔接的部位特征；在环行交叉中应当考虑的因素包括环岛的半径、交织车道数和交织段长度等；当道路与铁路相交时，应当着重考虑控制方式和信号的设置。路面状况对交通安全也有较大的影响，当车辆在凹凸不平或有坍塌、翻浆等病害的道路上行使时，驾驶人为了防止颠簸，可能会突然避让，驶向其他车道，由此引发交通事故。另外，潮湿或泥泞的路面由于附着系数下降，也容易发生交通事故。根据美国的调查资料，路面潮湿时的事故率是干燥路面的两倍，积雪时是干燥时的5倍，结冰时是干燥时的8倍。

完善的、设置合理的交通工程设施是减少交通事故，提高交通安全的重要保障。这些设施包括安全护栏、轮廓线、交通标志、标线、防炫板、道路照明等。

4.影响道路交通安全的环境因素

影响道路交通安全的环境因素可分为自然环境和人工环境两个方面，各自所包含的内容如图12-11所示。

在自然环境中，地理位置指的是北方冰雪地区或者南方潮湿地区，或者西北戈壁、沙漠地区等；地形条件指山岭重丘区或者平原微丘区；气象条件包括晴天、雨、雪、雾等天气情况。植被和生态对于交通安全的影响也不可低估。在德国，近年来车辆与路侧树木相撞的事故就频频发生。而在生态保护良好的地带，野生动物的出没常常引发交通事故。时间则指的是白天或者夜晚、黄昏或者拂晓，事实证明黄昏和拂晓这俩时段容易发生交通事故。

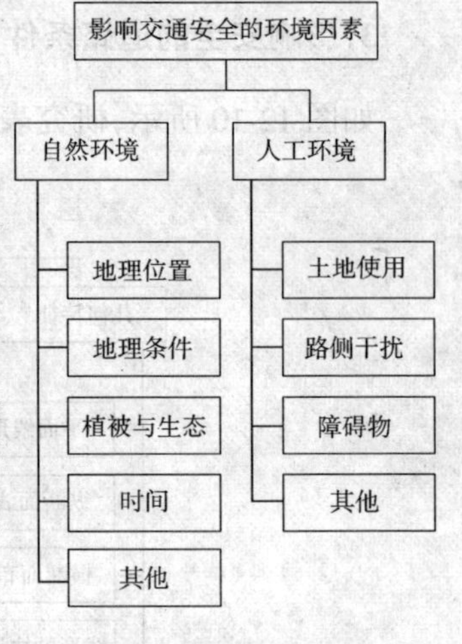

图12-11　影响交通安全的环境因素

人工环境中对交通安全影响较大的主要有土地使用状况、路侧干扰、道路障碍物等。土地使用状况指的是居住区、工业区、商业区，或是文教区等；路侧干扰主要指路侧广告、霓虹灯等，路侧干扰会影响驾驶人的视线或分散其注意力；障碍物指的是道路上影响车辆正常行驶的人工物体，如未能及时迁移的电线杆、养护维修设置的临时围挡、其他车辆行驶时遗落在道路上的物体以及停在道路上的故障车辆等。

三、道路条件在交通事故中的特殊作用

几乎所有国家，交通事故的官方统计都表明，引起交通事故的最主要原因是由于机动车驾驶人失误，其在各种事故原因中所占的比例高达80%～90%。如果由此而得出结论，认为道路条件在交通事故中的作用是微不足道的，则不仅不符合事实真相，并且还会使道路工作者忽略自己的责任，在道路设计时只强调降低工程造价，而不注重为道路交通提供足够的安全保障。

如前所述，每一次道路交通事故都是由于这样或那样的原因，使由人、车、路、环境组成的道路交通系统的相互协调关系受到破坏而产生的。这个系统中任何一个组成部分的正常机能受到破坏，都会引起交通事故，如果仅仅简单地归罪于驾驶人，认为驾驶人对其他综合因素的变化应该立即做出反应，要求驾驶人应该预见到并采取相应的措施补偿这些因素变化的影响，确保安全行驶，显然是不公平的。人毕竟不是自动化调节的机械系统，要求驾驶人总是能够直观的根据眼前出现的复杂情况迅速做出判断，采取正确的应对措施是不现实的。因为在这种情况下，驾驶人的精神处于高度紧张状态，难免犯错误，特别在疲劳时更是如此。

进一步的研究表明，在诸如由过高的车速、不正当的超车、不正当的转向、夜间不良的视距、甚至碰撞行人或骑车人造成的交通事故中，除少数是由于驾驶人粗心大意引起的以外，大

部分驾驶人出事故的原因是由于困难的行驶条件引起的,而困难的行驶条件则与道路设计或道路养护有关。当车辆在这样的道路条件下行驶时,只要驾驶人稍稍放松注意力,就会引起交通事故。

美国的交通事故专家海特(Haight.F)教授早在20多年前就指出:“不管各方面的意见如何,只是驾驶人一方面的错误,决不会引起最严重后果的事故。事故的主要原因往往是不安全的、危险的道路条件引起的。”虽然现有的统计资料表明,以道路缺陷为主要原因引发的交通事故不足10%。但是,如果考虑到道路条件在很大程度上促使交通事故发生,那么道路条件的间接作用绝不可忽视。前苏联的学者通过对本国Ⅰ~Ⅴ级公路上的约13000个道路交通事故的分析,并仔细考察了事故地点的道路特征后,得出的结论认为:不良道路条件的影响是70%交通事故的直接或间接原因。而前欧共体的研究也得出了相近的结论。

从理论上讲,一旦道路的几何参数确定并按设计规范建成通车后,当道路交通系统中其他3个要素即人、车和环境都处于“正常”状态时,如图12-12所示,该道路存在有一个最大的“安全空间”,也就是说,其安全性能也就确定了。当环境条件改变,例如不良气候条件导致能见度下降、车辆出现了故障、驾驶人注意力分散或者由于对天气和车辆状况的改变而导致操作失误,如图12-13所示,都会使道路交通原有的安全空间缩小,使交通事故的风险上升。

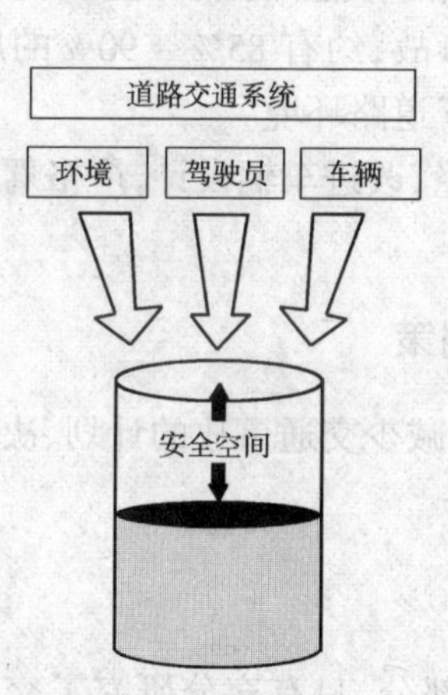

图12-12　正常状态下的安全空间

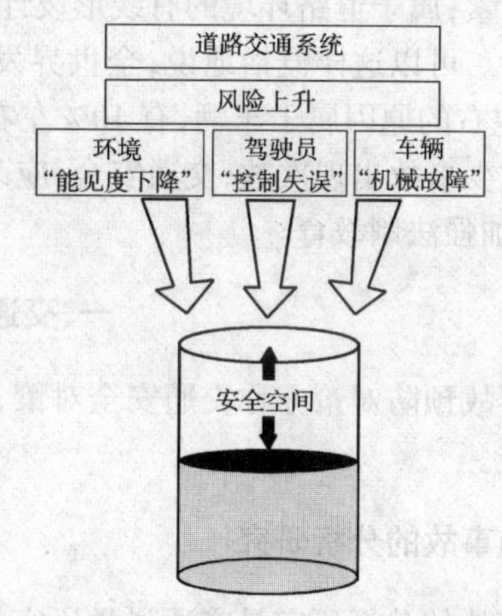

图12-13　非正常状态下的安全空间

因此,道路工作者在进行道路设计或制定道路改造方案时,要始终贯彻“以人为本”的思想,将安全性置于首位加以考虑。具体来说,要追求以下两个目标。

1.扩大道路的“安全空间”

尽量采用良好的线形参数,注重道路几何特征的一致性和协调性。一个经常提及的例子为,长的直线段和偏角很小的大半径曲线路段与一个小半径的急转弯相接,尽管各部位的几何参数可能都符合设计规范的要求,但是由于衔接不合理,即便是对于“正常”的交通条件,道路的安全也很差。换句话说,这样的道路条件未能给驾驶人提供足够大的“安全空间”,特别是对于不熟悉该道路的驾驶人,增加了发生事故的危险性。

2.提高道路的“宽容度”

道路工作者应当追求的另一个目标为,通过对路网的调节和合理设计,使道路环境更加

“宽容”。也就是说，即便有驾驶错误产生，仍能保持安全行车的道路条件，对危险起到消除或减缓作用，以避免交通事故的发生或减轻交通事故的损伤程度。这意味着需要转变道路设计的指导思想，不应当强迫驾驶人用改变行车状态的方法来适应道路的缺陷。相反，道路应当减轻驾驶人的工作，帮助驾驶人选择适当的运行状态。

目前在美国和西欧一些国家正在大力推行道路安全检查(Road Safety Audit)为实现上述目标提供了行之有效的方法。

第五节　交通安全措施

交通事故涉及到道路使用者、车辆、道路环境。交通事故是一种偶然发生的事件，似乎是不可避免的，然而一切事故有其产生的原因，如在没设置交通信号灯的交叉路口易发生冲撞事故，在交会点会发生侧擦事故，若驾驶人不注意，必然会产生与之对应的某种类型的交通事故，因此偶然性中存在必然性及规律性。结论是交通事故是可以防止的。

如前所述产生事故的原因属于驾驶人的有性别、年龄、技能、气质、心理生理状态、情绪、疲劳、麻醉、受外界干扰等因素；属于车辆的有转向、制动、轮胎摩擦情况、油路、电路、灯光以及安全设备等因素；属于道路环境的有线形设计标准、交叉路口类型、条件、路面状况、气候形成的环境等因素。可以这样概括地说，全世界发生的交通事故，约有85%~90%的原因属于驾驶人，有5%左右的原因属于车辆，有10%左右的原因属于道路环境。

为了减少事故出现次数，交通安全，应改善道路质量，改进车辆设计，严格驾驶人筛选。应加强管理，加强法制教育。

一、交通事故预防对策

交通事故预防对策亦称交通安全对策，包括预防和减少交通事故的计划、决策和各种管理与工程措施。

1.交通事故的分析研究

交通事故的分析研究是交通科学研究的重要组成部分，只有充分研究了交通事故的主要影响因素，事故发生的成因、规律、特点及其机理，才能有计划、有针对性地、分清主次地制定有效的措施和方法。

2.健全与完善交通法律、法规

交通法律、法规是交通参与者和交通管理人员共同遵守的行为规范，是处理交通违章和交通事故的法律依据。为适应交通运输业的迅速发展，应及时补充、修订和完善各种交通法律、法规。

3.加强道路等基础设施的建设

道路等固定设施是交通运输的渠道，是车辆赖以通行的基础，既要有一定的数量，有一定的路网密度、一定的道路面积率，又要有较高的质量，有坚固平整的路面和相应附属设施。

4.加强交通安全教育宣传

《中华人民共和国道路交通安全法》第六条规定：“各级人民政府应当经常进行道路安全教

育，提高公民的道路交通安全意识。”“公安机关交通管理部门及其交通警察执行职务时，应当加强道路交通安全法律、法规的宣传，并模范遵守道路交通安全法律、法规。”“机关、部队、企业事业单位、社会团体以及其他组织，应当对本单位的人员进行道路交通安全教育。”“教育行政部门、学校应当将道路安全教育纳入法制教育的内容。”“新闻出版广播电视等有关单位，有进行道路交通安全教育的义务。”

5.科学管理城市交通

科学地组织与管理好城市交通，合理地做好城市的宏观控制和交通规划，均衡地利用路网上一切可以利用的道路，减轻城市主干线及主要交通枢纽的交通流量，这将有利于对交通流实行空间与时间的分离和隔离，减少冲突，保证交通安全。

二、改善线形与交叉路口设计

(1)道路线形的几何设计要素，如平曲线半径、平面线形要素的连接与组合、纵坡坡长、纵向竖曲线半径，平面与竖向视距、横断面超高加宽等的标准，均应考虑到如何保证行车安全。

(2)桥梁宽度、竖曲线半径、桥头接线、人行道缘石高度均应符合有关设计规范。

(3)交叉口要充分保证视距，设置标志、标线，并注意经常维护，交叉范围内的树木要注意剪修，以不妨碍驾驶人与行人视线为原则。

三、合理进行交通组织设计

(1)为了防止驾驶人过失，防止路面滑溜造成翻车、碰撞、车辆滑落，应在适当路段设置各种柔性或刚性护栏与安全带，以期缓冲与保护车辆及乘客。

(2)分隔措施，设置中央分隔带，分为上、下行、快慢车、车辆与行人等，分隔带可以做成一定宽度的带状构造物，若道路宽度不足时宜用栅栏分隔。

(3)设置分隔岛、导向岛、安全岛、中心岛，做好渠化工作，以控制车辆行驶，防止冲撞和旁擦，并保护行人。

(4)在车流与人流均多的路口，设人行横道，为确保安全，需要从时间上将两者予以分开，或设过街天桥、地道从空间上将其分开。

四、加强交通管理与控制

(1)道路标线、标志要认真管理，按规定设置，并有固定人员经常维修、保洁、养护。要保持标志、符号、文字、图案的清晰并能正常地发挥作用。

(2)视道路与交通情况安装信号机或其他控制管理设施，一般有单点定时控制、单点人控、自动感应信号机和连动控制系统。

(3)对某些因路窄未能通车的街道，组织单向交通，可减少交叉口上的冲突，减少车与车、车与人的冲突碰撞，消除发生事故的潜在危险。

(4)改善路况，清除障碍物，保证视距畅通，对瓶颈峰腰地段要设法拓宽。

(5)设置诱导性标志或各种视线诱导物，使路去向明显，以便驾驶人能预知前方路况，采用正确而适当的措施。

(6)加强日常交通管理，严格控制施工占路堆物，严格禁止在人行横道边摆摊设点。

五、提高驾驶人的自身素质、技术水平与职业道德

(1)驾驶人应有良好的身体素质,良好的视觉、听觉,反应动作的准确性,在生理、心理方面都符合科学的标准,严格挑选。对于先天性缺陷如色盲、色弱或反应迟钝者不能录用。

(2)对驾驶人的培训要严格、认真,既要认真上好技术课、训练课,又要上好交通法律、法规课,做到技术过硬,遵守交通法律、法规。

(3)要讲交通道德、职业道德,使人人遵规守纪,严格执行交通法律、法规。

道路交通安全措施的主要效果是防止事故发生,防止人员伤亡。因此,安全措施的投资与效果不能单纯用货币来检验。但为了提高投资的效益有必要进行多方面的分析比较。可以采用投资前与采取措施后死亡者或交通事故率的大小进行比较,判定其效果的大小。争取用同样的投资取得更大的效果,即挽救更多生命,减少人员伤亡和财产损失。

思考题

1.交通安全工作的意义,我国交通现状及发展趋势。

2.交通事故应如何定义和分类。

3.交通事故调查的目的、意义、要求与内容,现场调查的意义与方法。

4.简述交通事故分析方法,事故率的表达方式及优缺点。

5.交通事故成因分析对交通事故预防有什么作用。

6.交通事故的信息特征。

7.预防交通事故的措施有哪些?

第十三章 道路交通与环境保护

DISHISANZHANG

第一节 概 述

道路交通对环境的负面影响，不仅反映在道路建设过程中，行驶在道路上的车辆对环境的影响更大。

汽车在给予人们便利的同时，也给周边环境带来负面影响。车辆行驶中会产生噪声、排放有害气体并产生振动，该影响超过某种程度则被视为公害，对环境将产生破坏。汽车保有数量少，则对环境影响也小，然而随着汽车社会的到来，该问题必将成为很大的社会问题。

我国正处于国民经济高速发展时期，汽车已经逐渐进入家庭，汽车拥有量增长速度惊人，要求人们必须重视这一问题，以可持续发展的眼光、借鉴国外经验来制定相关政策，确保汽车和环保的协调发展。

作为汽车人均拥有率较高的日本，交通公害成为社会问题是在汽车社会迅速发展的20世纪60年代后半叶，由于当时战后日本投入大量资金来兴建和完善道路，加之政府的导向，强烈刺激了小汽车的发展，当时没有顾及到车辆对环境的影响问题。自1976年兵库县43号国道沿线居民首次提起汽车噪声影响的诉讼，将政府和日本阪神高速公路集团送上法庭，然而裁决却经历了近20年，于1995年7月，经最高法院判决国家方面完全败诉。1978年大阪市西淀区居民，对国家和阪神高速公路集团提起大气污染相关诉讼，于1995年7月，经最高法院裁决，居民胜诉。并于1998年，集团向原告居民提出和解，这一期间，使得道路管理者开始重视道路与环境保护相互间的关系，出台了相关对策，并且对公害发生源——汽车，进行了规制，使得目前各种公害逐渐减小。

道路的建设、维护管理，是贯穿道路经营管理始终的项目，道路与环境的协调发展是最为重要的课题。无论是在市区还是资源丰富的区域，道路建设对创造环境、保护环境和形成新的景观，都起到至关重要的作用。以可持续发展的眼光进行道路景观设计，就要处理好道路建设与自然保护的关系，同时尽可能地不破坏原有的生态环境，为动物提供穿越道路的通道等。

我国近年来已经开始重视交通环境的保护，出台了相应的法规。从国外经验来看，我国目前不能只着眼如何应对公害，而是要从如何创造更好的交通环境入手来规划、建设交通环境，从保护地球环境的观点出发，从交通与能源消耗或整个社会系统的某一方面出发，多角度的进行探讨。

第二节　车辆排放污染物的危害与防治

道路交通对大气的污染是指交通运输过程中，车辆所排放的烟、尘和有害气体对环境的影响，是人为因素造成大气污染的主要污染源之一。在我国不同地区的监测中，已经发现环境空气的污染物中，车辆排放量占有很高的分担率，如 CO：65%～80%；NO_x：50%～60%；HC：80%～90%。随着目前我国车辆保有量的迅速增加，上述各项污染物的排放量将明显上升。

一、汽车排放特性分析

1.汽车大气污染物质

汽车点火式引擎以汽油或天然气(LPG)为燃料，与以轻油作为燃料的柴油发动机有很大的区别。然而，无论哪种都是依靠空气将燃料在高温下燃烧，因此排放出的尾气含有以下物质。

(1)空气的主要成分氮气(N_2)及未燃烧的氧气(O_2)；

(2)燃烧过程中形成的二氧化碳(CO_2)和水蒸气(H_2O)；

(3)燃料没有燃尽的碳氢化合物(HC：hydrocarbon)；

(4)未燃尽形成的一氧化碳(CO)和煤烟；

(5)高温燃烧与空气中的氮气和氧气所产生的氮氧化合物(NO_x)；

(6)二氧化硫(SO_2)主要是含硫的煤和油燃烧时所产生的。

在各个国家防止大气污染法规中，都将汽车排放的一氧化碳、碳氢化合物、铅化物、氮氧化合物、二氧化硫及粒状物加以限制，并通过使用无铅汽油杜绝铅化物的产生。

排放的粒状物质，主要是从柴油发动机所排出的煤烟。将粒径小于 2μm 的微粒称为柴油发动机排放微粒(Diesel Exhaust Particles，DEP)，其含有芳香族化合物等致癌性质的物质。

在发动机内部生成的氮氧化合物主要是一氧化氮(NO)，排放到大气后被臭氧和氧气氧化成二氧化氮(NO_2)。同时也含有少量的一氧化二氮(N_2O)，将这些统称为氮氧化合物，用 NO_x 表示。

2.交通污染物的危害

1)一氧化碳(CO)

一氧化碳为无色、无臭、无刺激性的窒息性气体。当人随空气吸入，经肺泡进入血液循环，与血红蛋白结合，形成碳氧血红蛋白，妨碍血液正常输氧功能，造成体内缺氧。一氧化碳浓度较低时，也会引起头痛、头晕、眼花、全身乏力、两腿发软，并有恶心、呕吐等症状。当浓度较高时，会使人昏迷，甚至死亡。即便是一氧化碳大量存在的情况下，也不易为人们所感觉，因此具有特殊的危险性。

2)氮氧化合物(NO_x)

氮氧化合物种类很多，主要有 N_2O、NO、NO_2、N_2O_3、N_2O_4、N_2O_5 等。汽车排放的氮氧化合物以 NO 为主，占 95%以上，NO_2 只占 3%～4%，但 NO 排放到大气后，会逐渐转变为 NO_2，该物质为红褐色有刺激性气体。

高浓度的氮氧化合物进入呼吸道深部，对呼吸道和肺部组织产生强烈的刺激和腐蚀作用，增加毛细血管的通透性，形成肺水肿。慢性作用可致呼吸道、支气管炎症。而汽车排放的废气中的氮氧化合物和烯烃反应，会生产致癌的硝化烯烃，动物长期吸入会致癌。

3)二氧化硫(SO_2)

二氧化硫是具有强烈刺激性无色气体，易被粘膜的湿润表面吸收形成亚硫酸。长期吸入低浓度的二氧化硫，会引起头晕、头痛、全身无力，并引起鼻炎、咽喉炎、支气管炎、嗅觉味觉减退等症状，少数人会诱发支气管哮喘。如果吸入高浓度的二氧化硫，会引起肺炎，甚至肺水肿及中枢麻痹。

二氧化硫也会妨碍植物正常生长，使农作物减产，甚至使各种植被和树木坏死。

4)碳氢化合物(HC)

碳氢化合物又称为烃，种类繁多，多数是由燃料燃烧不充分引起。各种碳氢化合物对人体影响不同。通常会损害中枢神经系统，引起头痛、记忆力衰退、失眠、易疲倦、食欲减退等疾病，其中苯并芘有很强的致癌作用。

5)光化学烟雾

光化学烟雾是由交通工具、工厂等排入大气的碳氢化合物和氮氧化合物等污染物，经日光照射发生光化学反应，所生产的二次污染物，如臭氧(O_3)、过氧乙酰基硝酸酯(PAN)和醛类等污染物。在特殊的气象(强烈日光、气温逆增、无风或微风等)和地理条件下(盆地、山谷等)不易扩散，而在大气中大量聚集，形成光化学烟雾。

光化学烟雾对眼、鼻、咽喉、呼吸道粘膜有强烈的刺激作用，能使人发生急性中毒，表现为眼睛红肿、呼吸困难、血压下降，甚至昏迷等。

6)颗粒物

能悬浮在空气中，空气动力学当量直径小于100μm的颗粒物，称为总悬浮颗粒物(TSP)。悬浮在空气中，空气动力学当量直径小于10μm的颗粒物，称为可吸入颗粒物(PM_{10})。

颗粒物随空气经呼吸道进入机体。通常大于5μm的尘粒易被上呼吸道阻留，部分可经咳嗽、吐痰排出，但对局部粘膜组织可产生刺激作用，引起慢性炎症；而小于5μm的尘粒，可进入呼吸道深部，直到小支气管和肺泡，因粉尘的刺激，引起支气管反射性痉挛、黏液分泌增多，增加呼吸道阻力。沉积在肺泡内的尘粒的刺激作用，能促进肺泡组织纤维增生，影响肺的换气功能，造成慢性支气管炎等呼吸道疾病。颗粒物能吸附致癌性很强的苯并芘等碳氢化合物，而且有的颗粒本身具有毒性(如沥青烟尘)，因此易引起肺癌等疾病。

悬浮在空气中的颗粒物，影响阳光射到地面的强度，而且吸收其中具有杀菌作用的紫外线。因此，颗粒物污染严重地区，借空气媒介传播的疾病易于流行。

颗粒物飘落在植物上，能堵塞植物呼吸孔，妨碍叶绿素合成，使植物的营养发生障碍，影响生长。

3.排放系数

汽车尾气排放量，受到发动机种类、形式、排量、尾气排放标准、装载情况、行驶条件(速度、坡度、加减速等)、维修情况等多种因素影响。在根据尾气排放进行沿线区域大气质量影响预测时，将汽车单位行驶距离所排放的污染物称为排放系数(Smission Factor)。

尾气排放量的测定，通常用于测试发动机性能，在室内再现车辆的行驶状况，从而进行尾气检测分析。国内各个城市有不同的限制指标，均控制在国家规定的限度以内，一般越大的城市，经济发展良好的地区，对该指标控制越严格。日本对车辆尾气检测和排放控制相当严格，并且国土交通省、东京都等都分别设定了独立的行走模式，能够针对不同的车种进行检测，由此来确定预测所用的排放系数。

影响排放系数最主要的因素是行驶状况，随着行驶速度的变化排放系数发生变化，速度越高排放量也越大。另外，车辆行驶通常包括停止、起动、加减速等，因而即使平均行驶速度也不高，特别是交通堵塞时，停止的时间会增大，单位距离的尾气排放量将大于平均速度较低时的排放量。

二、道路交通大气污染的现状

车辆排气是空气中 CO 和 NO_X 的主要来源之一。1995 年全球 CO 人为排放量为 3.5 亿吨，其中 59%来自于交通运输；39%来自于住宅及商业方面；2%来自于工业及电力方面。发展中国家排放的量占 50%，而来自于交通运输方面的占 53%，来自于住宅及商业方面的占 46%。在美国及日本，约 95%～99%的 CO 来自于汽车的排放。

1995 年全球 NO_X 人为排放量为 3.9 亿吨，其中 43%来自于交通运输；12%来自于其他工业；8%来自于住宅及商业方面；5%来自于其他方面。发展中国家排放的量占 26%，而来自于交通运输方面的占 49%，来自于电力方面的占 25%，来自于工业方面的占 11%，来自于住宅及商业方面的占 10%，来自于其他方面的占 5%。在美国及日本，分别有 32%～55%的 NO_X 来自于汽车的排放。

目前，在我国许多大城市，道路交通排放的污染物 CO、HC、NO_X 的分担率均超过 50%，已经成为城市空气污染的主要来源。由于 3 种污染物的排放量与车速关系密切，CO 和 HC 排放量随着车速提高而减少，NO_X 随车速增大而提高，汽车 3 种污染物的排出量与车速关系见表 13-1，因此在交通拥挤的城市有的车辆平均行驶速度不到 20km/h，车辆尾气排放造成的空气污染相当严重。全国 500 多个城市中，空气质量符合 1 级标准的仅有 1%左右，大部分处于 2～3 级标准。表 13-2 为 1994 年我国部分城市道路空气污染物检测结果。

汽车 3 种主要污染物排放量与车速的关系（g/km） 表 13-1

车速（km/h）／污染物	16	32	48	64	80	96
CO	59.6	30.3	21.3	17.3	14.4	12.6
HC	7.1	4.7	3.7	3.0	2.5	2.3
NO_X	3.2	3.6	4.0	4.4	4.8	5.2

我国部分城市道路空气污染物检测结果（1994 年） 表 13-2

城　市	NO_X（$\mu g/m^3$）	CO（mg/m^3）	城　市	NO_X（$\mu g/m^3$）	CO（mg/m^3）
北京	600	31.0	武汉	330	10.2
重庆	500	17.7	南宁	480	—
合肥	100	1304	长沙	250	11.3
天津	270	19.7	郑州	240	16.6
包头	170	5.9	济南	290	12.0
西安	140	16.4			

三、大气污染的预测与评价

大气污染浓度的预测方法有模型试验方法、基于统计数据的回归模型方法和根据扩散计算方法等多种,以下简单介绍简便适用的 Plume 模型和 Puff 模型。

道路环境影响评价预测方程,是应用 Plume 和 Puff 关系式,把扩散系数作为参数,根据实际测试或试验而设定的一种回归模型。

1. Plume 模型

该模型是表示在有风的情况下,从工厂的烟囱连续排出污染物,随风漂流、扩散时烟流的浓度。将影响条件简化,根据扩散方程的解所得到的垂直于风向的浓度正态分布。

$$C(x,y,z) = \frac{Q}{2\pi u\sigma_y\sigma_z}\exp\left(-\frac{y^2}{2\sigma_y^2}\right)\left\{\exp\left[-\frac{(z-H)^2}{2\sigma_z^2}\right]+\exp\left[-\frac{(z+H)^2}{2\sigma_z^2}\right]\right\} \tag{13-1}$$

式中:$C(x,y,z)$——(x,y,z)地点的浓度,mg/L;

Q——排污点处的排放量,ml/s;

u——平均风速,s/m;

H——排污点的排放高度,m;

σ_y,σ_z——水平(y)和垂直(z)方向的扩散宽度,m;

x——顺风方向距排放点的距离,m;

y——与 x 轴呈直角的水平距离,m;

z——与 x 轴呈直角的垂直距离,m。

2. Puff 模型

Puff 模型表示在无风时,从排放点连续排放的污染物,扩散时烟尘浓度。将影响条件简化,根据扩散方程式得到由发生源瞬间排放的污染物,经过一定时间后的浓度分布情况,沿 x,y,z 方向呈正态分布形式。下式是将扩散宽度作为扩散时间 t 的 1 次函数,表示瞬时所排放的污染物的浓度,当时间 $t=\infty$时,根据积分所得到的简易公式:

$$C(x,y,z) = \frac{Q}{(2\pi)^{2/3}\cdot\alpha^2\cdot\gamma}\left[\frac{1-\exp\left(-\frac{l}{t_0^2}\right)}{2l}+\frac{1-\exp\left(-\frac{m}{t_0^2}\right)}{2m}\right] \tag{13-2}$$

式中:$l=\frac{1}{2}\left[\frac{x^2+y^2}{\alpha^2}+\frac{(z-H)^2}{\gamma^2}\right]$,$m=\frac{1}{2}\left[\frac{x^2+y^2}{\alpha^2}+\frac{(z+H)^2}{\gamma^2}\right]$,$t_0$ 相当于扩散初期时的时间(t),α,γ 为扩散宽度相关系数;其他符号意义同上。

3. 确定道路条件

预测时应有必要的道路条件,为了确定排放源的位置。扩散宽度及排放系数,首先要知道道路结构,有无隔音壁及其高度、宽度,路面高度,道路纵坡等。

道路交通污染物的排放源是汽车,并且是移动的,为简化计算,将道路理解为线状或面状的排放源,并且将其看作是连续的发生源,采用 Plume 模型和 Puff 模型计算浓度。排放源原则上以车道中线作为连续的排放点源,考虑到影响浓度范围,确定数百米的范围。

4.确定交通条件

为确定排放强度,需要确定不同时间的交通量、行驶速度、车辆类型构成比例等必要的交通条件。

由交通条件及不同类型车辆排放系数,根据下式计算道路单位长度、单位时间的当量排放量的平均排放强度。

$$Q_t = V_w \frac{1}{360} \Big/ \frac{1}{1000} \sum_{i=1}^{n} E_i N_{it} \tag{13-3}$$

式中:Q_t——不同时间的平均排放强度,ml/m·s;

E_i——不同车辆排放系数,g/km·辆;

N_{it}——不同车辆不同时间的交通量,辆/h;

i——车辆类型(n 为车辆分类数量);

V_w——体积换算系数,ml/g 或 mg/g,NO_x 在 20℃;一个大气压下为 523ml/g,SPM 为 1000 ml/g。

5.确定气象条件

污染浓度计算如式(13-1)所示,受风向、风速影响较大。当风速超过 1m/s 时采用式(13-1)计算,小于 1m/s 时用(13-2)计算。预测时也根据风速分为有风时和弱风时,应用不同算式计算。收集能够反映预测地点气象条件的数据,例如根据强度高的排放源的风向、风速,进行如下数据整理:

有风及弱风时出现的比例;

有风时不同风向出现的比例;

有风时不同时间,不同风向的平均风速。

如果进行隧道换气塔扩散预测,还要收集相关的大气安定度等数据。

6.确定扩散宽度

Plume 模型中垂直和水平方向的扩散宽度,由下式确定:

$$\sigma_z = \sigma_{z0} + 0.31L^{0.83} \tag{13-4}$$

$$\sigma_y = W/2 + 0.46L^{0.81} \tag{13-5}$$

式中:σ_{z0}——垂直方向的初期扩散宽度,在没有隔音壁情况下取 1.5m,当有隔音壁(高 3m 以上)时取 4.0m;

L——距车道锻头的距离,$L = X - W/2$;

X——沿风向方向的距离,m;

W——车道宽度,m;当 $x < W/2$ 时,$\sigma_z < \sigma_{z0}$,$\sigma_y = W/2$。

Puff模型中的参变量 $t_0 = W/2\alpha$,与扩散宽度相关的系数 $\alpha = 0.3$,$\gamma = 0.18$(昼间),$\gamma = 0.09$(夜间)。

7.不同时间的年平均浓度及年平均浓度的计算

利用有风时的不同风向的标准浓度,弱风时不同昼夜的标准浓度,不同时间的平均排放强度及不同时间的气象条件,根据各种各样的气象条件的出现频率来计算不同时间的平均浓度及年平均浓度。

8.背景浓度

背景浓度是指由污染源以外的发生源引起的既有浓度。

9.计算年平均 NO_2 的浓度（NO_x 转换式）

由预测模型计算得到 NO_x 的浓度(mg/L)，如 NO_2 计算式为：

$$NO_2 = 0.0587[NO_X]^{0.416}\left(1 - \frac{[NO_X]_{BG}}{[NO_X] + [NO_X]_{BG}}\right)^{0.630} \quad (13\text{-}6)$$

式中：$[NO_x]_{BG}$ 为氮氧化合物的背景浓度(mg/L)。

10.评价

预测结果的评价是将结果与环境标准及关联地方公共团体确定的目标相对比。如果目标年的年平均浓度已经确定，可将预测结果直接对比，考虑到环境标准，还要进行按一年值的98%推算。详细内容可参阅相关资料。

四、大气污染的防治措施

1.地球变暖问题与汽车

近年来全球性的环境问题被大书特书，到处存在由于地球变暖而出现的异常气候，海平面上升而出现的高潮水害增加，因干旱所引起的粮食危机以及对生态系统的影响，传染病的流行等等。这些现象给人们留下了许多悬念，目前，人类所面临的最大问题就是环境问题。

由世界气象部门(WMO)和国联环境规划(UNEP)所设立的 IPCC(关于气象变动的政府之间的图示板)，于 2001 年汇总了第 3 次环境评价报告，预测自 1990 年到 2100 年之间，地球平均气温将上升 1.4～5.8℃。

地球温室效应形成的原因，主要来自二氧化碳、沼气、一氧化二氮及氟利昂类气体污染，其中起主导作用的是二氧化碳。日本根据不同生产部门所排放的二氧化碳数据比较，运输部门2000 年的排放量占 21%左右，特别是在大城市，该比例更高。而运输部门所排放的二氧化碳汽车排放占了近 90%，因此控制汽车尾气排放是非常重要的课题。

2.防止大气污染的对策

防治汽车尾气排放造成大气污染的措施要从不同的侧面进行，主要有发生源对策、交通量/交通流对策及沿线环境对策，具体内容如表 13-3 所示。

防止大气污染的对策表　　表 13-3

发生源对策	强制实行汽车尾气排放标准，敦促使用满足排放标准的车辆，普及低公害车辆，使用中关闭怠速引擎。
交通量/交通流对策	吸引人们的出行方式向公共交通转移，建立完善的路网结构和停车换乘系统，进入市中心地区车辆收费等措施以及货物运送合理化，使用经济的运输工具，制定交通堵塞对策，提供完善的道路信息。
沿线环境对策	设置环境设施带，沿线环保设施建设(公园、绿地等)。

第三节　道路交通噪声污染与控制

一、噪声及其主要标识单位

所谓噪声，是指令人不舒服的声音。主观上讲，对于某些人认为是噪声，但对其他人可能觉得是愉悦的声音。由于噪声影响正常人的心理和生理健康，因此被视为公害之一。但由于对噪声用物理的测定值进行判断是一件很困难的事，也存在发生源多种多样，因此实施统一的对策很困难。然而，从居民投诉来看，在典型的7大公害中，噪声投诉占有最高的比例，因此被视为公害。

道路交通噪声是由于汽车行驶过程中发生的，主要有发动机噪声、冷却系统噪声、进气系统噪声、排气系统噪声和轮胎噪声。在交通噪声中主要是发动机噪声和轮胎噪声，并且当汽车低速行驶时发动机噪声明显于轮胎噪声，高速行驶时轮胎噪声明显于发动机噪声，大型车发动机噪声通常很明显。

我国城市道路交通噪声，主要来源于汽车喇叭声。据上海市曾对几条公共交通线路做过的调查表明：按喇叭次数平均50次/km以上，行驶条件差的路线按喇叭次数为163次/km，北京北京平均40次/km。北京曾做过喇叭声与车辆行驶噪声对比试验，结果表明：当行车道宽度小于15m时，喇叭的平均噪声级较车辆行驶的平均噪声级大10～15dB，道路行驶条件越好，喇叭声越小。随着城市道路条件的改善和管理水平的提高，以及人们素质的提高，这一情况将会得到改善。

噪声的标识单位主要有两类，一种是表示声音强弱的物理量标，另一种是表示感觉到声音大小的感觉量标。前者主要有声压和声压级等，后者主要有噪声级和等效声级。

1.声压级(Sound Pressure Level：L_p)

声音是在具有弹性介质中压力变动而产生的，而声压是该介质压力变动的有效值，是表示声音强弱的物理量，常用单位为帕(Pa)。声压级是声音强度相对大小的指标，是待测声压(p)的有效值的平方与基准声压(p_0)平方的比值的常用对数的10倍，单位为分贝(dB)。

$$L_p = 10\lg\frac{p^2}{p_0^2} = 20\lg\frac{p}{p_0} \tag{13-7}$$

式中：L_p——声压级，dB；

p——声压，N/m^2；

p_0——基准声压，$2\times10^{-5}N/m^2$。

2.声功率级(Power Level：L_{WA})

将单位时间声音所放射的全部声能量称为声强，某种声音的声强与标准声强之比的常用对数的10倍，叫做声功率级(响度级)。

$$L_{WA} = 10\lg\frac{W}{W_0} \tag{13-8}$$

式中：L_{WA}——声源的声功率级，dB；

W——声源的声功率，W；

W_0——基准声功率，10^{-12}W。

3.噪声级（Sound Level：L_{PA}）

A 特性声压（P_A）的平方与基准声压（P_0）平方之比的常用对数的 10 倍，称为噪声级，单位为分贝（dB）。

$$L_{PA} = 10\lg \frac{P_A^2}{P_0^2} \tag{13-9}$$

地面是具有半自由空间的反射面，从音源距离为 L 的测试点进行噪声和响度级观测时，下式成立。

$$L_{PA} = L_{WA} - 8 - 20\lg l \tag{13-10}$$

4.等效声级（Equivalent Continuous Sound Level：$L_{Aeq}.T$）

A 特性声压的时间变动记为 $P_A(t)$，在某一时间范围 $T(t_1 \sim t_2)$内，将变动噪声的声级转换为能量的平均值加以表示的量称为等效声级。

$$L_{Aeq.T} = 10\lg\left[\frac{1}{T}\int_{t_1}^{t_2} \frac{P_A^2(t)}{P_0^2}\mathrm{d}t\right] \tag{13-11}$$

式中：$L_{Aeq.T}$——等效声级；

T——时间；

P_A——声源 A 特性声压，N/m^2；

P_0——基准声压，$2\times10^{-5}N/m^2$。

等效声级作为噪声的平均水准，在国际上得到普遍应用。我国还没有纳入该标准，日本在 1999 年也将该标准纳入规范，把等效声级作为新的噪声标准加以应用。

二、道路交通噪声的测定方法及预测

1.道路交通噪声的特点

道路交通噪声源具有流动性，噪声本身具有随机和非稳定性，并受到道路和交通条件的影响，主要有以下特点：

(1)道路交通噪声的分布与道路网分布一致，其影响范围主要是道路两侧一定范围内的居民及其建筑物等；

(2)道路交通噪声与路面纵坡、路面平整度、路面粗糙度、路段位置有关。道路坡度越大、发动机负荷越大，噪声越大，对大型车影响尤为明显，其修正值见表 13-4。路面粗糙度越大，噪声也越大，特别是对于小型车影响明显，对小型车的行驶噪声级按表 13-5 进行修正。

路面纵坡噪声级修正值　　表 13-4

纵坡（%）	噪声级修正值（dB）
≤3	0
4～5	+1
6～7	+3
>7	+5

路面粗糙度噪声级修正值　　表 13-5

粗糙度（mm）	噪声级修正值（dB）
<0.4	-2
0.4～0.7	0
0.7～1.0	+2
1.0～1.3	+4
>1.3	+6

(3)道路交通噪声与道路具体交通条件关系密切。噪声随交通量增加而增大,但车流量的增加只对本底噪声和平均噪声影响较大,但对噪声峰值影响较小,当车流量增加到 2000 辆/h 以后,噪声峰值基本不增加。而噪声峰值主要影响因素是载重车辆的数量,载重车辆所占比例越大,噪声越大。随着车辆加减速的频繁程度,噪声也会发生变化。交通噪声的时间分布规律与交通流量的时间分布很接近。

2.道路交通噪声的危害

(1)造成听觉疲劳和听力损伤。当噪声达到 50dB(A)时,将会开始影响脑力劳动,80dB(A)以下只能保持长期工作而不致耳聋。在 90dB(A)条件下,只能保持 80%的人不会耳聋,即使在 85dB(A),还会造成 10%的人产生噪声性耳聋。人耳听力损失的频率从 4000Hz 开始。有时虽然没有达到噪声性耳聋的程度,但很可能已有听力损失。

(2)干扰人们正常生活。40dB 的连续噪声可使 10%的人睡眠受到影响,70 dB 将会影响到 50%;而突发性的噪声在 40dB 时,可使 10%的人惊醒。当 60dB 时可使 70%的人惊醒。

(3)影响人体生理健康。噪声会引起神经衰弱,失眠,疲劳,头晕,记忆力衰退等疾病。当噪声超过 140dB 时,甚至会引起眼球振动,视觉模糊,血管收缩等,呼吸、脉搏、血压都会发生波动。

3.道路交通噪声测定及预测

道路交通噪声已经成为公害被人们所不能接受,特别是随着汽车数量的增加,道路交通流量的急剧增长,这一公害愈演愈烈。而对交通噪声的测定和预测理论研究我国尚处于起步阶段。日本作为平均单位面积汽车保有数量世界之最的国家,道路交通噪声问题也相当严重。汽车行走噪声中的动力噪声和行走噪声通常有很大区别。动力噪声有机械噪声(发动机噪声、进气噪声、排气噪声、冷却系统风扇噪声等)和传动系统噪声等,行走噪声包括轮胎噪声、空气动力噪声、车体振动噪声等。通常认为影响噪声级大小的主要是机械噪声和轮胎噪声。日本通过实际测试结果显示,小型车高于 50 ~ 60km/h,大型车 60 ~ 70km/h 速度时,轮胎噪声占优势,相反,低于这一行驶速度则机械噪声占优势。

依据等效声级作为汽车行驶噪声预测模型,被用于日本音响协会的 ASJ MODEL1989 的标准预测方法,该模型的适用条件为:

(1)对象道路。普通路段(平坦、填方路段、挖方路段、高架路段),特殊路段(高速公路出入口、路堑及半地下、隧道口周围、高架及平面道路结合处、多层高架);

(2)交通量。不加限制;

(3)汽车行驶速度。汽车专用道路,普通道路稳定速度 40 ~ 140km/h,非稳定速度 10 ~ 60km/h;

(4)预测范围。距道路水平距离 200m,高度 12m;

(5)气象条件。无风,无梯度特别大的温差。

在 ASJ MODEL1989 中分 A 方法(精确计算法)和 B 方法(简易计算法),其中 B 方法在汽车行驶噪声预测中很适用,该方法预测计算顺序如图 13-1 所示。其中:

(1)道路结构、沿线条件、预测地点的设定。道路结构、宽度、车道数、路面高度、隔音壁等隔音装置的位置和根据地表面特性确定预测位置。

(2)选择车道和音源点位置。计算用车道是基于实际的车道中心,但单侧双车道的道路,

也可将上下行车道的中央假设为车道，如图 13-2 所示，将音源点从预测地点向车道引垂线 L，

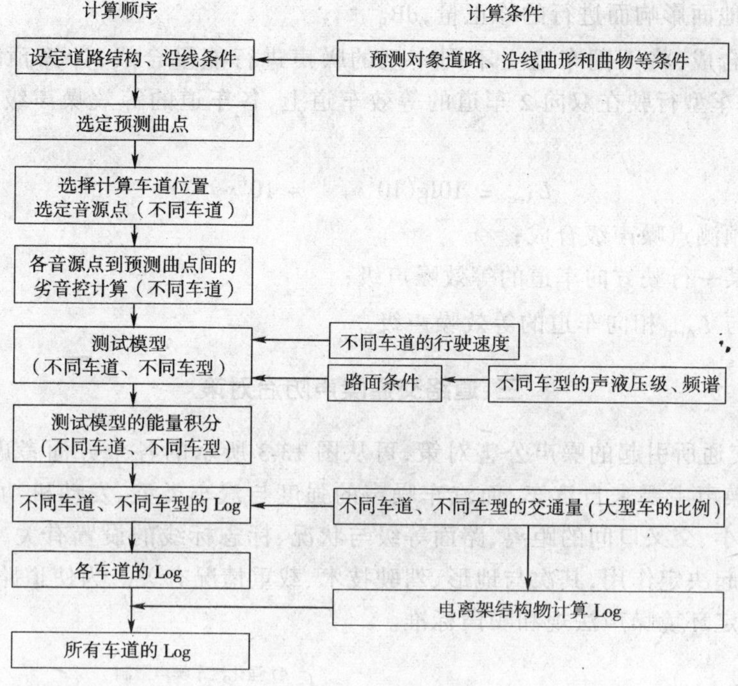

图 13-1　道路交通噪声预测顺序

以交叉点为中心在 ±20L 范围内，设定小于 L 的间隔点。

(3)车型分类与汽车噪声响度级 L_{WA} 的计算：根据“道路环境影响评价的技术与方法(日本)”中规定的以两种车型分类的原则进行，通常分为大型车和小型车；4 种车型分类为大型车、中型车、小型货车和小轿车。从音源(1 台汽车)所发出的 L_{WA}，动力噪声和行走噪声都与速度密切相关，在两种车分类的情况下，按表 13-6 所示的公式进行计算。

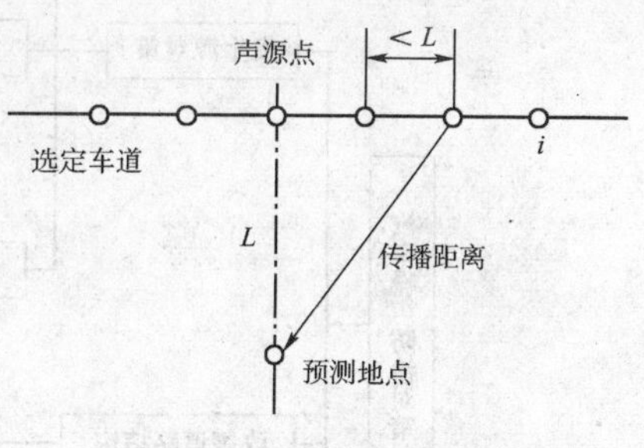

图 13-2　确定车道音源点位置示意图

(4)单位模型的能量积分计算。1 辆汽车行驶在道路上，预测地点的响度级按式(13-9)计算，由于反射及地表效果，需要进行补正，按下式计算：

响度级计算公式(按 2 种车型分类)　　表 13-6

车型分类	非稳定行驶区间 (10km/h≤V≤60km/h)	稳定行驶区间 (40km/h≤V≤140km/h)
大型车(大型车 + 中型车)	$L_{WA}=88.8+10\lg V$	$L_{WA}=53.2(52.3)+30\lg V$
小型车(小货车 + 小轿车)	$L_{WA}=82.3+10\lg V$	$L_{WA}=46.7(45.3)+30\lg V$

注：括号内数字为未来值(强化噪声控制后)。

$$L_{PA.i} = L_{WA} - 8 - 20\lg\gamma_i + \Delta L_{d.i} + \Delta_{g.i} \tag{13-12}$$

式中：$L_{PA.i}$——A 特性声压级的时间变化，dB；

L_{WA}——汽车行走噪声的 A 特性响度级，dB；

γ_i——音源点 i 到预测地点的距离，m；

$\Delta L_{d.i}$——由于反射而进行的修正量,dB;

$\Delta_{g.i}$——地面影响而进行的修正量,dB。

(5)噪声级合成:将不同车道上不同车型的噪声进行能量合成,计算预测地点的噪声级 L_{Aeq}。假设某种车型行驶在双向2车道的等效车道上,各车道的等效噪声级为 L_{Aeq1} 和 L_{Aeq2},则:

$$L_{Aeq} = 10\lg(10^{L_{Aeq1}/10} + 10^{L_{Aeq2}/10}) \tag{13-13}$$

式中:L_{Aeq}——预测点噪声级合成;

L_{Aeq1}——某一行驶方向车道的等效噪声级;

L_{Aeq2}——与 L_{Aeq1} 相向车道的等效噪声级。

三、道路交通噪声防治对策

作为汽车交通所引起的噪声公害对策,可从图13-3所示的各个方面考虑采取相应对策。由于道路交通噪声主要来自汽车,而汽车噪声的强度与汽车类型、发动机功率、车速、车流密度、道路纵坡大小、交叉口间的距离、路面等级与状况、标志标线的设置有关,其中以发动机功率、交通量大小起决定作用,其次与地形、驾驶技术、载重情况有关。为使道路交通噪声受到控制,首先必须制定环境噪声法规和噪声标准。

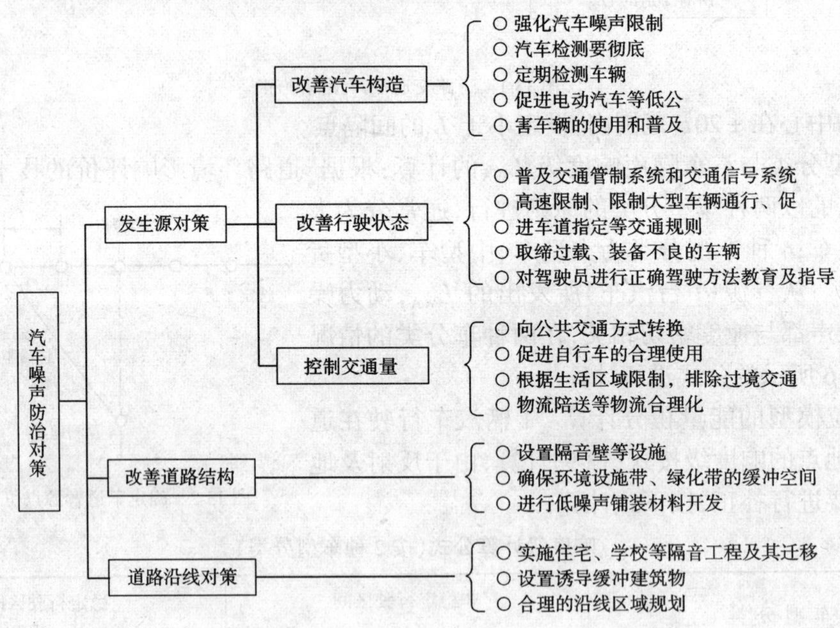

图13-3 汽车噪声对策体系图

近年来我国各级政府、企事业单位等开始重视环境保护,有的部门、地区已经制定了《环境保护法》、《城市环境噪声控制法》和《城市区域环境噪声标准》,有的已经公布实施,有的即将颁布执行。目前大部分城市已分别制定了交通噪声管理条例。

我国颁布的《城市区域环境噪声标准》(GB 3096—93),规定城市5类区域的环境噪声最高限值。乡村村庄等居住区可参照该标准执行。各类环境噪声标准值(见表13-7),规定了在交通干线两侧的噪声不能大于70dB(A)。对铁路边界、机场周围噪声与城市港口区域噪声标准也做了规定见表 13-8 ~ 表 13-10。

城市区域环境噪声标准(GB 3096—93)　　等效声级 L_{Aep}:dB　　表 13-7

类别	适用区域	昼间	夜间
0	疗养区、高级别墅区、高级宾馆区等特别需要安静的区域。位于城郊和乡村的这一类区域分别按严于 0 类标准 5dB 执行。	50	40
1	以住宅、文教机关为主的区域。乡村居住环境可参照执行该标准。	55	45
2	居住、商业、工业混杂区	60	50
3	工业区	65	55
4	城市道路交通干线道路两侧区域、穿越城区的内河航道两侧区域。穿越城区的铁路主、次干线两侧区域的背景噪声限值也执行该类标准。	70	55

注:夜间突发的噪声,其最大值不准超过标准值的 15dB。

铁路边界噪声限值

(GB 12525—90)　L_{eq}:dB(A)　　表 13-8

时　间	标准值
昼间	70
夜间	70

注:1. 铁道边界系指距铁路外层轨道中心线 30m 处。

2. 昼间、夜间的时间由当地政府按当地的习惯和季节变化划定。

机场周围飞机噪声环境标准

(GB 9660—88)　　L_{wecpm}:dB　　表 13-9

类别	适用区域	标准值
一	特殊住宅区;居住、文教区	≤70
二	除一类区域以外的生活区	≤75

注:L_{wecpm}为一昼夜的计权等效连续感觉噪声级。

城市港口区域噪声标准(GB 11339—89)　　等效声级 L_{aeq}:dB　表 13-10

类别	适用区域	昼间	夜间
一	港区内住宅、文教、医院、机关所在地区以及船航流量每小时 60 艘以下的江河两岸地区	60	50
二	航流量每小时 60 艘以上的江河两岸地区	70	55

针对汽车噪声防治,主要从以下几方面考虑。交通流对策主要从强化交通管制和车辆进入控制等方面入手;道路对策考虑环状环保道路、迂回道路的建设、低噪声路面铺装和隔音壁设置和设置绿化带等方面;道路沿线对策主要是与干线道路协调的街道设施规划和沿线区域规划的方案,以及实施住宅隔音工程等方面着手考虑。

第四节　道路交通振动危害与防治

一、道路交通振动的产生及危害

道路交通振动是伴随汽车通过道路时所产生的振动,该振动沿地面传递逐渐衰减,当传播到周边居民居住地时将成为振动公害。

道路交通振动会对居民造成心理影响和物理影响,主要表现为降低舒适性、增加疲劳感、降低工作效率、影响健康及降低身体素质等。道路交通振动对人体的危害程度因振动的强度、频率、方向和持续时间而不同。

二、道路交通振动的测定与控制标准

由于人体对振动的感受极其复杂,影响因素众多,并且对某些参数的测量也较困难,因此

对汽车振动的标准,各个国家有不同的规定。通常以重力加速度、振动加速度或垂直方向的振动级为度量标准。

我国所制定的《城市区域环境振动标准》(GB 10070—88)如表 13-11 所示,规定了城市区域环境振动标准值及适用地带范围,实施中,乡村地区也可参照执行。

城市各类区域铅垂向 Z 振级标准(dB) 表 13-11

适用地带范围	昼间	夜间	备注
特殊住宅区	65	65	标准适用的地带范围由地方人民政府划定
居民、文教区	70	67	
混合区、商业中心区	75	72	
工业集中区	75	72	
交通干线道路两侧	75	72	
铁路干线两侧	80	80	

该标准适用于连续发生的稳态振动、冲击振动和无规则振动。每日发生几次的冲击振动,其最大值昼间不容许超过标准值 10dB,夜间不超过 3dB。

标准的适用地带范围划定如下:

(1)特殊住宅区。指特别需要安宁的住宅区。

(2)居民、文教区。指纯居民区和文教、机关区。

(3)混合区。指一般商业与居民混合区;工业、商业、少量交通与居民混合区。

(4)商业中心区。指商业集中的繁华地区。

(5)工业集中区。指在一个城市或区域内规划明确确定的工业区。

(6)交通干线道路两侧。指车流量每小时大于 100 辆的道路两侧。

(7)铁路干线两侧。指距每日车流量不少于 20 列的铁轨外轨 30m 外两侧的住宅区。

监测方法为:

(1)测定点在建筑物室外 0.5m 以内振动敏感处,必要时测定点置于室内地面中央,标准值取表中值。

(2)铅垂向 Z 振级的测量及评价量的计算方法,按照国家标准 GB 10071 有关条款的规定执行。

日本对道路交通振动研究有近 30 年的历史,推出了较为适用的道路交通振动测试方法,简述如下:

(1)通过对不同频率振动的感觉进行补正(振动感觉补正)来确定。通常用下式进行道路交通振动级预测:

$$L_{10} = L_{10}^{*} - \alpha_1$$
$$L_{10}^{*} = a\lg(\lg Q^{*}) + b\lg V + c\lg M + d + \alpha_0 + \alpha_f + \alpha_s \tag{13-14}$$

式中:L_{10}——振动级的 80%范围的上端值的预测值,dB;

$L_{10}{}^{*}$——在基准点振动级的 80%范围的上端值的预测值,dB;

Q^{*}——500 秒时间内 1 条车道的当量交通量,辆/500s/车道,

其中 $$Q^{*} = \frac{500}{3600} \times \frac{1}{M}(Q_1 + KQ_2)$$

Q_1——小型车交通量,辆/h;

Q_2——大型车交通量，辆/h；

K——交通量转换系数；

M——车道数；

V——平均行驶速度，km/h；

α_0——根据路面平整度进行的修正值，dB；

α_f——根据地基振动数进行的修正值，dB；

α_s——根据道路结构进行的修正值，dB；

α_l——距离衰减值，dB；

a,b,c,d——常数。

(2)利用振动的垂直加速度进行评价。具体是参考人体对振动的感觉来测试振动加速度级（VAL），单位为dB。

$$VAL = 10\lg\frac{A_\theta^2}{A_0^2} \tag{13-15}$$

式中：A_θ——加速度的实效值；

A_0——$10^{-3}\mathrm{cm/s^2}$。

实际测定过程中，以5s的间隔进行100次振动加速度级的测定，制作累计频率分布曲线，将该曲线上的10%值（L_{10}）作为代表值利用，并与道路交通振动控制标准值对照。如果超出规定的限制值，则要求道路管理者为防治交通振动进行必要的振动防护设施建设。

三、道路交通振动防治对策

道路交通振动与汽车行驶速度、车辆重量、交通量、车辆行驶的位置、路面状况等有关，另外振动的传播也因地基条件不同而衰减距离不同。道路交通振动的防治对策主要分为振动源方面的对策和传播途径方面的对策。

1.振动源对策

(1)对车辆行驶速度和交通量，特别是对大型车辆的通行进行限制，严格控制车辆超载现象；

(2)确保路面完好和道路与桥梁等结构物的顺接不出现跳车现象，经常对道路进行修缮。

2.传播途径对策

(1)道路沿线及车道间增设环境设施；

(2)对地基进行减震或不易振动改良；

(3)加设隔音壁或隔音墙装置。

无论采取什么措施，都应从经济性、施工的难易程度、耐久性和易维护管理等方面考虑。

第五节　道路交通环境影响评价

由于道路等公共事业建设会对周边环境产生很大影响，因此要在项目实施之前进行环境影响预测，如果预测结果显示对环境存有问题，应采取相应对策，将该过程称为环境影响评价。

道路交通环境影响评价是由环境影响评价(Environmental Impact Assessment, EIA)衍生出的,目前我国还没有形成严格的标准,在国外经济发达国家以形成公建项目建设必循制度,并上升到法律。日本继 1972 年内阁会议通过的《各种公共事业相关的环境保护对策》之后,1984 年确定实施了《关于环境影响评价的实施》,并于 1997 年提出,1999 年全面实施了《环境影响评价法》,明确了环境影响评价的具体项目和设定基准。该法律的制定具有以下特征:

(1)以法律的形式明确了对项目进行环境影响评价是义务之举;

(2)在评价报告没有公告前,不得进行项目的实施;

(3)环境影响评价的结果是决定项目是否实施的依据;

(4)引入了对建设项目的判断、审查过程;

(5)有关调查、评价的方法和征求项目建设意见,引入到计划之中。

通常环境影响评价应先行于道路建设和城市规划,如图 13-4 给出了道路建设前进行的环境影响评价与城市规划的必要手续。

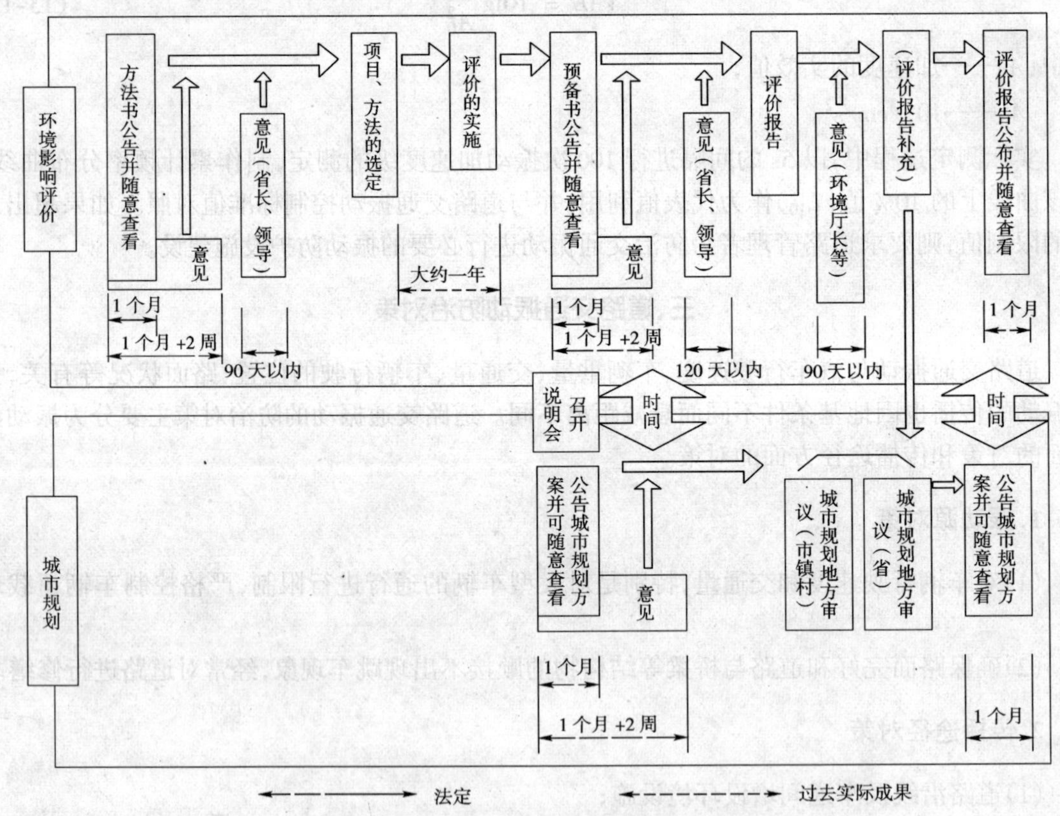

图 13-4 道路环境影响评价与城市规划的手续

图中的"方法书"指选定汇集项目的评价方法,包括项目计划的概况、建设项目的内容、实施区域及周边概况等,以及进行环境影响范围的确认、评价方法等,公示并广泛听取各方面建议和意见后形成的文件。"预备书"是用于"方法书"中涉及到项目的实施方法,是对应项目的建设引起环境变化的定量分析或定性预测,以及采取环保措施结果的评价报告。"评价报告"是基于"预备书"公示、采纳意见的基础上,汇总项目实施的环境影响及其对策后形成的文件。对于计划的项目,如果环保方面采取的对策不当,则不能实施。

我国通常按照以下步骤进行项目环境影响评价。

一、目的、意义、范围、对象

环境保护的主要任务是保证在现代化建设过程中，合理地利用自然环境，防止环境污染和生态平衡的破坏，为人们营造清洁、舒适的劳动和生活环境，保护人们的健康，促进社会经济的持续发展。因此，应科学地评价道路的建设、运营与生态环境是否协调，对人们的生活与劳动产生了哪些影响等。

评价的主要内容包括社会环境影响、生态环境影响、环境空气影响和噪声影响等。

我国由于对环境保护问题重视的较晚，加之环境影响评价涉及的领域较宽、因素复杂，目前为止，仍然是需要进行深入研究的课题，细部的工作还非常多。在此只对环境空气和环境噪声作简要介绍：

据某些评价项目和类比监测表明，公路营运期车辆排放污染物的扩散与公路的地形和气象条件有关，扩散后所覆盖的地域为公路两侧与线形平行的带状区域，基本是交通量很大的公路，距离路中线 150m 以外的污染物浓度已接近背景值。大量监测数据证实，目前汽车专用公路交通噪声影响范围亦为路中线两侧各 200m 以内，因此评价项目范围《可行性研究报告》提供的路中线两侧 200m 范围内。如果在评价区或边界外附近含有城镇、风景旅游区、名胜古迹等法定保护对象，其环境空气评价距离可适当扩大到路中线两侧 300m 范围。对环境噪声敏感的建筑物，如 200 人以上的学校教室；20 张床位以上的医院病房等，要作为环境噪声的重点评价对象，其他地带为一般评价对象。

二、评价标准与评价因素

我国对环境空气影响评价标准按《环境空气质量标准》(GB 3095—96)或地方标准进行。环境噪声影响评价按《城市区域噪声标准》(GB 3096—93)(见表 13-7)进行。

环境空气影响评价因素的选定应考虑到对环境影响较大的、主要的污染源和主要污染物；尽可能选择环境质量标准中所规定的因素，同时还应考虑到所选择的因子能为当前监测条件能够提供的。目前可选用一氧化碳(CO)氮氧化合物(NO_x)、总烃(THC)和总悬浮颗粒物(TSP)环境噪声的评价量以等效连续 A 声级 L_{Aeq}为评价量，单位为分贝(dB)。

三、评 价 方 法

道路交通对环境的各项影响评价，均须按工程建设规划、可行性研究、设计、施工、运营等基本阶段进行。评价开始，应根据需要和具体情况建立评价指标体系，进行资料收集、整理和分析，最后得出评价结论。

资料收集，首先应调查沿线的地形、地貌、气象等自然状况，按评价原则划分功能区、划分地段、确定影响敏感点。

现状评价，按照所建立的指标体系收集各项评价因素，一般评价都带有预测性，因此应做出交通基本因素的预测，并通过类推和相关分析建立有关大气污染因素的预测模型。经过整理分析做出评价结论。通常采用对比法，明确污染是否超标，对超标、超标率和原因做出明确说明。也可采用相对值的“指数法”、“特尔斐法”及“模糊综合评价法”等做出定性、定量评价。

道路交通环境是由多因素构成的复杂的动态系统，存有某些局限性、随机性和不确定性，对其影响的评价涉及的学科门类较复杂，某些问题尚待进一步研究，想做出十分确切的评价有很大难度。目前,可参照《公路建设项目环境影响评价规范(试行)》(TJT 005—96)进行。

思考题

1.简述道路交通运输对环境的主要影响?

2.汽车大气污染主要有哪些?有什么危害?如何防治?

3.道路交通噪声的危害有哪些?如何控制?

4.道路交通环境影响评价的目的和意义有哪些?

参考文献

CANKAOWENXIAN

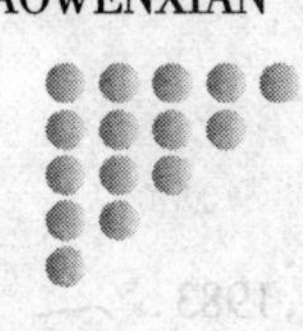

[1] 中国公路学会《交通工程手册》编委会．交通工程手册．北京：人民交通出版社，1998．

[2] DTLR．An New Deal for Transport：Better for Everyone，1998．

[3] 北京市公路局．北京市公路交通标志和标线实施细则，2003．

[4] 李作敏．交通工程学．2版．北京：人民交通出版社，2000．

[5] 李江，等．交通工程学．北京：人民交通出版社，2002．

[6] 2004年全国道路交通情况分析报告．道路交通管理，2005．(1)．

[7] 交通部．国家高速公路网规划，2004．

[8] 北京交通委员会．北京交通发展纲要(2004～2020)，2005．4．

[9] 陆化普．智能运输系统．北京：人民交通出版社，2002．

[10] 国家统计局城市社会经济调查总队．中国城市统计年鉴2004．北京：中国统计出版社，2005：27－28．

[11] 中华人民共和国国家统计局．中国统计年鉴2004．北京：中国统计出版社．(China Statistics Press)，2004．P．95．

[12] 北京市城市规划设计研究院．北京市城市交通综合调查总报告，2002．6．

[13] 关宏志．北京市停车现状调查2004．

[14] 北京市规划委员会关于对部分新建项目进行交通影响评价的通知．北京规划建设，2001．5．

[15] 王炜，陈学武，陆建．城市交通系统可持续发展理论体系研究．北京：科学出版社，2004．

[16] 北京交通工程学会．智能交通应用与发展——第九届多国城市交通学术会议论文集．北京：群众出版社，2005．

[17] 徐吉谦．交通工程总论．北京：人民交通出版社，2003．

[18] 任福田，刘小明，荣建，等．交通工程学．北京：人民交通出版社，2003．

[19] 徐吉谦，过秀成，等．交通工程学基础．南京：东南大学出版社，1994．

[20] 北京市市政设计研究院．城市道路设计规范(CJJ37—90)．北京：中国建筑工业出版社，1991．

[21] 交通部．公路工程技术标准(JTG B01—2003)．北京：人民交通出版社，2004．

[22] 国家技术监督局．城市道路交通规划设计规范(GB 50220—95)．北京：中国计划出版社，

1995.
[23] 严宝洁.交通调查与分析.北京:人民交通出版社,1994.
[24] CA O'Flaherty. Transport Planning and Traffic Engineering. Reptinted by Butterworth-Heinemann, 2001.
[25] 任福田, 徐吉谦,等. 交通工程导论. 北京: 中国建筑工业出版社,1987.
[26] 杨兆升.城市交通流诱导系统.北京:中国铁道出版社,2004.
[27] 王建军,严保杰. 交通调查与分析.2 版. 北京:人民交通出版社,2004.
[28] 马骏.交通流理论基础.北京:中国人民公安大学出版社,2004.
[29] 丹尼尔 L.鸠洛夫,等.交通流理论.蒋璜,等.译.北京:人民交通出版社,1983.
[30] 刘焰,等.交通工程学.北京:机械工业出版社,2004.
[31] 倪江华.交通工程学计算示例.北京:人民交通出版社,1993.
[32] 王炜, 过秀成,等. 交通工程学. 南京:东南大学出版社,2000.
[33] 徐家钰, 程家驹. 道路工程. 上海:同济大学出版社,1995.
[34] 陈宽民, 严宝杰. 道路通行能力分析. 北京:人民交通出版社, 2003.
[35] 交通部公路科研所.公路通行能力研究报告("九五"国家攻关项目),1999.
[36] [日]石井一郎. 交通計画. 森北出版株式会社,2000.
[37] 刘灿齐. 现代交通规划学. 北京:人民交通出版社,2001.
[38] 陆化普,等. 交通规划理论与方法. 北京:清华大学出版社,1998.
[39] [日]饭田恭敬.交通工程学.邵春福,等.译. 北京:人民交通出版社,1994.
[40] [日]樗木武·井上信昭. 交通計画学. 共立出版株式会社,1993.
[41] [日]新谷洋二. 都市交通計画. 技報堂出版,2003.
[42] 文国玮. 城市道路交通与道路系统规划. 北京:清华大学出版社,2001.
[43] 关宏志, 刘小明. 停车场规划设计与管理. 北京:人民交通出版社, 2003.
[44] 王元庆, 周伟. 停车设施规划. 北京:人民交通出版社, 2003.
[45] 朱永明,等.简明交通工程学.北京:人民交通出版社,1997.
[46] 翟忠民.道路交通组织优化.北京:人民交通出版社,2004.
[47] 陆化普.城市交通现代化管理.北京:人民交通出版社,1999.
[48] 吴琪.控制理论原理.北京:清华大学出版社,2000.
[49] 过秀成. 道路交通安全学. 南京:东南大学出版社,2001.
[50] 许国洪. 道路事故分析与处理. 北京:人民交通出版社,2004.
[51] 刘运通. 道路交通安全指南. 北京:人民交通出版社,2004.
[52] 张玉芬,等. 交通运输与环境保护. 北京:人民交通出版社,2003.
[53] [日]河上省吾,松井宽. 交通工学. 森北出版株式会社,2004.
[54] [日]元田良孝, 岩立忠夫, 上田敏. 交通工学. 森北出版株式会社,2001.
[55] [日]福田正. 新版交通工学. 朝仓书店,2002.